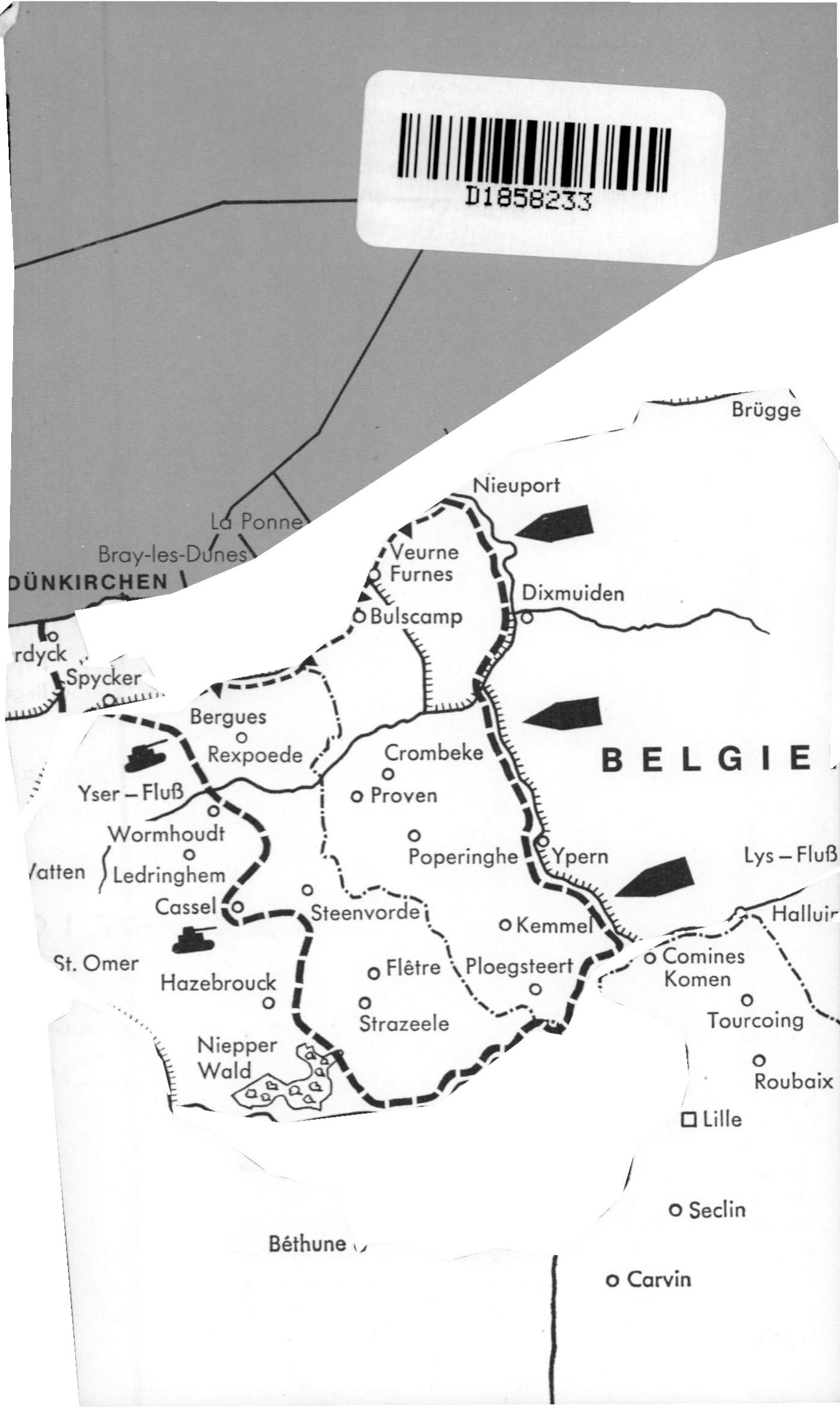
Brügge
Nieuport
La Ponne
Bray-les-Dunes
DÜNKIRCHEN
Veurne
Furnes
Dixmuiden
Bulscamp
rdyck
Spycker
Bergues
Rexpoede
Crombeke
BELGIE
Proven
Yser – Fluß
Wormhoudt
Poperinghe
Ypern
Lys – Fluß
Vatten
Ledringhem
Cassel
Steenvorde
Kemmel
Halluin
St. Omer
Comines
Komen
Ploegsteert
Flêtre
Hazebrouck
Tourcoing
Strazeele
Niepper
Wald
Roubaix
Lille
Seclin
Béthune
Carvin

Richard Collier

DÜNKIRCHEN

»Operation Dynamo«

Den Männern und Frauen von Dünkirchen

„Solange die englische Sprache lebt,
wird das Wort Dünkirchen
mit Ehrfurcht gesprochen werden."

Richard Collier

DÜNKIRCHEN

»Operation Dynamo«

Weltbild Verlag

Aus dem Englischen übertragen
von Ottmar Katz

Titel der Originalausgabe
THE SANDS OF DUNKIRK

Bearbeitet von G. Wandel

Genehmigte Lizenzausgabe für
Weltbild Verlag GmbH, Augsburg 1989

Gesamtherstellung: Wiener Verlag, Himberg bei Wien
Printed in Austria
ISBN 3-89350-019-7

INHALTSVERZEICHNIS

Kapitel 1

DAS NÄCHSTE MAL HOLE ICH DICH AB

Sonntag, 26. Mai

18.00–24.00 Uhr

Später, wenn Augusta Hersey an diesen Abend dachte, fiel ihr immer sein Schweigen ein. Sie hatte wie stets ihrer Mutter im Café geholfen, hatte hinter der abgenutzten Zinktheke die Tassen für den Filterkaffee aufgestellt und die mit Wachstuch überzogenen Tische abgewischt – aber das »Café L'Epi d'Or«, »zur Goldenen Ähre«, blieb leer und still. Es war, als warteten die Räume im Halbdunkel auf etwas, genau wie die Stadt.

Es war Sonntag, der 26. Mai 1940, 18 Uhr. Die Stadt Tourcoing in Nordfrankreich lag in goldenem Sonnenlicht, das Straßenpflaster glänzte nach dem Regen wie frischgewaschene Schiefertafeln. In den Feldern ringsum brach das junge Korn aus den Furchen, und der Kuckuck rief. Aber andere, unheilvollere Geräusche drangen durch die Dämmerung: hungrige, gereizte Hunde bellten und ungemolkene Kühe brüllten. Die Bauern waren ebenso geflohen wie die Fabrikarbeiter.

Es war genau sechzehn Tage her, seit Augusta den Ausbruch des zweiten Weltkriegs mit tödlicher Wucht nach acht langen Monaten des Wartens erlebt hatte, seit hundertsiebzehn deutsche Infanterie- und zehn Panzerdivisionen von Aachen aus nach Maastricht vorgestoßen und dann in einem Stoßkeil weit nach links ins neutrale Belgien gestürmt waren. Zwölf Tage war es her, seit der Großteil der Truppen des britischen Expeditionskorps unter Lord Gort die Grenze überschritten hatte, wie siegreiche Helden, mit Flieder an den Mützen. Unter ihnen der Gefreite Bill Hersey von den East Surreys, seit sechs Wochen Augustas Mann.

Zehn Tage war es her, seit Bill, Kammerbulle in der Panzerabwehrkompanie seiner Brigade, triumphierend in Brüssel eingezogen war. Jetzt, in dieser Sonntagnacht, war Bill knappe drei Kilometer entfernt. Nach einem hastigen Rückzug von hundert Kilometern lag er mit seiner Einheit in den Außenbezirken von Roncq.

Auf Augusta, einundzwanzigjährig, dunkelhaarig, lebenssprühend, war das alles erschreckend plötzlich hereingestürzt, so atemberaubend unwirklich, wie die sechs Wochen lange Brautwerbung Bills mit Hilfe seines Taschenwörterbuches, und so verwirrend wie die plötzliche Abfahrt ihres Vaters nach Bordeaux, um dort für seine Familie fern vom Kampfgebiet Unterkunft zu suchen. Die unklaren Nachrichten in den Zeitungen widersprachen sich: Unvorstellbar hatten sieben deutsche Panzerdivisionen bei Sedan die verwirrte 9. französische Armee durchstoßen und gingen in den waldigen Hügeln der Ardennen flüssig vor, die die Sachverständigen für undurchdringlich erklärt hatten.

Aber auch die Engländer hatten Fluß um Fluß aufgegeben — die Dyle, die Dender und die Schelde —, offensichtlich kampflos.

Augusta Hersey wußte an diesem goldenen Maienabend über den großen strategischen Zusammenhang dieses spukhaften Feldzuges so wenig wie die meisten Frauen. Als Frau wußte sie nur, daß sie, trotz der düsteren Prophezeiungen ihres Vaters den blondhaarigen jungen Soldaten mit dem Profil eines griechischen Gottes liebte, dessen Sprache sie kaum verstand, und sie wußte, daß sie wiedergeliebt wurde.

Sie hatte hingenommen, daß Papa wütend explodierte, als Bill eines Abends sein Taschenwörterbuch aufschlug, auf das Wort »Mariage« deutete und schlicht sagte: »Ihre Tochter.« Sie hatte es hingenommen, als er schrie: »Er taugt nichts, dieser Bursche, er gibt zuviel Geld für Cognac aus.« Augusta hatte ihm geantwortet: »Er wird sich ändern.« Sie wußte, daß sie recht hatte. Am ersten Löhnungstag nach der Verlobung hatte Bill hundertfünfundsiebzig Franken, seine ganze Wochenlöhnung, auf den Schanktisch gelegt und erklärt, er halte seine Kameraden zechfrei. Er selbst trank nur eine Tasse Kaffee.

Aber heute war Augusta in Sorgen, während sie zerstreut im Café umherging und dann und wann mit Denise, Madeleine und Raymonde Marquette plauderte, ihren drei Freundinnen, die bei ihrer Familie Unterschlupf gesucht hatten. Sie hatte Bill vor drei Tagen zuletzt gesehen, und sie kannte seine Angst um sie. Vor drei Tagen war ein deutsches Jagdflugzeug auf Augustas Fahrrad heruntergestoßen, als sie vergnügt nach Roncq radelte, und der Staub von einem Kugelregen wirbelte um sie.

Fassungslos hatte sie den Piloten angebrüllt: »Was soll das heißen?« Erst als ihr die Lage klar wurde, kamen ihr die Tränen, und als sie an Bills Schulter weinte, hatte er bestimmt: »Die Fahrt ist zu gefährlich für dich. Das nächste Mal hole ich dich ab.«

Aber Augusta Hersey war mit ihrer Unruhe nicht allein. Ein alter Traum starb in dieser Maiennacht, und als er starb, war Frankreich ein Land in Wirren.

Acht lange Monate hindurch hatten die meisten der dreihundertneunzigtausend Mann von Lord Gorts britischem Expeditionskorps ihr Leben genossen. Tag für Tag hatten sie sich in der illusorischen Sicherheit der weitab im Süden liegenden rund sechzig Kilometer langen Maginotlinie gefühlt, hatten über vierhundert stabile Bunker gebaut, hatten stur Schützenstellungen wie im ersten Weltkrieg ausgehoben, 1,80 Meter hoch, 1,20 Meter breit, und gewartet, daß die Deutschen sich am Zement und am Stahl die Schädel einrannten. Abends hatten sie sich in tausend Lokalen wie dem Café L'Epi d'Or mit den Mädchen angefreundet und jeden Löhnungstag mit dem Lieblingsgericht des britischen Soldaten gefeiert, mit

Spiegeleiern und Bratkartoffeln. Wenn sie für zehn Francs Weißwein getrunken hatten, sangen sie wie schon ihre Väter das Lied von ›Tipperary‹ oder ›A Long, Long Trail A-winding‹ und dazu ein neues, das den Ehrenplatz einnahm: ›Wir hängen unsere Wäsche auf die Siegfriedlinie‹.

Von allen Anschlagsäulen leuchtete ein Spruch, so zuverlässig wie die Maginotlinie: »Wir werden siegen, denn wir sind die Stärkeren!«

Seit langem war keine Armee so sicher und so frohgemut in einen Krieg gezogen. Die Plakate in den Lokalen warnten: »An Active Service — Keep your bowels open and your mouth shut«* — »Soldaten — Augen auf, Mund zu!« — Aber das klang etwas brüchig.

Die Zeitungen taten den Krieg als Scheinkrieg oder als Gähnkrieg ab, und die meisten Männer hatten sich darauf eingestellt, im Sommer auf der »Maid of Orleans« auf Urlaub heimzufahren. Den ganzen Winter über hatte der Gefreite Robert Sellers von den East Yorks, eingedenk der Fleischtöpfe von Paris, seine Tanzschuhe auf Hochglanz gehalten. Graham Jones, ein junger Funker aus Birmingham, hatte einen guten Platz für Sonnenbäder ausgemacht und um einen Liegestuhl nach Haus geschrieben. Ähnlich Captain Geoffrey Sutcliff von der 139. Infanteriebrigade: wenn ihm schon niemand eine Pistole gegeben hatte, so hatte er doch seinen Tennisschläger mitgebracht.

So war es in allem. Bevorzugt für Champagnercocktails war die Bar des »Café Jeanne« in Lille, Feinschmecker wählten für erlesenes Essen die gleich daneben liegende Austernstube mit ihrem leicht verblaßten Charme; es gab Huhn mit Trüffeln, Eispudding, und Cognac Napoléon. Andere gingen lieber in die Rue de Seclin, in das ›Miami‹ oder in Madame Coco's Etablissement mit roten Plüschvorhängen und einem Wald von Militärmänteln im Foyer. Drei Krankheiten setzten der Armee am ärgsten zu: Verdauungsbeschwerden,

* **Unübersetzbares Wortspiel.**

Krätze und Geschlechtskrankheiten, die Resultate von fremden Speisen, fremden Betten und noch fremderen Frauen. Es schien zuweilen, als empfänden die Deutschen ebenso. Im zwanzigsten Jahrhundert verlangte der Krieg nach der weichen Welle. Als eine französische Zeitung klagte, die von Pflichten bedrängten Hausfrauen bekämen nicht mehr genug Kosmetika, schickten die Deutschen zwei Bomber, die die Bewohner von Lille mit Gesichtspuder und Parfumfläschchen bombardierten.

Im Oktober 1939 hatte der damalige Kriegsminister, Leslie Hore-Belisha, dem Unterhaus erklärt, die nach Frankreich entsandte Armee sei »so gut, wenn nicht besser, ausgerüstet wie jede ähnliche Armee«. Sie sei »in der bestmöglichen Weise, die nicht mehr übertroffen werden könne, ausgerüstet«. Selbst General Edmund Osborne, dessen 44. Division mit sechs fahrbaren Kinos ausgerückt war, hatte gehofft, er verfüge über die nötigen Panzerabwehrwaffen, wenn es zur Auseinandersetzung komme.

Vom 10. Mai an war dieser Traum langsam zerronnen, und am Abend des 26. Mai wußte niemand, Soldat oder General, sicherer als Augusta Hersey, was die Nacht bringen werde.

Dreihundert Kilometer entfernt, auf der anderen Seite des Kanals, wartete John Pelham Maitland auf dem Bahnhof Nine Elms, Süd-London, der Southern Railway auf das Läuten des Telefons. Maitland als Fahrbetriebsleiter unterstand die Verkehrskontrolle auf der 75 Kilometer langen Strecke der Eisenbahn London — Brighton — Südküste, die London mit den Kanalhäfen verband. Maitland fühlte sich unbehaglich; er war vier Tage zuvor verständigt worden, er müsse sich auf die Beförderung einer noch unbekannten Zahl von Truppen — zwischen 20 000 und 240 000 Mann — von der Küste ins Landesinnere einrichten. Sobald dieser Fall eintrat, hatte er sich sofort an den neuen Einsatzort Redhill in Surrey, 20 Meilen südlich, einen Knotenpunkt der Linie London — Brighton, zu begeben. Die Tarnbezeichnung der Admiralität für diesen Mammut-Rückzug hieß »Dynamo« und stammte aus dem luftigen Stabsgebäude der Navy in Dover Castle in Kent, das früher eine Fabrik für elektrische Anlagen beherbergt hatte.

Aber der lange Tag schleppte sich hin, und das Telefon blieb stumm. Kurz nach achtzehn Uhr gab Maitland auf. Als eifriger Kirchgänger hinterließ er Bescheid, er müsse zur Abendandacht in die Southwark-Kathedrale gehen. Morgens hatte diese Kathedrale wie jede andere Kirche in England einen Bittgottesdienst für das bedrängte britische Expeditionskorps abgehalten — aber es schien nicht, als werde heute noch viel passieren.

Zwanzig Minuten später kniete er betend im überfüllten Kirchenschiff, als ihn ein Klaps auf die Schulter aufstehen hieß. Der Oberküster in seinem Schwarz stand vor ihm: Maitland werde in der Sakristei am Telefon verlangt.

Maitland ging durch die schweren, muffig riechenden Vorhänge und nahm den Hörer.

Es war Percy Nunn, der Distrikts-Eisenbahnchef, dessen Stimme die getragenen Töne der Orgel mühsam durchdrang: »Das Unternehmen ›Dynamo‹ ist angelaufen. Begeben Sie sich sofort nach Redhill.«

Die Nacht senkte sich auf Nordfrankreich, ein von Teichen durchsetztes Schachbrett aus flachen, grünen Feldern, und mit der Nacht kam seltsame Unrast. Nebelschleier wogten über die dunklen Gewässer der Kanäle, und der Duft der Weißdornblüten mischte sich mit den Gerüchen von aufgebratenem Cornedbeaf und frischgebrühtem Tee.

In Hunderten von Fahrzeugparks, Städten, Dörfern und Schlössern waren die Wachen aufgezogen, und die Ordonnanzoffiziere bereiteten sich auf die nächtlichen Runden vor. Entlang der Kanäle von Nieuport bis Seclin, von Carvin bis Gravelingen, auf einer 200 Kilometer langen Front, die sich vom Kanal her in der Form einer gebogenen Haarnadel ins Land einschnitt, warteten die 200 000 Mann der kämpfenden Truppe von Lord Gort, die Belgier und die französische 1. Armee mit der Waffe in der Faust. Jeder fragte sich, aber niemand sprach es aus: Wann halten wir, wann kämpfen wir?

Niemand wußte, was geschah, und die meisten trösteten sich, die Vorgesetzten würden schon einen Plan haben, der alles zurechtrückte. Der Gefreite Thomas Nicholls, ein junger Panzerabwehrkanonier, der zur Verteidigung des Marktflekkens Wormhoudt eingesetzt war, dachte hoffnungsvoll an den Spruch einer alten Freundin: »Wir machen's wieder wie in Mons und werfen sie hinaus«, und ein paar Straßen weiter wählte der Feldgeistliche David Wild für seine Abendandacht in den Unterkünften einen passenden Text aus Hiob I: Bei alledem sündigte Hiob nicht und tat nichts Törichtes wider Gott.

Zuweilen gab es auch zynische Töne. In Ypern, wo das 4. Bataillon des Regiments East Yorkshire die Sprengung des Schleusentors von Meenen vorbereitete, öffnete Major Cyril Huddlestone ein Telegramm des Kriegsministeriums an alle Einheiten. »Wir halten einen nationalen Gebetstag für euch ab.« Er steckte das Telegramm in die Tasche: »Zum Teufel, sie sollen uns lieber ein paar schwere Geschütze schicken!«

Viele hatten Angst. Aber sie wären lieber gestorben, als das einzugestehen. Der Gefreite John »Warrior« Linton lag südlich von Houthem auf dem Bahngeleise, das den Ypern-Komen-Kanal begrenzt. Er sprach kein Wort. Die Angst hätte in der Stimme mitgeschwungen und sie heller gemacht. Der Vordermann hätte diese Angst hören, zurückschrecken und seine Stellung aufgeben können.

Linton hatte Grund zur Angst. Er stammte aus dem Westen, vom Lande, war achtundzwanzig Jahre alt, zäh, beherrscht, und hatte starke Augenbrauen und ein granitenes Kinn. Er hatte den überstürzten Rückzug seiner Einheit, der 43. leichten Infanterie, von Brüssel über drei entscheidende Flußstellungen mitgemacht, an der Dyle, an der Dender und an der Schelde. An jedem Fluß kam der gleiche Befehl, zu stehen oder zu fallen, bis zum letzten Mann und bis zur letzten Patrone. Dann kam jedesmal der gleiche Befehl, dem

Kampfgeist noch schädlicher: »Fertigmachen zum Verlassen der Stellungen — wir ziehen ab.«

Linton war niedergeschlagen, schmutzig, unrasiert und am Ende seiner Kraft. In der letzten Woche war er fast hundert Kilometer marschiert und nun war jeder Kilometer eine Kraftprobe zwischen seinem Willen und seinem Körper. Er mußte nicht nur sein Gewehr tragen, sondern auch das eines Kameraden, und er mußte die zwei Männer antreiben, die das Panzerabwehrgeschütz schleppten, sonst kamen sie nicht mit. Bei jedem Halt gaben die Offiziere die Parole aus: »Nachzügler und Verwundete müssen zurückbleiben. Die Deutschen sind auf unseren Fersen.«

Nur wenige merkten, wie Linton bei diesen Worten erschauderte. Drückebergern zeigte er fluchend die Fäuste, verbissen brachte er die sechs Mann seiner Gruppe immer wieder auf Draht, wenn der stämmige Major Rupert Conant, der Kompaniechef, nach einem Gefecht seine Einheit neu zusammenstellte. Aber die Leute wußten, Linton, ein Berufssoldat mit elf Jahren Dienstzeit, würde sich um sie kümmern, genauso wie er sich um den Grenadier Curtis gekümmert hatte, als der sich auf dem Marsch von Hollain her vor Blinddarmschmerzen gekrümmt hatte. Die Männer hatten ihm erst helfen wollen, dann aber gebrummt, er müsse zurückbleiben, als er ihnen zu schwer wurde.

Linton war damit verdächtig rasch einverstanden. Er sah sie mit seinen braunen Augen an, legte den Kopf etwas schief und gab seiner Stimme den sanften Ton, den sie so gut kannten. »Einverstanden, Jungens, wir lassen ihn zurück.« Dann wurde seine Stimme hart, und er sah jedem Mann pfeilgerade in die Augen. »Aber wer macht es? Wer läßt ihn zurück?« Als sie Curtis wieder auf die Schultern nahmen und ihn zu dem Troß-Lastwagen trugen, der ihn nach England und in Sicherheit brachte, wußte Linton, daß nun der Geist der Gemeinschaft unter ihnen war.

Linton, der aus einer soliden, achtköpfigen Arbeiterfamilie in Bristol stammte, hatte sein Leben lang darum gekämpft, nicht zurückzubleiben. Immer hatte es Entbehrungen und unerwartete Schwierigkeiten gegeben. Kurz vor dem Waffenstillstandstag 1918 hatte der Sechsjährige seine erste Ohrfeige bekommen. Mit noch nicht zwölf Jahren merkte er, wie bitter notwendig ein Beitrag von ihm zum Familienunterhalt sei, und so rannte er von der Schule aus den langen Weg zu Mister Skene, dem Zeitungs-Vertriebsleiter, und bewarb sich um eine freie Stelle als Zeitungsausträger, die in der Woche drei Mark fünfzig brachte. Dann lief er zum Jugendsachbearbeiter beim Arbeitsamt, weil dem Gesetz nach erst Zwölfjährige arbeiten durften; dann aber würde die freie Stelle vergeben sein, und andere Zeitungen zahlten nur zwei Mark fünfzig. Der kleine, sommersprossige Rotkopf hatte so ernst geschaut und so gebettelt, daß er die Erlaubnis und die Stelle bekam.

Nun lag Linton auf dem Bahngleis in der Dunkelheit. Seine Nebenmänner lagen rechts und links in fünf Metern Abstand. Er hatte den Stahlhelm auf und Brotbeutel und Feldflasche umgehängt. In ihm rumorte der Schmerz. Er hatte heute nur eine Handvoll Dörrpflaumen und Aprikosen zu essen bekommen. Mitunter dröhnte in der Ferne ein deutsches Flugzeug, und der weiße Fleck eines sich öffnenden Fallschirms schimmerte durch die Dunkelheit. Aber sonst blieb die Nacht ruhig. Immer wieder dachte Linton, der mit sechs Schuß im Gewehr und leerer Patronentasche den Deutschen gegenüberlag: »Ich werde nicht zurückbleiben, aber auch kein anderer soll zurückbleiben. Irgend jemand wird doch wissen, wie man uns hier herauskriegt.«

Zehn Kilometer südöstlich von Linton, im Hauptquartier Premesques, einem kleinen schloßartigen Steinbau, hatte ein Mann den einzigen Plan genehmigt, der noch eine schmale Hoffnung bot. Der Oberkommandierende, General Lord Gort, der an einem geschrubbten Befehlstisch allein vor sich hinbrütete, hatte zwei vollen Divisionen — der 5. Division unter General Harold Franklyn und der 50. Division unter General Giffard Martel — befohlen, ihre Pläne für einen gemeinsamen

Angriff im Morgengrauen zusammen mit der im Süden stehenden französischen 1. Armee aufzugeben.

Dafür mußten dreitausendfünfhundert Mann die zwölf Kilometer lange Stellung am Ypern-Komen-Kanal halten, während sich die Masse der britischen Armee zur Küste absetzte, wie es der Kriegsminister Anthony Eden an diesem Morgen befohlen hatte. Siebenundzwanzigtausend Mann, die nicht zur kämpfenden Truppe gehörten — Gort nannte sie »nutzlose Mäuler« —, waren bereits abgezogen, aber angesichts des deutschen Drucks von allen Seiten kam alles auf die Zeit an.

Vor drei Tagen war Boulogne gefallen, die Besatzung von Calais konnte sich nur noch ein paar Stunden halten.

Morgens hatte Gort an Eden telegrafiert: »Ich darf Ihnen nicht verhehlen, daß ein großer Teil des britischen Expeditionskorps und seiner Ausrüstung selbst unter den besten Umständen verloren sein wird.« Dann wandte er sich zu einem Adjutanten und sagte in einer seltenen Anwandlung von Selbstenthüllung: »An dem Tag, als ich in die Armee eingetreten bin, hätte ich nie geglaubt, daß ich die britische Armee in die größte Niederlage ihrer Geschichte führen würde.«

Lord Gort, ein stämmiger, blauäugiger, einsilbiger Mann, mit dem Spitznamen »der Tiger«, Gardeoffizier und Träger des Victoria-Kreuzes aus dem ersten Weltkrieg, hatte stets geglaubt, seine Armee werde große Dinge vollbringen, wenn sie ihre Kräfte zeigen müsse. Den ganzen Winter hindurch hatte er seinen Offizieren eingehämmert: »Wir müssen für den Kampf, der auf uns zukommt, bereit sein«. Seitdem waren seine Truppen auf halbe Rationen gesetzt. Sein eigenes Frühstück hatte aus zwei Scheiben Zwieback mit ein wenig Marmelade bestanden. Für den Nichtraucher Gort war das größte Vergnügen sein allabendlicher zweistündiger Spaziergang mit seinem Adjutanten Captain Viscount Munster. Danach gab es einen Sherry, dann das Abendessen, und darauf folgte eine endlose Konferenz über Fragen wie etwa die, auf welcher Seite der Soldat seinen Stahlhelm tragen sollte. Sein Leben war die Armee.

In dieser Zeit wurde auf Befehl Gorts das Portweinglas nur einmal vollgeschenkt, und von dieser Regel war auch sein Erster Verbindungsoffizier, der Herzog von Gloucester, nicht ausgenommen. Heute stand Gort, ein Mann von großer Kühnheit und Redlichkeit, einem bitteren Entschluß gegenüber. Er hatte nicht nur einen verlorenen Kampf zu führen, er mußte auch dem ihm übergeordneten französischen Oberkommando die Gefolgschaft verweigern. Die gesamte belgische Armee war dabei, unter dem Druck zusammenzubrechen. Der Rückzugsplan des Oberstleutnants Viscount Bridgeman vom Stabe Gorts, den dieser im Wettlauf mit der Zeit und angewiesen auf Whisky und Schokolade als einzige Verpflegung gestern fertiggestellt hatte, mußte unverzüglich angenommen werden.

Die einzige Hoffnung lag darin, sich in einem fünfundsiebzig Kilometer langen und etwa zweiundzwanzig Kilometer breiten Korridor zum tausendjährigen Hafen Dünkirchen durchzukämpfen, wobei die Möglichkeit bestand, daß bis zum Ende der Woche mehr als dreihunderttausend Mann Gefangene des Feindes waren.

Andere rangen mit ebenso schweren Problemen. Besaßen ihre Truppen überhaupt noch genug Kampfgeist? Als Brigadegeneral Miles Dempsey, der am östlichen Frontabschnitt die 13. Infanteriebrigade führte, in den hochgelegenen Wiesen über dem Ypern-Komen-Kanal seine nächtliche Runde machte, zweifelte er daran. Von den Vorposten auf einem fünfhundert Meter langen Abschnitt, den die Royal Inniskilling Füsiliere hielten, kam kein Anruf und kein Laut. Dempsey näherte sich über den schwammigen Grund lautlos und fand die sechzig Mann der Kompanie in ihren Schützengräben in tiefem Schlaf.

Da der Kanal, ein ausgetrockneter und überwachsener Flußlauf von fünfzehn Metern Breite, die entscheidende Ostflanke der gesamten britischen Front bildete, war die erste Reaktion Dempseys als Berufssoldat: die Männer gehören vor ein Kriegsgericht, sie verdienen den Tod.

Aber dann bremsten Mitleid und die Gedanken an den zweiwöchigen, mörderischen Rückzug seinen impulsiven Entschluß. Dempsey weckte die Männer nicht. Statt dessen ging er auf Zehenspitzen und so leise wie ein Arzt vom Krankenbett zum Bataillonsgefechtsstand und sagte dem Kommandeur Oberstleutnant Frederick Lefroy: »Die Burschen da draußen schlafen. Lassen Sie sie schlafen. Die sind fertig, und vielleicht bekommen sie bald keinen Schlaf mehr.«

Dempsey, der sich damit abfand, daß ein Abschnitt von fünfhundert Metern an der Ostfront eine Nacht entblößt vor dem Feind lag, wußte nicht, daß für Montag früh ein massiver Stoß zweier Infanteriekorps des Generalobersten Fedor von Bock, Heeresgruppe B, geplant war und daß die fünf Panzerdivisionen, die drei Tage zuvor unerklärlicherweise ihren Vormarsch gestoppt hatten, ostwärts stürmten, um die Alliierten von hinten im stählernen Netz zu fangen.

Inzwischen waren drei Tage vergangen, seit Generaloberst Gerd von Rundstedt, Befehlshaber der Heeresgruppe A, den Befehl ausgegeben hatte, der das gesamte deutsche Oberkommando durcheinanderbrachte. Am Donnerstag, dem 23. Mai, um 18.10 Uhr, war an alle Panzerkommandeure am westlichen Frontabschnitt, achtzehn Kilometer von Dünkirchen entfernt, der Befehl ergangen: Auf der Höhe des Aa-Kanals halten und aufschließen.

Im Hauptquartier des Generals, einem alten mit wildem Wein bewachsenen Haus in Charleville in den Ardennen, zuckte darüber niemand auch nur mit der Wimper. Der Befehl war nach Ansicht von Oberst Günther Blumentritt, dem Ia Rundstedts, ein Stück der Gesamteinstellung des Generals: Vorsichtig vorgehen, aufschließen, kein Risiko eingehen.

Von Rundstedt, ein fünfundsechzigjähriger zurückhaltender Aristokrat mit einem zerfurchten, gut geschnittenen Gesicht, bemühte sich nicht mehr allzuviel, mit modernen Methoden oder Männern mitzuhalten. Fremde hielt er fern, und sein außerdienstlicher Tageslauf blieb immer gleich. Einige ausgesuchte Stabsoffiziere nahmen mit ihm sein Lieblingsmahl, Pichelsteiner, ein, dann folgte ein langer, schweigsamer Abend, bei dem man Kreuzworträtsel löste oder sich durch Stöße von Kriminalromanen hindurchlas.

Ebenso ging es in den Arbeitsstunden zu. Nach Rundstedts Ansicht war das ganze neue Konzept der Panzerkriegführung — bei der bewegliche Panzerdivisionen mit eigener Kraft als Speerspitze der Armee vordrangen — voller Gefahren. Immer wieder hatte er während der Kampfhandlungen in den Ardennen knappe Haltebefehle erteilt. Die Panzer stießen zu weit und zu schnell für die Infanterie vor und ließen eine lange Flanke gefährlich ungeschützt. Und wenn auch schneidige Panzerführer, wie Generalmajor Erwin Rommel und General Heinz Guderian, stets widerstrebten — »wenn meine Panzer auf die Reise gehen«, schnaubte Guderian, »dann haben sie eine Fahrkarte bis zum Endbahnhof« — so blieb doch der vorsichtige und kluge Rundstedt seiner Ansicht treu.

Auch anderen führenden Offizieren erschien der Befehl sinnvoll — wenigstens zunächst. General Franz Halder, der Chef des Generalstabes des deutschen Heeres, zuckte die Achseln, als er in Münstereifel, südlich Bonn, die Nachricht las. Er hielt Rundstedt schon immer für einen Truppenführer ohne Schwung, aber der Mann an der Spitze mußte wissen, was er zu tun hatte. Westlich Montreuil kam Oberst Kurt Zeitzler, der Stabschef der Panzergruppe von Kleist, widerwillig zu dem Schluß, der Befehl sei vielleicht doch sinnvoll. Von den zwölfhundertfünfzig Panzern, über die Kleist verfügte, war etwa die Hälfte reparaturbedürftig, und es wäre töricht, in dem mit Deichen durchzogenen Gelände jenseits des Kanals eine Panne zu riskieren. Immerhin hatte die Panzergruppe im täglichen Bericht an Hitler gemeldet, etwa dreihundertsechzig Panzer stünden innerhalb von zwei Tagen bereit.

Nun legte sich Generaloberst Walther von Brauchitsch, der Oberbefehlshaber des Heeres, ins Zeug. Die Panzer waren, fand er, auf dem westlichen Frontabschnitt verschwendet, die dort stehenden Engländer ein geknicktes Rohr und keine Macht mehr, mit der man rechnen mußte. Deshalb sollten die gesamten Panzerverbände und die 4. Armee, ordnete er an, von Rundstedt an Bock übergehen, dessen Heeresgruppe B bei ihrem Angriff auf die Alliierten von Osten her überhaupt keine Panzer hatte.

Dann erschien am 24. Mai um 11 Uhr vormittags Hitler zu einem überraschenden Besuch im Hauptquartier Rundstedts in Charleville. Es begann, wie Oberst Günther Blumentritt sich erinnert, genau wie immer ... der schwarze, offene Mercedes, der rasch über das Kopfsteinpflaster dahinglitt ... der Führer, wie immer im braunen Waffenrock und mit Stiefelhosen, das Eiserne Kreuz auf der Brust, saß steif im Fond neben Generalmajor Jodl, dem Chef des militärischen Führungsstabes des OKW ... sein Adjutant, Oberst Rudolf Schmundt, leistete dem Chauffeur Gesellschaft.

Und wie immer huschten die Stabsangehörigen, die Hitlers Vorurteile kannten, wie Schuljungen umher, um den Dingen das rechte Aussehen zu geben. General von Sodenstern, Rundstedts Stabschef, der kräftige Getränke schätzte, räumte die Cointreau-Flaschen in einen Aktenschrank, und eine Ordonnanz riß Rundstedts Fenster weit auf und wedelte die Tabakschwaden des Kettenrauchers hinaus. Nur Rundstedt blieb wie immer ruhig und ungerührt. Er hatte selbst keine allzu hohe Meinung vom Führer, wußte aber, welchen Wert Hitler auf sein Urteil legte. Und auch heute war der Führer, wie immer in Rundstedts Anwesenheit, ruhig und fast nachgiebig.

Er stand neben dem General, der mit raschen Handbewegungen auf der großen Generalstabskarte die Lage erläuterte, nickte dann und wann wortlos und fragte schließlich, was Rundstedt jetzt mit den Panzern vorhabe, nachdem er sie angehalten hatte.

Rundstedt war verwundert. Der Führer mußte doch wissen, daß die Panzer nicht mehr Rundstedts Befehl unterstanden. Brauchitsch hatte sie vor vierundzwanzig Stunden der Heeresgruppe B unterstellt.

In der schwülen Stille nach diesen Worten wurde jedem klar, daß etwas nicht stimmte. Obwohl Hitler ruhig sagte: »Dieser Befehl wird aufgehoben«, hatte er offenbar nichts gewußt.

Dann fuhr er fort: Rundstedt habe richtig gehandelt, als er die Panzer stoppte. Sie hatten sich nicht nur selbst überrundet, sondern die sumpfige, flandrische Ebene war auch kein Panzergebiet. Auch mußte an den »Plan Rot« gedacht werden, der bereits im Entwurf vorlag und den gepanzerten Vorstoß über die Somme in das Herz Frankreichs vorsah. Was wäre, wenn die Franzosen von Süden her kräftig angriffen, während die Panzer rings um Dünkirchen im Schlamm versanken und dadurch bloß noch der Luftwaffe die Arbeit erschwerten?

Von Rundstedt nickte. Er, der geborene Diplomat, der vier Sprachen sprach, hatte sich während der Beisetzungsfeierlichkeiten für König Georg V. lange mit General Georges Gamelin unterhalten, der Oberkommandierender der alliierten Streitkräfte gewesen war, bis vor drei Tagen General Weygand das Kommando übernommen hatte. Rundstedt, der von den Franzosen viel erwartete, pflegte auf die Karte von Südfrankreich zu tippen und zu sagen: »Hier unten wird mein kleiner Freund Gamelin sicher mit seinem Gegenangriff kommen.«

Es gab wohl auch andere Gründe, wegen der Engländer nicht allzusehr ins Zeug zu gehen. Vor einer Woche hatte Hitler im selben Raum, in dem er jetzt stand, eine halbstündige Lobrede auf die Briten und ihr Weltreich gehalten: »Ich hoffe und glaube, daß wir mit Großbritannien zu einer Einigung kommen werden. England soll in Übersee und auf den Meeren herrschen, und ich werde in Europa herrschen.« Er spann auch noch andere phantasievolle Gedanken aus: Angenommen England machte Frieden und würde dann in einen Krieg mit einer anderen Macht verwickelt? So groß war seine Bewunderung, daß er den Briten dann sogar die Luftwaffe und die Kriegsmarine leihen wollte, um ihnen zu helfen.

Als die Besprechung vorbei war, sagte Rundstedt, wie Blumentritt sich erinnert, trocken: »Na, wenn er sonst nichts von England will, dann haben wir in sechs Wochen Frieden.«

Keiner der Anwesenden war sonderlich überrascht; sie hatten Hitler schon öfter so reden hören. Blumentritt erinnert sich aus seiner Zeit als Ia der 7. Armee im Jahre 1937 an zahlreiche Debatten darüber, ob Deutschland sich mit Italien oder mit England verbünden sollte. Da hatte Hitler höhnisch erklärt: »Ich ziehe ein englisches Rassepferd einem italienischen Esel vor.«

Weder Rundstedt noch Blumentritt, die des Führers Meinung nun zu kennen glaubten, kümmerten sich um die Vorgänge danach. Nun fand der Streit auf der höchsten Ebene statt. Am 24. Mai um 15 Uhr war Hitler wieder in seinem Hauptquartier in den Wäldern von Münstereifel, das im Jagdhausstil gehalten war. Sofort ließ er den Oberbefehlshaber des Heeres, von Brauchitsch, kommen und überschüttete ihn mit einem Wutausbruch. Mit welchem Recht hatte Brauchitsch die Panzer verlegt, ohne ihn zu fragen? Die Panzer hatten im feuchten flandrischen Grasland nichts zu suchen — der Befehl mußte sofort zurückgenommen werden.

Von Brauchitsch, ein feinfühliger, würdiger Aristokrat der alten Schule, kam nicht einmal dazu zu antworten — oft war ihm nach einem Streit mit Hitler körperlich übel. Er kam, wie sich sein Stabschef, General Franz Halder, erinnert, »erschüttert und unglücklich« zurück und war »überzeugt, daß die Entscheidung des Führers den ganzen Kriegsverlauf ändern könne«. Halder, ein wacher Bayer, der bündig und geradlinig aufzutreten pflegte, war empört. »Die Bevormundung der Generalität durch diesen Mann geht zu weit. Es wird über kurz oder lang keinem Generalstäbler, der Haltung hat, anderes zu tun übrigbleiben, als seinen Abschied zu nehmen.

Wenn Herr Generalfeldmarschall auf diesen Vorfall hin seinen Rücktritt einreichen wollen, werde ich es ebenfalls tun.« Aber Halder wußte, daß der peinlich gewissenhafte Oberbefehlshaber nicht zurücktreten würde. Und schon antwortete Brauchitsch: »Sie dürfen es nicht tun, Halder. Ich auch nicht. Wir sind beide durch unseren Eid gebunden. Und um weiteres militärisches Pfuschwerk zu verhüten, dazu ist als Chef des Generalstabes keiner so berufen wie Sie.«

Das waren die Entscheidungen auf oberster Ebene. Bei den niederen Instanzen blieb es vierundzwanzig Stunden lang ruhig. Als dann aber die Verantwortlichen die Auswirkungen voll übersahen, kam von allen Seiten Widerspruch.

General von Bock in Brüssel, wo das Hauptquartier der Heeresgruppe B lag, wußte ebensowenig wie seine Landser. Warum waren die Panzer erst angehalten worden? Warum waren sie dann nicht, wie versprochen, ihm überstellt worden? Sein Stabschef, Oberst Hans von Salmuth, rief General von Kluge an, dessen 4. Armee die Panzer unterstanden, und das Geheimnis wurde noch größer. Kluge hatte zwar den Befehl, aber keine Begründung bekommen.

Nun griff General von Bock ein. Er rief Brauchitsch telefonisch an, aber der Oberbefehlshaber, der wohl nicht zugeben wollte, Hitler nachgegeben zu haben, war zurückhaltend. »Unglücklicherweise«, erklärte er, »sind die Panzer um einen Tag zurückgehalten worden.«

General von Bock antwortete ihm zornig: »Aber sie müssen sofort angreifen. Wenn Dünkirchen nicht genommen wird, können die Engländer ihre Armee transportieren, wohin sie wollen.«

Wie Salmuth sich erinnert, war der General von Bock einer der wenigen, die damals bereits die entscheidende Bedeutung von Dünkirchen erkannten.

Andere hatten sich bereits in die Auseinandersetzung eingemengt, aber keiner hatte es so eilig wie Generalfeldmarschall Hermann Göring, der Oberbefehlshaber der Luftwaffe. Generalleutnant Josef Schmid, der Stabschef des Oberkommandos der Luftwaffe, hat nie Görings* Erregung vergessen, als er hörte, daß die Panzer fast Dünkirchen erreicht hätten. Er schlug mit den Fäusten auf den Tisch und schrie: »Ich muß sofort den Führer sprechen. Der Fall ist wie geschaffen für die Luftwaffe. Besorgen Sie mir sofort eine telefonische Verbindung!«

Innerhalb von Minuten hatte Hitler, wie Schmid sich erinnert, bedenkenlos zugestimmt — bevor er sich auch nur mit Rundstedt besprochen hatte. Dünkirchen sollte der Luftwaffe überlassen werden, und die Panzer sollten dort bleiben, wo sie standen.

Alle waren bestürzt. General Greiffenberg von Hitlers Führungsstab in Münstereifel rief: »Was soll dieser Wahnsinnsbefehl? Bauen wir den Engländern goldene Brücken?« Als einer seiner Kameraden, Generalmajor von Loßberg, den Generalmajor Jodl aufsuchte, beruhigte ihn der: »Der Krieg ist schon gewonnen. Warum sollen wir Panzer bei einer Aufgabe verschwenden, die die Luftwaffe mit sparsameren Mitteln lösen kann?« Erregt trat Loßberg ins Freie, wo er den Generalobersten Wilhelm Keitel traf, der friedlich eine Zigarre rauchte. Wieder zog Loßberg eine Niete. Keitel versicherte ihm: »Flandern ist zu sumpfig für die Panzer, aber machen Sie sich keine Sorgen, Göring macht die Sache schon.«

Daran glaubte allerdings nur Göring selbst. General der Flieger Albert Kesselring, der temperamentvolle Chef der Luftflotte II, den die Briten »Smiling Al« nannten, war entsetzt. Er rief aus seinem Hauptquartier in Brüssel sofort Göring an. Göring sei sich doch wohl klar, daß drei Wochen Luftkrieg manche seiner Einheiten auf die Hälfte reduziert hatten. Und, schlimmer noch, die Panzer seien so rasch vorgedrungen, daß die Nachschubkette der Luftwaffe nicht Schritt halten konnte. Die meisten verfügbaren Bomber lägen noch immer auf den Flughäfen östlich des Rheins, über vierhundert Kilometer von Dünkirchen entfernt.

* Im Original ist Göring als Reichsmarschall bezeichnet. Göring wurde aber erst nach dem Frankreichfeldzug mit diesem Rang ausgestattet.

Schließlich erkannte Kesselring, wie Görings Sucht nach Ruhm alle Bedenken überwog, und er warf mit dem Wort: »Nicht lösbar!« den Hörer auf die Gabel.

So ging die Auseinandersetzung wie ein glimmender Brand drei Tage hin und her, während die Engländer und Franzosen ihre Truppen umgruppierten. Erst am Sonntag, dem 26. Mai, zeigte sich ein Lichtschimmer. Um die Mittagszeit rief Oberst Hasse, der Ic von Generaloberst von Bock, aus Brüssel routinemäßig wie jeden Tag General Greiffenberg in Hitlers Hauptquartier an. Ob denn überhaupt keine Möglichkeit zum Vorrücken der Panzer bestehe. Greiffenberg hatte gute Nachricht. Die Evakuierung der »unnützen Mäuler« von Lord Gort war beobachtet worden, und als Hitler hörte, an diesem Morgen hätten sechs mit Truppen vollgepfropfte Transportschiffe Dünkirchen verlassen, warf er wieder seine Meinung um.

Fünf Panzerabteilungen bekamen die Erlaubnis vorzurükken, doch nur bis fünfzehn Kilometer vor Dünkirchen, dem Artilleriebereich der Fünfzehn-Zentimeter-Geschütze. Dünkirchen selbst sollten die Panzer seitlich liegenlassen. Dünkirchen war, wie Hitler noch einmal unterstrich, Sache der Luftwaffe.

Ein Mann wenigstens war entschlossen, daß die Luftwaffe diese Aufgabe mit allen ihren Mitteln erfüllen sollte. Generalmajor Freiherr von Richthofen hatte in seinem Hauptquartier, einem Bauernhaus in der Nähe von St. Pol, 75 Kilometer südlich von Dünkirchen, tagelang gereizt gewartet. Richthofen, ein straffer, impulsiver Draufgänger, vierundvierzig Jahre alt, war der Vetter Manfred von Richthofens, des »roten Teufels«, des berühmten Fliegers aus dem ersten Weltkrieg mit fünfzig Abschüssen, und das vergaß er selten. Er war der rücksichtslose und dynamische Führer des VIII. Fliegerkorps, einer Eliteeinheit von erstklassigen Piloten, die in Reichweite von Dünkirchen lag, war im spanischen Bürgerkrieg mit der berühmten Legion Condor geflogen und seitdem auf enge Infanterieunterstützung spezialisiert.

Auch er war empört, als die Panzer angehalten wurden, aber er hatte dann seine Verbindungen spielen lassen und seinen Freund, den Generalmajor Hans Jeschonnek, angerufen, den Chef des Stabes der Luftwaffe. Andere Luftwaffenoffiziere wußten von diesem »direkten Draht« und fürchteten ihn. Richthofens Bitten um Maschinen und Personal blieben oben selten ungehört, während die Nachschub- und Ausbildungschefs seine Aufträge nach zerstörten Flugzeugen und verwundeten Fliegern zählten.

Aber diesmal war Richthofen, der von Hitler verächtlich als »Adölfchen« sprach, mit dem Ausgang unzufrieden. Kaum war der Anruf beendet, da sah ihn der Chef seines Stabes, Oberstleutnant Hans Seidemann, »fluchend wie ein Feldwebel« aus seinem Dienstzimmer kommen.

»Zum Teufel, was hat Adölfchen da vor«, schrie er. »Jeschonnek sagt mir, er habe die Panzer von Dünkirchen abgezogen, um den Briten eine schändliche Niederlage zu ersparen. Was ist das für ein verrücktes Geschwätz?«

Dabei hatte Richthofen an diesem nebligen Sonntagabend eigentlich Grund, sich über die Befehlsänderung zu freuen. Er hatte in Schloß Dyck bei Köln viele Stunden mit den Sturzkampfbombern vom Typ Ju 87 experimentiert, und dabei war ihm etwas eingefallen, was die Flugzeuge um vieles wirkungsvoller machte. Die Maschinen dieses Typs, den der Flieger-Champion Ernst Udet, angeregt von der »Flying Jenny« der amerikanischen Kriegsmarine, geschaffen hatte, liefen so sanft, daß Richthofen spottete: »Das hört sich an wie ein Mann auf nassen Strümpfen.« Erst kürzlich hatte ein Freund zu ihm gesagt: »Du solltest endlich aufhören mit Kindersachen zu spielen.« Denn Richthofen hatte nach langem Überlegen jede Stuka-Bombe mit vier kleinen Pfeifen ausgerüstet, von denen jede auf einen anderen Ton abgestimmt war, und an den Rädern der Flugzeuge hatte er kleine Propeller angebracht.

Richthofen hatte die Stichelei hingenommen. Wenn Flugzeug und Bomben zugleich aus der Höhe herabstürzten, dann machten sie einen Höllenlärm. Er war gespannt, wie das den Engländern in Dünkirchen gefallen mochte.

Bis jetzt wußten nur wenige der Männer von Lord Gort, daß Unheil bevorstand; aber die Nachricht griff um sich. In einem Stall am Stadtrand von Roncq rieb sich der Gefreite Bill Hersey von den East Surreys mit den Fäusten den Schlaf aus den Augen. Eine unfreundliche Hand hatte ihn jäh geweckt. »Antreten zur Besichtigung durch den Kompaniechef.« Als Hersey zehn Minuten später draußen auf dem Pflaster angetreten war, hörte er aus dem Mund des Kompaniechefs Captain Harry Smith die Nachricht, bei der es ihm kalt über den Rükken lief: »Wir treten einen allgemeinen Rückzug zur Küste an. Es besteht die Absicht, nach England überzusetzen und später wieder nach Frankreich zu kommen.«

Es war keine Zeit zu verlieren. Als der Batteriefeldwebel Richard While den Befehl gab »Wegtreten«, baute Hersey sich vor Smith auf und nahm Haltung an. »Sir, können Sie etwas für meine Frau tun?« Hersey hatte Vertrauen zu Smith, einem freundlichen, untersetzten Mann. Smith hatte sich bei Captain Joseph Gardner, dem katholischen Feldgeistlichen der Brigade, dafür eingesetzt, daß Gardner bei der örtlichen Geistlichkeit vermittelt hatte, die mit der Mischehe nicht einverstanden gewesen war. Wie immer war Smith hilfsbereit, wenn auch kurz angebunden: »Geh und hole sie!«

Hersey nahm ein Fahrrad und radelte verbissen nach Tourcoing. Die Reifen rutschten auf den regennassen Pflastersteinen und hüpften hin und her. Alle Gedanken an den Rückzug und selbst an England verblaßten gegen den Gedanken, Augusta zurückzulassen.

Bis zum Einmarsch der Deutschen hatte Bill Hersey eine Sonderstellung: Vom 17. April, seinem Hochzeitstag, an war er der einzige Mann im britischen Expeditionskorps, der einen Dauerurlaubsschein bis zum Wecken besaß. Da ging es allabendlich im Café zur »Goldenen Ähre« fast zu, als sei man in England. Alte Freunde kamen, »Nobby« Clarke, »Dicky«

Dumper und »Gutty« Bedford. Vom Hochzeitsfrühstück mit Steaks, Bratkartoffeln und Anisette an hatten alle miteinander herzliche Stunden verbracht, gemütliche Siebzehn-und-Vier-Spiele, Gesang und Wettbewerbe auf dem Schießstand des Cafés, Einheimische gegen Militär, wobei Augusta mit ihrer 0.22er umging wie ein Mann. Sie hatte das Schießen von ihrem Vater gelernt.

Und auch die Ehe ging gut, obwohl Bill nach wie vor in seinem Taschenwörterbuch blätterte und Augusta kein Wort englisch sprach. Bill Hersey war ein magerer, verwegener und unsteter Mensch, der in ganz Indien Soldat gewesen war und viele Nächte im Wachthaus verbracht hatte; immer hatte er sich heimlich nach einer Frau und einem Heim gesehnt. Bei ihm selbst zu Hause stand es nicht gut damit, seit sein Vater, ein kleiner Bauer, den Mut verloren hatte, mit der Zeit zu gehen. Diese Sehnsucht steckte in ihm bis zu jenem Dezembertag, an dem sich Bill beim Braten von Steaks im Freien seine Hand an einem Petroleumofen übel verbrannte. Zur ersten Hilfeleistung ging er in das Café.

Paul Six, Augustas Vater, bestand darauf, daß seine Tochter sich um Bill kümmere. Sie bildete sich gerade in Erster Hilfe aus, und eine praktische Übung tat ihr gut. Ihre Methoden waren zunächst etwas primitiv, denn eine Dusche von 90prozentigem Alkohol auf die Brandwunde jagte Hersey bis an die Decke. Aber Bill Hersey hatte sich nie mit kleineren Unpäßlichkeiten abgegeben. Trotzdem hielt er es für erforderlich, seine Wunde mindestens einmal täglich verbinden zu lassen, und Augusta behandelte seine Hand immer behutsamer.

Immer noch radelnd, als gehe es ums Leben, fuhr Hersey in die vertraute Rue Clinqet, die drei ganze Wochen sein Zuhause gewesen war. Er sah auf seine Uhr. Es war genau 23.30.

Minuten später schreckten fünf Frauen im Café zur »Goldenen Ähre« aus dem Schlaf auf. Augusta, ihre Mutter und ihre drei Freundinnen, die wegen der Luftangriffe unten im großen Schlafzimmer auf Strohsäcken zusammengedrängt lagen, waren früh schlafen gegangen. Kein Schläfer hätte das donnernde Klopfen überhören können.

Augusta tastete sich im Morgenrock durch das verdunkelte Café. Nie hat sie das Gesicht ihres Mannes vergessen, das sie beim Wegschieben der Verdunklungsvorhänge sah. Der gelassene Charme war weg, sie sah einen neuen Hersey, ernst und straff. Sein Gruß war ein Befehl: »Pack deine Sachen, wir ziehen ab!«

Kapitel 2

WAS, DÜNKIRCHEN IN SCHOTTLAND?

Montag, 27. Mai

1.00—20.00 Uhr

Augusta Hersey begriff sofort. Es war ihre Art, die Dinge zu nehmen, wie sie kamen. Bis zu ihrem einundzwanzigsten Lebensjahr war ihr Leben nicht nach einem festen Schema verlaufen, das Schicksal wollte es anders. Sie war ganz die Tochter ihres Vaters, jungenhaft und voll Temperament. Als im letzten Winter die Fremden in ihren Khakiuniformen mit ihrer komisch näselnden Sprache und ihren humorvollen, spröden Gesichtern Tourcoing überschwemmten, hatte sie sich rasch in ihre Scherze und halbverstandenen Witze gefunden.

Nun war sie die Frau eines britischen Soldaten, und es war ihre Pflicht, ihrem Mann zu folgen, wohin er ging. Sie lief in das Schlafzimmer zurück, weckte, ohne ihre Freundinnen zu stören, ihre Mutter vollends und erklärte ihr: »Bill ist draußen. Er will mich nach England mitnehmen.« Die Mutter war zunächst benommen und sprachlos. Aber als Bill drängte: »Sie ist jetzt Engländerin, sie ist nur sicher, wenn sie mitgeht«, verstand sie.

Augusta packte rasch und umsichtig ihren Koffer. In zehn Minuten war sie angezogen. Sie trug eine weiße Leinenbluse, einen Faltenrock, eine Baskenmütze und einen neuen blauen Mantel. Ein rascher Kassensturz ihrer Handtasche ergab 2400 Franken, etwa 14 englische Pfund. Sie gab ihrer Mutter 1000 Franken und umarmte sie noch einmal.

»Schnell, schnell«, drängte Bill, als sie ihr Fahrrad von hinten holte. In dieser Nacht hing alles von Minuten ab. Als sie durch die stillen Straßen radelten, hörten sie im Osten schwaches Maschinengewehrfeuer. Seit vier Stunden bestand Ausgangsverbot. Hinter der Stadt legten Pioniere neben der Straße Minen. In Roncq herrschte geschäftiges Treiben. Stählern dröhnten die abrückenden Troßfahrzeuge, die Rückstrahler der Lastwagen leuchteten wie Glühwürmchen, Stiefel klapperten auf dem Pflaster. Als Bill Augusta seinem Kompaniechef, Captain Smith, vorstellte, entschied der rasch: »Sie kann mit meinem Burschen in meinem Wagen fahren. Aber Sie müssen sie erst einmal einkleiden.«

Das dämpfte den Abschiedsschmerz. Erst die Trennung ... dann heute die bittersüße Wiedervereinigung ... und nun kleidete Hersey, der erfahrene Kammerbulle, seine Frau ein, wie einen Tommy aus dem Bilderbuch: Khakimantel, Stahlhelm, Gasmaske, Lee-Enfield-Gewehr. Noch eine kurze Besprechung mit Smiths Burschen, Fahrer Johnnie Johnson, dann gab Smith das Zeichen »ab!« Um 0.30 Uhr setzte sich die Kolonne von einem Dutzend Lastwagen in der feuchten, pechschwarzen Nacht in Marsch. Der Transportraum war knapp und manche, darunter Bill Hersey, mußten marschieren. In der Marschkolonne ging das hartnäckige Gerücht um: Ziel ist Ostende.

Aber auch Ostende an der belgischen Küste würde binnen kurzem aufgegeben werden müssen. Das wußte Admiral Sir Bertram Home Ramsay, der kommandierende Flaggoffizier in Dover. Diesen Morgen war der verschlossene, silberhaarige kleine Admiral nach wochenlangem Warten mit einer atembeklemmenden Aufgabe betraut worden, nämlich der Evakuierung einer unbekannten Zahl Soldaten über den einzig verbliebenen Ausschlupf — Dünkirchen, 36 Kilometer oberhalb Dover, jenseits des Kanals.

Niemand war für diese Aufgabe besser geeignet als er. Der siebenundfünfzig Jahre alte Ramsay hatte bis vor acht Monaten außer Dienst gestanden, nachdem er sich fortgesetzt mit seinen Vorgesetzten angelegt hatte. Aber er war der Mann für schwierige Situationen. Sein scharfer, logischer Verstand war ebenso bekannt wie sein rücksichtsloser Perfektionismus und seine schneidende Verachtung alles Zweitrangigen. Mit dem Admiral, der so untadelig war wie die schwarze Seidenkrawatte, die er stets trug, war nicht leicht auszukommen. Die meisten fanden seine Ansprüche auf allen Lebensgebieten, vom Portwein bis zu den Poloponies, zu hoch für eine Freundschaft. Aber er durchschaute eine Situation ebenso wie einen Menschen mit einem einzigen Röntgenblick, »und wenn er den Menschen als mangelhaft befand, dann unterbrach er ihn«, wie ein Adjutant sich erinnert, »mitten im Satz, und seine Entscheidung blieb unwiderruflich.«

An diesem Morgen hatte Ramsay in seinem kleinen Arbeitszimmer, das aus dem Kreidefelsen der Ostklippen von Dover herausgeschnitten war und einen eisernen Balkon hatte, wieder eine Entscheidung gefällt. Aber deren Chancen hielt er für gering. Außer Dünkirchen bot die Nordküste keinen anderen Ausgang. Doch der Haupthafen mit seinen sieben Docks, die Dünkirchen zum drittgrößten Hafen Frankreichs gemacht hatten, war ausgeschaltet. General Kesselrings Luftflotte II hatte ihn in den letzten acht Tagen, seit dem 18. Mai, durch Routineangriffe zu einem Schutthaufen gemacht.

So verblieben nur die vierzig Kilometer der sandigen, flach abfallenden Küste, und Ramsay, der im ersten Weltkrieg in diesen – strichweise nur dreieinhalb Meter tiefen Gewässern – eingesetzt war, erinnerte sich ihrer nur allzu gut. Schwere Schiffe waren nicht verwendbar. Die gewundene, mit Untiefen durchsetzte Küste von Dünkirchen, bekannt als Schiffsfriedhof, erlaubte nur den Einsatz kleiner Schiffe. Aber von den 202 Zerstörern, mit denen die Royal Navy in den Krieg eingetreten war, standen Ramsey zum Wochenende nur noch 40 zur Verfügung. Norwegen, der Krieg im Mittelmeer und die schweren Verluste bei der belgischen und niederländischen Evakuierung wirkten sich aus.

Die Admiralität hatte Ramsay den Captain William Tennant, einen hageren Offizier mit scharfgeschnittenem Adlerkopf, eiligst zur Unterstützung beigeordnet. Ramsay besprach mit ihm diese Fragen ruhig und gründlich. In großen Zügen lag der Plan bereits fest. Alte Postdampfer von der Insel Main wie die »Mona's Isle« und die »King Orry« waren zu bewaffneten Versorgungsschiffen umgebaut und vor Stunden als Vorhut der Evakuierungskräfte auf den Weg geschickt worden. Aber die schlanken Zerstörer mit ihren Windhundkörpern, vollgepackt mit Geschützen und Abwurfvorrichtungen für Wasserbomben, taugten nicht zur Personenbeförderung. Demnach fiel die Hauptlast der Überführung den leichtbewaffneten Handelsschiffen zu, den Küstenschiffen, den Kanalfähren und den holländischen Schleppkähnen, den Schuten.

Ramsay erklärte Tennant: »Der Boche steht bei Gravelingen. Das ist bisher der schwerste Schlag.« Tennant brauchte nicht zu fragen, warum. Als die Deutschen bei der Einschließung der Armee Gorts Calais besetzten, fielen ihnen die nicht weit davon liegenden Geschützstellungen von Gravelingen in die Hand. Damit lag die Route Z, der knapp 60 Kilometer lange Seeweg von Dünkirchen nach Dover, im Bereich der Küstenbatterien.

Die zweistündige Überfahrt mußte also aufgegeben werden, jedenfalls bei Tag. Ramsays nautischer Berater, Fregattenkapitän Archibald Day, arbeitete bereits neue Routen aus. Die Route Y, 130 Kilometer lang und geformt wie ein Hundebein, führte um die Kwinteboje vor Ostende herum und näherte sich Dünkirchen von Osten. Die Route X, eine 82 Kilometer lange Strecke, kreuzte die Ruytingenbank und stieß zwischen Dünkirchen und Gravelingen in die küstennahen Gewässer des Kanals.

Die Route X führte über Minenfelder, und die Route Y war noch eine unbekannte Größe, aber Ramsay mußte es wagen. Bereits bevor der Kanal von Minen geräumt war, hatte er Transportschiffe und Lazarettschiffe angewiesen, über die Route Y zu fahren.

Beide Männer kannten die Risiken. Der 130 Kilometer lange Weg beanspruchte mehr als die doppelte Fahrzeit, fünfeinhalb Stunden gegenüber zwei. Es mußten mehr Schiffe unterwegs sein, und mehr Schiffe unterwegs konnten der Luftwaffe einen verdammt munteren Tag bieten.

Inzwischen sollte der schweigsame Tennant als neueingesetzter ranghöchster Marineoffizier Dünkirchens mit 12 Marineoffizieren und 150 Mann die gesamte Evakuierung über diesen Hafen leiten — solange Gorts Armee den deutschen Ansturm aufhalten konnte.

Bis jetzt war das Geheimnis gut gehütet. Keiner der zwölf Offiziere, die sich vor Ramsays Dienststelle in dem feuchten Kreidetunnel 160 Meter über dem Kanal aufhielten, wußte, warum er hierher kommandiert war.

Fregattenkapitän Harold Conway spielte gerade zu Hause auf seinem Rasen Krocket, als er einen Telefonanruf bekam: »Wir haben eine kleine Arbeit für Sie — Sie brauchen außer einer Zahnbürste nichts mitzubringen.« Fregattenkapitän Renfrew Gotto, der noch im aktiven Dienst stand, kam direkt von der Kirchenparade in Portsmouth in vollem Paradeanzug. Der ebenso nichtsahnende Fregattenkapitän Hector Richardson hatte einige Tennishemden und einen Pullover eingepackt.

Selbst auf den Schiffen wußte man kaum mehr. Aber die ganze britische Küste entlang, von den Tees bis zum Sund von Plymouth, knisterte es vor Erwartung. Wenn etwas im Gange war — die Navy war bereit!

Manche erfuhren die Nachricht auf seltsamen Wegen. Oberbootsmann Wilfred Walters stand in Northshields an der Tyne vor einem Wirtshaus Schlange, als ein Polizist auf ihn zutrat: »Gehen Sie sofort zurück an Bord, Sie sind zu einer Evakuierung befohlen.« Nun fuhr Walters in dem alten, mit Kohle befeuerten Minenräumboot »Ross« nach Harwich mit der romantischen Idee, er eile der niederländischen Königsfamilie zu Hilfe, die schon seit vierzehn Tagen in Sicherheit war.

Auf der Brücke des Minenräumbootes »Kellett«, das von Newcastle ausgelaufen war, zog Fregattenkapitän Reginald Haskett-Smith die Augenbrauen hoch. Die Funkstation hatte ein dringendes Signal aufgefangen: »Vom Kapitän der ›Mona's Isle‹ an den Vize-Admiral Dover. Ich werde von Gravelingen aus beschossen.« Als Haskett-Smith in einem Schulatlas Gravelingen gefunden hatte, stutzte er. Warum auch immer sie nun südwärts fahren mochten — eine Erholungsreise war es nicht, wenn die Deutschen an der Kanalküste saßen.

Aber selbst die Leute an Ort und Stelle wußten so gut wie nichts. Oberleutnant zur See Victor de Mauny, der Befehlshaber des Blockadebrecher-Kontrollschiffes »Ocean Breeze« frühstückte gerade im Marinestützpunkt Ramsgate in Kent, als ein schottischer Gardeoffizier hereingestürmt kam: »Der Dynamo läuft, der Dynamo läuft!« Überzeugt, der Mann habe den Verstand verloren, versuchte de Mauny, ihn mit Kaffee zu beruhigen, bis der Offizier explodierte: »Was machen Sie eigentlich hier?«

Als de Mauny ihm erklärte, er kümmere sich befehlsgemäß um belgische Flüchtlinge, schrie ihn der Offizier an: »Flüchtlinge? Herr des Himmels, es geht nicht um Flüchtlinge — es geht um das britische Expeditionskorps!«

Wenige erfuhren es so klar wie die Offiziere des Minenräumbootes »Leda«. Fregattenkapitän Harold Unwin legte den Finger auf die Karte der Küste und sagte ihnen: »Die Lage ist schlecht. Die Lage ist fast so schlecht, wie sie überhaupt sein kann ... Wir fahren heute nacht hinüber und holen das britische Expeditionskorps ... Und dafür sind wir da, Boys.«

»Nacht«, war das Wort, unter dessen Zeichen die Operation stand. Als Tennant aus Ramsays Zimmer ging, bemerkte der Admiral noch fast beiläufig, günstigenfalls könnten Tennant und sein Stab hoffen, 45 000 Mann zurückzubringen.

Jenseits des Kanals war die Stimmung unterschiedlich. Bis jetzt wußten noch wenige, daß es der Heimat zuging. Aber langsam sickerte das Wort an der 150 Kilometer langen Front durch.

Für manche hatte die Nachricht den Klang Urlaub. Als der Feldwebel erklärte, es ginge nach Dünkirchen zu einer Kampfpause und einem Bad, weinte der Kanonier William Medlyn beinahe vor Freude. Gefreiter Mervyn Doncom vom Regiment Hampshire, ein abgebrühter Glücksritter, der scharf auf seinen Vorteil achtete, erfuhr es vom Adjutanten, Captain Humphrey: »Schöner Tag heute für einen Spaziergang! Wissen Sie auch wohin? Es geht nach England.«

Die Nachricht kam auch auf andere Weise. Unteroffizier Jimmy Trodden vom 2. Bataillon East York war nördlich von Waterloo mit seinen Kameraden auf dem Rückzug. Sechshundert Mann marschierten schweigend durch den milchigen Frühnebel, die Sonne hatte den Tau in den Gräsern noch nicht aufgesogen. Da flatterten plötzlich Flugblätter vom bleichen Himmel herunter. Es gab ein kurzes Rennen, und dann war den East Yorks als erster Einheit bewußt, daß das britische Expeditionskorps mit dem Rücken zur See von einem riesigen Hufeisen umschlossen war. Der Text war erschütternd:

»Britische Soldaten!
Seht Euch diese Karte an, sie zeigt
Euch die wahre Lage!
Eure Truppen sind vollkommen umzingelt.
Gebt den Kampf auf!
Legt Eure Waffen nieder!«

Major Eric Rippingille betrachtete lange die verblüfften Gesichter in der Runde. Dann fragte er: »Nun, Männer, was machen wir?« Die Antwort war ein einmütiges Murmeln, Toilettenpapier war in der Einheit schon lange knapp. Trodden und alle anderen marschierten — ohne zu wissen warum — aufrechter weiter.

Manche, die noch nichts wußten, schlossen aus kleinen Anzeichen. Kanonier Hugh McGowan wurde nachdenklich, als nördlich Ypern die Offiziere statt des Kampfanzuges den Dienstanzug mit blitzenden Knöpfen und gewienertem Koppel anlegten. Feldwebel Thomas Dunkley hörte beim Überbringen einer Meldung ins Stabsquartier der 5. Brigade bei Béthune, wie hinter geschlossenen Türen bei einer Besprechung das Wort »Dünkirchen« fiel. Als ein junger Offizier grinste, fuhr ihn Brigadegeneral Gerald Gartlan an: »Sie grüner Schnösel, da gibt es gar nichts zu lachen!« In Poperinghe erklärte ein Hauptfeldwebel in den Worten des letzten Krieges dem Regimentsfeuerwerker Jack Boxey: »Wir gewinnen rückwärts Boden, Kumpel. Wir machen nach Dünkirchen!«

Aber der Masse der 150 000 Mann in den rückwärtigen Stellungen, die damit als erste betroffen waren, sagte der Ortsname nichts.

»Was«, rief der Reiter Herbert Bernard aus, »Dünkirchen in Schottland?«

Manche nahmen die Nachricht gelassen auf. Wenn Tod und Niederlage drohten, so gab es doch immer noch eine richtige Art, die Dinge zu erledigen. Die Einheit von Pionier Jimmy Ross, die in einer Sägemühle bei Arras Landkarten druckte, bekam den Evakuierungsbefehl kurz bevor Oberleutnant Birkmore morgens durch die Unterkunft ging. Schweigend benetzte der Oberleutnant seinen Finger, bückte sich und strich über den Fußboden. Am Finger war Staub. Die Deutschen hin die Deutschen her, Ross mußte den Boden erst noch aufwischen.

Selbst in den höheren Rängen wußte man nicht viel mehr. Brigadegeneral John Gawthorpe, der die 137. Infanteriebrigade befehligte, grübelte in Steenvorde über Plänen zur Sicherung der Stadt Cassel, als ein Stabsoffizier vorfuhr: »Sir, Sie haben Befehl, nicht mehr anzugreifen ... Melden Sie sich mit allen Ihren Leuten beim Hauptquartier des III. Korps in Teteghem bei Dünkirchen.«

Als Gawthorpe aufbegehrte, Dünkirchen liege doch am Kanal, antwortete der Offizier kurz: »Wir gehen zufällig diese Richtung.«

Im Grunde waren alle froh, das zu hören. An diesem frischen Maimorgen kämpften viele nicht um die Rückkehr nach England, sondern nur ums Überleben. Schon um vier Uhr früh stiegen die Leuchtraketen wie ein Feuerwerk über den Feldern jenseits des Ypern-Komen-Kanals empor: General von Bocks Heeresgruppe rückte an. Am Eisenbahndamm vor dem Kanal schielte »Warrior« Linton, den Gewehrkolben gegen die Schulter gepreßt, mit schrägem Blick hinüber. »Das sind keine Weihnachtslichter ... die sind für die Artillerie«, sagte er zu seinem Freunde »Raygo« King.

Linton sorgte sich um »Raygo«, einen blauäugigen Burschen mit einem sandfarbenen Schnurrbart, der gerne lachte. Zwanzig Jahre war Raygo Lintons Weg gefolgt, in der Armee und früher in der Jugend. Raygo war mit ihm samstagnachmittags zum Strom gelaufen, war mit ihm auf Bäume gestiegen und in Höhlen gekrochen. Linton fühlte sich für alle seine Männer verantwortlich, aber ganz besonders für Raygo.

Fünfzehn Meter weg lag Stabsunteroffizier »Ginger« Dawson, ein anderer Kumpel Lintons. Traf es ihn, waren fünfzehn Meter auf den Ellenbogen ein langer Weg. Aber traf es zur gleichen Zeit auch Raygo — sollte er dann zuerst zu Dawson hinrobben und dann zu Raygo? Kehrte er nach Bristol zurück, aber Raygo nicht, so würde er das nicht überleben. Raygos Mutter könnte zu ihm sagen: »Aber Jack, du warst doch an seiner Seite — du hättest ihm doch sicher helfen können!«

Um sechs Uhr morgens kam Major Rupert Conant die Front entlang und sagte: »Nicht schießen, ihr verratet sonst unsere Stellung. Ihr seid hier, um die Deutschen aufzuhalten, nicht, um sie herzuziehen.«

Linton wußte, daß Conant sich um ihn Sorgen machte, weil Linton nachts nicht mehr schlief; aber er dachte, Conant würde nie Lintons Verantwortung verstehen und er würde auch nicht ihre geheimen Abmachungen begreifen, daß die Verwundeten einander alle helfen sollten. Raygo konnte natürlich schlafen, aber Raygo war auch nur ein einfacher Soldat.

Jetzt war keine Zeit für Schlaf. Auf dem ganzen zwölf Kilometer langen Frontabschnitt flammte der Kampf auf. Das abschüssige Tal hallte vom Takt der hämmernden Maschinengewehre und der zermürbenden Granatwerfer wider. Junge Bäume wankten und fielen, und ihre Blätter schwebten wie grüner Schnee über den schwarzen Pulverrauch und die kauernden, keuchenden Männer. Hoch über ihnen, auf der Straße über dem Kanal, verließen eben die letzten Männer der 50. Division des Generals Giffard Martel die Lkw. Es war eine Eingreiftruppe in Khaki, die darauf wartete, ihre Stellung zu beziehen. Als sie sich aufstellten, trieb Generalleutnant Alan Brooke, der dunkelhaarige, verschlossen aussehende Befehlshaber des II. Korps, sie an: »Los, wir haben keine Minute zu verlieren — sie greifen an!«

Brooke war durch erbeutete deutsche Stabspapiere alarmiert und hatte bei Lord Gort durchgesetzt, daß er ein Korps bekam, um die Flut im Osten aufzuhalten. Gort hatte zunächst die Südflanke für bedrohter gehalten und geglaubt, zwei Maschinengewehrbataillone reichten für den Ypern-Komen-Kanal aus. Bis dahin hatte Lintons Brigade allein hier gelegen, knapp zweitausend Mann zur Verteidigung der zwölf Kilometer langen Front.

Kaum einer außer Brooke durchschaute die Lage, und seine Erkenntnis war entsetzlich. Die belgische Armee wurde bereits nordwärts zurückgedrückt, und wenn die Lücke dort breiter wurde, hinderte nichts Bocks Infanterie am Vormarsch nach Westen bis zur Vereinigung mit Rundstedts Panzern. Hielten die Truppen an den beiden Kanalabschnitten nicht stand, dann gab es keinen Brückenkopf zum Rückzug für die übrige Armee.

Waren die Stellungen selbst mit zehn Divisionen gegen die Deutschen zu halten? Die Männer am östlichen Frontabschnitt waren vollständig erschöpft, die schlafenden Inniskilling Füsiliere, die Brigadegeneral Dempsey entdeckt hatte, bewiesen das. Auch die Bewaffnung war, wie während des ganzen Feldzuges, jämmerlich: Die Cameronians, das berühmte schottische

Schützenregiment, hielten zwischen Houthem und Hollebeke einen Frontabschnitt von vier Kilometern mit massenhaft Munition für 7,6-cm-Geschütze, aber ohne Geschütze. Die waren vor zwei Wochen zur Überholung weggebracht worden und niemals zurückgekommen.

Dafür hatte ihnen das Artilleriedepot 5,08-cm-Geschütze geschickt, allerdings ohne Munition und Visiere. Und so war es an der ganzen Kanalstellung.

Brooke wußte um 6 Uhr morgens nur eines genau: allein die Standfestigkeit der Männer an der Front konnte die Zeit sichern, die die Tausende für ihren Rückzug brauchten.

Oberstleutnant George Gilmore, der Befehlshaber der Cameronians stand bei Houthem vor einer schweren Aufgabe. Unter der Wucht des deutschen Sperrfeuers hatte Gilmore bereits im letzten Augenblick erlaubt, die Front auf die Höhe zu begradigen, die den Kanal überblickte. Nun sah er voll Entsetzen die Ordnung des Rückzuges gestört. Blutend, erschöpft, die Verwundeten hinter sich herziehend, waren die Männer zu Hunderten auf die andere Seite der Erhebung zurückgewichen, bis auf die Landstraße, auf der er stand.

Der Frontabschnitt der Cameronians lag ungeschützt da, und oben auf der Höhe lagen an die vierhundert seiner Männer niedergestreckt durch Granaten und MG-Feuer. Auf dem flachen Grund konnten sie sich nicht eingraben.

Einen Ausweg sah Gilmore, ein beherzter Mann mit rosigem Gesicht, in der Truppe »Pop« genannt: Wenn die fünf gepanzerten Transportwagen als Schild die Männer nach vorn und seitlich schützten, dann konnte die Höhe sogar mit den hundertachtzig Mann und den zehn Offizieren, über die er noch verfügte, wieder erobert werden. Gilmore musterte seine Truppe in der Deckung an der Straßenseite und gab ihnen den alten Befehl des Fußsoldaten: »Pflanzt die Bajonette auf!« Als die Sonne auf den blanken Bajonetten funkelte, wies er auf die Höhe: »Dort liegt euer Ziel, greift an!«

Langsam krochen die Transportfahrzeuge auf ihren Raupenketten vorwärts. In der grausamen Hitze rückte die lange, dünne Kette der Cameronians, Gilmore voran, in einer Breite von vierhundert Metern anderthalb Kilometer über die hügelige Weide vor. Kurz vor der Höhe schlug ihnen ein mörderisches Kreuzfeuer von Granatwerfern und Maschinengewehren entgegen, überall brachen die Männer in den Rübenfeldern zusammen. Aber Gilmores Plan wirkte. Als sich aus dem buschigen Gras heraus die leichten Maschinengewehre meldeten, drangen Gilmores Transportfahrzeuge stur auf sie ein und griffen an wie Panzer. Bocks Truppen flohen.

Angesichts der Toten, die überall lagen, begann eine seltsame Vorstellung Gilmore zu quälen: Wann hatte er diese Gesichter schon gesehen? Dann, als die Geschosse der Granatwerfer in breiter Bahn auf ihn zustürzten, fiel es ihm ein. Es waren die jungen Gesichter, die er vor zwölf Jahren im Kerzenlicht des Weihnachtsbaums vor sich hatte, als er bei der Regimentsfeier in Catterick Camp in Yorkshire als Weihnachtsmann auftrat.

Als auch er mit Granatsplittern in den Schenkeln und im Körper zusammenbrach, fühlte er einen eigentümlichen Frieden. Für ihn begann die Rückreise nach England im Krankenwagen, aber gleichzeitig rannte sein Melder, Unteroffizier Taylor, den Abhang hinab und meldete dem Brigadegeneral Miles Dempsey: »Stellung, wie befohlen, wieder erreicht. Wir halten sie um jeden Preis.«

Bei den Kommandeuren am westlichen Frontabschnitt war es kaum anders. Knapp an Truppen und an Waffen mußten sie auf Mittel sinnen, Rundstedts Panzer hinzuhalten.

Auf der Höhe über dem La Bassée-Kanal waren die Hochländer vom Leibregiment der Königin nahezu eingeschlossen. Aber Oberstleutnant Peter Rose-Miller hatte noch einen besonderen Grund, nicht aufzugeben. Ein Bataillon, das den Lord Gort herausgefordert hatte, durfte sich nie den Deutschen ergeben. Die Hochländer hatten nämlich einem Befehl des Kriegsministeriums, der den Hochländer-Bataillonen ihren Kilt, den traditionellen Schottenrock, im Einsatz verbot, seit Monaten widerstrebt. Es lag doch sicher ein Mißverständnis vor? Was sollte anstelle der Kilts getragen werden? Wo wären die Kilts abzuliefern? Als am 10. Mai die Deutschen angriffen, wußte Rose-Miller, daß er gesiegt hatte; jetzt hatte das Oberkommando mit anderen Fragen zu tun.

Die Hochländer standen, nach wie vor im Kilt, vor einer hoffnungslosen Aufgabe. Sie mußten die ganze 7. deutsche Panzerdivision aufhalten, vierhundert Panzer unter der persönlichen Führung des Generalmajors Erwin Rommel. Aus dem Keller eines Bauernhauses, seinem Befehlsstand, hatte Rose-Miller über das Feldtelefon dringend starke Artillerieunterstützung angefordert. Brigadegeneral Gerald Gartlan lehnte ab: »Sie werden nicht einmal Panzerabwehrgeschütze bekommen, die gehen zurück nach Dünkirchen. Aber die Deutschen dürfen nicht über den Kanal.« Lord Gorts Armee war in der besten Ausrüstung nach Frankreich gekommen — leider für einen Krieg von gestern. Gegen zweitausendsiebenhundert deutsche Panzer konnte Gort nur die einhundertzwanzig Panzer seiner I. Armee-Panzerbrigade aufbieten, deren Fünfundzwanzig-Tonnen-»Matilda«-Panzer überschwer gepanzert waren, um eine schwache Vier-Zentimeter-Kanone zu schützen. Die Besatzungen, die vierundzwanzig Stunden nach Beginn der Operation »Dynamo« wieder in England waren, hatten sie als Bunker zurückgelassen, und nun lagen sie, hoffnungslos im Schlamm versunken, an der Höhe von Vimy nördlich von Arras. Generalmajor Roger Evans' I. Panzeraufklärungsdivision (328 Panzer) schaffte es erst Wochen später mit sperrholzverkleideten Fahrzeugen — ihre Ausbildung war gerade beendet, als die Deutschen in Belgien eindrangen. Auch die zweitausendvierhundert französischen Panzer bewegten sich im Gelände schwerfällig; sie waren als Infanterieunterstützung gedacht, und oft ging ihnen während des Kampfes der Betriebsstoff aus.

Die Folgen waren von Anfang an katastrophal. Die einzige Waffe gegen Rundstedts Panzer, die zählte, waren Fünfundzwanzig-Pfund-Kanonen, die wirksam auf die vorrückenden Panzer feuern konnten. Die Infanterie hatte ein Vierzehn-

Millimeter-Gewehr, genannt »The Boys«, deren Geschosse weit davon entfernt waren, eine Panzerung zu durchschlagen; sie prallten wie Erbsen von einem Fenster ab. Mit der Artillerie stand es ebenso. Nicht eine Kanone Gorts hatte mehr als die halbe Reichweite der neuesten deutschen Modelle. Viele hatten vor dem 10. Mai nicht einmal geschossen — die Verschlüsse waren nicht aus England eingetroffen.

Rose-Miller kam ein Einfall, als er die vierhundert P IV und P III sah, die wie zur Parade in der Ebene aufmarschiert waren. Wenn die Infanteristen mit ihren Gewehren die Panzer schon nicht im Sturm nehmen konnten, so konnten sie doch ihren Vormarsch anhalten. Er befahl einer rasch zusammengekratzten Kampfgruppe — einundzwanzig Mann unter Leutnant Donald Callender: »Wenn ihr ein schwarzes Loch seht, schießt drauf!«

Ein verwegener Einfall, aber er bewährte sich. Als die Panzer mit einer gleichmäßigen Geschwindigkeit von 45 Kilometern heranbrausten, nahm Hochländer um Hochländer sein Gewehr hoch und zielte auf die schwarzen Schlitze. Inzwischen raffte Rose-Miller, der vor Ausgelassenheit übersprudelte wie ein Onkel bei Kinderspielen, einen Stoßtrupp von Kompanieschreibern und Köchen zusammen und drückte ihnen Handgranaten in die Hand: »Zieht los und schaut, wieviel Panzer ihr abschießen könnt.«

Das Ergebnis war besser, als er erwarten konnte. Als die Geschosse auf ihre Ziele flogen, zog Panzerkommandant um Panzerkommandant sein Sehrohr ein und schloß den Sehschlitz, denn wenn das Geschoß eines Scharfschützen in den Panzer gelangte, dann fuhr es unter der Besatzung herum wie eine wütende Biene. Der Sicht beraubt, taumelten die Panzer wie Betrunkene über das Feld, und ein Schütze, der sich Luft machen wollte, wagte es, eine rasch abgezogene Handgranate in den Geschützturm zu werfen. Rommel schrieb später: Die Aussichten für einen Angriff über den La Bassée-Kanal standen nicht besonders gut ... Die Lage war außerordentlich kritisch. Sechsunddreißig Stunden leistete Rose-Miller hinhaltenden Widerstand — entsprechend seinem Befehl, sich nicht unerlaubt zurückzuziehen — bis ihn Brigadegeneral Gartlan wieder anrief: »Wo stehen die Deutschen?«

Rose-Miller, der seine Transportfahrzeuge bereits zu Krankenwagen gemacht und seine Verwundeten abtransportiert hatte, antwortete: »Im Hinterhof.«

»Und was machen sie dort?«

»Sie zünden mir das Dach über dem Kopf an.«

»Zeit zum Abhauen«, sagte Gartlan abschließend.

Rose-Miller ließ es sich nicht zweimal sagen. Er huschte aus dem Keller in die rauchgeschwängerte Straße. Als sich ihm ein deutscher Panzer gefährlich näherte, stürzte er sich im Kopfsprung in den Kanal, aus dem er »pustend wie Neptun und mit Wasserpflanzen behangen« wieder auftauchte. Rose-Miller zog sich dann im Bewußtsein, Rommel einundzwanzig Panzer gekostet zu haben — trotzdem hatten die Panzer den Kanal am frühen Nachmittag überschritten —, über das freie Gelände zurück. Als er durch einen anderen Wassergraben watete, stieß er auf seinen Adjutanten Captain Peter Hunt, der vom rückwärtigen Stützpunkt einen Lkw brachte: »Ihr Wagen, Sir.«

In England erfuhr man kaum, was vorging. Manche Schiffe waren kurz informiert worden, andere nicht. Oberstbootsmann Tucker hatte auf der »Wakeful«, die im Hafen von Plymouth lag, stundenlang alle Kessel unter vollem Dampf — aber niemand wußte, warum. Der Vollmatrose Geoffrey Kester von der Geschützbedienung fand das verdächtig; sie waren noch nie in Plymouth eingelaufen, ohne daß zum Landurlaub gepfiffen wurde. Der Maat James Ockenden meinte, das passe genau in die bisherige Rolle der »Wakeful« im Krieg. Erst kürzlich hatte die Schiffszeitung eine Karikatur gebracht, auf der ein Admiral mit Fernglas ausrief: »Was, die ›Wakeful‹ ist im Hafen? Schickt sie wieder raus!« Der hundertfünfzig Mann starken Besatzung schien der Anteil der »Wakeful« an langweiligen Patrouillenfahrten größer, als zu rechtfertigen war.

Die »Wakeful« war in mancher Hinsicht typisch für die Schiffe, auf die Admiral Ramsay in dieser gefahrvollen Woche setzen mußte. Sie war dreiundzwanzig Jahre alt, gehörte zur Zerstörerklasse »V und W« und hatte schon bessere Tage gesehen. Ihr grauer Anstrich blätterte ab, und sie konnte das Öl nicht mehr halten. Ihr Ölverlust war so beständig, daß Oberleutnant z. S. Bill Mayo daran maß, wie lange sie auf See gewesen war. Nach einer Woche sah er die Ölspur an der Wandleiste seiner Kabine, nach vierzehn Tagen war sie wie eine Küchenschabe über das Deck gekrochen.

Sie war ein schmalbrüstiges, überaltertes Schlachtpferd aus einer anderen Zeit. Einige Kabinen lagen unter den hinteren Torpedorohren, so daß bei Torpedoübungen niemand die Luke öffnen konnte, um hinunterzugehen. Wollte ihr Kapitän, Fregattenkapitän Ralph Fisher, ein Bad nehmen, dann ging er an Bord eines Öltankers oder in ein Hotel. Die »Wakeful« hatte nur eiserne Zuber.

Aber jetzt schien es, als gebe es auch für die »Wakeful« etwas zu tun. Am 27. Mai morgens um 2.30 Uhr gab der Signalturm in Plymouth das dringende Signal: »Los!« Die Besatzung atmete auf. Fisher, ein untersetzter, tüchtiger Mann mit lustigen grauen Augen, hatte auf der Brücke befohlen: »Hart Backbord!« Das bedeutete: kanalaufwärts, Portsmouth oder vielleicht sogar Dover. Als sie, von einer weißen Gischtwoge gefolgt, ostwärts dampfte, blieb die Spannung so groß wie die Geschäftigkeit. Der Navigationsoffizier Wilfred Creak machte sich mit den Seekarten vom Gebiet Dover zu schaffen, Oberleutnant z. S. Bill Mayo packte die »Verschlußsachen« zusammen, die nicht gebraucht wurden, und Fisher auf der Brücke hielt das Schiff auf der Höchstgeschwindigkeit von dreißig Knoten. Plötzlich wurden Feuer wie von Hochöfen sichtbar, und Fisher gab dem Unterdeck bekannt: »Das ist Calais. Möglicherweise laufen wir einen Hafen in der Nähe an.«

Vollmatrose Geoffrey Kester atmete zufrieden auf: wenigstens einmal eine Abwechslung.

Kapitän z. S. William Tennant und seiner Gruppe fehlte es auf dem Weg nach Dünkirchen nicht an Abwechslung. Kaum hatten sie an Bord des alten Zerstörers »Wolfhound« die Kreidefelsen zwischen Dover und Folkestone hinter sich, als die ersten deutschen Sturzbomber dröhnend aus dem dunstigen Himmel herunterstießen. Zwei Stunden lang steuerte Kapitän zur See John McCoy ständig das Schiff von Backbord nach Steuerbord, um dem Bombenregen auszuweichen, während sich Tennants Kommando, an Deck unter dem Geschütz »X« verkrochen, abmühte, die Anweisungen seines Chefs zu verstehen. Sie verstanden jedoch wenig. Als die Geschütze der »Wolfhound« schossen, bis die Läufe fast glühten, fielen die leeren Hülsen wie Hagelschloßen auf den Schiffsaufbau und erstickten Tennants Worte.

Aber die Hauptpunkte waren klar. Der ernste, korrekte Fregattenkapitän Jack Clouston hatte die Verbindung mit den hereinkommenden Schiffen zu halten, Fregattenkapitän Renfrew Gottos Aufgabe waren die Truppen am Hafenausgang, und Fregattenkapitän Harold Conway sollte die Küstenverhältnisse westlich des Hafens aufklären. Jedem Offizier stand eine Gruppe von zwölf Matrosen als Verbindungsmänner zur Verfügung.

Doch als Dünkirchen in Sicht kam, sank Tennants Mut. Das Bild, das sich ihm bot, war unvorstellbar. Von den brennenden Ölraffinerien in St. Pol im Westen zog ein schwarzer, ständig wachsender Rauchfleck wie eine Wolke über die Sonne und hüllte den Hafen in ein unheimliches Licht. Die kilometerlangen Speicher und Kais schienen von einem Ende bis zum anderen zu brennen. In den Wolken zogen Sturzbomber Kreise, und unaufhörlich heulten Bomben herunter.

Als Tennants Gruppe noch schaute, sauste eine Serie von Bomben präzis wie ein Hammerschlag neben den Kai. Beton und weißer Gischt spritzten hoch. Fregattenkapitän Renfrew Gotto murmelte: »Herzlich willkommen in Dünkirchen.«

Tennant konnte es nicht wissen, aber die deutschen Flugzeuge und Geschosse hatten bereits Tribut gefordert. Um

7 Uhr morgens, noch ehe Admiral Ramsay den kurzen Seeweg schließen konnte, hatten Granaten und Bomben das Motorschiff »Sequacity« vor Gravelingen durchsiebt. Es sank so schnell, daß der Zweite Offizier Reg Field noch nicht einmal sein Bankbuch und sein Gebiß retten konnte. Und als die »Mona's Isle« in den Hafen Dover gehumpelt kam, hatte Fregattenkapitän John Dowding noch schlimmere Verluste: dreiundzwanzig Mann waren gefallen, sechzig verwundet, die Schornsteine von MG-Einschüssen durchlöchert und die Decke schlüpfrig von geronnenem Blut.

Tennant war ein strenger Offizier mit überkorrekten Manieren. In seinem Gesicht regte sich nichts, als die »Wolfhound« anlegte und der kommandierende Offizier von Dünkirchen, Oberst Gerald Whitfeld, zur Begrüßung kam. Whitfeld sah ihn und sagte: »Ihr weißer Kragen ist tadellos gestärkt. Schade, daß er nicht lange so bleiben wird.«

Gleich nach den ersten Begrüßungsworten verdunkelten Bomber den Himmel, Tennant, Whitfeld und alle übrigen gingen wie ein Mann zu Boden. Wieder prasselten die Bomben herunter, und aus der Stadt klang das dumpfe Grollen einstürzender Gebäude herüber. Als der Angriff vorbei war und die Männer wieder aufstanden, hatte Tennants Kragen die Modefarbe von Dünkirchen: Schwarz. »Ich leihe Ihnen gern einen khakifarbenen«, sagte Whitfeld unerschüttert.

Es war genau 18 Uhr, zwölf Stunden, seitdem die Heeresgruppe von Bock »Warrior« Linton und die anderen am Ypern-Komen-Kanal angegriffen hatte. Tennant verschaffte sich nun rasch einen Überblick über die Situation. Was er erfuhr, entsetzte ihn. Die Luftwaffe hatte präzise gearbeitet.

Seit vier Tagen gab es in der Stadt kein Wasser. Obwohl das Unterseekabel in La Panne herauskam, fünfzehn Kilometer küstenaufwärts, gab es zwischen Dünkirchen und London nur eine telefonische Leitung. Allein an diesem blutigen Montag hatten die Bomber der 2. Luftflotte von General Kesselring den Hafen mit einem pausenlosen Hagel von dreißigtausend Brandbomben und mehr als fünfzehntausend Sprengbomben überschüttet, überwiegend Fünf-Zentner-Bomben. Sie hatten den Endbahnhof in Trümmer gelegt, die Drehkrane geknickt und große Stücke aus der Hafenmauer gesprengt. Die 60 000 Quadratmeter Docks und die 7,5 Kilometer Kaianlagen waren zertrümmert. Tausende von toten Männern, Frauen und Kindern lagen in der Stadt.

Außer der offenen Küste, die sich den tobenden Nordwinden ungeschützt darbot, konnten nun allein die Ostmole und die Westmole zur Einschiffung der Truppen dienen. Das waren lange, hölzerne Laufplanken auf einem massiven Unterbau, der 1300 Meter auf die Reede hinausragte. Aber die Molen lagen auf Zementpfeilern, um den Hafen vor den Gezeitenstrudeln an der Küste zu schützen, sie waren nicht als Ankerplatz für Schiffe gedacht. In dieser Jahreszeit, die bei den Seeleuten »Hochwasserfrühling« heißt, tobte eine Flut von drei Knoten Geschwindigkeit zwischen den Pfeilern, und es war schwer, wenn nicht unmöglich, hier Schiffe anzulanden.

Wie stand es bei der Armee? Auch hier sah es schlecht aus. Wenigstens war ein Anfang gemacht. Auf allerletzten Verteidigungslinien besetzten die Männer von General Sir Ronald Adam den Brückenkopf von Nieuport bis Gravelingen und gruben sich hinter der glitzernden Kanalschleife ein, die wie ein Gürtel um Dünkirchen liegt. Als Einheit um Einheit auf Dünkirchen zurückfiel, war Brigadegeneral John Gawthorpe, der erst diesen Morgen nach Dünkirchen befohlen worden war, einer der vielen Offiziere an den Brücken des Verteidigungsumkreises, der die Truppen zu sieben hatte. Panzerbesatzungen und Spezialisten mit Sonderausbildung wurden zur sofortigen Rückkehr nach England ausgesondert. Artilleristen und Pioniere dagegen wurden bis zum Eintreffen der Hauptstreitmacht zur Bemannung der Brückenköpfe eingesetzt. Als die Kolonnen an ihm vorbeitrotteten, empfing Gawthorpe sie mit einem beruhigenden Redefluß: »Klar, du kommst hier zu deiner Division ...« »Ja, ihr geht alle zusammen zurück, aber das geht nicht ohne Fahrkarten. Die Divisionen bekommen die Fahrkarten.« Es war eine wohlüberlegte Taktik, denn Männer, die schon den Heimatwind gespürt hatten, würden kaum Freude daran finden, noch einmal im letzten Schützengraben zu stehen, während die anderen abzogen.

Zweifellos hatte Gawthorpe recht. Im Verteidigungskreis lungerten bereits Gruppen herum, die von ihren Offizieren im Stich gelassen waren und die gewalttätig wie Rowdies wurden. Aus Niederlage und Schmach entstand Zügellosigkeit.

Der Kraftfahrer Ernest Holdsworth war wie Hunderte anderer tagsüber in Dünkirchen angekommen. Er war Alkoholgegner. Auf die Nachricht von der Evakuierung hin betrank er sich sinnlos an einer Mischung von Whisky, Benediktiner, Cognac und Rum. Als er in einem Hotelkeller zu sich kam, befiel ihn wie ein Alpdruck das Bild, wie Engländer, Franzosen und Senegalesen durcheinanderlagen und an riesigen Fässern mit Apfelwein lehnten und sangen, schluchzten, schrien und kotzten. Dieser Anblick, »schlimmer als Dantes Inferno«, wirkte auf Holdsworth wie eine Eispackung auf den Schädel, der Schreck machte ihn nüchtern.

Als Tennant und seine Männer verbissen durch die brennende Stadt stapften, um die Lage am Strand zu erkunden, sahen sie Szenen, die sie in kalte Wut versetzten, heulende und schreiende Soldaten, die ihre Waffen weggeworfen hatten und über und über mit Lippenstift beschmiert waren, einen sinnlos betrunkenen Feldwebel, der eine Federboa trug, Haufen von schweinsledernen Branntweinflaschen und Reisenecessaires, die Offiziere auf der Flucht weggeworfen hatten –

Weiter draußen am Strand krachte Gewehrfeuer, und ein Geschoß zischte durch die Luft. Fregattenkapitän Harold Henderson, der seit Kriegsbeginn Marineverbindungsoffizier in Dünkirchen war, fand, es sei Zeit umzukehren. Ein murrender, schußbereiter Haufen von Soldaten rückte in der Dunkelheit heran, das Gewehr im Anschlag. Als Henderson noch überlegte, ging Tennant auf den Führer der Bande zu und entwaffnete ihn höflich, aber bestimmt. »Komm«, sagte er einladend und hielt ihm seine Reiseflasche hin, »trink einen Schluck, der wird dir gut tun!«

Während eines Augenblicks knisternder Spannung dachte Henderson, die Truppen würden schießen. Aber das Eis war gebrochen. Überzeugt, die Marine sei da, um sie herauszuholen, stellten sich die Männer nun in Marschreihen auf.

Tennant gab jetzt scharfe Befehle aus. Fregattenkapitän Harold Conway und seine Matrosen übernahmen den Abschnitt Malo-les-Bains. Fregattenkapitän Hector Richardson und fünfzehn Mann übernahmen einen anderen Strandabschnitt. In den Dünen waren die Truppen in Abteilungen von fünfzig Mann unter Führung eines Offiziers oder eines Matrosen zusammenzufassen. In dieser Gliederung sollten sie später ans Wasser herangeführt werden. Kein Mann durfte ohne Waffen an Bord gehen.

Als Tennant die Admiralität verließ, sagte Konteradmiral Tom Phillips, der stellvertretende Chef des Marinestabs, als letzter zu ihm: »Vergessen Sie nicht, die Waffen mitzunehmen.« Wurde England die letzte Verteidigungsstellung, dann waren sicher selbst Gewehre bald knapp.

Aber diese Dinge waren wenig gegenüber den Aufgaben, die Tennant noch lösen mußte. Durch eine groteske Verknüpfung unglücklicher Zufälle lag der Hafen von Dünkirchen fast ungeschützt gegen die Schläge der Luftwaffe da.

Einige Einheiten, wie die 4. Flakbrigade unter Generalmajor John Slater, hatten ihre schweren 3,7-cm-Geschütze bereits gesprengt, bevor sie im Verteidigungsring waren. Sie fürchteten, die massigen Lastfahrzeuge und Zugmaschinen würden in entscheidenden Momenten die Straßen verstopfen. Dann kam auch noch der Befehl, alle Flaksoldaten in dieser Nacht herauszuziehen. Generalmajor Henry Martin, dem alle Luftabwehrstreitkräfte in Dünkirchen unterstanden, hatte diesen Befehl über seinen Verbindungsoffizier Captain Sir Anthony Palmer bekommen.

Dieser Befehl kam nicht schriftlich. Palmer referierte nach Notizen von einer Befehlsausgabe im Hauptquartier von General Sir Ronald Adam. Das war Martin gewohnt, er hatte während des ganzen Feldzuges kaum einen schriftlichen Befehl bekommen und während des Kampfeinsatzes meist nach eigenem Entschluß gehandelt, wenn er ohne Verbindung mit dem Hauptquartier war. In Malo-les-Bains hatte Martin keine direkte Verbindung mit General Adam, der vierzehn Kilometer entfernt in La Panne saß, nur über eine hoffnungslos mit Fahrzeugen verstopfte Straße erreichbar.

Es war aber klar, daß alle Geschütze, ausgenommen einige leichte »Bofors«, die in den Docks und an den Küsten eingesetzt werden sollten, gesprengt werden mußten, bevor die Bemannungen abzogen. Martin gab den Befehl kurz nach 20 Uhr aus.

Erst um ein Uhr morgens, fünf Stunden danach, traf Martin in La Panne mit Adam zusammen und hörte entsetzt, der Befehl sei irgendwie, wenn auch nicht durch Adams Schuld, falsch ausgelegt worden. Die schwere Flak, mehr als hundert Geschütze, war als wesentlicher Bestandteil der Verteidigung des Halbkreises um Dünkirchen vorgesehen. Aber nun war es zu spät. Die Geschütze waren bloß noch ein langsam abkühlender Haufen von zerrissenem Metall. Außer von der altmodischen französischen Flak konnte nun der Hafen gegen die Stukas Richthofens nur von den Bofors-Geschützen, mit einer Reichweite von knapp 1400 Metern, verteidigt werden.

Tennant wußte davon noch nichts. Er kehrte zur Bastion 32 zurück, einem geräumigen, massiven unterirdischen Speicher, in dem das Hauptquartier des Admirals Jean Abrial lag, des französischen Befehlshabers von Dünkirchen. Dort traf er zu einer eiligen Besprechung den Brigadegeneral Geoffrey Mansergh, den Quartiermeister von Generalleutnant Alan Brooke. Mansergh war gekommen, um bei der Evakuierung zu helfen.

Er war tödlich erschöpft, von schmerzhaften Geschwüren gepeinigt und sah nur schwarz, obwohl niemand, der nicht im ständigen Kontakt mit dem Obersten Hauptquartier stand, wissen konnte, wie die Lage war. Die 10. deutsche Panzerdivision hatte bereits Calais genommen, und von dort aus verlief die Küstenstraße schnurgerade 37 Kilometer bis Dünkirchen. Mansergh, der nichts von der Entscheidung Hitlers wußte, daß die Panzer den Hafen umgehen sollten, erklärte Tennant klipp und klar: »Wir erwarten die deutschen Panzer innerhalb vierundzwanzig, höchstens sechsunddreißig Stunden am Strand.«

Es war 20 Uhr, als Tennant in seinem heißen, ungelüfteten Büro in der Bastion, fünfzehn Meter unter der Erde, seinem Nachrichtenoffizier Fregattenkapitän Michael Ellwood mit unbewegtem Gesicht den dringenden Hilferuf an Admiral Ramsay in Dover diktierte:

»Bitte sofort jedes verfügbare Fahrzeug zur Küste östlich Dünkirchen senden. Evakuierung morgen nacht in Frage gestellt.«

Kapitel 3

RICHTET EUCH NACH DEM SCHWARZEN QUALM

Montag, 27. Mai

20.00—24.00 Uhr

Kapitän Tennant hatte es in mancher Hinsicht gut. Er sah wenigstens an diesem schreckenvollen Maiabend um 20 Uhr die Tatsachen klar. Tausende, die geschlagen über die staubweißen Straßen Frankreichs zurückmarschierten, hatten diesen Trost nicht. Sie wußten nur, daß ihre eigene kleine Welt in Stücke zerfallen war.

In Proven erklärte ein Offizier dem Unteroffizier William Mitchel und seinen Kameraden vom rückwärtigen Dienst: »Richtet euch nach dem schwarzen Qualm.« Mitchell sah die Rauchwolke aufsteigen, aber er wußte nicht, daß dort Dünkirchen lag und daß der Hafen knapp dreißig Kilometer entfernt war. Er wußte nicht einmal, daß er und über 300 000 Mann sich gemeinsam auf dem Rückzug befanden. Mit sechzig anderen in einen Lastwagen gepfropft, ließ er sich durch die Nacht rütteln und fragte sich nur unglücklich, wie das alles enden solle.

Die Niederlage war den Menschen noch nicht bewußt, ihre eigenen Probleme standen noch am ersten Platz. Augusta Hersey, die im Dreivierteltonner des Captains Henry Smith der Küste zuholperte, ärgerte sich darüber, daß sie mit dem Fahrer Johnnie Johnson kein einziges Wort wechseln konnte. Bill hatte ihr bisher nur zwei englische Wörter beigebracht, nämlich »good night«. Er hatte Johnson erklärt, diese Worte seien ihr Zeichen dafür, daß sie Ruhe wünsche und alleingelassen sein wolle.

Nun spürte die lebhafte Augusta den Reiz des Abenteuers, trotz des Stahlhelms, der auf ihrem dunklen, glatten Haar lastete, und trotz des Gewehres, das sie zwischen den Knien hielt. Aber sie war zu hartnäckigem Schweigen verurteilt. Zweimal hatte sie, berührt von der Schönheit des mit Sternen übergossenen Himmels, ausgerufen: »Oh ... good night!« Jedesmal hatte Johnson trotz ihrer Proteste rasch auf die Bremse getreten und würdig den Lkw geräumt, bis sie ihn wieder zurückholte.

Auch Bill Hersey, der hinter ihnen auf der Straße nach Dixmuiden war, hatte private Sorgen. Er hatte zwar zusammen mit seinem Freunde Nobby Clark auf einen offenen Bedford-Dreitonner gelangen können, aber er selbst konnte kaum chauffieren. Nun wurde ihm klar, wie lebenswichtig Fahrkenntnisse sein können. Aber Nobby, der voll mit dem Nehmen von Kurven beschäftigt war, hatte mit Nachdruck einen Lehrauftrag abgelehnt. Später wolle er Hersey gern Motor und Gänge erklären, aber jetzt könne er ihm nicht innerhalb von Stunden das Autofahren beibringen. Während der Bedford durch die Nacht brummte, nagte an Hersey die Sorge, ob er noch rechtzeitig genug fahren lernen würde, um Augusta helfen zu können. Wann und wo würde er sie wiedersehen? Er hatte keine Ahnung, wie weit Smiths Wagen vorauslag oder ob der Transport bombardiert worden sei. Jeder Kilometer in der Dunkelheit war für ihn voll quälender Spannung.

Überall in Nordfrankreich verhielten sich die Menschen so, als flüchte ihre Vernunft vor der Vorstellung einer Katastrophe in kleine Zerstreuungen, damit die fünf Sinne beisammen blieben.

Der Kraftfahrer Sidney Morris, der sich durch die belgischen Linien auf Dünkirchen zurückzog, preßte krampfhaft ein Geschenk für seinen kleinen Sohn Trevor an sich, ein wunderbares Miniaturmodell des französischen Wasserflugzeuges »Loire Nieuport 40« aus Nickel und Mahagony. Morris hatte Trevor, der erst acht Monate alt war, noch nie gesehen, aber er hatte das Geschenk vor Monaten von seinen Ersparnissen gekauft und in der langen Zeit des »Sitzkrieges« ein besonderes hölzernes Kästchen dafür gebastelt. Er hatte nun auf dem Rücksitz nichts anderes im Kopf als die Vorstellung vom Gesicht seines Jungen, wenn er das Flugzeug zu sehen bekäme.

Andere hatten ebenso drückende Sorgen. Bei Cassel war die Einheit, in der der Obergefreite John Norman Offizierskoch war, schon fast von den Deutschen eingeschlossen, aber Norman zerbrach sich den Kopf über die Speisefolge für den nächsten Tag. Er trug nach wie vor eine fleckenlose weiße Jacke. Zum Mittagessen hatte er Fischkuchen aus Büchsensalm, zum Abendessen Huhn und Obstkonserven — aber woher sollte er genügend Kohle bekommen, um zum Frühstück Schinken mit Ei und Schwenkkartoffeln zuzubereiten? Schlimm ging es auch dem Gefreiten Mervyn Doncom, dem Glücksritter. Er hatte nicht mit einem Rückzug zu Fuß gerechnet, und nun hinderte ihn der Rucksack voll Uhren, die er sich »organisiert« hatte, am Marschieren.

Captain Edward Bloom hatte ein brennendes Problem gelöst und war eben dabei, ein weiteres zu lösen. Bloom, ein gepflegter und in seiner äußeren Erscheinung untadeliger Offizier, der einen Benzintransport unter sich hatte, hatte seit Tagen nicht gebadet. Aber heute hatte der Captain, der in einer Wohnung über einem verlassenen Damenwäschegeschäft in Port Avendin einquartiert war, seinen Geburtstag mit einem Bad gefeiert. Sein Bursche, Gefreiter Clewys, hatte eine Metallbadewanne aufgetrieben und sie aus Töpfen mit heißem Wasser gefüllt.

Als Clewys nun vor der Aufgabe stand, frische Unterwäsche zu besorgen, war er mit steinernem Gesicht treppab in den Laden verschwunden und kurz darauf mit seiner ersten Kriegsbeute zurückgekehrt: »Saubere Wäsche, Sir. Ich habe die Spitzen unten abgeschnitten.«

Wenige hatten mehr Grund zum Klagen als der Gefreite Walter Osborn von den Suffolks. Osborn war offiziell der einzige Mann der kämpfenden Truppe Lord Gorts, der hinter Schloß und Riegel saß. Ein Kriegsgericht hatte Osborn am 10. Mai zu zweiundvierzig Tagen Arrest verurteilt. Grund: er hatte einen anonymen Brief an Mister Winston Churchill geschrieben, den damals Ersten Lord der Admiralität, den die Truppe nach seinen Besuchen in Frankreich vergötterte.

Osborn hatte seinen Brief nicht unterschrieben, aber er hatte ihn in einen Umschlag gesteckt, der an seine Frau Louvain in Ipswich adressiert war und den der Zensor geöffnet hatte.

»Wie wäre es mit einem bißchen Urlaub für die Jungens?« begann der Brief. Die Armee fand, diese Ausdrucksweise sei »schädlich für die Ordnung und Manneszucht«.

Am meisten verdroß Osborn, als er mit seinem Begleiter, Unteroffizier Frank Peacock, dahintrabte, daß sein Status ungeklärt war. Osborn hatte beim großen Rückzug als Suffolker, als Angehöriger von Generalmajor Bernard Montgomerys prachtvoller 3. Division, sieben Nachhutgefechte mitgemacht. Dabei war er jedesmal ein Soldat mit einem Lee-Enfield-Gewehr und einem Patronengurt, aber gleich nach dem Kampf wurde er unter Polizeiaufsicht in eine Scheune gesteckt und saß wieder hinter Schloß und Riegel. Er sagte zu Unteroffizier Frank Peacock: »Ich komme mir vor wie das Kaninchen im Zylinder des Zauberers. Rin in den Hut, wenn der Kampf aus ist, raus aus dem Hut, wenn es wieder losgeht. Ein Mann hat das Recht darauf zu wissen, wie er dran ist.«

Peacock, der ihm verbotenerweise eine Zigarette zusteckte, riet ihm weise zu Geduld. Sie waren in dieser Nacht um 21 Uhr auf dem Weg von Roubaix nach der Yserstellung — niemand wußte, warum, geschweige denn, wie alles enden würde.

Einer wußte, warum — aber dieses ganze gefährliche Manöver machte ihn krank. In einem Gehöft mit dem idyllischen Namen »Lerchenhof« lag Generalleutnant Alan Brooke, angstvoll und mit trockenem Mund, in einem Parterrezimmer. Das stete Dröhnen der vorbeifahrenden Fahrzeuge lullte ihn fast ein, aber jedesmal fuhr er hellwach auf, wenn das Dröhnen ausblieb.

Es war verwegen. Montgomerys Division hatte den ganzen Tag vor Roubaix, 75 Kilometer von Dünkirchen, mitten in der 6. deutschen Armee gesteckt. Als die Belgier nun nach Norden abbröckelten, mußte die ganze Division unter allen Umständen über Ypern hinaus nach Norden, um die Lücke links des Ypern-Komen-Kanals zu füllen und die Deutschen zu hindern, über die Yser zu gehen und die Straße nach Dünkirchen abzuschneiden. Nur so konnte Brooke eine feste Flanke nach Osten bilden.

Brooke fand das fast unmöglich, obwohl Montgomery, als er morgens vor das Problem gestellt war, vor Munterkeit geradezu übersprudelte. »Gut, schau her, ich schaffe es — ich mache es so.« Vor Brookes Augen ergriff Montgomery eine Karte und zeichnete die Richtung ein: gleich östlich hinter Armentières über die Lys ... am Wald von Ploegsteert vorbei ... und dann über die Straßen zweiter Ordnung nach Norden, knapp viertausend Meter an dem Frontabschnitt vorbei, wo Linton und seine Kameraden kämpften. Nachmittags hatte Montgomery seine Pläne ausgearbeitet. Während des ganzen Sitzkrieges hatte er an eine solche Möglichkeit gedacht und derartige stromlinienförmige taktische Rückzüge geübt: ein 120 Kilometer langer Nachtmarsch, um eine Flußstellung zu nehmen, ein geräuschloser Rückzug über 120 Kilometer. Als es um 21 Uhr ganz dunkel wurde, war alles bereit. Tagsüber hatten Montgomerys Adjutant, Oberleutnant Charles Sweeney, und später Verbindungsoffizier der Brigade, die 54 Kilometer lange Strecke Meter für Meter aufgeklärt.

Bei der letzten Befehlsausgabe sagte Montgomery: »Also, wenn die 3. Division das schafft, dann kann sie alles schaffen.«

Stunde um Stunde, während Brooke um Schlaf rang, kroch der lange Treck durch die Nacht. Charles Sweeney hoppelte auf einem Motorrad voraus. Montgomery saß kerzengerade in seinem Stabswagen und blickte auf das knapp vier Kilometer entfernte Toben der Schlacht am Ypern-Komen-Kanal. Die weißen, grünen und magentaroten Leuchtraketen strahlten, der Nachthimmel leuchtete von den gewaltigen Geschossen taghell. Oft spießte er, wie bei ihm üblich, einen Zettel für den Nachrichtenoffizier auf sein Ausgehstöckchen und streckte es durch das Wagenfenster: »Seid ihr auch sicher auf dem richtigen Weg?«

Montgomerys Pläne waren narrensicher. Die Männer, die wie John »Warrior« Linton am Kanal lagen, merkten nicht einmal, daß der Transport hinter ihrem Rücken vorbeirollte. Die Kennzeichen jedes Fahrzeuges waren mit Leuchtfarbe beschmiert und durch ein Rücklicht unten beleuchtet. Die Fahrer, die wie Falken auf den Weg aufpaßten, brauchten bloß auf den Lastwagen davor zu achten.

An jeder kritischen Kurve und Kreuzung flackerten kleine Rapsöllampen am Straßenrand. Regimentspolizisten mit roten Armbinden regelten den Verkehr. Sechshundert Fahrzeuge und 13 600 Mann gelangten in der stockdunklen Nacht über die überfüllten Straßen in Sicherheit und bildeten mit General Bougrains 2. motorisierter Division eine solide Verteidigungsstellung gegen Norden.

Montgomery hatte ein neues Kapitel Militärgeschichte geschrieben – aber das einzige zeitweilige Opfer der großen Truppenbewegung war Montgomery selbst, dessen Stabswagen »unter einer Menge fürchterlicher Flüche« zwanzig Minuten lang in einer Sackgasse steckenblieb.

Brooke lag in der Ungewißheit über den Ausgang immer noch wach. Hin und wieder verließ er sein Bauernhaus, um zu sehen, wie der Transport rollte. Wenn der Zug bei Tagesanbruch nicht von der Straße verschwunden war, würden sich Richthofens Stukas mit einem vernichtenden Schlag rächen.

Diese Ängste und dieser Druck der Verantwortung lastete auf allen. In einer Scheuer bei Steenvorde blieb Feldwebel Leslie Teare von den Sherwood Foresters vor Sorgen ohne

Schlaf. Die Mehrzahl seines Bataillons, des 9., waren neunzehnjährige Freiwillige aus dem Grubengebiet von Nottingham, und Teare, ein Grubenbeamter, kannte sie alle seit dem ersten Tag, an dem sie eingefahren waren. Seit Tagen war er die Marschkolonne auf und ab gegangen, hatte ihnen gut zugeredet und wie ein Vater für sie empfunden.

Morgen sollten sie als weitere Einheit die Verteidigungsstellung im Raum von Dünkirchen verstärken, aber keiner von ihnen wußte das, und Teare spürte in der Dunkelheit ihre Unruhe und ihre Angst.

Im Stroh regte sich etwas leise. Teare sah näher hin. Der Soldat Crossland zitterte an allen Gliedern. »Was ist los, Junge?« fragte er ihn. Aber Crossland antwortete: »Nichts, Feldwebel.« Da merkte Teare, daß auch die Stimme des Jungen zitterte.

»Alles in Ordnung?«

»Alles in Ordnung, Feldwebel.«

Die Stimme zitterte weiter, und die Angst schwang in ihr mit. Teare war, als müsse er »den tapfersten Mann, den er in Frankreich erlebt hat«, ehren. Er rückte langsam im Stroh zu ihm hin und bettete sachte wie ein Vater den Kopf des Jungen in seinen Schoß. Der schlief nun, wie Teare sich erinnert, in wenigen Minuten ein — »wie ein armes kleines Kind; mehr war er ja auch nicht.«

In England lag das Mitgefühl noch im Schlaf. Es dauerte seine Zeit, bis man sich der Lage bewußt wurde. Nicht, daß die Menschen für ihre Mitmenschen kein Herz gehabt hätten. Aber acht Monate lang hatten sie Tag für Tag im Glauben gelebt, Lord Gorts britisches Expeditionskorps sei eine unbesiegbare Streitmacht, die sie vor allem Bösen behüte, und die Erkenntnis brauchte Zeit. Vor vierundzwanzig Stunden noch saß der Stadtschreiber von Dover, Bill Ransom, mit anderen beim Dämmerschoppen in der Sonne an einem Strand, der noch keinen Stacheldraht kannte. Aber frühmorgens hatte die Luftschutzsirene über der Stadt geheult, und den ganzen Tag über gab es kleine Ereignisse, deren Summe auf ein Unheil hinwies.

Der hübschen Joan Bruce Lane aus der Vermittlung der Luftwarnzentrale von Dover fielen zwei solcher Anzeichen auf. Tagelang hatte der kleine graue Hafen vom Dröhnen der Geschütze gebebt, die Calais beschossen. Nun war Schweigen, Stille vor dem Sturm. Ihr Verlobter Alex hatte die Werkzeughallen in der Marinestation Dover unter sich. Er war jetzt verschlossen und wich aus: »Vielleicht bin ich eines Tages da und am nächsten Tag nicht mehr. Frag mich nicht, warum.«

Joan Lane ahnte wie alle Bewohner von Dover etwas. Als der Polizeipräsident Marshall Bolt morgens die Luftwarnzentrale besichtigte, war er aufgeregt; das kannte sie nicht an ihm. Als Joan Lane später nach oben ging, um Luft zu schnappen, begriff sie: der Pförtner hatte jetzt Gewehr und Seitengewehr.

Die Stadt wimmelte von Huren. Die Gerüchte hatten sie magnetisch aus dem ganzen Lande hergezogen. Die Polizei schaffte sie hinaus, wie sie kamen. Und wenn auch niemand wußte, was bevorstand, so versuchte doch jeder, die Gedanken seines Nachbarn zu lesen. Auf dem St.-James-Friedhof an der Bergseite hoben Arbeiter große Gemeinschaftsgräber aus — sie reichten, wie sie sagten, für mehrere hundert Personen.

Den ganzen Tag liefen in den Häfen der Grafschaft Kent Gerüchte um ... Ein Matrose hatte seiner Frau einen Revolver und zwei Schuß Munition gebracht ... Manche Frauen trugen, hieß es, Messer und Giftphiolen bei sich ... Ein alter Soldat habe Selbstmord verübt.

Manchmal stimmten die Gerüchte. Zum Fahrradhändler Billy George in der Castle Avenue kam die Polizei: Georges verkrüppelte Frau mußte bis zum Wochenende Dover verlassen. Als George fragte, warum, bekam er die Antwort: »Nur wer laufen kann, darf in Dover bleiben.«

Es war Vorsorge getroffen, daß keine Nachrichten hinausdrangen. Nur ein paar Journalisten — Hilde Marchant und H. L. McNally vom »Daily Express« und Reg Foster vom

»Daily Herald« – waren ins Grand Hotel Dover eingezogen, einem massigen Bau im Edwardianischen Stil, mit dem Blick auf die See. Sie gerieten gleich in zitternde Erwartung. Als der Oberkellner George Garland in dem vornehmen, mit grünen Teppichen ausgelegten Speisesaal den Fisch servierte, blickten Foster und McNally nur kurz auf, als zwei Marineoffiziere eintraten. Als sie dann wieder aufblickten, sahen sie als Spur der beiden auf dem dicken Teppich Öl und Blut.

Wer diese Offiziere auch waren, sie waren von Anfang an dabei. Die Masse der großen Evakuierungsflotte hatte bis jetzt noch nicht geblutet. S. M. S. »Wakeful« legte um diese Zeit gerade längs des Öltankers »War Sepoy« an. In der Hafensignalanlage flackerte eine Aldis-Lampe auf. Sekunden später entzifferten Fregattenkapitän Ralph Fisher und Nachrichtenschreiber Leonard Gutherless den Befehl: »Von Vizeadmiral Dover. Heute nacht letzte Chance zur Rettung des britischen Expeditonskorps. Fahren Sie mit äußerster Kraft an die Küste drei bis fünf Kilometer östlich von Dünkirchen und nehmen Sie die Truppen in Ihren eigenen Booten an Bord. Fahren Sie nach Ihrem Ermessen nicht später als 3.30 Uhr morgens zurück.«

Oberleutnant z. S. Bill Mayo bekam sofort den Befehl: »Schaffen Sie alle Verschlußsachen auf den Öltanker ... Wir legen ab.« Mayo verstaute die Papiere rasch in Postsäcke. Auf dem Schiff blieben nun nur noch die Anweisungen über die Signalsprache im Einsatz; sie hießen »Code-Bücher für gefährliche Gewässer«.

Mayo rannte an Deck und konnte die Postsäcke gerade noch auf den Öltanker hinüberhieven, als die »Wakeful« dessen Hinterschiff passierte. Sie war genau drei Minuten seitlings gelegen.

Es war eine Nacht der Überraschungen. Mrs. Rosa Bishop, in Ramsgate, 25 Kilometer oberhalb von Dover an der Küste, war früh zu Bett gegangen. Ihr Mann, Feldwebel Tom Bishop, den sie sehr liebte, stand in Frankreich beim Verpflegungskorps, und sie hatte keinen Grund, lange aufzubleiben. Während sie langsam in den Schlaf dämmerte, tröstete es sie, daß sie besonders lieb erfahren würde, wenn Tom plötzlich auf Urlaub käme. Er wollte draußen vor dem Haus »ihr« Lied »Home on the Range«, ein altes ländliches Volkslied, singen, bevor er das Haus beträte.

Plötzlich war Rosa Bishop im Dunkeln hellwach, auf der Straße wurde »Home on the Range« dreistimmig angestimmt. Mrs. Bishop hatte Lockenwickler im Haar, aber sie ließ sie stecken, schlüpfte in einen Morgenrock und rannte an die Haustür. Die verdunkelte Straße stand voll mit Lastwagen. Der Gesang stammte von einer Anzahl schmutziger aber vergnügter Soldaten, die vom Bahnhof kamen und die Lastwagen bestiegen.

Es war spaßig und zugleich enttäuschend. Rosa Bishop hatte nicht gewußt, daß ihr Lieblingslied auch das Lieblingslied der halben Armee war. Sie legte sich verstört wieder ins Bett. Warum kamen um diese Zeit Soldaten an, gleich, ob sie nun sangen oder nicht? Sie beschloß, gleich morgens zum Bahnhof zu gehen. Wenn etwas im Gange war, konnte sie vielleicht helfen.

Jedem, der sich in dieser Nacht das gleiche sagen konnte, war wohler. Im durch die Nacht brausenden D-Zug Liverpool — London wußte Oberleutnant William Tower von der Royal Navy in seinem Erster-Klasse-Abteil, daß auch er zu großen Dingen unterwegs war. Auf Grund eines Befehls der Admiralität an S. M. S. »Somali«, auf der er stationiert war, hatte sich Tower auf dem schnellsten Weg nach dem Süden zu begeben.

Tower war ein lebensprühender, blonder Mann von einundzwanzig Jahren. Er hatte eine höfliche Art und eine pfirsichfarbene Haut, um die ihn seine unverheirateten Tanten beneideten. Von seinen Husarenstückchen erzählte man sich viel ... von der Findigkeit, mit der er, als er nachts das letzte Verkehrsboot verpaßt hatte, mit dem Scheinwerfer eines Taxis ein Boot von seinem Schiff herbeiholte ... von seiner Fähigkeit, Admirale nachzuahmen ... und von seinem spritzigen kleinen blauen Renault, der Top hieß und überall zu sehen war.

Hinter seiner weichen Stimme und seinem sprudelnden Witz steckte ein stählerner Kern. Mit fünf Jahren zerrte er sich eine Sehne am Oberschenkel. Neun Monate lang lag er mit quälenden Schmerzen im Bett mit einem Gewicht auf seinem Bein, um es gestreckt zu halten. Diese Monate waren eine harte Schule für einen Fünfjährigen. Er lernte, nicht loszuheulen, und er lernte, seine Stimmungen zu zügeln und seinen Willen zu lenken.

Aus dieser Lehre ging ein neuer Tower hervor, der Zehnjährige, der sich selbst das Schwimmen beibrachte und um jede Bewegung kämpfte, bis er sie meisterte, der Elfjährige, der sich aus Abfällen ein Rundfunkgerät zusammenbastelte, der Vierzehnjährige, der einen Urlaub damit verbrachte, sich das Schlittschuhlaufen anzueignen. Jetzt, sieben Jahre später, hatte er mehr vom Krieg mitbekommen, als doppelt so alte Männer. Vor drei Wochen stand er vor der norwegischen Küste als Artillerieoffizier von S. M. S. »Bittern« vierundzwanzig Stunden im Geschützturm angeschnallt. Am Ende waren seine Geschützbemannungen auf die Hälfte reduziert, aber Towers Geschütze stellten das Feuer erst ein, als das Schiff unterging. Nun war er nach Ramsgate unterwegs. Was vor ihm lag, ahnte er nur, aber es war ihm recht, wenn es Kampf war. Erst kürzlich hatte er seinen Eltern geschrieben: »Ich muß gestehen, *mir* macht der Krieg Spaß.«

Kapitän William Tennant in Dünkirchen war nicht so vergnügt. Ein neuer Erkundungsgang an die seichte, flachabfallende Küste bestätigte seine schlimmsten Befürchtungen. Kein Küstenabschnitt der ganzen Welt konnte für diese Aufgabe ungeeigneter sein. Das graue Wasser des Kanals war jetzt in der Ebbe um volle achthundert Meter zurückgewichen. Sanitäter hatten ihre Tragbahren bis zu ihren Köpfen hochgestemmt und arbeiteten sich zu zwei einsamen Booten vor, die etwa hundert Meter weit herangerudert waren.

Aber die Zerstörer »Wolfhound« und »Wolsey«, zu denen sie gehörten, lagen als dunkelgraue Flecke eine Meile vor der Küste. Jedes Boot mußte zwanzig Minuten lang mühsam auf die Küste zurudern, um Truppen aufzunehmen, und keines faßte mehr als fünfundzwanzig Mann.

Es galt also, mehr kleine Boote einzusetzen. Aber auch der Wind war zu bedenken. Jetzt war der Ostwind, vom Land her, ideal. Die Küsten und der Hafen jedoch lagen nach Norden. Schon ein schwacher Nordost mußte die kleinen Boote auf die Küste zu wehen, sie längsseits an den Strand treiben und kentern lassen.

Erst vor einer Stunde hatte Nachrichtenoffizier Michael Ellwood nach einem flüchtigen Essen in der Bastion fidel gesagt, sein Chef müsse besser erkennbar sein, hatte aus Stanniolpapier die Buchstaben S. N. O. — Senior Naval Officer — ausgeschnitten und sie mit Bratenfett auf Tennants Stahlhelm geklebt. Tennant betrachtete sie als schicksalhaftes Mal, er war weiß Gott der Senior, und jede Entscheidung, ob richtig oder falsch, hing von ihm ab.

Es war 22 Uhr. Tennant stapfte mit Korvettenkapitän Bruce Junor und Fregattenkapitän Jack Clouston durch die flimmernde Nacht mühsam zurück zur Ostmole. Er besichtigte die Mole noch einmal und sagte dann: »Hier geht es rascher, aber nur, wenn wir ein Schiff längsseits kriegen.«

Es war ein grimmiger Entschluß. Die Mole war lang, aber sie war eben doch nur ein schmaler Holzsteg, der aus den alten Befestigungsanlagen herauslief und in einen massiven Wellenbrecher überging. Sie war gerade so breit, daß drei Mann nebeneinander gehen konnten, und fast auf der ganzen Strecke nur von einem Geländer aus kräftigem Stammholz eingesäumt. In größeren Abständen standen stärkere Pfähle, Samsonpfähle, an denen notfalls ein Schiff verholt werden konnte.

Aber es war die einzige Lösung. Nach einem langen Blick hinaus auf die auf und ab tanzenden Lichter, die auf dem Wasser wie dunkelroter Lack glänzten, sagte Tennant: »Gut, versuchen wir es! Befehlen Sie dem nächstliegenden Schiff hereinzukommen.« Eine Signallampe blinkte: »Laufen Sie in den Hafen ein, legen Sie längs der Mole an.«

Die Minuten schlichen, während das Schiff, die »Queen of the Channel«, herankam. Ihr Kapitän W. J. Odell mußte zuerst abfieren; als sie sich behutsam mit sieben Knoten Geschwindigkeit näherte, wurde rasch ein Bugseil festgemacht, und unter den gespannten Blicken Tennants und seiner Begleiter stieß der Vordersteven des Schiffes sanft an die Ostmole an. Zehn Minuten später war die »Queen of the Channel« vertäut.

Um 22 Uhr atmete Tennant auf. An diesem Tag hatten nur 7669 Mann Dünkirchen verlassen, aber nun schien eine Lösung gefunden. Wenn die Armee ihre Landstellung hielt, dann konnten vielleicht die 45 000 Mann herausgeschafft werden, die Admiral Ramsay als Ziel gesetzt hatte. Tennant hörte das schwere Poltern der Militärstiefel auf den Planken, das wie Donner den Gefechtslärm übertönte. Die ersten Abteilungen waren unterwegs.

Tennant wußte noch nichts von den neuen Problemen. Zu dieser Zeit traf Lord Gort zu einer dringenden Besprechung in Bastion 32 ein. Gort hatte schon kostbare Stunden hindurch General Georges Blanchard gesucht, den Befehlshaber der I. französischen Armeegruppe.

Es ging um eine entscheidende Frage. Blanchard dachte immer noch daran, Dünkirchen bis zum letzten zu verteidigen, aber im Rahmen einer Abwehrstellung, die sechzig Kilometer weit bis zur Lys reichen sollte.

Gort mußte ihm nun sagen, daß diese Möglichkeit nicht bestand. Er hatte als britischer Kommandeur, der dem französischen Oberkommando unterstand, von der englischen Regierung von vornherein die Anweisung, im Notfall soviel Truppen seiner Armee wie möglich zu retten. Dieser Fall war da. Nachmittags hatte Anthony Eden wieder telegraphiert: »Ihre einzige Aufgabe ist jetzt, möglichst viele Ihrer Streitkräfte nach England zu bringen.«

Als Oberst Gerald Whitfeld, der Befehlshaber im Bereich Dünkirchen, die Dienstmütze wie immer schräg in der Stirn, Bastion 32 betrat, bewunderte er diesen Mann. Im nächtlichen Himmel lieferte die Luftwaffe gerade den zwölften Angriff dieses Tages. Schwarzer, öliger Rauch züngelte und brandete um den Eingang der Bastion, und helle Flammen schlugen aus den Gerippen der Hebekräne im Dock, aber Gorts große, blaue Augen leuchteten.

Gort fand oft, die politischen Verwicklungen rund um seinen Oberbefehl gingen über seine Möglichkeiten, aber in gefährlichen Situationen und bei der Aussicht auf einen Kampf reagierte er wie ein Schlachtroß auf das Signal.

In dem dumpfen unterirdischen Unterstand voller Telefone ging Gort zur Befehlsbesprechung mit Admiral Jean Abrial, dem stattlichen und korrekten Seeoffizier und französischen Befehlshaber des Hafens. An einem langen Tisch standen unter anderem: Whitfeld, Abrials Stabschef Admiral Le Clerq, Fregattenkapitän Harold Henderson, der britische Marineverbindungsoffizier und der Stabschef des Oberbefehlshabers General Weygand, der französische General Koeltz.

Obwohl General Blanchard noch nicht da war, hielt Gort es für dringend, die Einzelheiten wegen des Brückenkopfes Dünkirchen festzulegen. Aber obwohl Abrial technisch Oberbefehlshaber von Dünkirchen war, erschien es zunächst aus politischen Gründen richtiger, ihm von einer völligen Evakuierung noch nichts zu sagen. Für den Konferenzgebrauch handelte es sich um den Abzug unwichtiger Truppenteile.

Die Besprechung zog sich mit der Diskussion von Einzelheiten hin. Die Engländer sollten die Stellung von Nieuport entlang den Kanälen über Veurne bis zur Stadt Bergues halten, die Franzosen die Linie von Bergues westlich bis Gravelingen. Am britischen Frontabschnitt hatte General Alan Brookes II. Korps endgültig den Abschnitt von Nieuport zu halten, General Michael Barkers I. Korps den Mittelpunkt und das III. Korps von General Sir Ronald Adam das Gebiet rund um Dünkirchen.

Bis jetzt waren knapp 20 000 Mann in den Verteidigungsbereich eingetröpfelt, aber Gort, dessen Augen noch immer zum entfernten Grollen der Bomben triumphierend funkelten, versicherte Abrial, man dürfe weiter hoffen.

Nun war es 23 Uhr. In eine plötzliche Stille fragte General Koeltz beiläufig: »Weiß Lord Gort vielleicht, daß der belgische König um Waffenstillstand ab Mitternacht gebeten hat?«

Nun lag die ganze linke Flanke der britischen Armee dreißig Kilometer lang ungeschützt da. Gort saß ganz still, die Finger gespreizt, und starrte ins Nichts. Whitfeld, der ihn ansah, fand, sein Ausdruck habe alles bedeuten können.

Kapitel 4

EGAL WIE, ABER DER JERRY SOLL SIE NICHT KRIEGEN

Dienstag, 28. Mai

1.00—24.00 Uhr

Augusta Hersey hatte von der Kapitulation Belgiens noch nichts gehört, aber sie hatte etwas davon mit dem Instinkt der Frau gespürt. In dieser Nacht hatten alle Bitten eines französischen Verbindungsoffiziers das Herz eines belgischen Bauern nicht erweichen können: er hatte in seinem Haus, östlich von Dixmuiden, keine Betten für die Briten und ihre Leute.

Augusta hatte sich schließlich, erschöpft von dem Gezänk, auf einen Strohhaufen im Hof gekauert. Als sie und Kraftfahrer Johnson dann Wasser trinken wollten, hatte der Bauer die Leitung abgestellt.

Augusta Hersey verstand als Französin besser als andere die Notlage des Landes. Sie spürte, wie niemand wußte, woran er war. Als die Engländer vor achtzehn Tagen die Grenzen überschritten, waren sie mit Wein und Blumen beschenkt worden. Priester in schwarzen Gewändern standen beim Vorbeimarsch der Armee den ganzen Tag vor den Kirchen und erflehten den Segen des Himmels auf die Marschkolonnen.

Nun zogen sich die Befreier zurück, und das Volk erwartete zum zweitenmal in einer Generation die Deutschen. Wie ein Schatten fiel die Angst über das Land. Familie um Familie verlor den Mut und zog auf die Straße.

Als die Flüchtlinge nordwärts fluteten, waren die Truppen entsetzt, nie in ihrer Ausbildung war daran gedacht worden. Von Lille an verstopften 800 000 Flüchtlinge in einer hupenden, schreienden, ohrenbetäubenden Menge die Straßen ... alte Frauen zu Fuß, um die Schultern das immer griffbereite rote Tuch, in den Händen umfangreiche Bündel wie schmutzige Wäsche ... die Reichen in blinkenden Wagen mit Chauffeuren ... die Bauern auf Milchkarren, die mit Hunden bespannt waren ... ein dicker Mann, der auf einem dreirädrigen Eiswägelchen radelte und seine Frau und zwei Töchter in den Eisbehälter gestopft hatte ... ganze Familien in alten Klapperkästen, auf denen hochgetürmt Matratzen lagen, ihr einziger, jämmerlicher Schutz gegen die herunterstoßenden Jagdflieger.

Teilweise waren die Straßen dreißig Kilometer lang blokkiert, und jetzt kamen noch die knarrenden Geschützprotzen, die Munitionsfahrzeuge und die alten holzgefeuerten Feldküchen der belgischen Armee hinzu. Während sie sich mühsam der Küste zuwälzten, vermengten sie sich mit den schmutzigen Soldaten in ihren Khakiuniformen und behinderten die wichtigen landeinwärts fahrenden Munitions- und Nachschubtransporte.

Die Militärpolizei war auf solchen Straßen hilflos. Jeder Mann, Schütze oder General, war sein eigener Verkehrspolizist. An der Brücke von Poperinghe sprang der wie aus dem Ei gepellte Oberstleutnant Bootle-Wilbraham von den Coldstreams aus seinem Stabswagen und regelte zwei bewegte Stunden lang den Verkehr. Weiter nordwärts, auf Richtung Bergues zu fahrend, stieg der Panzerfahrer Dennis Cartwright von den Königlichen Gardedragonern immer wieder aus und zog die Pistole, die einzige Chance, seinen Mark-IV-Panzer dann und wann ein Stückchen der Küste näher zu bringen.

Mitten im Chaos glaubten einige noch, was sie erlebten, sei gar nicht wahr. Dem Gefreiten Edgar Smith fielen alte Filme über den spanischen Bürgerkrieg ein. Er dachte: »Aber ich stecke doch mittendrin — das kann doch gar nicht sein.« Gefreiter Jack Evans, ein junger Freiwilliger vom Regiment der Königin, sagte bei Strazeele, was viele wirr spürten: »Vielleicht muß ein Krieg so sein.«

Das war nicht vorgesehen. Die Belgier hatten trotz der Sturmwolken der dreißiger Jahre stets auf ihre bewaffnete Neutralität vertraut. Als König Leopold dann den Oberbefehl über seine Truppen übernahm, bekam er eine schwerfällige Armee von 700 000 Mann mit rostigen Gewehren und pferdebespannten Geschützen in die Hand. Sie war auf stehende Verteidigung eingerichtet und hatte weder Panzer noch Flugzeuge noch eine Streitmacht zur See.

Gort hatte das, informiert durch kluge Berater — wie Generalleutnant Alan Brooke —, seit langem gewußt. Brooke hatte die belgische Armee im Feld gesehen und als kaum kampffähig erkannt. In zehn Tagen hatte Belgien drei Viertel seines Gebiets verloren, und der Rest hatte nur noch für vierzehn Tage Verpflegung.

So war Gort nicht überrascht. Sein unbewegtes Gesicht, das Oberst Whitfeld sah, war der Ausdruck langen Vorwissens. Er hatte in einem qualvollen Gespräch über die Tragödie des belgischen Landes den König in Tränen ausbrechen sehen. Acht Stunden vor der Bekanntgabe des völligen Zusammenbruchs Belgiens hatte König Leopold eine Warnung an Lord Gort geschickt, er sei gezwungen, die Waffen zu strecken, bevor es zur totalen Katastrophe komme. Empört rief Lord Gort einem seiner Stabsoffiziere, Captain Georges Gordon-Lennox, zu: »Mein Gott, Geordie, sind das Schweine!« Er stürzte aus dem Zimmer, griff sich ein Gewehr und schoß vor Wut aus dem Stand auf ein tieffliegendes deutsches Flugzeug.

Für einen Soldaten, dem der Tod für das Vaterland als die größte Ehre eines Mannes gilt, war sein Zorn verständlich — aber der Logik hielt er nicht stand. Am 21. Mai hatte Gort in Ypern in benommenerer Stimmung den Vertreter Großbritanniens in Belgien, Admiral Sir Roger Keyes, gefragt: »Glauben die Belgier, wir sind krumme Hunde?« Zwei Tage vor der belgischen Kapitulation hatte Gort bereits begonnen, seine

Armee langsam abzuziehen — ohne Leopold davon etwas mitzuteilen. Der König hatte ebenfalls an sein Volk zu denken.

Gorts Männer wußten nichts von den politischen Manövern auf hoher Ebene. Sie waren voller Unverständnis dafür, daß ein Verbündeter aufgab. Als Oberstleutnant Geoffrey Anstee, der Kommandeur des 5. Bataillons Northamptonshire, durch Veurne kam, begriff er nicht, warum dieser Dienstag in jedem Hause Waschtag war. Erst nach Stunden erkannte er die endlosen Wäscheleinen mit den weißen Leintüchern und Kopfkissenbezügen als das, was sie waren: die Zeichen der Kapitulation.

Überall sahen die Truppen, die sich zwischen den Flüchtlingen nach Norden durchschlugen, die gleichen Bilder wie Augusta Hersey. Weiße Fähnchen an den Bajonetten der belgischen Soldaten, einen belgischen General, der seine Uniform auszog und eine Sportjacke und Flanellhosen anlegte, während sein Stabswagen am Straßenrand wartete, eine Bäuerin, die für die ankommenden Deutschen den Teekessel aufsetzte. In jedem belgischen Dorf war der Empfang der gleiche: böse Blicke, abgeschraubte Griffe an den Wasserpumpen und Steinwürfe von den Ortsbewohnern.

Dem Feldwebel Sidney Tindle, einem lustigen, unbändigen Iren im Regiment King's Own Royal, schien die Welt verkehrt. Tags zuvor hatte sein Bataillon erbittert mit deutschen Panzerschützen in französischer Uniform gekämpft. Sie waren den Deutschen nur entkommen, weil sie nachts auf dem Bauch durch eine Schafherde gekrochen waren. Nun marschierten sie wer weiß wohin, und Tindle fragte den Regimentsfeldwebel Bonnier wie ein verschüchtertes Kind: »Warum lassen sie uns im Stich?«

»Weiß ich?« antwortete der Feldwebel, »aber — man weiß schließlich nie, wer diesen Krieg gewinnt.«

Es überraschte nicht, daß die Furcht kam. Vom 28. Mai, vom Dienstagmorgen an gingen Argwohn und Mißtrauen um, und keiner wußte, wer Freund war und wer Feind.

Die Unschuldigen waren dabei nicht weniger in Gefahr als die Schuldigen. Pater Geoffrey Lynch, der einem Artillerieregiment aus Yorkshire zugeteilt war, stellte bei Ploegsteert im allerletzten Augenblick die Echtheit von zwei Jesuiten fest, indem er sie lateinisch ansprach. Die Kanoniere, überzeugt, deutsche Spione gefangen zu haben, wollten sie gerade dem Erschießungskommando überantworten. Schlimmer war Fräulein Gerda Kermisch dran, eine österreichische Jüdin, neunzehn Jahre alt. Sie war auf der Flucht vor Hitler-Deutschland, und jede Stunde in dem Flüchtlingszug, der sich nach Norden wälzte, war voll Gefahren für ihr Leben. Erschössen sie die Engländer nicht als Spionin, so brächten sie die Deutschen in das Konzentrationslager.

In Malo-les-Bains zerriß sie ihren Paß in kleine Fetzen und spülte ihn eine Toilette hinunter. So verurteilte sie sich selbst zu fünf weiteren Jahren Flucht und Furcht.

Gerüchte schwollen an und fanden offene Ohren. Englischsprechende Deutsche in Offiziersuniform sickerten durch die Linien, um Transporte fehlzuleiten und Panik zu stiften ... Scharfschützen in Zivil schossen Nichtsahnende ab. Ein neues Wort für Hinterhalt zitterte auf allen Lippen: »Die fünfte Kolonne.«

Bei Dixmuiden las Leutnant Alexander Lyell einen verwirrenden Befehl vom Divisionshauptquartier. Wie in Holland, hieß es, schwebten Fallschirmjäger als Nonnen verkleidet vom Himmel herab. Aber dieser Trick könne, hieß es im Befehl, leicht bei einer Begegnung entdeckt werden: die Druckstellen der Fallschirmgurte seien am Gesäß deutlich sichtbar.

Manche erlebten es. Kanonier William Brewer und vier Kameraden tranken auf dem Rückzug nach Dünkirchen im Morgengrauen bei einem Bauernhaus Tee, als Unteroffizier »Geordie« Allen blaß angerannt kam. »Habt ihr je gesehen, daß sich Nonnen rasieren?« Die fünf Männer schlichen sich über die Wiese an und sahen nun, was sie für ein Märchen gehalten hatten: zwei deutsche Fallschirmjäger hatten die weißen Hauben abgelegt und rasierten sich.

Sekunden später fielen die Nonnen unter 0.303-Geschossen (0,669 cm) tot nieder; ihr Blut floß in ihre schwarzen Gewänder. Überall schien Verrat zu lauern. Aus einer Scheuer bei Mount Carmel sahen Funker Alan Hall und seine Kameraden, wie ein Bauer aus dem nassen, üppigen Gras sorgsam die Form eines Feigenblattes ausmähte, das taktische Zeichen des III. Korps von General Sir Ronald Adam. Sie machten sich davon, und Minuten später stießen Messerschmitt-Jäger aus den schweren Wolken herab, um den Transport zu beschießen. Der Pionier Alf Bate blickte zum Himmel, um sich am Anflug von acht britischen Spitfires zu freuen. Doch gleich suchte er mit seiner Einheit Deckung. Die Lockvögel, die Sonne im Rükken, stürzten herab, und Maschinengewehre knatterten. Heiße Patronenhülsen regneten auf die Hände des Pioniers und brannten tiefe Wunden ein.

Der Funker Victor Glenister und zwei andere sahen bei Armentières hinter einer Ecke eine Bewegung. Eingedenk des Befehls, auf verdächtige Gestalten zu achten, riefen sie »halt!« und schossen. Keiner von ihnen hat je erfahren, was der Zivilist getan hat, den sie dort töteten.

Oft stand die Furcht nicht im rechten Verhältnis zur Ursache. Bei Bachy sicherten die Hampshires ein Haus mit Sandsäcken ab, und in der warmen Luft roch es süßlich und penetrant wie nach Fruchtbonbons. Im Glauben, die fünfte Kolonne verseuche die Gegend mit Phosgengas, brüllte der Kompaniefeldwebel: »Gasmasken aufsetzen!« Erst nach einiger Zeit kam die Einheit dahinter, daß der Gefreite Mervyn Doncom, der Glücksritter, seinen Rucksack voll Uhren abgelegt und dafür eine Flasche Nagellack eingehandelt hatte.

An einem solchen Morgen, an dem die Welt verrückt geworden war, hätte jeder sich selbst der Nächste sein können. Aber Tausende hatten Mitleid mit den Flüchtlingen und halfen, statt an sich selbst zu denken.

Der Sanitäter Kenneth Roberts und seine Kameraden gaben aus ihrem Krankenwagen den Flüchtlingen fast alle Vorräte, Verbände, Salben und Büchsenmilch. Dann erst merkten sie, daß für die eigenen Fälle nichts mehr übrig war. Der Reverend Hugh Laurece brachte den 6. Lincolns den Nachschub an Brot. Aber er widerstand den hungrigen Blicken und den Schreien der Kinder nicht: »j'ai peur, j'peur« (ich habe Angst, ich habe Angst!). Er verteilte alle fünfzig Laibe, obwohl die Einheit seit Tagen kein Brot mehr gesehen hatte. Oberfeldwebel Frank Chadwick stand Stunde um Stunde mit Kannen frischgekochten Tees am Straßenrand. Den Flüchtlingen schmeckte das ungewohnte Getränk nicht, aber Chadwick konnte nicht damit aufhören.

Dem Gefreiten Walter Allington, einem großen, gutmütigen Mann, ging es kaum anders: Er hatte schon überall auf dem Weg nach Dünkirchen den größten Teil seiner Verpflegung Flüchtlingen gegeben. In einem Regenguß am Nachmittag sah er einen Belgier auf Krücken, der den Regen in der hohlen Hand aufzufangen suchte.

Allington wurde klar, daß der Mann nicht aus den städtischen Trinkwasserspendern trinken konnte — niemand konnte aufrecht auf Krücken stehen und zugleich den Knopf bedienen, der den Wasserstrahl freigab. Allington führte mit seinem Kameraden, dem Gefreiten Heap, den Belgier zu einem Brunnen und hielt die gewölbten Handflächen darunter, während Heap den Knopf drückte. Als der Mann gierig schlürfte, sah Allington, daß seine Lippen vor Durst aufgesprungen und seine Hände von den Krücken wund waren.

Allington verband die Hände des Fremden mit seinem Verbandszeug, obwohl die unerlaubte Verwendung strafbar war. Der Belgier küßte Allington unter Tränen, aber der spürte plötzlich einen stechenden Schmerz. Keuchend krümmte er sich, doch dann schüttelte er seinen Schmerz ab — er hatte zu lange nichts mehr gegessen.

Der grausigen Bilder waren viele an diesem warmen, wolkigen Dienstag. Generalleutnant Alan Brooke, der in seinem Stabswagen unaufhörlich die Ypern-Komen-Stellung auf und ab kontrollierte, sah entsetzt die Straße gesäumt von leer lächelnden Geisteskranken in düsterbraunen Baumwollanzügen. Sie waren aus ihren Anstalten freigelassen worden. Unteroffizier Thomas Dunkley sah zwei Flüchtlingskinder, Zwillinge, in hübschen weißen Blusen und Schottenröcken. Dunkley war Familienvater und hatte selbst einen Zwillingsbruder. Er drängte sich durch die Menge, um die Kinder anzusprechen. Doch dabei empfand er die Erbärmlichkeit des Krieges wie einen Schlag in den Magen. Erschrocken wichen die Mädchen zurück und hoben in jammernder Angst ihre Arme.

In anderen Männern entflammte Zorn. Feldwebel Leslie Teare sah nördlich von Steenvorde auf dem Wege nach Dünkirchen auf einer leeren Dorfstraße einen flüchtenden achtjährigen Jungen. Er hatte seine kleine Schwester an der Hand und zog ihr Gepäck in einer Orangenkiste auf Rädern hinter sich her. Plötzlich stieß ein deutsches Jagdflugzeug herab, und Schüsse prasselten auf das Pflaster.

Als Teare die Hand wieder von den Augen nahm, waren Jagdflugzeug und Kinder verschwunden. Dann sah er beide Kinder aus dem Straßengraben kriechen und langsam und gelassen ihren einsamen Weg weitergehen. Teare erinnert sich zwanzig Jahre später: »Nie hätte ich geglaubt, jemanden so hassen zu können, wie ich damals diesen Bastard haßte.«

Das Mitgefühl galt auch Tieren. In der Feldpolizeikompanie des Obergefreiten William Cole-Winkin war befohlen: »Laß in jedem verlassenen Haus, das du antriffst, Kanarienvögel und Wellensittiche frei.« Andere taten, was ihnen richtig schien. Gefreiter Jack Hampson vom Border-Regiment molk auf einem verlassenen Hof erst alle Milchkühe und erschoß dann eine nach der anderen. Er dachte an seinen eigenen Hof Top o'th'Brow in Lancashire; es konnte Tage dauern, bis ein anderer kam, der den Kühen half.

Und dann die Hunde! Hungrig und vor Angst zitternd streunten sie überall umher und liefen jedem Tommy nach, der zu mitleidig war, sie wegzuscheuchen. Den Obergefreiten Eric Stocks vom Regiment Manchester jammerte ihr Anblick, aber seit zwei Wochen hatte er mit Tippy zu tun, einer jungen gelbbraunen Dackelhündin, mit weißen Tupfen auf Pfoten und Schwanz. Als Stocks an diesem Tag durch Poperinghe kam, war er von seiner Einheit abgeschnitten, aber er hatte das Gefühl, Tippy werde ihm Glück bringen. Am frühen Morgen hatte er ihr in einem Bauernhof Kakao gewärmt, und nun begegnete er auf den letzten dreißig Kilometern nach Dünkirchen nirgends bösen Blicken, sondern nur lächelnden und winkenden Menschen. Wenn Tippy aus Stocks' Gepäck herausguckte, riefen die Leute froh: »Voilà, la petite chienne!« (»Seht nur den kleinen Hund!«)

Captain Edward Bloom, der nette, adrette Transportoffizier, stand vor einem beträchtlich größeren Problem. Nachdem er seinen Geburtstag mit jenem heißen Bad gefeiert hatte, hatte er beim Dorfarzt zu Abend gegessen. Der Arzt und seine Frau klagten, ihr Kleinwagen sei zu eng, um Hugo, ihren mächtigen Wolfsspitz, auf der Flucht mitzunehmen. Hugo hatte den ganzen Abend neben Bloom gelegen und seine Hand geleckt. Nun nahm Bloom Hugo mit — aber er wußte auch jetzt, als der Humber-Stabswagen nordwärts fuhr, noch nicht, daß ihr Ziel Dünkirchen hieß.

In der Hauptkampflinie sah es anders aus. Die Männer hatten keine Zeit für Mitleid, nicht einmal für sich selbst. An seinem Eisenbahndamm hatte John »Warrior« Linton bereits in der Morgendämmerung gesehen, wie sich der erste deutsche Spähtrupp vorsichtig durch das hüfthohe Gras vorarbeitete. Es waren zwei Männer in Feldgrau, mit schweren Stahlhelmen, etwas dahinter der »Wegläufer«. Linton wußte, warum. Wenn auf die Vordermänner geschossen wurde, konnte der »Wegläufer« zurück und melden.

Linton schoß noch nicht. — Abgesehen von den Befehlen: zwischen ihm und dem Ende lagen nur sechs Schuß Munition. Er hatte den fünf Meter neben ihm liegenden Feldwebel Adams um Munition gebeten, aber Adams hatte auch keine. Es war so hoffnungslos, daß Linton bitter spottete: »Wenn die Deutschen kommen, beißen wir sie.«

Linton glaubte, jeder Mann vorn empfinde wie er und »Raygo« King. »Raygo« hatte es nachts zuvor beim Gewehrreinigen klar gesagt: »Kommst du heim und ich nicht, dann gehst du zu meiner Mutter ... Kriegst du eine verpaßt und ich nicht, dann gehe ich zu deinen Leuten.«

Linton tat zuversichtlicher als er war: »Wenn wir nur die kleinste Chance haben, bleiben wir beieinander, ja?« Aber das war noch, ehe ihnen Major David Colvill, der stellvertretende Kommandeur, gesagt hatte, dies sei die letzte Stellung: »Wir kämpfen bis zum letzten Mann und bis zur letzten Patrone.«

Ein anderer Spähtrupp von drei Deutschen war dem ersten gefolgt und stand nun an einer Mauer. Noch blieb die Front ruhig. Verdächtig ruhig, dachte Linton, aber nicht für lange.

Gegen Mittag zerrissen Explosionen die Stille. Rasch, erdrückend, pfiffen Granaten zu nahe und zu nieder über die Köpfe. Hinten am Rain stiegen langsam Rauchwolken auf. Die Rauchwolken vermehrten und näherten sich, und dann bebte dumpf der Damm. Linton spürte keinen Schmerz, er spürte nicht einmal, wie ihn die Granatsplitter trafen, nur zerrte etwas wie eine Sturmwelle an seinem Körper, er stürzte vornüber und versuchte noch, seinen Kopf zwischen die Eisenbahnschienen zu pressen. Im Sturz sah er noch, wie »Raygo« zusammenbrach.

Dann rollte Linton kopfüber den Damm hinunter. Er sah Granatsplitter aus den weißen Knorpeln seiner beiden Knie herausragen, spürte aber immer noch keine Schmerzen. Zwei Soldaten liefen auf ihn zu, doch Linton keuchte: »Los, schaut nach ›Raygo‹!«

Die beiden Männer wußten nicht, wer so hieß. »Wer ist das, Unteroffizier?«

»King, zum Donnerwetter! Los, schaut nach ihm!«

Gleich kamen sie zurück. »Der hat es hinter sich!« Halb von Sinnen fragte Linton sie: »Woher wißt ihr das? Geht zurück und vergewissert euch!« Als sie wiederkamen, wußte er, daß es aussichtslos war. »Raygo« konnte nichts gespürt haben. Der Splitter hatte sich sauber wie ein Dolch in seinen Hinterkopf gebohrt.

Lintons Gedanken verschwammen. Er verspürte vage die zeitlose Qual von Erinnern und Nicht-Erinnern. Er sah, wie nutzlos Pakte und Versprechen gewesen waren. Nichts half »Raygo« mehr, am allerwenigsten der Kummer um ihn. Die Zeit würde den Schmerz dämpfen, aber er konnte nicht auf einmal die Erinnerung verscheuchen, an die Samstagnachmittage an der Mühle, an die weißen Steine im klaren Wasser, an die großen Bäume, auf die sie geklettert waren, und an die Feuer, an denen sie Kartoffeln gebraten hatten. Manchmal hatten sie die Zuchtbulldogge Daisy dabei, nach dem Stammbuch hieß sie Pilote Duchess, aber selbst daran zu denken, tat weh.

Die zwei Männer bei Linton wußten, was jetzt not tat. Der Unteroffizier mußte zum Regimentsverbandsplatz, und zwar schnell. Sie beugten sich über ihn, nahmen ihm den leeren Patronengurt, den Rucksack und die Feldflasche ab und öffneten seine Feldbluse am Hals.

Dann setzte sich die kleine Gruppe taumelnd und stolpernd in Bewegung ... durch den Garten eines Landhauses, der sich an den Bahndamm anschloß ... durch das Landhaus, wo sie das Anerbieten einer alten Französin ablehnten, die ihnen frisches Verbandszeug geben wollte, hinaus in den Vorgarten und dann in den tiefen Wassergraben an der Straße, in dem Regenwasser stand.

Linton sah nun jenseits der Straße an einem Fahrweg die Gehöfte liegen, wo der Verbandsplatz untergebracht war. — Aber da erhob sich ein Offizier aus dem Graben der anderen Straßenseite. Sein Kommando war hart: »Ihr kennt die Befehle wegen der Verwundeten. Laßt den Mann und geht zurück nach vorn!«

Wer immer dieser Offizier war — er hatte Gründe: an Lintons Abschnitt zerbröckelte die Front der Brigade. In seinem Regiment war jede Kompanie von der anderen abgeschnitten. Sein Kompaniechef, Major Rupert Conant, war tot. Der mit der Führung beauftragte Offizier, Oberst Ernest Whitfeld, war verwundet abtransportiert. Das 8. Bataillon

Regiment Royal Warwicks zur Linken war abgezogen. Auch das Maschinengewehrbataillon der Gordon Hochländer war weg.

Einige Stunden zuvor hatte General Harold Franklyn, der den Einsatz in der Schlacht abstimmte, zu Generalleutnant Brooke gesagt: »Mir ist nicht wohl beim Gedanken an die 143. Brigade. Sie hat nachgegeben und wird zurückgedrängt.« Bei Komen hatten die Deutschen bereits den Kanal überschritten, standen einen Kilometer tief diesseits und drängten gleichmäßig beständig rund um Lintons Einheit auf die rückwärtigen Stellungen.

Linton konnte davon nichts wissen. Aber als die Männer, die ihm geholfen hatten, zurückliefen, kam er rasch zu einem Entschluß. Das Unheil, vor dem »Raygo« und er sich hatten schützen wollen, war nun da. Er hatte keine Schmerzen und blutete nicht einmal. Aber er war verwundet und im Begriff, auf den Schrotthaufen des Krieges geworfen zu werden. »Wenn ich den Arzt erreiche, wird er mich nicht im Stich lassen. Ärzte haben einen Eid geleistet. Zwei Männer haben das Kriegsgericht riskiert, um mir zu helfen. Es muß mir vom Schicksal bestimmt sein, zurückzukommen.« Zentimeter um Zentimeter, seine Beine hinter sich herziehend, arbeitete er sich den Graben entlang. Es dauerte lange, bis er auf gleicher Höhe mit der Überführung über die Straße lag, die zu den Bauernhöfen führte. Er griff nach dem Grabenrand und versuchte mit aller Anstrengung, seinen erschöpften Körper nachzuziehen. Dann fiel er plötzlich zurück. Irgendwo in der Nähe spielte ein Maschinengewehr erregt, und Staub wirbelte auf.

Minuten vergingen. Wieder kroch Linton mühsam hoch, wieder feuerte der Schütze wie im Reflex. Erschöpft und um Luft ringend lag er da, die Beine gespreizt, aber plötzlich durchfuhr ihn ein warmes Gefühl. Über die Straße hörte er die Stimme des Hauptgefreiten Norton, der mit ihm in Indien gedient hatte.

»Nicht über die Straße! Da schießen sie dich ab wie einen Hasen!« warnte Norton. Aber Linton, den Tränen nahe, dachte nur: »Endlich ein Freund, der mir hilft!«

Hilfe kam wirklich, nicht nur für »Warrior« Linton, sondern für alle in der Ypern-Komen-Stellung. Erschreckt durch die Rückzugsmeldung des Generals Franklyn fuhr Generalleutnant Brooke sofort zu Generalmajor Harold Alexander in Lille. Er forderte von Alexander drei Bataillone zur Verstärkung des Abschnitts von Linton. »Wenn sie durchbrechen, ist es um uns geschehen.«

Alexander stimmte ohne Widerspruch zu. Brooke bekam die drei Spitzenbataillone seiner 1. Division: das 2. Bataillon Regiment North Staffordshire, das berühmte Hochländer-Bataillon Black Watch und das 3. Bataillon Gardegrenadiere, das alte Bataillon von Lord Gort.

Es war keine Zeit mehr zu verlieren. Major Allan Adair, der höfliche und schneidige Kommandeur der 3. Grenadiere, stand gerade mit seinem Bataillon beim Wald von Ploegsteert. Das Bataillon trat soeben — erschöpft und hungrig — zur ersten warmen Mahlzeit seit Tagen an — einem dicken Hühnerfrikassee, bereitet vom Quartiermeister Fred Turner. Aber eine kurze Besprechung am Straßenrand mit General Franklyn warf alles um. Der Ypern-Komen-Kanal war der erste Prüfstein für die Stärke des fünfundvierzig Kilometer nördlich liegenden Verteidigungsbereichs von Dünkirchen.

Brachen die Deutschen durch und erreichten sie Ypern vor der Masse des britischen Expeditionskorps, dann konnten sie auch zuerst in Dünkirchen sein.

»Fred«, sagte Adair zu Oberleutnant Turner, »du mußt das Essen wieder mitnehmen . . . wir haben keine Zeit.« Turner bat; in höchstens zehn Minuten sei das Essen verteilt. Aber Adair blieb hart: »Wir müssen sofort weg. Du nimmst die Transportfahrzeuge nach Dünkirchen zurück. Wir kommen in dicke Luft. Da wären sie bloß unnützes Ziel.«

Es war Tradition der Garde, Befehle widerspruchslos auszuführen, und die Grenadiere bewiesen das jetzt neu. Losgelöst von ihrer Division und Brigade mußten die Männer von Adair vierzehn Kilometer durch buschiges, halbdunkles Gelände marschieren, um einen Feind von unbekannter Stärke aus einem ihnen unbekannten Gebiet zu vertreiben. Kein Murren kam aus den Reihen, als sie abrückten. Sie marschierten so munter dem Sonnenuntergang entgegen, als gehe es zu einer Felddienstübung auf die Heide von Pirbright in Surrey. Langsam verlor sich aus ihren Nasen der aromatische Duft von kräftigem Hühnerfrikassee.

Oberleutnant Turner und seine sechzigköpfige Truppe zogen sich betrübt in einen nahen Wald zurück, um das Frikassee selbst zu essen. Jeder Bissen wollte ihnen im Hals stekkenbleiben.

Adair hatte recht. Der Keil, den die Deutschen durch den Abschnitt von Linton getrieben hatten, konnte tödlich sein. Und obwohl Generalleutnant Brooke sich inzwischen eine weitere Infanteriebrigade und die ganze schwere Artillerie des I. Korps gesichert hatte, würde das verlorene Gelände nur in rücksichtslosem Einsatz wiederzugewinnen sein. Als Adairs Grenadiere den Ypern-Komen-Kanal erreichten, erschauderten sie vor dem Anblick des aufsprühenden Geschützfeuers aus Komen und der Männer von der Black Watch, die als Silhouetten vor den Flammen mit aufgepflanzten Seitengewehren vorwärtsstürmten.

Dem Gefreiten Karl-Heinz Neumann, einem einundzwanzigjährigen MG-Schützen, der der deutschen Angriffswelle Feuerschutz gab, schien es, als wolle sich alles binnen weniger Minuten wenden. Als die Infanterie an diesem Morgen vorgegangen und leichte Boote mitgeführt hatte, um den Kanal zu überqueren, hatte es wie ein Spaziergang ausgesehen. Neumanns wassergekühltes, schweres Maschinengewehr hatte stetig seine vierhundert Schuß in der Minute abgegeben. Es war durchgegeben worden, die Engländer seien einen Kilometer zurückgefallen, am Sieg der Deutschen bestand kein Zweifel.

Aber jetzt, in der Nacht, brach Angst und Wirrwarr aus. Männer, die er gut kannte, krochen flüchtend die trockenen Kanalufer hoch, es hieß, vierzig Mann, darunter zwei Offiziere, seien bereits gefallen. Dann wurde es klar: Stahlhelmbedeckte Tommies waren nur wenige Meter entfernt. Eiligst bauten die MG-Schützen ihre Maschinengewehre ab und flohen. Neumann taumelte unter dem Gewicht des sechzig Pfund schweren Dreibeins.

Mühsam, Meter um Meter drängten die Grenadiere die Deutschen zurück. Bei ihrem ersten verzweifelten Bajonettangriff wurden fast hundert Mann außer Gefecht gesetzt. Schlimmer noch war, daß keine der drei Angriffskompanien Schanzzeug hatte. Die Kompanie von Captain Stanton Starkey, die einen Feldgraben zog, mußten ihn mit den Seitengewehren tiefer ausheben. Den ganzen Tag über führten die Deutschen denselben verbissenen Angriff durch. Erst trieb ein pfeifendes, rotglühendes Granatwerfer-Sperrfeuer die Grenadiere in Deckung, dann stieß deutsche Infanterie, in Gruppen von zwanzig Mann zusammengefaßt, als weit auseinandergezogene Angriffsspitze vor.

Auch Adairs Männer hatten ihre Taktik. Sie warteten mit angespannten Sinnen, bis die Deutschen anrückten, und ließen sie dann so nahe herankommen, bis jede Einzelheit ihrer Ausrüstung klar zu sehen war. Dann schossen die vorderen MG-Schützen sie wie Kaninchen ab. Ging danach der glühende Feuervorhang der deutschen Artillerie nieder, zogen sich die MG-Schützen rasch zurück.

Einmal — zweimal — dreimal — immer wieder kamen die Deutschen. Captain Stanton Starkey verstand nicht, warum sie in der stickigen Hitze Mäntel trugen wie auf einem Kupferstich vom Krim-Krieg. Jedesmal trieb sie das dumpfe, tödliche Stottern der Maschinengewehre und das Bellen der Granatwerfer zurück.

Karl-Heinz Neumann beobachtete verzweifelt das Geschehen in den deutschen Linien. Sein Regiment, fand er, das 176. Infanterie-Regiment, führe diesen Krieg wie eine Felddienstübung. Selbst jetzt spazierten die Offiziere vertrauensvoll unter ihren Truppen umher und luden mit ihren auf Hochglanz polierten Ledergürteln und blinkenden Silberknöpfen das britische Feuer geradezu ein. Neben Neumann stand Oberleutnant Georg, sein Kompanie-Chef, kerzengerade aufgerichtet und betrachtete das Kampfgeschehen durch sein Fernglas. Wie andere deutsche Offiziere hielt er es für unwürdig, in Deckung zu gehen.

Diesen falschen Mut bezahlte er teuer. Ein paar Minuten später brach er mit einer Gewehrkugel in der Brust zusammen. Aber er blieb Soldat bis zum letzten. Entsetzt schweigend sahen seine Männer, wie er sich noch einmal mühsam aufrichtete und meldete: »Oberleutnant Georg meldet sich ab, tot.« Dann brach er mit der Hand an der Mütze zusammen.

Aber die Lage der Grenadiere Adairs war verzweifelt. Munition war jämmerlich knapp. Durch die wilde Flucht der letzten sechzehn Tage, durch das Abreißen der Verbindungen fehlten die entscheidenden Nachschubgüter. Der ständige Flüchtlingsstrom nach Norden machte nun, am Dienstag, dem 28. Mai, mittags, die Verwirrung voll.

Die knappe Munition, in Dünkirchen entladen, bevor die Deutschen den Hafen verwendungsunfähig machten, gelangte nicht dahin, wo sie am nötigsten gebraucht wurde. Die Grenadiere hatten zu Beginn der Schlacht pro Kopf einhundert Schuß. Jetzt nach sechzehn blutigen Stunden verfügten sie noch über einen Schuß pro Mann und einen armseligen Bestand an Handgranaten. Während Captain Starkey und seine Männer auf den neuen deutschen Angriff warteten, brieten sie, schwach vor Hunger, eine Büchse mit rohem Nierenfett auf und aßen es aus der Hand.

Es gab nur eine Möglichkeit. In Allan Adairs Bataillonsgefechtsstand, einem etwa vierhundert Meter entfernt liegenden Bauernhaus, war noch etwas Munition. Der Transportoffizier, Oberleutnant Edward Ford, unternahm einen verzweifelten Versuch. Über den zerwühlten Boden schwankte der gepanzerte, mit Verwundeten beladene Lastwagen gefährlich, und Ford lief im Feuer Spießruten. Das Fahrzeug ging bald in Flammen auf, die Verwundeten wurden in Minutenschnelle abgeladen, aber Ford kam schließlich zu Fuß ans Ziel.

Im Bataillonsgefechtsstand traf Ford Adair an. Der verband gerade in der traditionellen Verbundenheit des Gardeoffiziers mit seinen Leuten ruhig die Wunden eines Unteroffiziers. Höflich, auch in der kritischsten Situation, begrüßte er Ford wie ein Diplomat bei einem Abendempfang: »Guten Tag, es freut mich, Sie zu sehen. Haben Sie Zeit für eine Tasse Tee?«

Ford hatte sie nicht. In Minuten war im Lager die Munition auf zwei weitere Fahrzeuge aufgeladen; dann folgte eine atemlose, holpernde Fahrt zurück zu den bedrängten Grenadieren — alles in allem hatte das Unternehmen fünfzehn Minuten gedauert.

Freudig und dankbar packten Starkey und die anderen die ersehnten Kisten aus. Doch sie wurden grausam enttäuscht. In der Hetze hatte der Transportoffizier zum größten Teil Leuchtpatronen eingepackt.

Starkey jedoch hatte einen wichtigen Umstand bemerkt: Die Deutschen hielten sich stur an ein Schema. Um die Grenadiere in ihren Gräben zu halten, gaben sie zuerst ein vernichtendes Sperrfeuer. Dabei verständigten sie die Geschützstellungen mit Leuchtkugeln, und zwar in der Folge rot — weiß — rot. Wenn dann die Grenadiere mit dröhnenden Ohren an die Erde gepreßt lagen, signalisierten die Deutschen die Feuereinstellung mit der umgekehrten Folge, also weiß — rot — weiß, und griffen an.

Am Spätnachmittag entschloß sich Starkey zu einem Wagnis. Als die Deutschen nach dem Sperrfeuer wieder vorwärtsdrängten, hob er die Pistole und schoß das Rot-Weiß-Rot-Signal himmelwärts. Die Deutschen gerieten überall in Verwirrung, als die Granatsplitter wie feurige Kohlen aus dem Himmel auf sie herabregneten. Gebannt sah Starkey, wie Mann um Mann fiel.

Die deutsche Angriffsspitze jagte eine weiß-rot-weiße Schußfolge hoch, innerhalb von Sekunden erstarb das Sperrfeuer. Die Deutschen erholten sich und griffen, die Karabiner in der Faust, erneut an. Und wieder ging das Sperrfeuer auf sie nieder, als Starkey abermals schoß.

Als die Deutschen nun versuchten, den Befehl aufzuheben, strahlten rote und weiße Leuchtkugeln wie das Feuerwerk eines Millionärs am Abendhimmel. Starkey feuerte unentwegt weiter, und schließlich gaben die Deutschen auf; der Granatwerferbeschuß wurde eingestellt.

Für alle, die auf dem Weg nach Dünkirchen waren, war wertvolle Zeit gewonnen. Aber keiner wußte, wie groß der Vorsprung war. Adair hatte befohlen, der Abschnitt müsse bis 22 Uhr gehalten werden. Erst dann dürften die Männer zurückgehen.

Während die Schatten länger wurden, kamen den in ihren Schützengräben hockenden Männern seltsame, fast unirdische Gedanken. Oberleutnant Edward Ford leerte sorgfältig seine Taschen und legte vor sich auf den Grabenrand ein paar Handgranaten, einige Schuß Gewehrmunition und sein blankes Seitengewehr. Er dachte: es komme nun, wie es will, aber zuvor werde ich es ihnen zeigen. Und Starkey, der hundert Meter entfernt im Graben stand, dachte, wie eng die Spanne zwischen Leben und Tod geworden sei. »Ich empfand, wie mühelos ich mich in alle hineindenken konnte. Die Gedanken liefen eigene Wege, sie waren durch keine Förmlichkeiten mehr gebunden; nie war man ernster und fester.«

Aber es blieb in diesem Abschnitt ruhig. Um 22 Uhr zogen die Kompanien nach Messines ab. Beim Appell hatte Adair noch neun Offiziere und 270 Mann. Der Ypern-Komen-Kanal war gehalten. Die Verluste auf der dreizehn Kilometer langen Frontlinie: über tausend Tote.

Auch südlich, am La-Bassée-Kanal, war die Stellung gehalten worden, aber mit verheerenden Verlusten. Die 2. Division von General Noel Irwin, dreizehntausend Mann stark, hatte noch zweitausendfünfhundert Mann. Neunzig Mann vom 2. Bataillon des Regimentes The Royal Norfolk waren bei einem Maschinengewehreinsatz des Oberstleutnants Fritz Knoechlein gefallen. Das zweite Bataillon des leichten Infanterieregiments Durham kämpfte zum Schluß in einer brennenden Scheune. Die schottischen Hochländer von Oberstleutnant

Rose-Miller in ihren Kilts zählten dreihundertfünfzig Tote, Verwundete und Gefangene, als sie sich zurückzogen.

Aber der Aufprall der Streitmacht Rundstedts war abgefangen. Rundstedt hatte dabei vier Panzerdivisionen eingesetzt, die den Ypern-Komen-Kanal von hinten angegriffen hatten, um sich wie die Scheren eines Krebses mit der Infanterie Bocks zu vereinen.

Indessen mußte auch der Abzug schrittweise vor sich gehen. In Festubert hielt das 2. Bataillon, Regiment The Dorsetshire, unter Oberstleutnant Eric Stephenson, die Stellung, einem harten Mann mit kalten Augen. Dorthin schickten die Deutschen als freundliche Einladung Flugblätter, auf denen stand: »Glaubt ihr wirklich den Unsinn, daß die Deutschen ihre Gefangenen töten? Kommt und überzeugt euch vom Gegenteil!« Stephenson hatte diese Absicht nicht. An der Spitze seiner dreihundert Mann startete er zu einem entschlossenen zweiundsiebzigstündigen Fußmarsch über Deiche und Kanäle. Einmal kauerte die ganze Truppe nur wenige Meter vor einer langsam vorrückenden deutschen Panzerkolonne in einem Graben. Schließlich marschierten sie in Reih und Glied über die Mole von Dünkirchen, der Oberstleutnant mit zerfetzten Schuhen voraus.

Aber das waren abgehärtete, ausgebildete Berufssoldaten. Die einzige Stärke der anderen an der langen Kanalstellung südlich und westlich von Gravelingen war grimmige Entschlossenheit.

Ein Bataillon hätte eigentlich überhaupt nicht mehr da sein dürfen. Vor Tagen hatte Brigadegeneral Nigel Somerset auf dem Wege zur westlichen Stellung am Kanal durch einen Kurier um 3 Uhr morgens einen Eilbefehl vom Armee-Oberkommando bekommen: »Stellen Sie ein Bataillon zur Verteidigung von Hazebrouck ab! Seine Führung wird Oberst Brown von der Vorausabteilung des Oberkommandos übernehmen.«

Somerset, der sich mühsam über verdunkelte Straßen fortbewegte, war in den frühen Morgenstunden außerstande,

Verbindung mit dem einzigen aktiven Bataillon in seiner Brigade aufzunehmen, dem 2. Bataillon The Gloucestershire Regiment. Statt dessen gab er den Befehl an das rückwärtige Bataillon seiner Marschkolonne, an das I. gemischte Bataillon der Oxford und Buckinghamshire leichten Infanterie. Es konnte am leichtesten als geschlossene Einheit abgestellt werden.

Während der Befehl nach hinten ging, tröstete Somerset der Gedanke, seine unerfahrenen Freiwilligen würden in guter Hut sein. Der Mann vom Armee-Oberkommando würde ihnen die Kniffe zeigen.

Seine Wahl erwies sich teils als richtig — nach ein paar Tagen meldete der deutsche Rundfunk in einer Sondersendung: »Die Hazebrouck verteidigenden Truppen gehören offensichtlich zu den besten und schlagkräftigsten der britischen Armee.« Aber es war eine tragische Ironie. Schon in den ersten beiden Stunden lernte das Bataillon in Hazebrouck die wirkliche Lage kennen. Von Oberst Brown war nichts zu sehen. Das vorgeschobene Oberkommando zog aus seinem Gefechtsstand in einem Kloster bereits aus und hinterließ auf dem Bahnhof ein wüstes Durcheinander von Geheimakten — darunter die vollständige Gefechtsgliederung von Lord Gort.

Die Offiziere vom Armee-Oberkommando überließen den Verteidigern die einzige Karte des Gebietes und erklärten vor ihrem eiligen Abmarsch dem Kommandeur, Major Brian Heyworth, er habe nun den ganzen südwestlichen Zipfel des Halbkreises um Dünkirchen zu verteidigen. Sie erzählten ihm stolz, vor einigen Tagen seien sie tatsächlich von Panzern beschossen worden.

Nach einer raschen Stadtbesichtigung sah Heyworth die Lage klar. Fünfhundert Mann, überwiegend Melder und Ordonnanzen, hatte das Oberkommando dagelassen. Es waren kampfunerfahrene Leute. Mit ihnen mußte er die kilometerlange Peripherie der alten, von Mauern umgebenen Stadt verteidigen. Viele der Leute hatten keine Munition oder sogar keine Karabiner. Sie erwartete ein Kampf auf Leben und Tod mit Handgranaten und Beilen.

Alle Besorgnisse von Heyworth waren begründet. Bei der Lagebesprechung am Nachmittag schlief einer seiner Offiziere nach dem anderen vor Erschöpfung ein. Heyworth selbst war drei Tage später tot — ein Scharfschütze traf ihn, als er die Straße überquerte. Inzwischen hatte Brigadegeneral Somerset erfahren, daß der Stab abgerückt war. Er ließ dem Bataillon sagen, es solle nach Dünkirchen abrücken. Als aber Major Elliott Viney, der den Befehl übernommen hatte, versuchte, seine Kompanie zu verständigen, war das unmöglich.

Die Züge gingen, von jeder höheren Befehlsgebung abgeschnitten, einzeln in den Einsatz. General von Kleists Panzer hatten zusammen mit schwerer Artillerie und tief einsickernden Infanterie-Einheiten buchstäblich eine Kompanie von der anderen getrennt. Aber Gruppe um Gruppe gab ihr Letztes her. Zwanzig Jahre später erinnert sich Oberst Kurt Zeitzler, Kleists Stabschef: »Die hatten die nötige Härte — Männer aus Stahl.« Leutnant Amyas Lee und seine Männer, die in einem Bahnwärterhaus neben dem Bahndamm lagen und ihren Hunger mit Honigkuchen aus einem Kramladen zu tilgen suchten, behaupteten sich neun Stunden, indem sie jeden Motorradfahrer und jedes Transportfahrzeug auf der unter ihnen liegenden Straße abschossen.

Die Panzer rollten, wie Lee in aller Ruhe feststellte, ungeschoren durch. Erst als sie das Bahngleis, Schuß um Schuß feuernd, erreicht hatten, zogen sich Lee und seine Männer zurück. Nun erst wurde Lee der Ernst der Lage bewußt. Die einzigen Sperren in den Straßen der alten Stadt bestanden aus Lastwagen, Möbeln und notdürftig gehäuften Kartonagen.

Um 15 Uhr an diesem Dienstag entschloß sich Viney abzurücken. Die Munition war knapp, die Schützenkompanien am Rande der Stadt waren überrannt, und die vom Stabsquartier zurückgelassenen Mannschaften waren in die Klosterkeller verbannt. Wenige von ihnen konnten überhaupt mit einem Gewehr umgehen. Viney, ein aufopfernder Kommandeur, blieb bis zuletzt bei seinen Leuten. Als früherer

Buchdrucker fachsimpelte er im Keller lange mit dem Soldaten Sidney Grimmer, einem vierundzwanzig Jahre alten Mann aus Aylesbury, der früher in seiner Firma gearbeitet hatte. Grimmer konnte sich nicht mehr fragen, warum das geschah; er lag tödlich verwundet auf einer Bahre und starb nach einigen Stunden.

Der Major fand dann zwei Kisten mit erstklassigen Zigarren wieder, die er im April beiseite gelegt hatte. Damit machte er in dem drückenden Schweigen seine Runde zu den einzelnen Stützpunkten.

Als der köstliche Duft der Coronas sich in der warmen Luft mit den widerlichen Gerüchen von Blut und Pulverdampf mischte, war Viney zufrieden. Diese beiden Kisten Zigarren würden Kleists Panzerbesatzungen nicht rauchen. Um 16 Uhr sollte abgerückt werden, beschloß er.

Aber dieser Entschluß hatte kein langes Leben. Um 15.30 Uhr setzte das Sperrfeuer wieder ein, und nun, da die Deutschen sich genau eingeschossen hatten, rannten die Männer von Haus zu Haus. Viney war mit hundert Mann und zwei leichten Maschinengewehren in einem Haus eingeschlossen. Als ein deutscher Panzer durch die Straße fuhr, wurde er von einem Panzerkanonier am Fenster gesehen.

Eine Handgranate flog durch das Fenster und Viney zögerte nicht. Er sprang aus dem Fenster und gab sich mit seinen Leuten gefangen.

Um den Preis von dreihundert Toten, Verwundeten und Gefangenen war die Belagerung von Hazebrouck zu Ende. Ob jemand davonkam, lag in der Gunst oder Ungunst des Schicksals. Leutnant William Marshall, der das Bahnhofshotel verteidigte und gerade seine Zähne mit bestem Champagner putzte, wurde früh genug benachrichtigt. Er und eine Gruppe von acht Mann entkamen nach Osten durch die deutschen Linien. Feldwebel Frederick Larkin bekam erst später Nachricht: »Halten Sie sich nordöstlich! Die Parole lautet ›Bier und Kegel‹.« Leutnant Clive Le Neve Foster stieß am Bahndamm auf einige Kanoniere. Er machte sich mit ihnen und einer Gruppe von drei Mann auf den Weg nach Dünkirchen, von dem er noch nicht einmal wußte, wo es lag.

Das wußten auch auf den Schiffen nur wenige. Aber immer mehr wurde klar, was die Fahrt dorthin hieß. Kurz nach dem hastigen Ablegen vom Öltanker in Dover hatte Fregattenkapitän Ralph Fisher die Besatzung von S. M. S. »Wakeful« instruiert: »Wir sind nach Dünkirchen unterwegs, um da möglichst viele von den sechstausend Mann an Bord zu nehmen, die da abgeschnitten sind.« Sofort begannen die Mannschaftsdienstgrade, unter Führung von Oberleutnant Walter Scott, das Messe-Deck von Tischen und Stühlen zu räumen. Große Kannen Kakao und Tee wurden gekocht und Rumfäßchen und Brotlaibe aus den Vorratsräumen geholt. Aber Fisher blieb sorgenvoll. Sein enges, altes, öldurchlässiges Schiff hatte viel zuviel Obergewicht, und die Ladung auf dem Oberdeck verstärkte das Schlingern des Schiffes. Die einzige Lösung, die ihm einfiel, schien allerdings zu gewagt.

Die »Wakeful« hatte wie jeder Zerstörer ihrer Klasse zwei Sätze Torpedorohre, auf jeder Seite des Scheinwerferstandes einen. Der einzige Weg zur Verminderung des Obergewichts war, die sechs Tonnen Torpedos und die über hundert Wasserbomben in den Gleitbahnen und Abwurfvorrichtungen über Bord zu werfen. Dann konnte die »Wakeful« hundert Mann mehr aufnehmen. Und sie konnte schneller manövrieren, wenn die Luftwaffe kam. Fisher mußte sich rasch entschließen, und die Chancen schienen gut. Sicher hatten auch andere Schiffe den gleichen Auftrag. Konnte jeder Zerstörer sechshundert Mann an Bord nehmen, dann mußte die Rückführung noch an diesem Tage zu beenden sein. Es war zwar ein großes Wagnis, das nicht nur seine hundertfünfzigköpfige Besatzung, sondern auch sechshundert unbekannte Männer mittraf, aber ein Wagnis von nur einigen Stunden. Bald würden sie wieder in Dover sein, und alles wäre getan.

Es war am 28. Mai, morgens 1.30 Uhr, als Fisher seinen einsamen Entschluß faßte. Er befahl dem diensttuenden Artillerieoffizier Townsend: »Sichern Sie die Torpedos und Wasserbomben, und werfen Sie alles ab! Melden Sie mir, wenn es erledigt ist.« Die dunkle See blubberte kaum, als die Geschosse aufschlugen. Nur wenige Besatzungsmitglieder wußten, was geschehen war, während das Schiff auf Dünkirchen Kurs hielt.

Nicht auf allen Zerstörern wurde das getan — aus gutem Grund. S. M. S. »Codrington« stand bereits vor der Küste von Bray Dunes, sechs Kilometer östlich von Dünkirchen, aber Captain George Stevens-Guille wußte noch nicht, worum es ging. Er hatte den Befehl, sofort dorthin zu fahren, aber keinen Befehl, was dort zu tun sei. Wie andere Schiffe setzte er ein Boot aus, um Truppen am Strand aufzunehmen, und dampfte dann zur Ost-Mole von Dünkirchen. Am Ende der Mole sah er einen alten Freund, Fregattenkapitän Jack Clouston, den Pier-Aufseher von Kapitän zur See Tennant. Er rief ihm zu: »Hallo, was zum Teufel soll das Ganze?« Clouston schien merkwürdig heiter: »Ach, weißt du, wir sind geschlagen worden.« Erst jetzt begriff Stevens-Guille. Kapitän Tennants kluger Einfall machte sich bereits bezahlt. Clouston dirigierte als Pier-Aufseher an der Seeseite der Mole die Schiffe herein, und Fregattenkapitän Renfrew Gotto führte die Truppen aus dem Hafenbereich. Inzwischen hatte Ramsay in Dover mitgeteilt, die Passagierschiffe, umgebaute Kanalfährschiffe für mehr als tausend Mann, würden auch die Mole anlaufen. Es schien immer noch möglich, die fünfundvierzigtausend Mann wegzubringen.

Fregattenkapitän Fisher an Bord von S.M.S. »Wakeful« strahlte: Sein Entschluß, die Torpedos abzuwerfen, hatte sich als richtig erwiesen. Die Ost-Mole konnte beim höchsten Flutstand nur sechzehn Schiffe aufnehmen, und das Einlaufen war knifflig, aber die Prozedur war nun bereits erprobt: Mit dem Bug voraus, rasch vertäuen, mit dem Heck herumschwingen, vorn und hinten festmachen . . .

Was dann kam, wurde für alle Schiffe ein gewohnter Eindruck . . . das unterdrückte Stampfen von Stiefeln und das helle Klappern von Gewehren ... der ölige Qualm über den lodernden orangefarbenen Flammen, dunkle Kolonnen von Männern, die sich im Feuerschein voranbewegten ... ihre nach und nach deutlicher werdenden Gestalten ... abgerissene, benommene Soldaten, die an Bord taumelten, kaum noch sprechen konnten und auf dem kalten Eisendeck niederfielen. Nach einer knappen halben Stunde verließ die »Wakeful«, Heck voraus, mit sechshundert Mann an Bord und einer Geschwindigkeit von fünfundzwanzig Knoten (= 46,3 Kilometer) den Hafen von Dünkirchen.

Aber Fisher wurde jäh enttäuscht. Als er in Dover am Öltanker »War Sepoy« anlegte, befahl Admiral Ramsay überraschend: Es sei noch nicht an der Zeit aufzutanken. Die »Wakeful« müsse sofort nach Dünkirchen zurück, wo noch dreißigtausend Mann zu holen seien. Wieder dachte Fisher an seine Torpedos.

In Dünkirchen verwünschte Fregattenkapitän Brian Dean an Bord der »Sabre« seine Torpedos auf den Grund des Kanals. Der gutaussehende, rotbärtige Kapitän hielt den Atem an. Es war ihm nicht möglich, sein Schiff zu entlasten, und seine Decklast betrug insgesamt siebzig Tonnen — achthundert todmüde, zusammengedrängte Tommies. Aber Deans Rückweg führte über Admiral Ramsays Route Y, den hundertsechzig Kilometer langen Weg über die Kwinte Boje — und das mit einem Schraubentiefgang von 5,7 Metern gegenüber vorher 4,5 Metern.

Das Wasser ging bereits zurück, und der Gedanke, die »Sabre« könne mit achthundert Mann auflaufen und den Bombern ein festes Ziel bieten, war entsetzlich. Das erst vor einem Monat eingebaute Echolot litt noch an Kinderkrankheiten.

Dean tat das einzige, was möglich war. Als die »Sabre« sich so langsam wie möglich der Fahrrinne näherte, schickte er zwei Obergefreite an die »Ketten«, kleine viereckige, seitlich über Bord hängende Platten. Dean hörte auf der Brücke gespannt, wie die Männer, knapp wie alte Handloter auf dem

Mississippi, die Tiefe ansagten. Ihm schien, als sei er in jeder Minute ein Stück gealtert. Nur noch 15 Zentimeter lagen zwischen der Schiffsschraube und dem Grund. In diese Spannung tönten neue Meldungen der Handloter, und alle atmeten auf: »Sabre« war draußen.

In ihrem Rücken dagegen, entlang der Küste, herrschte Verzweiflung. Das ganze Unternehmen schien viel zu ungeheuer und viel zu schlecht organisiert, um überhaupt eine Chance zu haben. Korvettenkapitän Mark Thornton an Bord von S.M.S. »Harvester« war am Ende mit seinem Latein. Er hatte keine Karten, sondern nur den Befehl, dem Zerstörer »Makkay« nach Dünkirchen zu folgen. Nun saß die »Mackay« auf einer Sandbank, und Thornton, der nicht wußte, wo ankern, ließ das Schiff vorsichtig treiben. Er schwitzte vor Sorge, bis die Flut den dreizehnhundert Tonnen schweren Zerstörer — wie Thornton gehofft hatte — in die Fahrrinne trug. Erst jetzt und nur jetzt konnte er seine Boote aussetzen.

Für die meisten begannen damit erst die Probleme. Oberleutnant Norman Parker von der »Sabre« hatte es gespürt. Als das Boot des Zerstörers, mit dem kleinen Segelboot im Schlepp, zur Küste gerudert war, hatten sich die Soldaten, die nach jedem Strohhalm griffen, wie tollwütige Tiere darauf gestürzt. Es war für Parker der schrecklichste Augenblick seines Lebens, als sich das kleine Ruderboot unter ihrem Überfall senkte und hob. Erst als er mit den Rudern auf die Tommies einschlug, konnte er Ordnung schaffen.

Aber auch mit den disziplinierten Leuten war es nicht leicht. Der Heizer Arthur Parry vom Minenräumboot »Halcyon« machte es drei fürchterliche Stunden hindurch mit . . . Erst die zehnminütige Fahrt zur Küste im Ruderboot, dann die bangen Augenblicke für die vierköpfige Besatzung, wenn die Soldaten wild darauf losstürzten und das Boot umzuschlagen drohte . . . wenn die Ruderer am Bug abstießen und die Überlast durch die durchnäßten Tommies durch Ausweichen in tieferes Wasser ausglichen. Dann ruderte das Boot mühselig zur »Halcyon« zurück.

Fregattenkapitän Eric Hinton auf der Kommandobrücke der »Halcyon« rechnete im Kopf und stöhnte. Bei dieser Quote würde es zwölf Stunden dauern, bis das Schiff voll war und ablegen konnte.

Kleine Fahrzeuge – Motorboote, Beiboote, Rettungsboote und überhaupt alles, was weniger als fünfundsiebzig Zentimeter Tiefgang hatte und an der Küste fahren konnte – waren, wie Kapitän zur See William Tennant wußte, bitter nötig. Erst morgens hatte er dem Kapitän zur See Eric Bush, der sich im Auftrag von Ramsay kurz informierte, die entscheidenden Tatsachen dargestellt: Kleine Fahrzeuge wurden gebraucht, und zwar rasch.

Ein Anfang war gemacht. Bereits zwei Wochen zuvor hatte die Sammelstelle der Admiralität für Kleinfahrzeuge begonnen, private Boote zu erfassen; bis jetzt standen inoffiziell aber nur vierzig zur Verfügung. Außerdem verfügte Ramsay über knapp fünfzig weitere, Logger, Passagierbarkassen und die Kleinfahrzeuge des Marinestützpunktes Dover.

Admiral Ramsay in Dover hörte sich kühl und beherrscht, in seinen Sessel zurückgelehnt, unter sich den grauen, windstillen Kanal, Bushs Bericht an, ohne ein Wort zu sagen. Dann nahm er den Hörer ab und rief den Konteradmiral Tom Phillips an, den stellvertretenden Chef des Marinestabes in London. Ramsay, ein »Hecht im Karpfenteich«, hatte vor der Admiralität keine Angst. Sein Stabschef, Vaughan Morgan, hatte bereits den mit Ramsay befreundeten Einsatzoffizier Phillip Martineau gebeten: »Sorge um Himmels willen dafür, daß er nicht mehr in diesem Ton mit Phillips spricht. Er riskiert seinen Posten.«

Jetzt gab Ramsay Bush den Hörer und forderte ihn auf: »Sie sagen es ihm am besten selbst.«

Phillips hörte ihm eine Weile zu und fragte dann: »Gut. Wie viele kleine Boote brauchen Sie? Hundert?«

Bush hatte nicht den Eindruck, als begreife irgend jemand bisher den Ernst der Lage. Seine Stimme war hart vor Erregung, als er antwortete: »Hören Sie, Sir, nicht hundert Boote

— jedes Boot, das aufgetrieben werden kann, muß geschickt werden, wenn wir überhaupt noch eine Chance haben wollen . . .«

Das Drängen von Kapitän Bush war an Ort und Stelle am besten verständlich. Als das Boot der »Halcyon« wieder einmal auf die Küste zuruderte und der Heizer Arthur Parry die Truppen sah, die sich vom perlgrauen Sand wie schwarze Wellenbrecher abhoben, ließ er einen Augenblick die Ruder sinken. Er erinnert sich noch heute, wie er knirschte: »Egal wie — aber der Jerry soll sie nicht kriegen!«

Dieser Wille herrschte allgemein, aber am späten Nachmittag des 28. Mai, kaum achtundvierzig Stunden nach dem Beginn der Evakuierung, schien sein Sinn bloß noch, sich selbst Mut zuzureden. Niemand, nicht einmal Gott selbst, konnte etwas voraussagen.

Der Oberkommandierende wanderte ruhelos in der verlassenen Villa des Königs der Belgier an der See bei La Panne umher, etwa vierzehn Kilometer von Dünkirchen entfernt, wohin er sein Hauptquartier verlegt hatte. Er tappte genauso im dunkeln wie jeder einzelne seiner Armee. Die Villa war gewählt worden, weil hier das Unterseekabel von Dover herauskam und Gort direkt mit London sprechen konnte, während seine Verbindung mit den Truppen im Einsatz jetzt praktisch zu Ende war.

Vor zwei Tagen hatte er mit Generalleutnant Brooke, dem Befehlshaber des II. Korps, zuletzt persönliche Verbindung, und fast ebenso lange lag die Verbindung mit General Michael Barker vom I. Korps zurück. Elf Tage waren seit der letzten telefonischen Verbindung mit dem Hauptquartier der 1. französischen Armee und dem Hauptquartier an der Nordost-Front vergangen. Die Männer seines Stabes waren so erschöpft, daß die Eintragungen auf dem Kartentisch um Stunden hinter der tatsächlichen Entwicklung zurückblieben.

Aber dafür war die Lage eindeutig. Fünfzigtausend Mann, der größte Teil der rückwärtigen Truppen des britischen Expeditionskorps, waren in Sichtnähe der Dünkirchen-Stellung; aber fast zweihundertfünfzigtausend Mann, die Kerntruppe jeder künftigen britischen Operation, waren es nicht. Von der Nachhut aber waren Tausende — selbst nach den Ansprüchen des ersten Weltkrieges — so schlecht ausgerüstet, daß ihnen nichts anderes übrigblieb, als würdig zu fallen.

Von Gorts dreihundertneunzigtausend Männern bildeten über hundertfünfzigtausend einen riesigen, schwerfälligen Schweif wie den eines Theaterdrachens. Sie waren unausgebildet und großenteils unbewaffnet. Nur zwei Divisionen — General Alexanders 1. Division und General Irwins 2. Division — waren bei Kriegsausbruch voll ausgebildet gewesen. Darum hatten wenige einen größeren Schock empfunden als die Generalmajore Harry Curtis und William Herbert, die Kommandeure der 46. und 23. Division, die beide aus unausgebildeten Arbeitskräften aus dem Norden und Mittelengland bestanden. Gort hatte sie bei der Ankunft in Frankreich herzlich begrüßt: »Meine Herren, Sie sind für mich eine wertvolle Verstärkung.«

Curtis und Herbert waren höchst erstaunt. Ihre Richtlinien vom Kriegsministerium waren bündig und klar: »Bis August reine Kuliarbeit beim Bau von Flughäfen und Bunkern, dann zurück nach England zu einer scharfen Ausbildung, dann eine allmähliche Rückkehr nach Frankreich als Fronttruppe.« So aber erlebten Curtis und Herbert, wie ihre Divisionen ohne viel Federlesens der Hauptkampftruppe zugeteilt wurden. Als Ausrüstung hatten die mehr als zwölftausend Mann: acht Fünf-Zentimeter-Granatwerfer, sechsunddreißig Maschinengewehre, zwanzig Panzerbüchsen, zwei Motorräder und zwei viersitzige Autos. Artillerie, Nachrichtenzüge und Panzerabwehrgeschütze hatten sie von Anfang an nicht.

So war es überall. Der Pionier Thomas Marley, vor vier Monaten noch Zivilist, konnte noch keinen Karabiner laden, als er an der Küste von Dünkirchen ankam. Das Bataillon des Feldwebels Sidney Tindle, das 6. Bataillon »King's Own Royal Regiment«, war wie eine Söldnertruppe des 14. Jahrhunderts nach Frankreich gezogen — mit einem Gewehr für hundert Mann. Einen Monat später griffen sie deutsche P-IV-Panzer an, nur mit Handgranaten bewaffnet. In der 70. Infanterie-Brigade von Brigadegeneral Philip Kirkup, zu der drei Bataillone der Durhamer leichten Infanterie gehörten, hatten drei Viertel der Männer nie ein leichtes MG bedient, ein Fünftel war noch nie auf dem Schießstand gewesen. Um diese Zeit kamen ihre ersten Gewehre an, noch eingefettet, aber ohne Munition.

Leutnant Walter James, der nördlich von Ypern stand, wäre mit einem solchen Gewehr zufrieden gewesen. James, ein Offizier der im Pionierdienst ausgebildeten South Staffordshires, besaß nicht einmal eine Pistole, als seine Einheit stockbetrunken der Küste zuschwankte. Einmal überholte sie eine Anzahl unberittener belgischer Kavalleriepferde. James rannte ihnen zwei deprimierende Kilometer nach und versuchte, sich einen Revolver vom Sattel zu greifen. Schließlich liefen ihm die Pferde davon, und er gab angewidert auf. Allerdings wußte James auch wenig von Pistolen; wie die meisten Offiziere der Territorial-Armee war er in altmodischen »*Fire Bays*« aus dem ersten Weltkrieg ausgebildet, wo er in einem Schützenloch auf wehende Flaggen zielte.

Nun auf dem Rückzug bewegten viele sich so blind wie im Nebel. Die Kompanie war vom Bataillon abgeschnitten, das Bataillon von der Brigade, die Brigade von der Division. Hauptmann Geoff Gee vom Regiment Leicestershire war bei Armentières von seiner Kompanie abgekommen. Er stieß auf einen Oberst vom Stab, der weder etwas über die Brigade noch das Hauptquartier des Korps wußte. Er klopfte Gee fröhlich auf den Rücken und tröstete ihn: »Mein Lieber, wir wissen nicht einmal, wo unsere eigenen Divisionen stehen.«

Ähnlich ging es Generalleutnant Allan Brooke. Er eilte immer noch am Abschnitt Ypern-Komen von Stützpunkt zu Stützpunkt. Zwar wußte er, wo seine Divisionen standen, aber ihm fehlten die Nachrichtenverbindungen, und so mußte er ihnen fast jeden Befehl mündlich geben.

Vollständig benommen bewegte sich Feldwebel Sidney Tindle vorwärts. Die Ereignisse der letzten vierundzwanzig Stunden gingen über die Kraft des lebhaften kleinen Iren ... erst das fürchterliche Gefecht mit den deutschen Panzerschützen in französischer Uniform ... dann der unheimliche nächtliche Rückzug in Deckung einer Schafherde ... dann ein langer Marsch in Nacht und Wind, bei dem er seine Kompanie verlor. Im Morgengrauen landete Tindle mit vier anderen in einer schweigenden Ruinenstadt, deren Namen er aber nie erfuhr.

Zerschlagen — in neunzehn Dienstjahren hatte er nichts Derartiges mitgemacht — rang Tindle um seine Widerstandskraft, die rasch schwand. Er erklärte seinen Leuten: »Ich bin hier der Feldwebel; mein Befehl gilt. Wenn einer plündert, werde ich das Nötige tun. Ihr könnt euch denken, was.«

Aber die Männer waren fügsam und ließen sich willig führen. — Sie folgten Tindle in aller Ruhe zu einer zerbombten Bäckerei, wo sie rasch etwas muffiges Brot hinunterschlangen, und dann durch die schweigende Stadt. An deren anderem Ende hielt der Feldwebel und kratzte sich verblüfft den Kopf.

Die Straßen waren kilometerweit mit der größten Nachschubkolonne vollgestopft, die er je gesehen hatte. Da waren funkelnagelneue Maschinengewehre, große Munitionskisten, blinkende neue Fahrzeuge. Er verzweifelte jäh — nichts davon konnte mehr gebraucht werden.

Tindle vertraute sich einem Feldwebel im Regiment Duke of Wellington an: »Wir sitzen fest. Die Straßenschilder sind abgerissen, und wir haben keine Karte.« Der Feldwebel war freundlich: »Schließt euch uns an. Wieviel seid ihr?«

Tindle wollte gerade sagen: »Vier«, als er sich umsah. Hinter ihm standen vierundzwanzig Mann. Sie stammten aus den verschiedensten Regimentern.

Tindle war am Ende seiner Geduld. Er schrie: »Verdammt, wo, zum Teufel, kommt ihr her? Schert euch zur Hölle — ich will euch nicht!« Aber niemand antwortete. Wortlos, mit dem flehenden Ausdruck herrenloser Hunde, standen sie da. Tindle wurde schwach. Nach einer langen Pause brummte er: »Na schön, bleibt. Aber ich kann euch nichts zu essen geben.«

Mit dem bitteren Stolz des Berufssoldaten dachte er: ich muß sie durchbringen, diesen Verein von Halbsoldaten. Langsam brach die Gruppe auf. Der eine wußte so wenig wie der andere.

Die Fernsprechverbindungen, die vielen hätten das Leben retten können, brachen jetzt zusammen. Die Leute von den Fernsprechtrupps zogen sich vor dem pausenlosen Stahlhagel zurück. Sie hatten nur die alten Kabeltrommeln aus dem ersten Weltkrieg mit nur anderthalb Kilometern Kabel, die mit der Hand abgespult werden mußten. Fernsprechoffizier Anthony Noble vom 3. Bataillon Regiment Lincolnshire hatte dreizehn Kilometer Kabel, als die Deutschen in Belgien eindrangen; jetzt, nach Rückzug auf Rückzug, hatte er nichts mehr.

So überraschte es nicht, daß die B-Staffel der Lincolns, die Nachschubabteilung, die falsche Richtung einschlug, als sie von der Truppe abgeschnitten war, und geradewegs in die feindlichen Linien marschierte. Bei Flêtre, dreiunddreißig Kilometer von Dünkirchen, widerfuhr Oberst »Mollie« Sharpin mit zweihundert Mann von den Royal West Kents das gleiche.

Manche entkamen nur knapp. Kanonier Alfred Futter von der Norfolk Yeomanry und drei andere Verwundete fuhren nördlich von Arras unbehelligt in einem Lastwagen durch die feindlichen Linien — aber sie fuhren dann auf einen deutschen Stabswagen von hinten auf. Ein Offizier durchsuchte sie und befahl ihnen: »Steigt wieder auf euren Wagen und fahrt mir nach.« Futter folgte ihm bis zur dritten Straßenkreuzung, und als der Deutsche dort rechts abbog, fuhr er scharf links. Nach einer nervenzerreißenden zehnstündigen Fahrt nordwärts stieß er auf einen Verbandsplatz und einen Krankenwagen, der an die Küste fuhr.

Ähnlich erging es dem Kraftfahrer Leslie Jenkinson, der eine ganze Nacht lang hinter dem Rücklicht eines Geleits herfuhr. Erst in der rötlichen Morgendämmerung erkannte er das Hakenkreuz auf dem Panzer vor ihm. Gardesoldat Jack Boulton vom Regiment Coldstream geriet bei Bachy in Gefangenschaft. Er machte drei Tage Arbeitsdienst in der Küche. Dann floh er, um britische Truppen zu erreichen. Auf dem Weg zur Küste überlegte er, ob er nun Anspruch auf Kriegsgefangenenurlaub habe.

Manche lernten die Alleroberstenauf der Gegenseite kennen. Feldwebel »Snowy« Mullins vom Regiment Dorsetshire kam in Festubert in Gefangenschaft. Er wurde zum Divisionsgefechtsstand in eine geflieste Bauernküche geführt. Ein Stabsoffizier leitete das Verhör mit den Worten ein: »Sie sind von der 5. Brigade, 2. Division, und ihr habt tüchtig Prügel bekommen.« Mullins antwortete grob: »Name und Dienstgrad ist alles, was ihr von mir bekommt.«

Als der Offizier ihm höflich zugab: »Wir erwarten auch nicht mehr«, blickte Mullins auf und sah dabei ein flüchtiges Lächeln der Sympathie des Divisionskommandeurs, der im anderen Teil des Zimmers Berichte der Nachrichtenoffiziere durchsah. Er erkannte das Gesicht später wieder, als es in den Illustrierten der Welt erschien: das kräftige Kinn und die feingeschnittenen Züge von Feldmarschall — damals Generalmajor — Erwin Rommel.

Meldefahrer hätten das Chaos entwirren können, aber auch das fiel nun aus. Männer wie der Gardesoldat Alfred Brooks von den 3. Grenadieren fuhren jetzt qualvoll erschöpft wie lebende Leichname über die aufgerissenen, staubenden Straßen.

Als Brooks an jenem Tage in Dünkirchen ankam, war er vor Schmerz fast blind, er war in drei Wochen neunzehntausend Kilometer gefahren und hatte sich Kaffeesatz in die Augen gerieben, um wach zu bleiben. Am Ende der Woche betrugen die Verluste an Meldefahrern insgesamt zweihundert Mann. Sie gingen nicht alle auf Unfälle zurück. Der Kavallerist Dennis Cartwright sah bei Bergues ein Bild, dessen Anblick er kaum ertrug: eine straff über einen Feldweg gezogene Klaviersaite hatte einem Meldefahrer den Kopf glatt abgeschnitten.

Die meisten hätten Dünkirchen mit Hilfe einer Karte erreicht, aber Karten waren rar wie Wasser in der Wüste. Oberleutnant Peter Jeffreys, Kommandeur des 6. Bataillons der leichten Infanterie Durham, mußte einem Panzerkommanmandeur, der ihm Waffenunterstützung anbot, eine Absage erteilen, weil er sich mit ihm einfach nicht in die einzige Karte des Bataillons teilen konnte. In der 139. Infanterie-Brigade, die sich nun innerhalb des Verteidigungsgebietes von Dünkirchen befand, hatte Abwehroffizier Wilfrid Miron als einziger unter zweitausendfünfhundert Mann eine Karte. Die Männer, jeglicher Anhaltspunkte beraubt, halfen sich, so gut sie konnten. Der Fahrer Rowland Cole peilte über den Daumen, sah auf einen Kompaß und benutzte eine selbstgezeichnete Skizze auf einem zerknüllten deutschen Flugblatt. Das 2. Bataillon Lincolnshire von Oberstleutnant Alfred Lawe erreichte die Kanäle um Dünkirchen durch Orientierung nach der untergehenden Sonne. Major Cyril Barclay brachte nach Dünkirchen zurück, was vom schottischen Schützenbataillon der Cameronians übrig war, und mit ihnen achtzig Michelin-Straßenkarten, die er vorsorglich für vier Pfund zehn Schilling gekauft hatte. Achtzehn Monate später versuchte er noch immer, vom Kriegsministerium sein Geld zurückzubekommen, das ihm erklärte: »Die Bestimmungen sehen keine Erstattung der Kosten für den Fall vor, daß ein Offizier im Kriegseinsatz Karten kauft.« Die Armee hatte massenweise Karten für einen Vormarsch jenseits der belgischen Grenze bereitgestellt; der Gedanke, Karten könnten für einen Rückzug auf der ganzen Linie nötig werden, war ihr nicht gekommen. Verwendbare Karten befanden sich inzwischen in Frankreich. Sie waren in der Sonntagnacht mit dem Kanaldampfer »Maid of Orleans« in Dünkirchen angekommen, aber nun war es zu spät.

Am Dienstag, dem 28. Mai 1940, war keine Zeit mehr für solche Überlegungen. Fünf Stunden lang hatte sich Lord Gort mit dem viel schwereren Problem beschäftigt, daß es für fünfundzwanzigtausend Mann zu spät sei. Um 11 Uhr vormittags hatte Gort endlich mit General Georges Blanchard, dem Befehlshaber der 1. französischen Armeegruppe, sprechen können. Blanchard hatte schweigend zugehört, als Gorts Stabschef, Generalleutnant Henry Pownall, ihm den Inhalt des Telegrammes von Anthony Eden durchgab. – Ein Rückzug nach Dünkirchen war undenkbar. Er hatte keine derartigen Anweisungen.

Nun war es an Gort, überrascht zu sein. Die britische Entscheidung, sich an die Küste zurückzuziehen und auf die Schiffe zu gehen, war von der Regierung vor zwei Tagen dem französischen Premierminister Paul Reynaud und dem Oberkommandierenden General Maxime Weygand mitgeteilt worden.

Offensichtlich wußte Blanchard davon nichts. Er beharrte hartnäckig auf seinem Standpunkt: mit einem Brückenkopf war er einverstanden, aber mit einem Brückenkopf über die Lys, fünfundsechzig Kilometer südlich. Eine Einschiffung seiner Männer kam nicht in Frage, die französische 1. Armee unter General Edmond Prioux mußte südwestlich von Lille standhalten.

Nun geriet auch Gort langsam aus der Fassung. Die Belgier waren aus dem Kampf ausgeschieden. Der Feind drückte gleich stetig im Nordosten wie im Südwesten bei Cassel und Wormhoudt herein. Zogen sich die Franzosen nicht gleichzeitig mit den Engländern zurück, konnte die ganze Sache der Alliierten scheitern.

Die Engländer würden sich also noch in dieser Nacht auf die Lys und dann in nördlicher Richtung nach Dünkirchen zurückziehen. Durch Pownall, der besser Französisch sprach, bat Gort Blanchard: »Ich bitte Sie um Frankreichs willen, um der französischen Armee willen und um der gemeinsamen Sache willen, General Prioux den Rückzugsbefehl zu geben.« Und er brachte noch eine weitere dringende Bitte vor: die französische Regierung könne doch sicher Schiffe für einen

Teil der Truppen zur Verfügung stellen. War es nicht besser, einen Teil der ausgebildeten Soldaten zu retten, als alle zu verlieren?

Nun schlugen die Wogen hoch, und zwar so stürmisch, daß Brigadegeneral Oliver Leese und Lord Bridgeman, die bis jetzt dabeigesessen hatten, sich wie Eindringlinge bei einer Familienauseinandersetzung vorkamen. Sie verließen unauffällig den Raum. Aber Blanchard war, wie Pownall sich heute noch erinnert, unerbittlich. Für ihn als loyalen französischen Soldaten kamen derartige Befehle nicht in Betracht. Erhobenen Hauptes fragte er Gort förmlich: »Es bleibt die Frage offen, ob Sie ohne uns abziehen.« Gort verstand genügend Französisch; noch ehe Pownall übersetzen konnte, antwortete er: »Ja, so ist es.«

Als Blanchard nach einstündiger nutzloser Debatte ging, sah die Lage so schlecht wie nur möglich aus. Gort konnte jetzt noch nicht wissen, daß das III. französische Korps des Generals de la Laurencie tollkühn und tapfer Widerstand leisten würde, während General Prioux und sechs seiner Divisionen noch am selben Tage in Gefangenschaft geraten würden. Laurencie brachte aus eigenem Antrieb, an der Spitze seiner Männer marschierend, sein Korps nordwärts nach Dünkirchen, um dort an der Seite der Engländer zu kämpfen.

Aber zunächst stand Gort einem vielleicht noch größeren Problem gegenüber. Solange er nicht wußte, wie sich die Franzosen verhielten, konnten keine endgültigen Befehle an die beiden hart bedrängten Divisionen hinausgehen, die die südwestlichen Kanalstellungen hielten, nämlich die 48. Division des Generals Andrew Thorne und die 44. Division des Generals Edmund Osborne. Gort wußte nicht, daß Hazebrouck bereits gefallen war, aber er wußte, daß jede Stadt an der westlichen Kanalstellung – Wormhoudt, Cassel und Ledringhem – hart bedrängt wurde.

Es handelte sich nur noch um Stunden, bis Gort seine Nachhut auf eine neue Verteidigungslinie zurückzog, die von Cassel über Poperinghe nach Ypern verlief, dreizehn Kilometer näher bei Dünkirchen und der Freiheit. Ob die beiden Divisionen diese Freiheit je sehen würden, war um 16 Uhr noch fraglich.

Ohne Hoffnung auf Erleichterung gaben die Männer an der Westfront ihr Bestes — hinter primitiven Barrikaden aus Bauernwagen, Kinderdreirädern und Teebehältern, die mit feuchter Erde gefüllt waren. Im Wald von Nieppe wartete der Gefreite Jack Evans mit seinen Kameraden vom Queen's Own Royal Regiment zuversichtlich auf den Schlagbolzen, der ihren Fünf-Zentimeter-Granatwerfer einsatzfähig machen sollte. Ein Offizier hatte gesagt, er werde kommen, und ein Offizier mußte es wissen. Kanonier Frederick Pendar kauerte mit seiner Einheit, die ihre schweren Waffen schon lange liegengelassen hatte, hinter einer Straßensperre aus Bauernwagen. Sie verfügten über eine zwölfzügige Schrotflinte und zwei Patronen.

So hoffnungslos war die Situation in der ganzen Stellung. Unteroffizier Bill Chick und seine Kameraden von den West Kents hatten außer ihren Gewehren nur noch einen Bauernwagen und eine Rolle Stacheldraht, um den deutschen Vormarsch aufzuhalten. Viele wähnten das Ende nahe: der Gefreite John Feaveryear ritzte seinen Namen zum Gedenken während der Feuergarben in den Lehm seines Schützenloches.

Für manche war der Krieg in diesen letzten paar Stunden grausig persönlich geworden. Der Obergefreite Thomas Nicholls war ein junger Panzerabwehrkanonier von der Worcestershire Yeomanry, der sich in Wormhoudt hinter einer Straßensperre aus Klavieren eingegraben hatte. Er war den ganzen Tag auf den Beinen gewesen. Bis jetzt gab es nur geringe Anzeichen für ein Unheil. Unrasierte, blutverschmierte französische Soldaten, die durch ihre Stellung nach hinten durchsickerten . . . Befehle, jeden Schützengraben mit Rhabarberblättern aus den Gärten abzudecken, um die nackte Erde gegen die deutschen Aufklärungsflugzeuge zu tarnen.

Schlimmer noch war, daß Nicholls und seine Kameraden nicht einmal ein Glas Bier bekommen konnten. Nicholls mußte hinter seiner Vier-Zentimeter-Kanone auf seinem Platz bleiben, von dem aus man die Straßenkreuzung in der Nähe der Gendarmerie übersehen konnte, und der nächste Wirt hier in Wormhoudt, neunzehn Kilometer südlich Dünkirchen, gab nur Bier aus, wenn es an Ort und Stelle getrunken wurde. Die Lage sah schlecht aus, und er wollte seine Flaschen zurückbekommen.

Nicholls wußte nicht einmal, daß Wormhoudt eingeschlossen war. Ihm ging noch ein Gespräch dieser Tage nach. Als seine Einheit aus Béthune abzog, hatte eine französische Bäuerin höhnisch zu ihm gesagt: »Ihr Engländer, als ihr vor zehn Tagen in unser Land gekommen seid, haben wir euch mit Blumen begrüßt; wir dachten, wir könnten in unseren Häusern bleiben, und jetzt, nach zehn Tagen, lauft ihr davon.«

Und Nicholls, rot vor Scham, konnte ihr nur mit der kläglichen Würde eines Fünfundzwanzigjährigen antworten: »Wir kommen wieder.«

Er glaubte das auch. Hatte nicht der alte Soldat in der Einheit gesagt, alles, was geschah, sei nur eine Kriegslist, um eine geschlossene Angriffslinie zu bilden?

Plötzlich sahen Nicholls und die anderen eine französische Marschkolonne in Viererreihen über das flache, sonnenbeschienene Feld kommen und hinter dem knapp vierhundert Meter rechts liegenden Bauernhaus vorbeiziehen. Batteriewachtmeister Danny Ireland hob seinen Feldstecher an die Augen. Dann rief er: »Da, schaut! Das sind Deutsche.«

Im nächsten Augenblick schrillte seine Pfeife. Aber die Deutschen, die sich einen Augenblick um ein Bauernhaus gelagert hatten, um auszuruhen, waren schneller. Als das Geschütz seinen Wirbel schlug, blieben einige dort liegen, wo sie gefallen waren, die Mehrzahl jedoch suchte unter den Bäumen und im Bauernhaus Deckung. Nun wird das Bauernhaus das Ziel, dachte Nicholls, und richtete langsam den Lauf seines Geschützes darauf.

Plötzlich würgte es in seinem Hals. Aus dem Wald vor ihm rollten zwei gewaltige deutsche Panzer P IV, genau innerhalb seines Schußfeldes. Sein Ziel — aber das konnte der junge Territorialsoldat nicht wissen — war die Elite der deutschen Armee: General Guderians 19. Panzerkorps.

Aber Nicholls zögerte nicht. Er besann sich auf den alten Kanonierspruch: »Ziel genau vor mir . . ., tausend Meter . . . Feuer!« Als das Vier-Zentimeter-Geschütz erbebte, ging der Führungspanzer unter dem fürchterlichen Aufschlag in einer grellen Stichflamme auf. Sofort drehte der andere Panzer ab und geriet rasch außer Schußweite. Nicholls erster Gedanke war: »Mein Gott, ich habe ihn erwischt!« Sein zweiter: »Wenn das nur diese Französin jetzt sehen könnte!«

Dann geschah etwas Merkwürdiges, merkwürdig deshalb, weil die Wettervorhersage für diesen Tag nur gutes Wetter prophezeit hatte. Im alten Schloß in Wormhoudt rechnete Brigadegeneral James Hamilton, der Kommandeur der 144. Infanteriebrigade, nunmehr mit dem Schlimmsten. Seine Truppen waren von allen Seiten von Guderians 19. Korps umzingelt: In Wormhoudt sein eigenes Brigadehauptquartier, das 2. Bataillon vom Regiment The Royal Warwickshire unter Major Peter Hicks, Tom Nicholls und seine Kameraden von der Worcestershire Yeomanry, das 8. Bataillon Regiment Worcestershire und weiter südlich in Ledringhem Oberst Buxtons 5. Bataillon Regiment Gloucestershire.

Diese Einheiten bildeten einen wichtigen Abschnitt der westlichen Nachhut. Sie hatten den Weg der Deutschen auf den Straßen nach Dünkirchen blockiert und damit für alle, die auf die Küste zumarschiert waren, Zeit gewonnen. Jetzt schien es, als würden sie zum Lohn dafür vernichtet.

Alle geheimen Papiere waren inzwischen in dem offenen Kamin verbrannt. Hamilton und sein Stab rüsteten sich, mit Gewehren bewaffnet, zum letzten Widerstand.

Hamilton, einen tiefreligiösen Mann, verlangte es danach, Gott um seine Hilfe zu bitten. Er verließ seine Stabsoffiziere im Salon des Schlosses, deren Schweigen nur durch das Ticken einer Standuhr unterbrochen wurde, und ging in ein entlegenes Zimmer. Sein Gebet war schlicht und einfach, als wende sich ein Mann an einen alten und verehrten Freund: »Schau auf uns ... gib uns eine Atempause ... wir brauchen deine Hilfe!«

In den nächsten Minuten war es, als antworte ihm Gott selbst — mit einem Blitz, der den Himmel zerriß. Dicke, blauschwarze Wolken ballten sich am Horizont. Um 16 Uhr verhängte ein wallender weißer Regenvorhang das Schlachtfeld Nordfrankreich.

Nach einer halben Stunde stiegen Tom Nicholls und die Reste seiner Einheit, naß bis auf die Haut, auf einen Lastwagen und fuhren ab. Ihre Arbeit war getan. Alle sprachen davon, daß sie die unwahrscheinliche Menge von einundzwanzig Panzern abgeschossen hätten. General Heinz Guderian, der Kommandeur des 19. deutschen Korps, diktierte bei Wormhoudt in das Kriegstagebuch: »Der Kommandeur ist der Ansicht, daß nach den schweren Verlusten, die das 3. Panzerregiment im Verlauf des Gegenangriffs erlitten hat, weitere nutzlose Opfer vermieden werden müssen.«

Auch das 2. Bataillon Warwickshire, das jetzt nur noch aus siebzig Mann bestand, zog sich aus dieser unheimlichen Welt zurück, in der der Regen verdrossen herunterströmte, während brennende Gehöfte rote Flammen himmelwärts schleuderten. Hauptmann Edward Jerram wird sein Leben lang nicht vergessen, wie deutsche Infanteristen sie entlang den Baumhecken gesucht hatten, höhnisch »Hallo, hallo«, rufend, als sei ihnen ein Hund entlaufen. Die Gloucesters luden ihre Verwundeten auf Schubkarren, verließen Ledringhem und zogen stumm sechseinhalb Stunden über das offene Gelände.

Alle diese Männer waren geschützt. In Stunden wurden die tiefer liegenden Felder zu riesigen schimmernden Wasserteppichen. Die noch einsatzfähigen Panzer von General Guderian mußten sich auf die Straßen beschränken.

Die Front hatte sich so zusammengezogen, wie Gort es sich erfleht hatte. Schaudernd in ihren vor Nässe schwarzen Uniformen zogen weitere dreihundert Mann — die einzigen Überlebenden dieser Nachhut — nordwärts nach Dünkirchen.

In London wich man den harten Tatsachen nicht aus. Um 14.45 Uhr hörten sechshundert Mitglieder des Parlaments, eng auf den grünen lederbezogenen Bänken des Unterhauses aneinandergepreßt, dem Ministerpräsidenten Winston Churchill in betroffenem Schweigen zu. Nach einem tapferen, ungleichen Kampf hätten sich die Belgier ergeben. »Inzwischen«, so warnte Churchill, »muß sich das Haus auf harte und schwere Ereignisse vorbereiten. Ich habe nur hinzuzufügen, daß nichts, was im Verlauf dieser Schlacht geschehen mag, uns in irgendeiner Weise unserer Pflicht entheben kann, die Sache der Welt zu verteidigen, der wir uns geweiht haben.«

Er hatte ihnen das Schlimmste in genau vier Minuten mitgeteilt. In dem langen steinernen Korridor vor Churchills privatem Arbeitszimmer schüttelte Detektivinspektor Walter Thompson, der persönliche Begleiter des Ministerpräsidenten, bedrückt den Kopf. Tapfere Worte – tapfer gesprochen – aber vor achtzehn Tagen hatte Churchill in einem Augenblick größter Belastung zu Thompson eine geheime Angst geäußert. Als Churchill nach seiner Ernennung zum Ministerpräsidenten vom Buckingham-Palast zurückkam, hatte er kurz vor dem Haus der Admiralität, in dem er noch wohnte, gewartet. Thompson beglückwünschte ihn und sagte dann: »Sir, ich habe das Gefühl, Sie haben eine sehr schwere Last auf sich genommen.«

Ernst, mit Tränen in den Augen, antwortete Churchill: »Gott allein weiß, wie schwer diese Last ist. Ich fürchte bloß, es könnte schon zu spät sein ... wir können nur unser Bestes geben.«

Dann war diese Stimmung so rasch wie immer verflogen. Churchill richtete sich auf und spannte seine Schultern. Als er wütend seiner Wohnung im oberen Stockwerk zustampfte, kam es Thompson vor, als halle in jedem Schritt sein Trotz wider.

Und dieser Trotz war noch immer da, als er an diesem Nachmittag das Unterhaus verließ. In dem langen Kabinettszimmer auf der Rückseite von Downing Street Nummer zehn sagte Churchill den versammelten fünfundzwanzig Ministern, die nicht dem Kriegskabinett angehörten, klipp und klar, wie bitter die Zukunft werden könne. Ohne besondere Betonung, fast beiläufig, schloß er: »Selbstverständlich kämpfen wir weiter, was auch in Dünkirchen passiert.«

Einen Augenblick blieb es still. Dann jubelten sie zum Erstaunen der alten Bulldogge ... Arbeitsminister Ernest Bevin ... Lordkanzler Sir John Simon ... Ernährungsminister Lord Woolton ... Versorgungsminister Herbert Morrison ... fünfundzwanzig nüchterne Politiker — jubelten wie aus einem Mund. Einige trommelten mit den Fäusten auf den Tisch, andere sprangen auf, um Churchill auf die Schulter zu klopfen, der große Saal hallte wider von ihrer Treue und Einmütigkeit.

Im großen wie im kleinen war die Haltung wieder fest — nicht nur in der Downing Street, sondern überall in England. Mrs. Rosa Bishop war zumute, als kenne sie keine andere Welt als die des Bahnhofs Ramsgate. Seit sechsunddreißig Stunden, seit sie jener Gesang von »Home on the Ranch« geweckt hatte, hatte sie sich mit anderen Freiwilligen jedes neuen Schubs von Soldaten angenommen, hatte Kannen voll Tee gekocht, Schokolade ausgeteilt und in den bescheidenen Seitenstraßen in Arbeiterhäusern um Brot und Tee gebeten. Ein Bahnbeamter ließ sie nachts in einem abgestellten Waggon schlafen; sie wollte nicht nach Hause, ihr Mann, Feldwebel Tom Bishop, konnte ja nachts oder morgens durchkommen.

Das Eisenbahnpersonal auf der Strecke nach London arbeitete ebenso hart. Der Bezirksverkehrsvorsteher Percy Nunn in Orpington, Grafschaft Kent, fertigte sechs Stunden lang alle vier Minuten einen Zug ab. Die zweihundertköpfige Belegschaft der Maschinenhalle in Dover machte, verpflegt mit Käsebroten, Sechsundzwanzig-Stunden-Schichten durch und versorgte am Knotenpunkt Redhill so viele Züge mit Kohle und Wasser, daß sich ein schimmernder Berg von dreihundert Tonnen Ruß auf dem Hof des Maschinenhauses türmte.

Die Stimmung war allgemein, aber nur wenige sahen so klar wie Churchill kommende Gefahren. Seit zwei Tagen klagten die Männer am Strand von Dünkirchen bitter über die Royal Air Force. Wo blieb der Jagdschutz? Warum konnten Kesselrings Bomber den Hafen beliebig zerstören? Das fragte sich auch die Kriegsmarine. Frühmorgens hatte Ramsey von Dover aus Churchill angerufen. Der Kapitän des Zerstörers »Worcester«, Fregattenkapitän John Allison, kochte vor Wut über den fehlenden Jagdschutz. Aber Allison, im Schlafzimmer des Admirals sitzend, war fassungslos, als Ramsey ihm den Hörer gab. Auf der anderen Seite der Telefonverbindung erklärte der Ministerpräsident: »Ich kann Ihnen keine Verstärkung aus den Londoner Luftwaffen-Verbänden schicken. Ich muß sie für die kommende Schlacht in Reserve halten.«

Bestürzt ging Allison. Ihm war, als habe er an einem Sterbebett die krasse Wahrheit gehört.

Die RAF tat, was sie konnte, aber es war für sie schwer. Die Anordnungen des Luftfahrtministeriums waren begrenzt. Schwache Jägerpatrouillen waren während aller achtzehn hellen Tagestunden pausenlos im Einsatz. Doch das erwies sich in wenigen Tagen als falsch: Als Kesselrings Bomberverbände in Stärke von dreißig Maschinen, geschützt von dreißig Jagdflugzeugen, den Hafen bombardierten, fügten sie den Briten erschreckende Verluste zu. Fliegergeneral Hugh Dowding, der Chef der Jagdverbände, protestierte an höchster Stelle. Sollte einer seiner Piloten überleben, dann mußten seine Jäger weniger Patrouillen fliegen, aber mindestens vier Staffeln stark.

Auch dann operierten Dowdings Piloten noch vorsichtig. Die flüssige, wechselnde Taktik der Messerschmitt- und Heinkel-Maschinen verwirrte sie, die auf Bilderbuchangriffe im Vorkriegsstil in starrer Luftparade-Formation ausgebildet waren. Erst an diesem Morgen hatte sich Oberleutnant »John« Petre von der 19. Staffel über dem Einsatzgebiet ziemlich unbehaglich gefühlt. Die ganze Weisheit, die Petre, ein Musterschüler der RAF-Schule Cranwell, dort gelernt hatte, war, in Dreiergruppen hintereinander zu fliegen.

Während Petre aufmerksam die beiden anderen Maschinen seiner Formation beobachtete, konnte er nicht einmal einen flüchtigen Blick nach links werfen, ob dort wohl jemand angriff. Zum erstenmal fragte er sich, ob das nicht falsch sein könnte.

Gleich wußte er es. In unmittelbarer Nähe wirbelte ein großer, eiförmiger Schwarm von deutschen und englischen Jagdmaschinen wie ein Bienenvolk vor dem Sommerhimmel. Sekundenschnell saß Petre mit seiner Spitfire einer Me 109 auf den Fersen, die ein britisches Jagdflugzeug verfolgte. Plötzlich dröhnten Schüsse, ein Explosivgeschoß fuhr dicht an seinem Ohr vorbei in das Armaturenbrett und zerschmetterte die Instrumente. Glassplitter übersäten seine Knie, Pulverdampf drang in seine Nase, instinktiv griff er nach dem Steuerknüppel und ging im Sturzflug aus der Höhe des Schwarmes.

Leicht angeschlagen trat er den Heimflug an. Das Entnervende bei diesem Luftkampf war, daß er das Flugzeug, das ihn beschossen hatte, überhaupt nicht zu Gesicht bekommen hatte.

Was auch immer den Piloten fehlte, Mut fehlte ihnen nicht. Das Sauerstoffgerät der Hurricane des Fliegerhauptmanns Robin Powell versagte. Er wurde ohnmächtig und fiel viertausendzweihundert Meter in die Tiefe, bis er wieder zu sich kam. Am nächsten Tag flog er wieder im Einsatz über Dünkirchen.

Major Teddie Donaldson wurde von einer Heinkel bedrängt. Seine Munition war erschöpft. Trotzdem jagte Donaldson in besessener Wut seine Hurricane vorwärts. Als sich seine nervöse Erregung legte, lud der Pilot erst seine Bomben ab, dann »stieg er aus« — ohne Fallschirm.

Im Kampfmut wagten die Piloten Dinge, die sie hinterher frösteln machten. Von den hundertsiebzig Flugminuten einer Spitfire konnten sie nur zwanzig Minuten in vollem Einsatz sein, aber Pilot um Pilot kam »auf dem Zahnfleisch« zurück, weil er nicht aufgeben wollte ... mit durchschossenem Propeller, mit Einschüssen in den Vorderreifen, mit Seilzügen, die an einem Faden hingen. Mit beschädigtem Höhenruder und leerer Batterie brachte Leutnant Colin Gray von der 54. Staffel seine Spitfire auf den Fliegerhorst in Hornchurch in Essex — als regelrechtes Sieb. Das Bodenpersonal zählte fünfzig Einschüsse deutscher Bordkanonen.

In der Flugkontrolle in Hornchurch munterte der Platzkommandant, Oberstleutnant Cecil Bouchier, immerzu über Sprechfunk seine Besatzungen auf. Ersatz erforderte eine Zeit bis zu zwei Tagen, und Bouchier durfte einfach nicht an Verluste denken. Als ein Pilot meldete: »Ich bringe mein Fahrgestell nicht heraus«, riet ihm Bouchier: »Flieg scharfe Schleifen, Junge, und schüttle es heraus. Wir dürfen kein Flugzeug verlieren.«

Auf dem Rollfeld drückten die Monteure buchstäblich mit dem Daumen das Blech in die Einschußlöcher zurück. Die Kanoneneinschläge vernieteten sie oberflächlich. Bouchier sagte später: »Der Einsatz an der Küste von Dünkirchen verlangte viel mehr und nahm stärker mit als irgendeine andere Phase der Schlacht um England.«

Immer weniger war die Luftwaffe in Schach zu halten, während der Tag langsam verstrich. Nach zehn Tagen konzentrierten Einsatzes mußten manche Staffeln aus dem Kampf gezogen werden. Auf die Hälfte reduziert, flog die 54. Staffel mit Fliegerhauptmann James Leathart und sechs Maschinen zu einer notwendigen Pause nach Catterick in Yorkshire. Als sie aufsetzten, kam ein höherer Offizier und fragte sie: »Was für ein Einsatz ist das?«

Leathart antwortete, und das hätte für die ganze bedrängte Royal Air Force gelten können: »Kein Einsatz — das war einmal eine Staffel.«

In der Bastion in Dünkirchen schloß Kapitän zur See William Tennant eine Befehlsausgabe: »Wenn das so weitergeht, sehen wir alle deutsche Gefangenenlager von innen.«

Tennant und seine Offiziere hatten Grund zu Pessimismus. Fünf Stunden zuvor — in der gleichen Stunde, als Gort General Blanchard bat, seine Truppen nach Dünkirchen zurückzuziehen — waren zwei motorisierte Divisionen der Heeresgruppe des Generalobersten Fedor von Bock über die belgische Küstenebene nach Nieuport vorgestoßen, dem östlichsten Punkt des Verteidigungsbereiches von Dünkirchen.

Was bedeutete das? Für Tennant bedeutete es vor allem, daß die Deutschen jetzt eine weitere mörderische Küstenbatterie gewinnen konnten — nämlich die Geschütze von Nieuport, um damit einen tödlichen Feuerhagel auf die Route Y des Admirals Ramsey zu legen.

Es war wie Ironie. In seinem Hauptquartier in Brüssel war Generaloberst von Bock ebenso niedergeschlagen wie Tennant. Beharrlich hatte er die ganze Zeit über betont, Dünkirchen sei der Schlüssel des ganzen Feldzugs — aber nun, nach zwei Tagen Verzögerung und ohne wirksame Panzerunterstützung, war offenbar, wie die Schlacht ausgehen würde. Schon zwei Tage zuvor hatte Hans von Salmuth, der Chef seines Stabes, bitter im Kriegstagebuch vermerkt: »Offensichtlich ist der größte Teil der britischen Truppen bereits abtransportiert.«

Im Armeeoberkommando war die Sorge die gleiche. General Franz Halder klagte: »Tausende von Feinden überqueren vor unseren Augen den Kanal.« Er bedrängte erneut den Oberbefehlshaber des Heeres, von Brauchitsch: »Wenn die Panzer der Küstenstraße von Calais nach Ostende folgen, können sie die Engländer noch vor der Küste abschneiden.«

Von Brauchitsch war derselben Meinung, aber es hieß, der Führer sei in dieser Frage nach wie vor unzugänglich. Dünkirchen durfte nur mit Artillerie angegriffen werden.

Dünkirchen war aber, was weder Halder noch Bock wußten, reif zum Fall. Bis jetzt war das 2. Korps von Generalleutnant Alan Brooke noch nicht weiter nach Nordosten gelangt, um dort eine letzte Stellung zu beziehen. Die letzte Schranke zwischen den Deutschen und Dünkirchen sollte eine etwa tausend Mann starke Einheit halten, die General Sir Ronald Adam, mit der Verteidigung des Halbkreises beauftragt, rasch zusammenfaßte ... die Schützenpanzer der 12.

Lancers ... die 60. französische Division ... alles in allem eine gemischte Einheit von Kanonieren, Pionieren und Kammerbullen im Infanterieeinsatz. Für Kapitän Tennant sah es wirklich übel aus.

Näher besehen sah es noch übler aus. Vor achtzehn Stunden war der Gefreite Jack Arkinson, ein kriegsunerfahrener Soldat der Munitionstransportkompanie des 2. Korps, hoffnungsvoll nach Dünkirchen gekommen. Nun hielt er als Angehöriger der Kampfgruppe des Generals Adam mit zwei anderen Soldaten Wache in einem zweistöckigen Haus, hoch über dem Kanal von Nieuport. Er wartete, bis der wachhabende Unteroffizier Ryan hinausging, und sagte dann dem Gefreiten Cardstock, was ihn bedrückte: er habe noch nie einen Schuß abgegeben.

Cardstock beschwichtigte ihn: »Oh, ich habe schon einmal scharf geschossen. Ich schieße für dich.«

Nachdem das klar war, zog sich Atkinson frische Socken an, als der Raum plötzlich in die Luft zu gehen schien. Unter einer mächtigen Stichflamme regnete es Ziegelsteine, und der Fensterrahmen legte sich Cardstock um den Hals. In panischem Schrecken schrie er: »Unteroffizier, ich habe Angst!«

Zum erstenmal entdeckte hier ein Mann etwas, was noch Tausende entdecken sollten — der Krieg war auch ihr Krieg.

Eine schlimmere Lage schien kaum denkbar, aber einer ahnte, daß es noch schlimmer kommen werde: Generalmajor Bernard Montgomery. Er wollte sich gerade nach einem fünfundzwanzig Kilometer langen Rundgang durch die Stellungen in seinem Zeltlager unweit des Hauptquartiers von Gort in den Dünen von La Panne niederlassen, als einer seiner Kommandeure, Brigadegeneral Jack Whitaker, hereinkam: Ob man nicht die Stellung zwischen Veurne und Bergues inspizieren solle, den zwanzig Kilometer langen Kanal, der den äußersten Rand des Dünkirchen-Brückenkopfes bildete.

Montgomery, dessen 3. Division diese Stellung zu halten hatte, war wenig begeistert: »Jack, Sie können gehen, wenn

Sie wollen, aber ich habe noch viel zu tun.« Und dann fügte er hinzu: »Und Sie gehen auch nicht, das ist eine Sache für Bataillonskommandeure.«

Whitaker beharrte auf seinem Vorschlag; wenn man in einem Panzerwagen fahre, sei man genügend geschützt. Aber Montgomery schüttelte weiterhin den Kopf. Er wollte unnötiges Risiko vermeiden. Er beschwor Whitaker: »In zwei Stunden werden die Deutschen an Ihrem Frontabschnitt anklopfen, und inzwischen haben Sie eine Menge zu tun.«

Montgomery hatte, wie so oft, recht. Um 21 Uhr marschierten zwei Bataillone der Gardegrenadiere nach vorne, um den alten Marktflecken Furnes zu besetzen – eine behäbige Stadt mit Backsteinbauten und einem von Fliegen umschwärmten Kanal. Der mutige Führer des 2. Bataillons, Oberstleutnant Jack Lloyd, wollte denselben Erkundungsgang durchführen, der Whitaker gereizt hatte.

Mit seinen Kompaniechefs, Major Dermot Pakenham und Hauptmann Christopher Jeffreys, begann Lloyd, den von Pappeln überschatteten Treidelpfad abzugehen, der dem 2. Bataillon als Frontabschnitt zugewiesen war. Fünfzig Meter dahinter ging Major Robin Bushman, der Führer der Kompanie, die Lloyd für Gegenangriffe vorgesehen hatte, und Oberleutnant Tony Jones, Lloyds Transportoffizier.

Lloyd hatte seinem Nachrichtenoffizier, Hauptmann William Kingsmill, noch gesagt: »Alles, was es zu sehen gibt, können Sie auch von hier aus sehen, Bill; ich sehe keinen Grund, warum Sie mitkommen sollen.«

Kingsmill sah gleichfalls keinen Grund. Er spürte ein merkwürdiges Unbehagen. In allen Mitteilungen für die Einheit war nachdrücklich betont worden, diese Nordseite des Dünkirchen am nächsten gelegenen Kanals sei von britischen Truppen besetzt. Die Franzosen grüben sich auf dem südlichen Ufer ein. Aber von Franzosen war nichts zu sehen, und die einzigen sichtbaren Engländer waren zwei Lastwagen voll MG-Schützen vom Regiment Middlesex, die eben aufgezogen waren.

Ein vorbeikommender Feldwebel warnte: »Gehen Sie auf keinen Fall weiter, dort sind Scharfschützen.« Aber als weitere fünf Minuten ohne besonderes Ereignis verstrichen waren, entschied Lloyd: »Wir sehen uns die Sache an, Bill, Sie bleiben hier.«

Kingsmill sah ihnen im fahlen Licht nach, als sie gemächlich den Treidelpfad entlanggingen, der die Kompanieabschnitte begrenzte. Drei Minuten ... fünf Minuten, sie hatten das Ende erreicht und kamen zurück. Da fand der Krieg nach zwei Tagen Pause wieder zu ihnen. Drei Schüsse peitschten zugleich über das abgestandene Wasser.

Mit offenem Mund sah Kingsmill, wie die drei Männer fielen. Dann nahm er sich von einem Pionier, der in der Nähe stand, ein Gewehr. Dem Oberleutnant Tony Jones rief er zu: »Geh du von der anderen Seite her ran und versuche, sie von dort zu kriegen.« Zentimeter um Zentimeter kroch er auf dem Bauch den Treidelpfad entlang. Ein neuer Feuerstoß, und Kingsmill sah im Kriechen, wie die MG-Schützen, abgerissen und schmutzig, seitwärts entwichen, und er sah nun auch das rote, tiefgezogene Dach vier Meter jenseits des Kanals, in dem ein Dachziegel fehlte, das typische Scharfschützennest.

Er hob sein Gewehr und drückte ab. Er setzte es erst ab, als das Magazin leer war. Eine Fahne blauen Rauches hing über dem brackigen Wasser, aber sein Feuer wurde nicht erwidert.

Gort hörte in La Panne die neuesten Meldungen mit verbissenem Schweigen. Es war kein Kommentar nötig. Die Männer von Bocks gingen rascher vor als ihr Befehlshaber wußte. Sie waren wie die Klinge eines Degens vorgeschnellt und hatten den Rand des allerletzten Kanals erreicht — nur sechseinhalb Kilometer vom Strand von Dünkirchen und von Gorts eigenem Hauptquartier entfernt.

Kapitel 5

IN DIE HÖLLE HINEIN UND AUS DER HÖLLE HERAUS

Mittwoch, 29. Mai

01.00–24.00 Uhr

Pionier Thomas Marley erlebte die Überraschung seines Lebens. Von dem Augenblick an, als Major Adams, sein Kommandeur, gesagt hatte, »es geht nach Dünkirchen«, war er überzeugt gewesen, seine Pionierkompanie sei in Ungnade gefallen und werde nach England abgeschoben.

Nun stand er im strömenden Regen fröstelnd an der Küste von Dünkirchen, bis zur Hüfte im Wasser, und hob Tragbahren in kleine Boote. Jetzt war er einer von Tausenden, die es anders wußten. Nicht seine Kompanie war es, die zurückging, es war die ganze Armee.

Jene in der Dunkelheit aufglühenden Stecknadelköpfe am Abend zuvor an der Küste waren keine Glühwürmchen gewesen, sondern ungezählte Hunderte von Soldaten, die an ihren Zigaretten zogen. Das ohrenschmerzende, nervenzerreißende Getöse, das wie Schläge eines Riesenhammers auf einem Riesenamboß klang, stammte von den Zehn-Zentimeter-Geschützen der Zerstörer, die die Heinkel- und Messerschmitt-Maschinen beschossen. Das sanfte, unheimliche Rauschen — als streiche der Wind durch Telefondrähte — war das Stöhnen der Verwundeten.

»Trage mich so vorsichtig wie du kannst«, sagte ein Mann zu Marley, »ich weiß, daß ich sterben muß.«

Fregattenkapitän Ralph Fisher spürte, als er auf der Brücke von S.M.S. »Wakeful« stand und in die regnerische Nacht vor den Dünen von Braye starrte, die Spannung in sich wachsen. Es war schon übel genug gewesen, als die Nachricht von Ramsey kam, es sei keine Zeit zum Öltanken, es seien noch dreißigtausend Mann zu holen. Dann hatte die »Wakeful« bei der Überfahrt einen wilden Bombenangriff auszustehen. Das Steuern des Schiffes, während fast siebzig Bomben darauf niedergingen, würde Fisher nie vergessen. Das Ergebnis war: ein Loch in der Schiffsseite, ein gefallener Matrose, zwei schwer verletzte Richtkanoniere und die Gewißheit, daß die alten Geschütze der »Wakeful« mit ihrem Höhenrichtbereich von 30 Grad wenig gegen die Stukas ausrichten konnten, die im Sturzflug aus einem Winkel von 70 Grad herunterkamen. Schlimmer noch war die Warnung Ramsays, Schnellboote, Unterseeboote und deutsche Zerstörer seien nach Dünkirchen unterwegs. Bei dieser Fahrt mußten die Menschen vor der Küste anstatt an der Ostmole aufgenommen werden, und es hatte grausame acht Stunden gedauert, bis die »Wakeful« geladen hatte.

Aber endlich war Fisher mit sechshundertvierzig Soldaten an Bord abfahrbereit. Wieder setzte das routinemäßige Treiben auf dem alten Zerstörer ein, die Besatzung eilte zum Nachtdienst auf die Plätze ... der Matrosenobergefreite Geoffrey Kester zu den Scheinwerfern, der Oberleutnant Bill Mayo, der zweite Wachoffizier auf die Steuerbordseite der Brücke, der Maat James Ockenden zum Richtkreis.

Langsam pflügte die »Wakeful« mit einer stetigen Fahrt von zwölf Knoten auf die Route Y zu. In dieser Nacht schien das Schiff zu schweigen wie ein Grab. Fisher hatte, um den Zerstörer besser manövrieren zu können, alle Truppen unter Deck unterbringen lassen, und kein einziger Tommy war zu sehen. Die Besatzung in ihrem Ölzeug gegen den Regen sprach wenig. — Die Warnung vor den Schnellbooten machte ihr den Mund trocken, und sie wußte, daß das Schiff auf dieser Route die ganze Zeit an Minenfeldern vorbeifuhr.

Der Maat James Ockenden dachte über Aberglauben nach: Als er an seinen Platz geeilt war, hatte ihm ein dankbarer Tommy ein Klappmesser geschenkt. Glücklicherweise hatte ihm Ockenden dafür einen Penny gegeben. Oberleutnant Bill Mayo träumte von einem heißen Bad. Seine Uniform triefte vor Nässe, aber er hatte die erschöpften Armeeoffiziere in seiner Kabine nicht durch Umziehen zu stören gewagt. Fregattenkapitän Ralph Fisher dachte: Diese Kwinte-Boje blendet. Da kann sich alles mögliche verstecken, ohne daß man es je sieht.

Dieser Gedanke war angebracht. Denn als Fisher sich zur Sprechanlage hinunterbeugte, um die »Wakeful« auf zwanzig Knoten bringen zu lassen, sah er etwas, was sein Herz ein paar Schläge aussetzen ließ. Etwas, was aussah wie zwei Scheinwerferstrahlen, kam auf der Steuerbordseite des Bugs über das schimmernde Wasser auf ihn zu. Maat James Ockenden am Richtkreis sah es auch. Es war ein glänzender, aufleuchtender Strahl, wie ein U-Bahn-Zug in einem Tunnel.

Gebannt flüsterte Fisher: »Sie werden doch nicht etwa behaupten wollen, diese verdammten Dinger würden explodieren, wenn sie hier ankommen?« Sein Erster Offizier, Walter Scott, antwortete kühl: »Ich fürchte, das wird der Fall sein.«

»Großer Gott«, hörte Ockenden Fisher rufen, »hart backbord!« Der Steuermann reagierte augenblicklich — aber es war schon zu spät. Das erste Torpedo fuhr wie ein Rasiermesser am Bug vorbei. Das zweite Torpedo traf die »Wakeful« mit aller Wucht und berstendem Aufschlag genau mittschiffs Steuerbord.

Der alte Zerstörer richtete sich mit dem durchdringenden Knarren brechenden Eisens auf und brach in zwei Hälften auseinander. Heck und Bug ragten wie die Zwillingstürme eines Wolkenkratzers aus dem schwarzen Wasser.

Es war kaum Zeit zum Denken, geschweige denn zum Handeln. James Ockenden hörte einen Schrei: »Alle Mann von Bord!« und konnte gerade zweimal in seinen Rettungsgürtel pusten, bevor er über die Brückenleiter mit der Brust voraus in das ölige, dunkle Wasser ging. Oberleutnant Bill Mayo spürte, wie sich das ganze Schiff gegen Steuerbord neigte; er stürzte gegen die Reling und fand plötzlich Fisher neben sich.

Heiter wie immer sagte Fisher: »Diesmal haben Sie mich um Kopflänge geschlagen.« Im selben Augenblick ging beiden Männern das Wasser über die Hüften, und sie hatten das Gefühl, als erkalte ihnen das Blut in den Adern. Wie ein Mann gingen sie über Bord.

Wenige Besatzungsmitglieder waren so glücklich dran. Die Wucht der Explosion trieb den Navigationsoffizier Wilfred Creak wie ein Geschoß durch den Kartenständer. Er war sofort tot. Auch der Marinestabsarzt Walker schaffte es nicht. Er betreute bis zuletzt in der Krankenstube die verwundeten Richtkanoniere. Der Funkmast brach wie morsches Holz auseinander und sperrte den Funker, Bootsmaat James Thursten, in der Funkkabine ein.

Nach allgemeiner Schätzung dauerte das Ende der »Wakeful« nur fünfzehn Sekunden. Nur wenige überlebten es dank seltsamer Umstände. Der Heizer, Bootsmaat Baker, blieb am Leben, weil das Torpedo gerade den Kesselraum traf; der Aufprall spülte ihn direkt ins Wasser, und er kam, sich an einem Fender* klammernd, wieder zu sich. Der Obergefreite Geoffrey Kester hatte seinen Rettungsring bereits aufgeblasen, kam aber trotzdem beinahe um. Er sprang vom hinteren Ende der Brücke ins Wasser, doch hielten ihn die Signaltaue wie die Greifarme eines Kraken unter dem brodelnden, dunklen Wasser. Nach schrecklichen Minuten drehte sich das Schiff ein wenig und gab ihn frei.

Mit brennenden Lungen schnellte er an die Oberfläche und schwamm. Die ersehnte Abwechslung hatte er nun.

Die Truppen an Bord hatten keine Chance. Mehr als sechshundert Mann unter Deck zappelten sich in der kalten Hölle des steigenden Wassers ab, die altmodischen Luken, nur 23

* Fender = Stoßkörper aus Geflecht, die zum Schutz gegen Beschädigungen an Schiffen außenbords angebracht werden.

Zentimeter weit statt der inzwischen vorgeschriebenen 56 Zentimeter, ließen kein Entweichen zu. Einer der wenigen, die davonkamen, war der Feldwebel »Sonny« Alderton, ein Pionier. Er überlebte, weil er einen Befehl mißachtet hatte. Anstatt über die Strickleiter in den Proviantraum hinunterzugehen, schöpfte er vorschriftswidrig an Deck Luft, voll Freude, nun endlich in Sicherheit zu sein. Dann kam ein Windstoß wie ein Orkan und eine Stichflamme, er fand sich im Wasser wieder und erinnerte sich an nichts mehr.

Aber mehr als siebenhundert Mann waren innerhalb fünfzehn Sekunden verloren.

Nun belebte sich die See mit verzweifelt emporgereckten Köpfen, und schwache Schreie hallten in die Nacht hinaus, um gleich wieder zu verstummen. In der undurchdringlichen Finsternis sparten die meisten ihre Lungenkräfte, um sich über Wasser zu halten, in erbittertem Kampf gegen die Strömung von drei Knoten Geschwindigkeit. Der Matrosen-Obergefreite Geoffrey Kester teilte sich mit dem Obergefreiten Jackie Chivers in einen Rettungsringkasten, der Maat James Ockenden klammerte sich zusammen mit einem Mann, dessen Namen er nie erfuhr, an einen Schiffszwiebackbehälter. Er fand die Hilfeschreie der anderen unseemännisch. Dafür schrie er von Zeit zu Zeit dröhnend: »Schiff ahoi!«

Ockenden gehörte zu den Optimisten, die fest glaubten, Hilfe sei unterwegs. Während er gleichmäßig dahinpaddelte, freute er sich darüber, daß er genug Geld bei sich hatte, um seiner Frau in Devenport zu telegrafieren, er sei gerettet.

Ganz in seiner Nähe ermahnte Fisher die Männer um ihn herum: »Vergeudet keine Kraft, indem ihr versucht, zum Wrack zu schwimmen ... da schwimmt ihr gegen die Strömung. Wir sind auf einer Route, auf der eine Menge anderer Schiffe fahren ... wir müssen aufgenommen werden.« Fisher, ein Berg von Kraft, zog beim Schwimmen noch den Oberleutnant Septimus Percival-Jones hinter sich her. Der junge Offizier hatte seine Rettungsjacke verlegt. Fisher spürte die zusätzliche Belastung nicht einmal.

Oberleutnant Bill Mayo war schlechter dran. Als er das gelbweiße Licht der Kwinte-Boje unweit blinken sah, wollte er dorthin schwimmen, aber die Strömung trieb ihn ab. Mit der zunehmenden Kälte wuchs der Gedanke in ihm: es wäre doch so einfach, jetzt aufzugeben! Doch dann trieb in sein Familiensinn zum Weiterschwimmen an. Sein Vater war im vergangenen Dezember gestorben — was sollte aus seiner Mutter werden?

Denen, die darum kämpften, über Wasser zu bleiben, kamen die Minuten wie Stunden vor. Tatsächlich waren es nur etwas mehr als fünfunddreißig Minuten. Ockenden sah in den weißen, roten und grünen Lichtern an Bug und Steuer eines nahen Schiffes das Zeichen der Rettung. Aber gleich hörte er eine Stimme — er glaubte, es sei die von Fisher — wie die eines wütenden Luftschutzwartes: »Löscht die verdammten Lichter!«

Ockenden sagte zu seinem Kumpel: »Mir ist es gleich, ob das englische oder deutsche Lichter sind; ich halte darauf zu.« Als er sich abstieß, tauchte ein Boot aus der Dunkelheit auf. Matrosen vom Minensuchboot »Gossamer« zogen ihn an Bord.

Der Kapitän der »Gossamer«, Fregattenkapitän Richard Ross, hatte die Schreie der Männer in der Nacht gehört. Er ließ seine drei Ruderboote und ein kleines Boot zu Wasser. Nun gab es ein neues Problem. Fisher hatte ihm aus dem Wasser zugerufen: »Wir sind torpediert worden, das U-Boot ist noch in der Nähe.«

Ross dachte bei sich, es müsse ein Motortorpedoboot gewesen sein, er hatte keine U-Boot-Warnung bekommen. Jedenfalls konnte er nichts unternehmen. Seine Schiffe waren dem Blick in der Dunkelheit entzogen und dabei, die Schiffbrüchigen aufzunehmen, darunter Oberleutnant Bill Mayo.

Zufällig zogen sie Fisher nicht mit an Bord. Inzwischen war der schottische Logger »Comfort« angekommen. Sein Kapitän, John Mair, hatte noch keine Boote zu Wasser gelassen, aber als er die Köpfe im glitzernden Wasser sah, war er unschlüssig. Dann kletterten vier Mann, die Obergefreiten Jackie Chivers und Geoffrey Kester, der Offiziersanwärter Patterson und Fisher selbst, auf das Deck.

Fisher ging sofort zum Steuerhaus und gab Mair einen kurzen Überblick über das Geschehen. Der alte Kapitän nahm alles gelassen hin und fügte sich unter den Befehl von Fisher. Er suchte nun nach den Männern, die noch im Wasser trieben, und hielt seinen Motor jedesmal an, wenn der Fregattenkapitän einen Ruf aus der Dunkelheit hörte. Als schließlich fünfzehn Mann an Bord waren, entschied Fisher: »Nun fahren wir direkt gegen die Strömung auf das Wrack zu; dort sind noch mehr.«

Es war jetzt zwei Uhr morgens. Nach dem zermürbenden Schrecken der ersten Stunde legte sich nun eine merkwürdige Ruhe über das Wasser. Inzwischen hatten sich andere Schiffe zu den Booten der »Gossamer« gesellt: das Minenräumboot »Lydd« unter Korvettenkapitän Rodolph Haig, der Motorlogger »Nautilus«, der Zerstörer »Grafton«. Ihre Boote fuhren eifrig durch die Nacht und suchten nach den letzten Überlebenden der »Wakeful«.

Es herrschte keine Panik, nur ein merkwürdiges Durcheinander. Niemand wußte genau, was wirklich geschehen war, und alle handelten nach dem jeweiligen Ermessen. Korvettenkapitän Haig hatte von der Brücke der »Lydd« aus Feuerschein gesehen und Rufe gehört, im fahlen Licht einer Aldis-Lampe sah man für einen Augenblick die Menschen, die wie Schnecken an Heck und Bug der »Wakeful« hingen. Als die »Lydd« ein Ruderboot und zwei Carley-Flöße zu Wasser ließ, tauchte die »Gossamer« aus der Dunkelheit auf.

Von ihrer Brücke aus gab Ross an Haig den Befehl: »Gossamer an Lydd — löschen Sie alle Lichter und werfen Sie Wasserbomben!«

Haig sträubte sich. Das konnte er nicht tun. Er war zu nahe am Wrack der »Wakeful« — eine Wasserbombe würde die Männer töten, die noch im Wasser waren. Er rief zurück: »Was ist passiert? Was ist eigentlich los?«

Es war unglaublich, aber die »Gossamer« gab keine Antwort. So geisterhaft wie sie aufgetaucht war, war sie wieder verschwunden. Haig auf der »Lydd« sah sie in dieser Nacht nicht wieder. Erst als der Matrosengefreite Fred Cawkwell das Ruderboot mit zwanzig Überlebenden zurückbrachte, erfuhr Haig, was geschehen war.

Auf der »Gossamer« war inzwischen Frieden. Der Maat James Ockenden, der als einer der ersten an Bord gekommen war, war in den Maschinenraum gegangen, um einen Drillich und trockene Wäsche anzuziehen. Nun saß er in der Messe und schlürfte einen Whisky. Dabei sah er, wie ein in Decken gewickelter Soldat, der auf dem Boden lag, gerade einen hysterischen Anfall hatte. Es war Oberleutnant Bill Mayo, der bis auf die Knochen steif gewesen und nach einem Schluck Brandy wieder zu sich gekommen war.

In der Kabine des Kapitäns fuhr Major Wilfred Wilkinson von den Manchesters mit einem Ruck aus dem Schlaf hoch. Die Sprechanlage dorthin war nicht abgeschaltet, und er hörte, wie Fisher irgendwo rief: »Verdammt noch mal, macht, daß ihr hier herauskommt, das U-Boot ist noch in der Nähe!«

Die jämmerlichen Hilferufe und das Geräusch schlürfender Schritte waren ihm kaum erklärlich, bis irgend jemand — er erfuhr nie, wer — sagte, ein Schiff sei torpediert worden. Wilkinson fand, das sei Sache der Navy und legte sich aufs andere Ohr.

Ähnlich war es an Bord der »Comfort«. Der Matrosengefreite Geoffrey Kester und seine Kameraden waren im Mannschaftsdeck in den Kojen der Besatzung gemütlich untergebracht und tranken Kakao, als Fregattenkapitän Ralph Fisher im triefenden Regenmantel, das Fernglas noch umgehängt, hereinschaute. Fisher war, wie die meisten Zerstörerkommandanten, nicht förmlich im Umgang mit Mannschaften, er nahm die angebotene Tasse Kakao und ließ sich zu einem Schwatz nieder.

Fregattenkapitän Charles Robinson an Bord des Zerstörers »Grafton« hatte keine Zeit zur Unterhaltung, er wußte nicht, was geschehen war. Er sah das Wrack der »Wakeful« aus dem Wasser ragen, und dann hatte das Minensuchboot »Lydd« gemeldet, die »Wakeful« sei torpediert worden.

Robinson wies die »Lydd« an, wegen der U-Boote im Kreis zu fahren, und befahl: »Rettungsboote aussetzen!« Dann vergingen zehn Minuten ohne neue Meldung.

Das einzige, was klar zu sehen war, war die Boje, die genau vor dem Steuerbordbug regelmäßig aufblinkte. In diesem Augenblick bemerkte Robinson in einer Entfernung von drei Kabeln (1 Kabel = 231 Meter) zwischen dem hintersten Mast und dem Deck ein kleines unbeleuchtetes Fahrzeug, das genau auf ihn zufuhr.

Was immer es war — die »Comfort« war es nicht, denn die näherte sich gerade steuerbords der »Grafton«. Entsetzt darüber, daß sie unbewegt, ihr Deck voller Soldaten, dalag, hatte Fisher nämlich Mair angewiesen: »Es sind Engländer; ich muß mit ihnen reden!«

Im gleichen Augenblick bemerkte er, daß Mair den Logger näher heranbrachte als klug erschien, und zwar hart an die hinterste Steuerbordseite.

Fisher rief nun vom Vorderdeck aus der »Grafton« zu: »Um Himmels willen, haut ab; wenn ihr liegenbleibt, werdet ihr torpediert.« Vom Oberdeck aus hielt ihm jemand entgegen: »Wir können nicht weg, wir haben ein Boot zum Wrack geschickt.« Erneut drängte Fisher: »Kümmert euch nicht um euer Boot. Ich nehme es an Bord. Fahrt ihr nur los!«

Die Tragödie war, daß Fregattenkapitän Robinson das gar nicht gehört hatte — Minuten später sah sein Erster Offizier, Kapitänleutnant Hugh McRea, der die Ruderboote eingesetzt hatte, wie die Aldis-Lampe auf der Brücke dem Neuankömmling an der Steuerbordseite zublinkte: »Kommen Sie näher und nehmen Sie die Schiffbrüchigen auf!« Merkwürdig war, daß der Neuankömmling den Blinkspruch nicht bestätigte, sondern lediglich stetig näher kam.

Es war nun 2.50 Uhr morgens. Innerhalb von Sekunden war es um die Ruhe geschehen, die Wachsamkeit war überlistet. Vom Ausguck auf der Brücke der »Grafton« kam der Schrei: »Torpedo von Backbord.«

Wenige sahen es, Hunderte spürten seinen Aufprall. Zwei Torpedos fuhren fast zugleich in den Rumpf der »Grafton«, das eine zerschnitt die Offiziersmesse und tötete fünfunddreißig Offiziere, das andere schnitt das Heck ab wie von einem Kinderspielzeug.

Auch Fisher auf dem Vorderdeck der »Comfort« spürte den Stoß. Ein rasches weißes Aufleuchten, dann hob sich der kleine Logger wie ein Luftballon empor, und ein donnernder Wasserfall, der die Sicht nahm, ging nieder. Vergebens griff Fisher nach einem Tauende, er verlor den Boden unter den Füßen. Zum zweiten Male wurde er rücklings in die See geschleudert.

An Bord der »Grafton« wußte niemand, was eigentlich vorging, aber die Angst packte alle wie eine Kettenreaktion. Dreimal war der Kraftfahrer Ernest Smith im Lagerraum aufgewacht. Er sehnte sich nach der Beruhigung, die der Besitz eines Rettungsringes bietet. Eben hatte er das Deck erreicht und sich den letzten gegriffen, als die Torpedos einschlugen. Es war eine Vorahnung. Er wurde rückwärts ins Wasser geschleudert, und als er niederfiel, stieß er einen langen Schrei aus. Der Pionier Thomas Marley, dessen trübsinniges Wachen an der Küste nun zu Ende war, schlief in der Nähe auf Deck. Er wachte auf und glaubte, sie seien auf einen Felsen aufgelaufen. Dann lag er starr vor Entsetzen auf einer Kajütentreppe, wohin ihn der Luftdruck geschleudert hatte. Das Gesicht des Mannes, der neben ihm geschlafen hatte, war hinter blutigem Schaum verschwunden.

Die Besatzung wußte genauso wenig, was geschehen war. Der Matrosenobergefreite Wilfred Lodge von der Geschützbedienung der »Grafton« hörte die Explosion, und dann schien das halbe Geschützdeck auf seinen Stahlhelm herniederzuprasseln. Er wurde weggeblasen wie ein Licht. Kapitänleutnant Hugh McRea, der zur Brücke eilte, um dem Kapitän zu melden, fand nur noch die linke Seite vor.

Das Unterwasserhorchgerät ... das Kompaßhäuschen ... der Vorderaufbau ... die Kompaßform ... waren nur noch ein Haufen verbogenen Metalls. Zwischen diesen Trümmern lagen Fregattenkapitän Robinson und drei Mann seiner Besatzung. Wie sie umgekommen waren, erfuhr McRea niemals.

Im Schiffsinnern sah es nicht besser aus. Hauptmann Sir Basil Bartlett wachte auf, merkte, daß das Schiff heftig schwankte und bebte, und nahm einen starken Geruch von Dieselöl wahr. Als er jemanden in der Dunkelheit umhertappen hörte, rief er: »Macht um Gottes willen kein Streichholz an!« Er war vor dem Krieg Schauspieler gewesen, und seine nächste Reaktion entsprang seinem Beruf — wie würde sich Gary Cooper jetzt verhalten?

In der Unteroffiziersmesse schreckte Grenadier Daniel Casey von den Cameronians vom Tisch hoch, ein plötzliches durchdringendes Beben war tief von unten heraufgedrungen. Sofort versuchte ein Matrose, ihm den Weg zu verlegen: »Das war nur ein Maschinengeräusch, Kamerad.« Aber Casey nahm ihm das nicht ab. Er, der an Oberst Gilmores heldenhaftem Bajonettangriff teilgenommen hatte, verspürte die Drohung des Todes. In Sekundenschnelle war er an Deck und bahnte sich durch eine dichtgedrängte Menge panisch verstörter Soldaten seinen Weg.

McRea und seine Offiziere besetzten nun die Schlüsselpunkte und unterdrückten mit Pistolen in der Hand die Panik.

Immer wieder dröhnte McReas Stimme unheimlich durch das Megaphon: »Verliert nicht den Kopf! Ich sag es euch noch einmal: verliert nicht den Kopf! Es besteht keine Gefahr, daß das Schiff untergeht, wenn jeder sich vernünftig verhält.«

McRea hatte bis jetzt noch nicht nach unten gehen können, um die Wahrheit seiner Worte nachzuprüfen, aber solange der Haufen schreiender Soldaten nicht zur Ruhe gekommen war, war der Weg von der Brücke zum Maschinenraum versperrt.

Nun sah es überall gleich schlecht aus. Im Dunkel der Nacht manövrierten die Schiffe, denen klare Weisungen fehlten, ähnlich wie Gegner in einem verdunkelten Raum. Das Maschinenräumboot »Lydd« war gerade einmal um die »Grafton« herumgefahren und hielt steuerbordseits auf den Zerstörer zu, als die Torpedos in die »Grafton« einschlugen.

Korvettenkapitän Haig, der in die Dunkelheit hinausspähte, sah etwa fünfzig Meter von seiner größten Schiffsbreite entfernt etwas, was er für ein Motortorpedoboot hielt. Es hielt südwestlichen Kurs, fast genau auf ihn zu.

Oberleutnant Edwin Britten eröffnete sofort mit dem Lewis-Geschütz auf der Brücke der »Lydd« das Feuer und beschoß das Heck des Angreifers. Als die Geschosse einschlugen, hüllte sich das Ruderhaus in eine Wolke sprühender Funken.

Aber die »Lydd« war noch nicht fertig. Eine rasche Verständigung mit der »Grafton« ergab, daß sich der Zerstörer halten konnte, und dann brachte Haig das Minenräumboot erneut heran, indem er nach der Steuerbordseite einschlug. Wenn das deutsche Schiff noch auf dem Wasser war, dann konnten sie ihm jetzt den Todesstoß versetzen.

Plötzlich sichteten sie es in nächster Nähe. Wieder donnerten die Geschütze der »Lydd«, und die Geschütze der »Grafton« unter Oberleutnant Leslie Blackhouse schlossen sich an und sandten ihr Feuer in den Leib des Mörders der »Wakeful«.

Grenadier Daniel Casey stieß an Bord der »Grafton« mit Scharen anderer einen Freudenschrei aus. Nun zeigten sie es den Deutschen.

Das war ein tragischer Irrtum. Tragisch, weil der ursprüngliche Angreifer U 269 — wie die Unterlagen beweisen — zu dieser Zeit längst wieder vom Schauplatz abgetreten war. Statt dessen wurde das Seegefecht an der Kwinte-Boje ein Kampf von Engländern gegen Engländer. Die rachedurstige »Lydd« vereinigte ihr Feuer mit der beschädigten »Grafton«, um die »Comfort« zu versenken, jenen unbewaffneten Logger, der Fregattenkapitän Fisher gerettet hatte.

Obwohl er merkte, was vor sich ging, konnte Fisher nichts unternehmen, um das Blutbad zu beenden. Später nahm er an, die erste Explosion der Torpedos auf der »Grafton« habe den Kapitän Mair und seine Leute vom Vorderdeck geschleudert, denn Sekunden darauf trieb die »Comfort« hilflos von der »Grafton« weg. Fisher, der sich noch an eine Strickleiter klammerte, wurde durchs Wasser gezogen. Er schrie immer wieder, man solle ihn an Bord ziehen. Aber er bekam keine Antwort.

Fisher entschied sich rasch. Die Flut trug die »Comfort« nach Südwesten, näher an die belgische Küste heran, als ihm lieb sein konnte. Er ließ die Strickleiter los, hielt sich schwimmend über Wasser und sah, wie die »Comfort« langsam abtrieb.

Während der Fregattenkapitän ihr nachsah, geschah etwas Merkwürdiges. Merkwürdig deshalb, weil er immer noch annahm, es sei kein Steuermann an Bord. Von irgendwoher wurde wieder gefeuert, als plötzlich der Motor des Loggers abschaltete. Geräuschlos glitt er über das stille Wasser wieder auf Fisher zu.

Zunächst war Fisher voller Freude. Er wußte, daß der Logger nicht untergehen würde, und wenn er in Reichweite kam, dann gab es genug herabhängende Strickleitern. Als die »Comfort« nur noch dreißig Meter entfernt war, faßte er seinen Entschluß. Er würde auf sie zuschwimmen, an Bord gehen und ihre Maschine wieder in Gang bringen. Er hatte gerade ihren Bug an der Steuerbordseite erreicht und tastete nach einer Strickleiter, als ein schwarzer, eiliger Schatten riesenhaft und bedrohlich über ihn fiel.

Für die Überlebenden der »Wakeful«, die noch an Bord der »Comfort« waren, war die Lage noch schlimmer. Sie wußten nicht einmal, daß das Schiff, auf dem sie Zuflucht gefunden hatten, nun ohne Besatzung war. Der Matrosenobergefreite Geoffrey Kester und die anderen waren unter Deck gerade am Einschlafen, als sie aus ihren Kojen in einen Strudel wirbelnden Wassers gerissen wurden.

Nackt, denn ihre Kleider waren noch zum Trocknen in der Kombüse — schlüpften sie über einen Lukenaufgang ans

Oberdeck. Sofort schlug ihnen eine Salve Maschinengewehrfeuer entgegen. Die »Lydd« kam näher.

Es war ein Glück, daß überhaupt einer das überlebte. Die »Comfort« drehte sich und lag nun mit der Breitseite zur rachsüchtigen »Lydd«. Der Obergefreite Geoffrey Kester und der Oberleutnant Percival Jones konnten sich nur retten, indem sie sich hinter der Kombüse auf den Bauch warfen. Beide waren mit Splittern gespickt.

Als die »Lydd« noch näher kam, packte Kester und die anderen Entsetzen. Der Angreifer war dabei, sie zu rammen. Im Kopfsprung sprangen sie zurück ins eisige Wasser.

Als der Obergefreite Samuel Sinclair auf der »Lydd« die Umrisse sah, rief er: »Achtung, die wollen uns entern!« Die Leute von Korvettenkapitän Haig stürzten an die Reling, aber das Gewehrfeuer war so laut, daß Fishers entsetzter Ruf: »Um Himmels willen, hört auf, wir sind alle Engländer!« ungehört verhallte. Britten bediente auf der Brücke das Maschinengewehr, bis der Lauf glühte, und jagte Gurt um Gurt auf die ins Wasser springenden Männer. Ein Regen von Geschossen ging hernieder. Dann fuhr die »Lydd« mit donnerndem Krachen direkt in den Logger hinein.

Fisher, dem der Krach des berstenden Holzes fast das Trommelfell zerriß, spürte mehr als er es sah, daß die »Comfort« sich direkt über ihn neigte. Instinktiv tauchte er weg wie ein Hai und kämpfte sich in einiger Entfernung schweratmend und pustend wieder an die Oberfläche.

Die Besatzung der »Lydd« ging nun an Bord des schwer angeschlagenen Schiffes, um »Gefangene« zu machen. Sie fand dort nur noch zwei Überlebende, und jetzt erkannte Korvettenkapitän Haig die Ungeheuerlichkeit des Geschehens.

Kester mit Offiziersanwärter Patterson und Jackie Chivers waren nach wie vor überzeugt, ein deutsches Schiff habe sie ausgemacht. Sie klammerten sich zitternd an den treibenden Mast der »Comfort«, bis ein Boot von der »Grafton« kam und sie aufnahm. Aber Oberleutnant Percival Jones wurde nicht wiedergesehen.

Die Hilfe ließ nicht lange auf sich warten. Fisher, der stundenlang beharrlich schwamm, und nur den mit der Flut gehenden Tod zum Gefährten hatte, war völlig erschöpft. Der norwegische Trampdampfer »Hird« nahm ihn an Bord. Im Morgengrauen kamen die Eisenbahnfähre »Malines« und der Zerstörer »Ivenhoe« und holten die Mehrzahl der Überlebenden der »Grafton«. Die hatte nun schwere Schlagseite, und die Wellen schlugen beharrlich über ihr Heck. Aus fünfhundert Metern Entfernung jagte ihr die »Ivenhoe« drei Schüsse in den Leib. Sie sank innerhalb weniger Minuten.

Zwei Zerstörer und ein Logger waren innerhalb weniger Stunden untergegangen, und dabei hatten die Deutschen noch gar nicht richtig angefangen.

In Dünkirchen ahnte niemand den Ernst der wirklichen Lage. Die Navy hatte wenigstens das Gefühl, die Dinge unter Kontrolle zu haben. Für Fregattenkapitän Colin Maud und die Offiziere der »Icarus« brach mit diesem Mittwoch ein vollendet schöner Sommertag an. Der Nebel stieg eben vom Boden empor. Es war ein Tag, an dem man an Picknicks an Flußufern und Himbeeren mit Schlagsahne dachte. Nur die von den brennenden Öltanks stammende schwarze Wolke, die sich in großer Höhe von der Promenade über das Sanatorium in Braye-les-Dunes bis zur Küste von La Panne dahinwälzte, störte die schweigende Schönheit des Morgens.

Im ersten nebligen Morgenlicht waren die Küsten zunächst unsichtbar. Oberleutnant Edmund Croswell an Bord von S. M. S. »Harvester« konnte sich nicht einmal vorstellen, warum er Befehl hatte, mit dem Motorboot des Schiffes auszufahren. Aber als er in La Panne an Land watete, stieß er auf einen netten Brigadegeneral mit einer größeren Gruppe von Soldaten.

»Wieviel Leute haben Sie hier?« fragte Croswell.

Das wußte der Brigadegeneral genau: »Achtundsechzig.«

Croswell ließ nun »das dümmste Signal des Krieges« — wie er es später nannte — an die »Harvester« durchgeben.

»Hier sind achtundsechzig Überlebende. Bin dabei, sie zu evakuieren!«

Es war auf jedem Schiff das gleiche. Die meisten der Neuankömmlinge waren so eilig von weit entfernten Orten herbefohlen worden, daß ihnen Hilferufe auf Leben und Tod, wie sie die ersten Schiffe — etwa die »Wakeful« — erreicht hatten, gar nicht zugingen. Selbst Kapitän zur See Eric Bush, der Ramsay die dringende Notwendigkeit kleiner Boote ans Herz gelegt hatte, hatte keine klare Vorstellung von der wahren Lage.

Bush trank auf der Brücke des Maschinenräumbootes »Hebe« draußen vor La Panne Kakao, als er den Korvettenkapitän John Temple fragte: »Für was halten Sie die dunklen Schatten da an der Küste?«

Temple peilte hinüber. Wie der Morgennebel langsam abzog, nahmen die Gegenstände allmählich Gestalt an, wie ein fotografisches Negativ beim Entwickeln. »Ich kann es mir nicht erklären, Sir. Vielleicht sind es Wolkenschatten.«

»Unmöglich«, antwortete Bush, »der Himmel ist klar.«

Aber als sich dann der Nebel hob, konnte man es von jedem Schiff aus sehen. Auf der Brücke der »Icarus« hielten die Männer den Atem an, und es wurde ihnen schwindlig beim Anblick der ungeheuerlichen Aufgabe, die vor ihnen lag. In riesigen, eng gestaffelten Abteilungen blockierten Menschen die Küste. Lange Reihen wanden sich wie riesige schwarze Schlangen von den sandigen Höhen herunter. Von Dünkirchen, das neun Kilometer östlich lag, bis La Panne schienen alle paar Meter Piers bis tief in die See hineinzuragen — menschliche Piers, deren vorderste Reihen bis zum Hals im kalten Wasser standen und geduldig auf die Boote warteten.

Als Kapitän Bush die grausige Realität begriff, gab er ihr unter diesem Eindruck für alle Ausdruck: »Soldaten, ja bei Gott, es sind Soldaten, Zehntausende . . .«

Sie kamen über die Brücken zurück nach Dünkirchen, diese geschlagenen, blutenden Männer, deren Geist nicht gebrochen war. Sie trugen vornehme Namen, aufrüttelnd wie Kriegsgeschrei: Chasseurs d'Afrique, Die Hards, Grey Breeks, Légion Etranger, und die Tradition blutiger Schlachten rollte in ihren Adern — Mons und Talavera, Malplaquet und Waterloo. Keine Orden wurden für sie gegossen, denn jetzt waren Stunden der Schande, aber gegen allen Sinn sollten die Ereignisse dieser Stunden in viele Regimentsgeschichten eingehen als einige der blutigsten — unter dem Namen »Dünkirchen«.

Sie kamen unter Aufgebot all ihres Einfallsreichtums ... der Gefreite Haydn Mathias und seine Kameraden hockten auf Milchkühen ... Feldwebel Bob Copeman, ein Landmann aus Norfolk, saß auf einem weißen Jagdpferd, 2,30 Meter hoch ... Tom Blackledge und andere Lancashire-Füsiliere kamen in einem Lastwagen, dessen Kühlwasser verdunstet war; Blackledge und seine Kameraden stiegen gelassen ab, ließen eine Gießkanne unter sich die Runde machen und bekamen so Flüssigkeit für ein paar weitere Kilometer.

Und immer noch kamen sie auf dem sonderbarsten Rückzug, den je eine Armee angetreten hat ... auf Tretrollern und Kinderfahrrädern von Karussells ... der Reiter Paddy Kennedy und seine Kameraden in einem Brüsseler Müllwagen ... der Artillerieunteroffizier »Darky« Lowe auf einem Traktor, der ein Bofors-Geschütz hinter sich herzog ... der Obergefreite Syd Garner mit einem Lastwagen, der so mit Männern überladen war, daß Garner vor herunterhängenden Beinen kaum noch durch die Windschutzscheibe sah.

Der Meldefahrer Bill Challen und sein Kumpel Peter Nicholls reisten im Ford 8 ihrer Offiziere — Nicholls trug einen Hauptmannsmantel und scheuchte fußmüde Tommies herrisch zur Seite: »Zurücktreten!« Nur wenige Offiziere reisten so bequem. Hauptmann Jack Churchill von den Manchesters, ein eifriger Bogenschütze, kam auf einem Fahrrad; Pfeil und Bogen baumelten an der Lenkstange; er hatte sich geschworen, damit einen Deutschen zu erledigen. Oberleutnant Stanley Pritchard-Barrett vom Pionierkorps kam zu Fuß — er begann mit knapp fünfzig Mann und traf wie ein Rattenfänger von Hameln in Khaki mit zweihundertundfünfzig ein.

Hauptmann Edward Bloom marschierte neben Hugo, dem belgischen Wolfsspitz, die Strecke, die er auch in seinem Wagen hätte fahren können, und er trug dabei an einem der heißesten Tage des Jahres den großen Dienstanzug und den Mantel. Ihn schmerzte sein bei einer Explosion gebrochener Zeh höllisch, aber er hielt es gegenüber seinen Männern nicht für fair, zu oft in den Wagen zu steigen, und über der Sorge für Hugo hatte er sein reges Waschbedürfnis vergessen.

Vielen ging es gegen den Strich, aber Marschieren war Trumpf. Der Gefreite Mervyn Doncom von den Hampshires legte jeden Meter zu Fuß zurück, obwohl ihn der Rucksack mit den Uhren nun schwer drückte. Der Gefreite Walter Osborn von den Suffolks marschierte auch. Aber noch immer fragte er seinen Begleiter, Feldwebel Frank Peacock: »Ehrlich, Feldwebel, warum halten wir nicht und kämpfen?« Osborn wollte jetzt kämpfen, um den Schandfleck seines verschärften Arrestes und seinen Brief an Winston Churchill vergessen zu können.

Humor fehlte nicht, aber es war ein tragischer Marsch Geschlagener.

Seit Corunna*, seit mehr als hundert Jahren, hatte keine britische Armee einen solchen Rückzug angetreten, verstört, besiegt und Enttäuschung hinter sich lassend. Wenn es dunkel wurde, sanken die Männer, fiebernd von Mückenstichen und Nesselfieber, dankbar auf das trockene Stroh in Scheuern oder in Gräben, die sie mit Zweigen auslegten, und waren zu müde, den bittersüßen Schlag der Nachtigallen zu hören. Morgens warteten sie gespannt, während der Rauch aus den Bauernhöfen aufstieg, auf einen willkommeneren Ton: das Gackern legender Hühner.

Sie waren immer hungrig — so hungrig, daß der Kraftfahrer Percey Case vom Versorgungskorps auf dem Rückzug von Bailleul sich an den 29. Mai als an den Tag erinnert, an

* In der spanischen Stadt Corunna wurde der englische General Moore am 16. Januar 1809 von den Franzosen unter Soult vernichtend geschlagen.

dem er Viehfutter mit abgestandenem Wasser aus einer Grube seine Kehle hinunterspülte. An diesem Tag begann sein 19. Ehejahr. Sie waren immer müde — so müde, daß der Gefreite Ronald le Dube von den Loyals auf dem Marsch von Hondschoote nach Dünkirchen nur wach blieb, wenn ihm sein Hintermann das Gewehr in die Rippen stieß.

Dumpfe Explosionen folgten tagsüber ihrem Weg, und riesige Wolken rötlichen Staubes stiegen auf: Die Pioniere sprengten hinter ihnen die Brücken in die Luft. Nachts führte ihr Weg durch Laubengänge von Feuer, und es war so unheimlich, daß Brigadegeneral Georges Sutton, der den ersten Weltkrieg mitgemacht hatte, glaubte, am Horizont flammten Mengen von Feuerwerkskörpern. Es waren die Reifen zurückgelassener Fahrzeuge, die brennend die Nacht erhellten.

Oft besannen sie sich auf fast vergessene Künste. In der Einheit des Kraftfahrers Harry Owen ging die Büchsenmilch aus. Zwei Tage lang tranken sie den Tee ohne Milch, bis einem Pionier die herrenlosen Kühe mit ihren geschwollenen Eutern einfielen. Oft standen sie Schmerzen aus, ihre Füße waren mit großen Blasen bedeckt, sie wickelten Taschentücher um die Füße oder ließen das Blut durch die Schuhsohlen rinnen und marschierten weiter.

Manche mehrten in ihrer Wirrnis noch ihre Leiden. Der Gefreite Ernest Taylor vom 6. Bataillon der Green Howards schleppte tagelang auf dem Marsch die Panzerbüchse der Einheit, ein anderer trug die Munition dazu. Erst in Dünkirchen merkte Taylor, daß der andere die Munition längst weggeworfen hatte. Der Kraftfahrer Oliver Clifford von der Versorgungstruppe marschierte viele Kilometer mit Fußschmerzen. Erst in England klärte ihn ein Sanitätsoffizier auf, daß er beim Anziehen den rechten und den linken Schuh verwechselt hatte.

Ständig versperrten ihnen die Flüchtlinge auf den staubigen, weißen Straßen den Weg, sie rochen nach Wollsachen, Armut und Knoblauch. Und ständig quälte sie aus der Luft das durchdringende Pfeifen der Stukas des Barons von Richthofen, das Knattern von Maschinengewehren, die entsetzten

Schreie von Frauen und kleinen Kindern, die unter dem Ruf »Allemands« Deckung suchten — dem Pionier Georges Brooks kam alles vor »wie ein Messer, das Späne von einem Brett schneidet«. Auch quälten Flugblätter sie, die sagten »Ihr habt keine Luftwaffe«, und andere, die behaupteten »Eure Generale sind nach Hause gegangen«.

Stets flogen die Flugzeuge in der Richtung nach Dünkirchen. Wie der Kraftfahrer Bill Challen beobachtete, wurde ein Mann verrückt, während er die siebenundneunzig Flugzeuge zählte, die sich wie auf einem Rechenbrett darboten.

Gegen ihr eigenes Ich taten sie Dinge, die Jahre nicht auslöschen können; denn der Mensch braucht Essen. Der Kanonier Hugh Fisher erinnert sich: »Ich habe es bei Gott fertiggebracht, die Taschen von Gefallenen zu durchsuchen. Aber stets war ein anderer vor mir da.«

Den meisten wurde der Weg so zum Schrecken. Feldwebel Sidney Tindle brachte mit guten und bösen Reden vierzehn von seinen vierundzwanzig Leuten bis zur Küste durch. Da packte den kleinen Iren jähe Wut über ihre hilflose Apathie. Er schrie sie an: »Ich könnte euch alle umbringen!« und wandte sich angewidert ab. Aber mit seiner Verachtung mischte sich leise und wohltuend das Bewußtsein einer eigenen Überlegenheit.

Wäre er nicht gewesen, hätte keiner dieser Jungen je die Küste erreicht. Er brachte ihnen bei, sich nachts beim Anzünden einer Zigarette unter einen Mantel zu kauern, mit griffbereitem Gewehr im Kreis zu schlafen für den Fall des Tiefangriffs eines Jagdflugzeuges. Obwohl er abgelehnt hatte, sie zu verpflegen, war schließlich er es, der in einem Hinterhof Hühner fand, sie schlachtete, säuberte und über einem alten Benzinkanister briet.

Und Tindle war es gewesen, der sie gezwungen hatte, die noch warmen, armseligen Leichen von Nonnen und kleinen Kindern zu beerdigen, die in einen Maschinengewehrhinterhalt geraten waren. Sie hatten geweint, als sie die Gräber aushoben, aber Tindle hatte sie, selbst den Tränen nahe, angeschnauzt: »Los, weitermachen! Mit Heulen gewinnen wir den Krieg nicht!«

Aber nun wollte der kleine Feldwebel mit Macht seine Verantwortung loswerden. Zwanzig Dienstjahre als Soldat im Frieden hatten ihn dafür nicht ausgebildet. Wie weit er mit seiner Erfahrung als alter Soldat noch kam?

Andere hatten ähnlich dringende Zweifel. Nach den Peitschenschlägen des Maschinengewehrfeuers, das ihn bei Komen kopfüber in den Graben geschickt hatte, glaubte John »Warrior« Linton minutenlang, nun werde er doch Gefangener der Deutschen. Erst die Stimme des Obergefreiten Norton jenseits der Straße hatte ihm wieder Mut gemacht.

Aber der deutsche MG-Schütze hatte die Straße im Schußfeld. Gab es noch eine Hoffnung, zu dem Verbandsplatz im Bauernhof drüben zu gelangen?

Die beiden Männer, vier Meter voneinander entfernt, berieten sich heiser. Norton meinte, allein das Abflußrohr könnte helfen, das das Regenwasser vom Weg beim Verbandsplatz in Lintons Graben leitete.

Doch Norton war unsicher: »Ich weiß aber nicht, wie stark das Rohr ist; auf meiner Seite ist alles voller Steine.« Norton war auf Wache und mußte den Weg zum Bauernhof beobachten; er konnte seinen Platz nicht verlassen, um genauer nachzusehen.

Mühsam kroch Linton, seine Beine nachziehend, die wenigen Meter bis zur Öffnung des Kanalisationsrohres. Es war hoffnungslos. Weit hinten, wie durch ein umgekehrtes Fernglas, sah er die grünen Tore des Bauernhofes. Aber die Röhre schien zu eng für auch nur den Arm eines Mannes, geschweige denn für seinen ganzen Körper.

Linton lag verwundet, erschöpft und auf sich selbst angewiesen da. Doch dann begann das alte Feuer in ihm wieder zu glühen. Er konnte bei einem Versuch in der Röhre umkommen. Er konnte liegenbleiben, bis ihn die Deutschen erledigten. Hatten sie ihn in der Schule umsonst »Warrior«, den

»Krieger« genannt? War das andere alles von ungefähr gekommen? Dieser erste Job als Zeitungsverkäufer? Der Job in der Fabrik in Birmingham, wo der sechzehnjährige Linton den anderen gegen einen üblen Vorarbeiter geholfen hatte und dafür entlassen worden war? Sein Entschluß, mit siebzehn Jahren in die Armee einzutreten, um die Familie zu unterstützen?

Sein Leben hindurch hatte er niemandem eine Last sein wollen, aber er hatte sich auch nicht zurückdrängen lassen. Nun wollte er auch jetzt nicht auf der Strecke bleiben.

Er pumpte sich mit Luft voll und kroch langsam, Zentimeter um Zentimeter, in die Röhre. Tief im Schlamm wühlte er sich vorwärts, mit geschlossenen Augen und über sich mit den Fingern tastend.

Dann öffnete er die Augen, und eine furchtbare Angst befiel ihn. Er konnte nichts sehen, und die ekelhaft stinkende Luft hüllte ihn wie ein wirbelnder, übelriechender Strudel ein. Seine abgebrochenen Fingernägel schmerzten stechend, seine zerschundenen Hände bluteten.

Er würde also in dieser Röhre sterben. Er würde tiefer und tiefer sinken, bis ihm der schwarze Schlamm in Mund und Nase drang und ihn erstickte.

Dann durchfuhr ihn ein irres und himmlisches Gefühl der Erleichterung. Seine vorwärtstastenden, blutigen Finger hatten die ausgestreckte Hand des Obergefreiten Norton berührt. Norton half, Steine und Geröll wegzuräumen, und umklammerte fest Lintons Handgelenke.

Nach einem mächtigen Ruck kam Linton aus der Röhre wie ein Korken aus einem Flaschenhals. Er war über und über mit stinkendem Schlamm bedeckt, seine Hände waren aufgerissen, seine Beine hingen an ihm wie fremde, unwirkliche Gegenstände.

»Danke«, sagte er keuchend, zu mehr reichte sein Atem nicht. Nun gab es wieder Hoffnung für ihn. Er war dem grünen Hoftor so nahe, daß er die Stimmen dahinter hörte. Langsam kroch er über die gepflasterte Auffahrt. Ein Sanitäter sprang vor, um ihm zu helfen; aber die Deutschen waren zu nahe. Der Hof war sowohl Bataillonsgefechtsstand als auch Verbandsplatz, und die Deutschen schossen sich ein. Als Linton versuchte, sich aufzurichten, flogen ihm die glühenden Granatsplitter um die Ohren.

»Du hältst mich nur auf, Kamerad«, rief Linton dem Sanitäter zu. »Allein komme ich besser vorwärts.« Er hatte den Weg bis zu den letzten paar Metern mit eigener Kraft geschafft, als Oberleutnant »Leech« McCallum, ein junger Sanitätsoffizier mit einem frischen Gesicht, herausstürzte und ihn bei den Handgelenken packte. Wie ein Sack hing Linton an McCallums Achselstücken. So kam er hinein.

Dann schienen Stunden zu vergehen, in denen er mit drei oder vier anderen in der Scheune auf Stroh lag und dankbar warme Milch schlürfte. McCallum nahm drei lange, flache Holzschienen, umwickelte sie mit Binden, damit sie nicht scheuerten, legte eine Schiene an jedes Bein von der Wade bis zum Knöchel und eine kürzere Schiene als Verbindung zwischen die Beine und band alle drei mit elastischen Binden fest.

Nun wurde Linton bewußt, daß er sich ohne Hilfe überhaupt nicht mehr fortbewegen konnte. Trotz vertrauenden Hoffens auf McCallum, der jung, stark und kameradschaftlich war, blieb ein Funke Wachsamkeit in ihm.

Er durfte nicht schlafen. Er mußte munter bleiben, um sich helfen zu können, wenn es nottat. McCallums Vorschlag, ihm eine Morphiumspritze zu geben, lehnte er kraß ab. McCallum sagte freundlich: »Sie sind ziemlich schwer verwundet, wie Sie wissen; würden Sie eine Chance nutzen, hier herauszukommen?«

Linton war einverstanden. Gab es eine Möglichkeit zum Ausbruch, wollte er sie wahrnehmen. Er schluckte sogar die Morphiumtabletten, von denen McCallum ihm sagte, sie linderten die ersten Schmerzen.

McCallum bat nun um einen Freiwilligen vom Bataillonsstab, der den Dreivierteltonner fahren sollte. Er erläuterte seinen Plan. Die Deutschen waren jetzt noch hundert Meter entfernt. Das Auto sollte die paar Verwundeten, die es bis hierher geschafft hatten, zur nächsten Verwundetensammelstelle bringen. Schwierig war nur eins: es ging geradeswegs durch die deutschen Linien.

Er erklärte dem Fahrer: »Die Deutschen haben von beiden Seiten Einsicht auf die Straße. Eine Chance haben Sie nur dann, wenn Sie schneller weg sind als die merken, was gespielt wird.« McCallum meinte, der Motor solle auf Hochtouren laufen, bevor die Hoftür aufgestoßen würde.

Es mußte nun rasch gehen. Der Dreivierteltonner wurde hinten mit Decken ausgelegt, dann wurde Linton hineingehoben, und neben ihn wurde der Gefreite Hawkins gesetzt, der eine Armverwundung hatte. Er sollte Linton helfen, falls der in den Kurven herumgeschleudert wurde. Ein Offizier vom Transportzug mit einer Bauchverletzung wurde neben den Fahrer gebettet.

Die Krankenträger stellten sich an das große, zweiflügelige Tor. »Du hast es auf alle Fälle geschafft«, sagte einer zu Linton. »So oder so gehst du heim nach England.« McCallum sagte: »Mach's gut, Linton. Ich wünsche eine angenehme Überfahrt.« Der Motor dröhnte, McCallum rief: »Fertig? Ab!«

Das grüne Hoftor flog auf, die Krankenträger sprangen zurück. Als der Fahrer plötzlich kuppelte, schoß das Fahrzeug wie ein Pfeil vorwärts, so daß es Linton vom Boden hob. Sie jagten die gepflasterte Anfahrt hinab, und Linton dachte eine Schrecksekunde lang, der Wagen müsse umstürzen. Aber der Fahrer brachte es fertig, dagegenzusteuern. Er konnte den Wagen halten und — sie waren durch.

Die Deutschen kamen von beiden Seiten auf die Straße zu und konnten nicht schießen, ohne sich gegenseitig zu gefährden.

In England vollzog sich etwas wie ein allmähliches Mündigwerden. Überall bereiteten sich Männer und Frauen darauf vor, neue Lasten auf sich zu nehmen; doch nur wenige konnten sich vorstellen, was für Lasten.

Charles Jackson und zehn mutige Freiwillige vom Roten Kreuz in Gravesend hörten von einem Noteinsatz nach Frankreich. Ein rasches Boot sei da, sie und eine Menge Verbandsmaterial hinüberzubringen. Der Freiwillige Arthur Purves bezahlte seine Wetten beim Buchmacher im voraus — man konnte nie wissen. Aber die meisten waren optimistisch. Als Jackson und die anderen themseabwärts starteten, gab ihnen der Kolonnenführer Harry Fletcher einige Pfundnoten: »Falls ihr knapp bei Kasse seid. Ihr werdet einen trinken wollen, wenn ihr da drüben fertig seid.«

Manche redeten sich buchstäblich selbst in die Unternehmen hinein. Die Besatzung des Motorschiffes »Bee«, eines Siebzigtonners der Pickford-Linie, erfuhr in Portsmouth, sie solle von der Navy übernommen werden. Aber der Schiffsingenieur Fred Reynard, ein lebhafter kleiner Kerl, war anderer Ansicht. Er stritt sich mit der Marinestreife am Dock solange, bis eine Stimme über die Sprechanlage krächzend fragte: »Worum geht der Streit?« Gleich darauf stand Reynard vor Admiral Sir William »Bubbles« James, dem Oberkommandierenden in Portsmouth.

Der Admiral erklärte kurz, die Offiziere der Navy übernähmen das Schiff für einen gewagten Einsatz. Doch Fred blieb widerspenstig. »Verzeihung, Sir, aber was verstehen Ihre jungen Herren schon von schwedischen Maschinen? Ich bediene sie schon seit 1912.«

Der Admiral blieb voller Zweifel. »Wir können Ihnen nicht garantieren, daß Sie zurückkommen. Andererseits können wir auch nicht dafür garantieren, daß Sie nicht zurückkommen. Haben Sie schon einmal im Feuer gestanden?« Fred hatte den ersten Weltkrieg mitgemacht. Er sagte: »Haben Sie schon einmal etwas von Gallipoli gehört?«

James wäre nicht Admiral geworden, wenn er nicht gewußt hätte, wann es zu kapitulieren galt. »Gut. Ich gebe Ihnen einen Marineoffizier mit, der sich um die Navigation kümmern wird. Aber wie steht es mit Ihrer Besatzung?« Reynard antwortete schlicht: »Die gehen hin, wo ich hingehe.« Und als er zur »Bee« zurückkehrte, erklärte er dem Kapitän Trowbridge: »Wir hauen nach Frankreich ab.«

Trowbridge ging, was verständlich ist, in die Luft. »Was redest du für einen Unsinn?« Die Besatzung der »Bee«, genau besehen eine Gruppe von Transportarbeitern, hatte nie ein größeres Gewässer befahren als den sechs Kilometer breiten Arm zwischen Portsmouth und der Insel Wight. Aber Fred hörte ihm nicht zu. Für fünf Tage mußte Verpflegung eingeholt werden, die Maschinen mußten nachgesehen werden, und Oberleutnant zur See Kingdall, ihr Navigationsoffizier, konnte jeden Augenblick an Bord kommen.

Andere erfuhren es dramatischer. Angesichts des Towers stand Kapitän Lemon Webb am Steuer der »Tollesbury« und kniff gegen die Nachmittagssonne die Augen zu, als der alte Leichter mit der gemächlichen Geschwindigkeit von vier Knoten themseaufwärts fuhr. Die 33 Meter lange »Tollesbury« hatte ihre rostfarbenen Segel gesetzt, um die schwache Brise aufzufangen, und sah mit ihrer grüngestrichenen Eisenkonstruktion, die malerisch zu ihren himmelblauen Deckaufbauten kontrastierte, so aus wie immer. Sie war ein friedlicher Rest einer geruhsameren Zeit.

Lemon Webb sah aus wie ein Stück seines Leichters. Das war kein Zufall. Der zweiundsechzig Jahre alte Webb war ein stiller, rotbäckiger Veteran mit blinzelnden blauen Augen und einem zerknautschten weichen Filzhut auf dem Kopf. Er war Zeit seines Lebens mit der Themse verbunden. Mit zwölf Jahren wurde er Matrose auf seines Vaters Leichter »Why Not«, und als er einundzwanzig wurde, war er selbst Kapitän.

Die »Tollesbury« war ein Getreideschiff mit einhundertvierzig Tonnen und gehörte R. und W. Paul in Ipswich. Manchmal war sie bis nach Antwerpen gesegelt. Aber in den letzten fünfzig Jahren regelte sich Webbs Leben meistens nach Ebbe und Flut auf der Themse. Von Ipswich ging es nach Erith (neunzehn Kilometer östlich London) an die Cory's Mole, dort wurde die Fracht, Weizen und Mais, abgeladen, es wurde auf neue Ladung gewartet, und dann ging es zurück nach Ipswich und oberhalb des Flusses Orwell in das kleine Landhaus mit seinem Garten, einer Farbsymphonie von Webbs Lieblingsblumen, Rosen und Gartenwicken.

Plötzlich steuerte zum Erstaunen des alten Kapitäns eine Marinebarkasse entschlossen über den glitzernden Strom auf ihn zu. Die Befehle, die ihm durch ein Megaphon zugebrüllt wurden, waren klar: »Fahren Sie zur Cory's Mole in Erith. Sie haften für die Ausführung.«

Eine zustimmende Handbewegung, und dann wechselte Webb mit dem Maat Edward Gunn und dem neunzehnjährigen Matrosen Percy Scott einige verwunderte Worte. Doch im nächsten Augenblick hatte er das abgeschüttelt. Er meinte, Leute in Uniform kämen sich nun einmal wichtig vor, und wahrscheinlich gab es gar nichts Besonderes.

An der Mole von Erith schien es Webb nicht mehr so. Zusammen mit anderen Leichtern, die Webb gut kannte — der »Royalty« unter Kapitän Harold Miller, der »Doris« unter seinem Schwager Fred Finbow, der »Barbara Jean« seines Neffen Charlie, der »Ena« und anderen —, sollte die »Tollesbury« vertäuen. Bald würde sie ein Schleppdampfer ins Dockbassin von Tilbury schleppen, wo sie weiteres erfahren würden. Inzwischen durfte niemand über die Dockanlagen hinausgehen.

Es war ein Bild für einen Maler. Die Leichter mit ihren rotbraunen Segeln, deren Sprietsegel (*Sprietsegel* = Stange, die diagonal in das Segel eines Bootes gesteckt wird und es ausspannt) himmelwärts ragten, die alten Männer, die am Kai aufgeregt ihre Vermutungen austauschten, in ihren verwitterten Rollkragenpullovern und die Sonne, die sich im öligen Wasser spiegelte.

Alle außer Lemon Webb fachsimpelten — er spekulierte nicht. Er hatte vor zwei Tagen gesehen, wie Motorbarkassen lange Reihen von Jachten und Kuttern flußabwärts zogen, und hatte sich ihren Bestimmungsort gedacht. Nun fügte er sich in sein Schicksal. Trotz der Befehle ging er ruhig durch die

Tore des Docks zum nächsten Postamt und schrieb eine Postkarte an seine Frau Mabel in Ipswich, Cliff Lane 133.

Seine Mitteilung war kurz: »Abkommandiert. Fürchte: Dünkirchen. Alles Liebe. Lemon.«

Kapitän Lemon Webb hatte es im landläufigen Sinn gemeint, aber für Furcht lag Grund vor. Im deutschen Lager sah es in diesem Augenblick verhängnisvoll für Dünkirchen aus.

Die Auseinandersetzung in den höchsten Heeresdienststellen und die Verfeindung führender Männer hatten inzwischen drei Tage gedauert. Oberst Günther Blumentritt, der erste Generalstabsoffizier von Rundstedts, versetzte von Charleville aus Kluges 4. Armee einen Hieb, der saß. Sie schien überhaupt nicht voranzukommen. In Wormhoudt, Cassel und Hazebrouck hatten die Engländer verbissen gekämpft. Oberst Anton Brennecke, Kluges Stabschef, kam den Männern sofort zu Hilfe. Wie konnte man den Panzern die Schuld geben, wenn sie an einem Tag zurückgehalten und am nächsten vorangetrieben wurden? Dazu kam noch das Gerede über die Offensive im Süden, das ihre Aufmerksamkeit von der gestellten Aufgabe ablenkte. Der Führer sollte den »Plan Rot« zurückstellen und rasch auf Dünkirchen vorstoßen, egal was es koste.

Brennecke murrte in seinem Hauptquartier, dem Schloß »Bonne Etable« in Béthune: »Die Franzosen sagen: Order — Gegenorder = Mißorder. Und das haben wir jetzt bei uns.«

Zu dieser Lage hatte Brennecke noch einige bittere Wahrheiten für den Chef des Stabes der Panzergruppe Kleist, Oberst Kurt Zeitzler, bereit: »Es besteht der Eindruck, daß heute überhaupt nichts geschieht und daß Dünkirchen niemanden mehr interessiert.« Brennecke ging noch weiter: Stadt und Hafen müßten bombardiert, die Einschiffung zum Stillstand gebracht und eine Panik hervorgerufen werden.

Nun war es an Zeitzler, sich zu entschuldigen. Es sei ihnen verboten gewesen, die Panzer in Küstennähe einzusetzen. Sollte Kleists Gruppe jetzt angreifen, dann brauche sie die

Unterstützung der 6. Armee, aber die verhätschelte Infanterie habe Kampfpause. Schließlich übernahm General von Kluge Brenneckes Rezept und befahl Kleist: »Gehen Sie mit allen verfügbaren Einheiten sofort in Richtung auf die Küste östlich von Dünkirchen vor! Erreichen Sie unbedingt heute noch die Küste!«

Dann griff das Armee-Oberkommando mit einem abschließenden Befehl ein. Von Freitag, dem 31. Mai, 2 Uhr morgens an hatte die 18. Armee, die Armeegruppe von Bock — sechs Infanterie-Divisionen mit motorisierter Unterstützung — die Dünkirchen-Stellung zu übernehmen. Rundstedt und Hitler hatten schließlich doch die Oberhand behalten: die Masse der Panzer sollte nach Süden rollen.

Als General Franz Halder in Münstereifel das hörte, machte er einen letzten — vergeblichen — Versuch. Er bedrängte den Oberbefehlshaber von Brauchitsch: »Es ist besser, Panzer zu verlieren und einen Tag zu gewinnen, als alle Panzer zu behalten und vierzehn Tage zu verlieren.«

Aber Brauchitsch hatte bezeichnenderweise seinen Widerstand aufgegeben, er wünschte keine demütigenden Machtproben mit dem Führer mehr. Er vertröstete Halder. Zusammen mit dem Führer habe er einige nützliche taktische Einfälle für die Infanterie des Generalobersten von Bock ausgearbeitet. Vielleicht konnten Infanterieeinheiten von der See her im Rücken der Engländer landen oder das Chaos könnte vergrößert werden, indem Flak-Granaten mit Zeitzünder in die Dünung geschossen würden. Halder hörte ihm in steinernem Schweigen zu: Er wußte, dieses Schwanken würde einen ungeheuerlichen Preis kosten.

Solche Zweifel allerdings plagten den Baron von Richthofen nicht. Jeden Morgen hatte er in seinem Hauptquartier in St. Pol unter einem ständigen Fluß Göringscher Kritik zu leiden gehabt. Warum griff sein 8. Fliegerkorps Dünkirchen nicht so an, wie es befohlen war? Aber Richthofen, sonst nicht dafür bekannt, seine Männer und seine Flugzeuge zu schonen, blieb fest. Die Wolkendecke war auf hundert Meter heruntergegangen, seine Flieger hatten keine Chance. Verstimmt notierte er in sein Tagebuch: »Der Oberbefehlshaber der Luftwaffe ist wegen Dünkirchen nervös.«

Um 14 Uhr kam dann die ersehnte Nachricht. Aufklärungsflugzeuge meldeten, der Himmel über dem Kanal kläre sich rasch auf. Nun stand nichts mehr zwischen Dünkirchen und Richthofens 180 Sturzkampfbombern.

Rasch wurden die Befehle durchgegeben. Major Oscar Dinort, der Kommodore des 2. Stuka-Geschwaders, hob in einem umgebauten Bananen-Fernlaster am Rande des Feldflughafens Beaulieu das Feldtelefon ab und nahm ruhig die Mitteilung des Chefs des Stabes, Seidemann, entgegen: »Alles fertigmachen für Dünkirchen!«

Dinort rief sofort seine drei Gruppenkommandeure an: »Zum Befehlsempfang in meinen Wagen!«

Seine Ruhe wie auch seine Unterkunft waren typisch für ihn. Andere Offiziere wohnten in festen Quartieren außerhalb, aber Dinort, ein nachdenklicher neununddreißigjähriger Mann mit einer Adlernase, entfernte sich selten aus seinem Dienstbereich. Der Lastwagen mit Anhänger hatte ihm nun drei Wochen als Quartier und Befehlsstand gedient. Er war ein überzeugter Katholik, rauchte und trank nicht und sollte als erster Stuka-Flieger die begehrteste Auszeichnung der Wehrmacht bekommen, das Eichenlaub zum Ritterkreuz.

Als die Kommandeure in den Wagen kletterten, empfing Dinort sie mit einem Blick, der seine Zuneigung verriet ... Hauptmann Hubertus Hitschold, der wie immer seinen Skye-Terrier unter den Arm geklemmt hatte ... der ruhige, zuverlässige Hauptmann Lothar ... sie waren nun schon so lange bei Dinort, daß er sie »alte Enten« nannte, Männer, die er immer noch mitnehmen würde, wenn das Wetter zu trübe war, um das Leben eines Neulings zu riskieren.

Dinort blickte kaum auf die Karte, als sie sich zu einer kurzen Besprechung über den Befehlstisch beugten. In den wenigen Wochen hatten sie die Kanalküste zur Genüge kennengelernt. Sie würden sich in die Zerstörung des Hafens genauso teilen, wie sie sich in die einjährige Feuertaufe der Stuka-Schule Graz vor dem Krieg geteilt hatten ... Leg deine Bombe in einen Kreis von 150 Metern Durchmesser oder drehe ab ... unternimm Sturzflug um Sturzflug auf feuernde Flakstellungen ... biete deine ganze Körperkraft gegen einen Raum auf, der erst leer von Luftdruck und dann prall voll Luftdruck ist.

In ihrer gemeinsamen Zeit hatten sie Dutzende erlebt, die versetzt werden mußten, wenn sie vom ersten Sturzflug aus der vorgeschriebenen Höhe von sechstausend Metern zurückkamen, Männer mit schwachen Mägen, die sich übergaben, wenn sie aus der Kanzel stiegen, Männer mit schwachen Nerven, denen Darm und Blase zugleich versagte.

Dinort ging systematisch die einzelnen Punkte durch. Start um 16.45 Uhr mit der zweiten Welle. Gegen 17 Uhr würden sie Dünkirchen erreichen; das ließ den Gruppenkommandanten noch genügend Zeit, ihre Staffeln einzuweisen. Das Ziel: Schiffe. Je größer, desto besser.

Ernst sagte Dinort: »Angeblich ist eine Menge kleiner Schiffe unterwegs. Laßt sie. Wir sind hinter den großen her, die die meisten Truppen an Bord haben.«

Dann zuckte er die Schultern und fügte hinzu: »Wir führen keinen Krieg mit Glacéhandschuhen.«

Als Katholik, dessen Glaubensgrundsätze dem Allerobersten der Luftwaffe ein Dorn im Auge waren, hatte sich Dinort lange und still mit seinem Gewissen über die Frage auseinandergesetzt: wie ließen sich religiöse Überzeugung und totaler Luftkrieg vereinen? Auch die Feldgeistlichen der Luftwaffe konnten ihm dabei nicht mehr helfen, und er wollte schon aufgeben. Schließlich löste er seine Skrupel mit einem Wort von Luther: Der Mensch hat den Befehlen seiner Obrigkeit zu folgen, wenn sie nicht den Geboten der Bibel widersprechen — und das wird er nur selten beurteilen können.

Seitdem Dinort mit seinen Zweifeln ins reine gekommen war, erwiesen ihm seine Gruppenkommandeure eine Anhänglichkeit, wie sie sie kaum anderen erwiesen hätten. Der Mann hatte den Mut eines Löwen. Sonst hätte er sich nicht immer wieder wegen seiner Besatzungen mit Richthofen angelegt, wenn ihm ein Auftrag selbstmörderisch zu sein schien.

Technische Einzelheiten wurden besprochen. Flughöhe, wie meist, 5500 Meter. Die Sturzflughöhe sollte über dem Ziel festgelegt werden. Marschgeschwindigkeit 280 Kilometer. Die schwerste der fünf Stuka-Bomben, die Zweihundertfünfzig-Kilo-Bombe, war zuerst auf das lohnendste Ziel zu werfen. Die vier Siebzig-Kilo-Bomben waren beim zweiten Anflug abzuwerfen.

Mit ihrem Geleitschutz, dem ersten Jagdgeschwader des Generals Osterkamp, würden sie sich westlich Dünkirchen dicht bei Mardyck treffen.

Dann fragte Dinort: »Wie steht es mit den Besatzungen? Gibt es Schwierigkeiten?« Als alle die Köpfe schüttelten, warnte er: »Nun, paßt auf sie auf. Ihr wißt, was ich meine!«

Er brauchte es keinem zu sagen. Jedesmal, wenn ein Stuka-Pilot im Sturzflug herunterging, starb er etwas. Und täglich wurde die Belastung größer. Die Piloten konnten den Verstand verlieren und im Todessturz ihre Maschine in die Erde bohren, um alles zu beenden. Bordschützen konnten, ohne ein Wort zu sagen, abspringen. Feiglinge konnten sich aus dem Verband entfernen und schmählich den Heimflug antreten.

Als die Besprechung beendet war, gab Dinort ihnen, wie immer vor dem Flug, seinen »Segen«. »Tote Soldaten kämpfen nicht. Also verkauft euer Leben teuer und denkt daran: kein Haar fällt von eurem Kopf, wenn es nicht Gottes Wille ist.«

Er sah auf die Uhr. Bis zum Umziehen waren noch vierzig Minuten Zeit, also noch Zeit für den vernachlässigten Papierkrieg. Er verspürte keine Angst, als er sich an seinem Tisch niederließ. Er glaubte zutiefst, Gott werde ihn vor den britischen Jägern und der Flak beschützen.

Ein Gedanke ging ihm durch den Kopf: Der heutige Tag ist ein Markstein. Wir haben bis jetzt noch nie ein Schiffsziel angegriffen.

Der Stab des Kapitäns zur See William Tennant in Dünkirchen hatte schwere Sorgen. Nur 17 800 Mann waren in den letzten vierundzwanzig Stunden abtransportiert worden — knappe 25 400 seit der Ankunft von Tennant und seinem Stab.

Tennant hatte schon Verbesserungen erreicht, aber das Tempo war immer noch verzweifelt langsam. An der Ost-Mole erschwerte die Differenz von 4,5 Metern zwischen Ebbe und Flut den Truppen den raschen Übergang auf die Schiffe. Man mußte sich Neues einfallen lassen ... der Zerstörer »Icarus« benutzte Torlatten vom Wasser-Polo als Gehplanken, das Lazarettschiff »St. David« behalf sich mit dem Gerüst, das sonst dem Anstrich des Schornsteins diente.

Einige Schiffe überboten ihr eigenes Fassungsvermögen. Als Kapitänleutnant R. C. Watkin vom Zerstörer »Winchelsea« an Land sprang, sagte er zum Pier-Meister Jack Clouston: »Wir können vierhundert Mann aufnehmen.« Clouston antwortete: »Wenn Sie tausend haben, kommen Sie wieder und melden es mir.« Zu Watkins ewiger Verwunderung preßten sich die tausend Tommies irgendwie zusammen.

Heute hatten Tennants Männer wegen der Brandung die Schiffe nicht vor Tagesanbruch vollbeladen abfertigen können. Den ganzen Morgen hatte Fregattenkapitän Hector Richardson jede Viertelstunde tausend Mann an die Mole geschickt.

Ramsay tat in Dover, was er konnte. Das wußte Tennant. Jeder verfügbare Zerstörer, den die Admiralität stellen konnte, wurde nach Dünkirchen geschickt. In der eben vergangenen Nacht hatten sich über siebzig Schiffe — Zerstörer, Minenräumboote und Schuten* — in dem 14 Kilometer langen Küstenabschnitt von Dünkirchen bis La Panne aneinandergereiht. Doch noch immer bestand ein verzweifelter Mangel an kleinen Schiffen für den Zubringerdienst an der Küste.

Nach Tragödien wie der der »Queen of the Channel«, des ersten Schiffes, das die Ost-Mole angelaufen hatte und kurz

* Schuten sind breitgebaute, flache Leichter-Fahrzeuge, die insbesondere in der Küstenschiffahrt verwendet werden.

danach mit neunhundertfünfzig Mann an Bord versenkt worden war, hatte Ramsay entschieden, leichtbewaffnete Schiffe wie die Kanalfähre »Canterbury« dürften nur nach Einbruch der Dunkelheit operieren. Aber nun kam es entscheidend auf Zeitgewinn an. Es mußte nun etwas gewagt werden.

Jetzt lagen elf Schiffe am offenen Ende der Ost-Mole, während die französischen Zerstörer »Mistral«, »Siroco« und »Cyclone« im Innenhafen lagen. Die Evakuierung der französischen Truppen hatte gerade begonnen. Die küstennahen Gewässer, glatt vor Öl und durchsetzt mit Strandgut und aufgedunsenen toten Soldaten, wimmelten von Zerstörern, Fährschiffen und Tankern.

Kurz vor 16 Uhr, als gerade das alte Dampfschiff »Loch Garry« den Hafen verließ, verfinsterte sich der Himmel im Westen. Die Männer an der Küste hatten einen Ausblick wie von einer Tribüne. Der Gefreite Arthur Yendall von »The King's Own Royal Regiment« dachte an einen Teich im Frühjahr, der so von Kaulquappen wimmelte, daß man das Wasser nicht mehr sehen konnte. Näher gegen Dünkirchen verfinsterte sich der Himmel noch mehr. Alle hielten den Atem an. In Minuten wuchsen die Bomber der ersten Welle Richthofens zu einer schweren Wolke an, die sich zwischen See und Sonne schob. Als sie, die Sonne im Rücken, tieferkamen, dachte Oberleutnant zur See John Crosby auf der »Oriole« an schwarze Wespen, die vom Himmel stürzten.

Sie kamen tiefer und tiefer — so tief, daß der Gefreite Charles Ginnever in der Dünung von Braye einen Stuka ruhig wie einen ausgestreckten Arm über einem Schiff schweben sah, wobei er seine Bomben sauber in den Schornstein fallen ließ. Sekundenschnell wichen die Stukas dem Pilz aus Feuer und Rauch aus und kamen noch tiefer herunter. Das Wasser des Kanals perlte im Sonnenlicht auf ihren Flügeln. Ihre Flugkunst begeisterte Ginnever so, daß er vergaß, wo er war. Er brach in Beifall aus: »Man muß es euch lassen, ihr seid die besten, ihr seid Auslese.«

Auf dem Küstendampfer »Bullfinch« sah Kanonier Jack Saunders eine andere Maschine so knapp am Mastkorb vorbeifliegen, daß er in das Gesicht des Piloten sah. »Es sah aus wie eine Maske.« Das Kreischen der Kinderspielzeugpfeifen des Herrn von Richthofen machte das Herz stocken. Dem Maat Charles Chaplin auf der »Winchelsea« schien es, als »rissen die Stukas ein Loch in den Himmel.« Der Heizer Arthur Rozier im Maschinenraum der »Codrington« sprach für alle anderen die Meinung über diesen Angriff mit den Worten aus: »Hinein in die Hölle und wieder hinaus.«

Nun kippten die Stukas nach vorn und zogen sich in weit ausgedehntem Sturzflug fächerförmig auseinander — über die ganze Breite der 14 Kilometer langen Wasserfläche von Dünkirchen bis La Panne. Plötzlich verschmolzen alle Geräusche in ein ohrenbetäubendes Crescendo: das wuchtige Röhren der 109-Millimeter-Geschütze der Zerstörer, der metallische Schlag einer Bofors, das Pfeifen der Bomben, das Hämmern der »Chikagoklaviere«, der Vickers-Geschütze, die zweitausend 17,7-Millimeter-Geschosse in der Minute abgaben. Oberleutnant zur See Guillanton auf der »Mistral« konnte sich nicht mehr verständlich machen, jeden Befehl mußten Melder übermitteln.

Am schlimmsten war es für die Schiffe an der Ostmole. Eng gedrängt wie Vergnügungsdampfer am Pier hatten sie überhaupt keine Chance. Der Erste Offizier Herbert Bidle auf dem alten Fischdampfer »Brock« sah mit angehaltenem Atem, wie Bomben auf dem danebenliegenden Fischdampfer »Polly Johnson« die Geschützbesatzung auslöschten, die gerade ihre Geschütze zum ersten Schuß auf den Feind reinigte, und wie der Erste Offizier Jermyn Greengrass von seinem eigenen Deck auf die Brücke der »Brock« geschleudert wurde. Eine Seite seiner Uniform war weggefetzt und die Haut bis auf das rohe Fleisch aufgerissen. Matrosen und Ärzte eilten zur Hilfe herbei, und Bidle beugte sich mit einer Zigarette zu ihm hinunter, um ihn aufzumuntern: »Kopf hoch, Junge, wir sind noch nicht tot.«

Das stimmte, aber dafür war auch noch Zeit. Auf dem Fischdampfer »Calvi« rauschte eine Bombe in den Entlüftungsschacht. Der Kapitän Bertie Spindler wurde über die Brücke geschleudert, und der Vordersteven der »Calvi« schnitt das Heck der »Brock« sauber ab. Spindler behielt sein Gleichgewicht und auch seinen kühlen Kopf. Er zündete einen ölgetränkten Lappen an, um die geheime Anweisung für das Minenräumen zu verbrennen. Die »Calvi« sank in wenigen Minuten, Spindler und seine Besatzung kletterten an Bord der danebenliegenden »John Cattling«. Die Kriegsflagge mit dem roten Kreuz auf weißem Grund flatterte noch in letztem Trotz, als Masten und Schornstein der »Calvi« aus dem Wasser ragten.

Auch die Armee trotzte. Hauptmann Bernard Lockey, der Führer der Truppen auf der »Canterbury«, sah, wie weiterhin enggeschlossene Dreierreihen über die Ostmole kamen. Hilflos sah er zu, wie Mann um Mann in Fetzen gerissen wurde. Auch wer an Bord kam, schaffte es nur um Haaresbreite. Die Bombe, die hinter Brigadegeneral Georg Sutton explodierte, war der Tod für den Mann hinter ihm. Sutton kroch in den Salon der »Canterbury«, und schon fuhr von der nächsten Bombe ein Wirbelwind von Steinen und Staub durch das Loch an Steuerbord.

Die Zerstörer waren schwerer bewaffnet als die Fischdampfer, sie hatten 119-Millimeter-Geschütze statt der einschüssigen 7,62-Zentimeter-Geschütze der Fischdampfer, aber heute war niemand immun. Der Erste Offizier Bidle auf der »Brock« klebte noch immer am Geländer der Brücke, nachdem er seinen Freund Greengrass auf den Zerstörer »Grenade« hatte bringen lassen. Die Stukas griffen nun unter ohrenbetäubendem Lärm die »Grenade« an und landeten drei Bomben, von denen eine genau in den Schornstein fiel.

Gleich boten die Decks des Zerstörers ein Bild aus einem Alptraum ... Matrosen taumelten über den schlüpfrigen Belag aus Blut und Öl ... ein Halbwüchsiger schrie im untersten Schiffsraum nach seiner Mutter ... ein Soldat, der, als er ins

Wasser sprang, rief: »Wenn ihr sonst nichts zu bieten habt, das könnt ihr behalten.« In diesem Augenblick drehte sich zu Bidles Entsetzen die »Grenade« herum und bohrte sich, vom Heck bis zum Bug wie brennendes Fichtenholz lodernd, in die »Brock«.

Wieder einmal retteten die Männer des Kapitäns zur See Tennant die Lage. Ruhig befahl Fregattenkapitän Jack Clouston, brüllend, um sich in dem Lärm verständlich zu machen, einem Fischdampfer, den Zerstörer ins Schlepp zu nehmen. Denn die Vertäuung der »Grenade« war zerrissen, und langsam glitt das Schiff wie bei einem Wikinger-Begräbnis grausig erhaben in das Fahrwasser, wo sie nicht mehr unter Kontrolle war. Sekundenlang schien sicher, daß der Zerstörer sinken, die Fahrrinne zur Hafeneinfahrt blockieren und die ganze Evakuierung stillegen würde.

Der Fischdampfer schaffte es, aber nur eben noch. Im nächsten Augenblick geriet das Magazin der »Grenade« in Brand, und mit einer unsagbaren Wucht flogen tausend Schuß Geschützmunition himmelhoch. Kapitänleutnant Robert Bill, am Kai in Deckung, sah ihren grünüberwachsenen Leib schimmern und dachte sinnlos: war sie nicht eben noch im Hafen?

Generalleutnant Alan Brooke sah die Explosion in La Panne, fünfzehn Kilometer küstenaufwärts: »Eine riesige Rauchsäule wie von einer Atombombe und dann ein Trümmerregen.«

Aber die »Grenade« schwamm noch immer. Der Besatzung des bewaffneten Wohnschiffes »King Orry« schienen ihre Planken noch unterhalb der Wasserlinie in Flammen zu stehen. Wenige Augenblicke später war die »King Orry« an der Reihe. Eine Bombe durchschlug ihr Heck, riß das Steuerruder weg, und sie trieb, sich zur Seite neigend, hilflos dahin. Dann riß der Plankengang an ihrer Steuerbordseite unter dem unerträglichen Knirschen von Stahl auf Stein ein klaffendes Loch in die Ostmole.

Der lange Wellenbrecher, die Hoffnung Tennants, war außer Gefecht. Die Verbindung zwischen dem landeinwärts gelegenen Ende der Mole und dem Ende, an dem die Schiffe anlegten, war abgeschnitten.

Dem Kapitänleutnant Jonathan Lee auf der »Orry« bot sich ein entsetzliches Bild ... der Hafen übersät mit brennenden Wracks ... das Wasser kam der Brücke näher und näher, als sich das Schiff kraftlos nach Steuerbord neigte ... ein Steward hatte unter den Bomben den Verstand verloren und kehrte in der Messe unaufhörlich Glasscherben zusammen. Als das Wasser die Brücke umspülte, sprang Lee vom Heck ins Wasser. Trümmer gerieten in die Pfeifenleitung, und die Pfeife stöhnte erbärmlich wie ein sterbendes Wesen, als die »King Orry« versank.

Anderen Schiffen ging es nicht anders. Auf S. M. S. »Jaguar«, die gerade abgefahren war, hatte ein Matrose dem Funker William Brown ein Stück Butterbrot gegeben und ihm versichert: »Heute abend um 5 Uhr bist du in London«, als ein Stuka wie ein Kamikaze-Flieger direkt auf sie herunterstieß und eine Gruppe von Offizieren und Mannschaften tötete, die sich entgegen dem Befehl auf die offenen Verdecke gedrängt hatten. Korvettenkapitän »Beppo« Hine befahl auf der Brücke, während ihm das Blut über das Gesicht lief, mit Haß in der Stimme: »Die dreckigen Bastarde! Verlaßt das Schiff!«

Angst überspülte die Küsten. Tausende, die Gorts Politik der »nutzlosen Mäuler« vor der Wirklichkeit des Krieges bewahrt hatte, sahen nun Dinge, die über ihren Verstand gingen. Manche wurden dabei wahnsinnig. Der Gefreite Walter Allington, der große freundliche Mann, der jedem helfen wollte, wie er dem belgischen Krüppel geholfen hatte, war erschüttert. Er konnte nichts für den Mann tun, der nur mit einem Lendentuch bekleidet im Kreis herumrannte und erklärte, er sei Mahatma Gandhi. Und in Braye Dunes erstarrte die kleine Gruppe des Feldwebels Sidney Tindle vor Schreck, als sie sah, wie ihr Führer furchtsam um sich blickte und zitterte. Die Furcht und die Last der Verantwortung waren für ihn zu schwer. Über Nacht war sein Haar weiß geworden.

Viele verloren die Kraft, sich vom Fleck zu rühren. Der Gefreite Georges Hill von den Lincolns lag über eine Stunde regungslos platt auf dem Gesicht. Er hatte Sand in den Ohren und in der Nase, seine Lippen waren sandverkrustet, aber wirr glaubte er, die Stukas würden ihn, wenn er regungslos dalag, für tot halten und nicht mit MG-Feuer bestreichen. Der Gefreite Charles Fenton lag mit geschlossenen Augen da und fühlte sich in einer Welt voll abgründiger Geräusche, in der Flugzeuge wie riesige Adler in einen geschlossenen Raum stießen. Diese Zwangsvorstellung bedrückte ihn noch zwanzig Jahre lang, ob er wachte oder schlief. Als der Sand unter den Bombeneinschlägen erbebte und die Männer erstickte, die sich zu tief eingegraben hatten, sah der Kraftfahrer Ernest Holdsworth, wie Feldwebel ihre Gewehre wegwarfen, wie Männer wie wahnsinnig im Kreise herumrannten und Kinderteddybären an sich preßten, wie Offiziere hysterisch heulten. Eine Hölle von Flammen hüllte den Hafen ein. Flüssiges Metall tropfte von den zerschmetterten Kränen, ein Feldwebel, der auf einer Motorhaube stand, schwang eine Axt und schrie: »Kommt herunter und kämpft fair, ihr elenden Bastarde!« Ein Mann rannte wild durch die Dünen und rief als armer Sünder: »Herr, hab Erbarmen mit uns, Christ, hab Erbarmen!«

Fontänen von grauweißem Wasser stiegen über dreißig Meter hoch, und die Männer im hellen Sonnenlicht schrien.

Selbst das tapferste Herz konnte verzagen. Generalleutnant Brooke sah an der Küste von La Panne entsetzt, wie etwas wie menschliche Körper mit dem Sand hochgewirbelt wurde. Als er in einer kurzen Kampfpause zur Küste geeilt war, atmete er auf. Der weiche Sand hatte die Hauptwucht der Explosion verschluckt. Die Leichen in der Luft waren nur weggeworfene Militärmäntel.

Auch Major Oscar Dinort atmete auf. Um 17 Uhr näherten seine Stukas sich mit einer gleichmäßigen Marschgeschwindigkeit von 280 km/h rasch der Kanalküste. Bis jetzt waren die

Anzeichen gut. Hinter ihm flog die erste Welle des 2. Geschwaders, eine geschlossene Formation von dreißig Maschinen in Kampfaufstellung, jeweils drei Flugzeugbreiten voneinander entfernt. Alles war glatt gegangen. Kaum war auf dem Feldflughafen Beaulieu »Alarmstart« durchgegeben worden, da sah er auch schon wie eine Theaterbühne aus, wenn der Vorhang gefallen ist. Allerorts schleppte das Bodenpersonal die Tarnbäume und die Strohballen weg, die die olivgrünen Stukas Richthofens bedeckt hatten. Zwischen den Einsätzen sah der Feldflughafen wie irgendein anderer Bauernhof aus — und Dinort, ein Tarnfanatiker, flog täglich Aufklärungsflüge, um das zu überprüfen.

Dann hatte er das feierliche Abschiedszeremoniell gegeben, für das der Adjutant Hauptmann Ulitz vor jedem Einsatz sorgte. Die Piloten in ihren graugrünen Leinenkombinationen eilten zu ihren Maschinen, die gelb-weiße, mit Hakenkreuzen geschmückte Flagge des VIII. Fliegerkorps wurde über dem Rollfeld gehißt, und eine Ehrenwache präsentierte das Gewehr. Diese Szene panzerte Dinorts Herz.

Vor ihnen zerrte der Wind an einer trägen, schwarzen Rauchwolke über dem Horizont: Dünkirchen. Dinort fragte über die Bordverständigung seines Bordschützen, den blonden, strahlenden Hauptmann Müller: »Alles klar?«

»Alles klar, Herr Major!«

Im Westen versilberte die Sonne eine schwebende Formation von Flugzeugen, die Messerschmitt-Maschinen, die sich zum Jagdschutz bereitstellten. Dinort lächelte flüchtig. Er wußte, wie ungern deren Piloten zusammen mit Stukas in den Einsatz gingen. Die Sturzkampfbomber gingen für deren Geschmack zu nahe an die leichte Flak und die britischen Jäger heran. Er frotzelte sie oft: »Warum sie fürchten? Die Engländer wollen auch wieder nach Hause. Sie sind nicht mehr darauf aus wie wir, für ihr Vaterland zu sterben.«

Der Stuka zog brummend weiter. Wieder schaltete Dinort die Bordverständigung ein, doch dann sagte er nichts. Er sah die anderen Stukas im Einsatz, und ihre Treffer waren beachtlich ... die »Gracie Fields«, ein als Minensucher eingesetzter Raddampfer, trieb mit zerschlagener Steuerung in sinnlosen Kreisen mit sechs Knoten (1 Knoten = 1,85 km) Geschwindigkeit im Wasser, bis die »Pangbourne« seine Überlebenden aufnahm und er sank ... auf dem Frachtdampfer »Clan MacAlister« aus Glasgow, dem mit 6900 Tonnen größten in Dünkirchen eingesetzten Handelsschiff, war im Frachtraum Feuer ausgebrochen, die Aufbauten waren ausgebrannt, und das Unterdeck brach zusammen ... der Schornstein der »Fenella« war von Bomben zerrissen, der Maschinenraum zerschlagen, und große Steinbrocken der Mole rissen unterhalb ihrer Wasserlinie ihre Seite auf.

Dinort wußte nicht, daß die Engländer zwei Tage zuvor ihre schwere Flak zerstört hatten, aber das ganze sah nach einem Spaziergang aus.

Über Sprechfunk rief er Hauptmann Hubertus Hitschold, den Kommandeur seiner ersten Gruppe: »Achtung, Achtung — Adler an Condor, Adler an Condor — bitte kommen, bitte kommen.«

Störungen summten in seinen Kopfhörern, dann hörte er: »Condor an Adler — Condor an Adler — ich höre Sie.«

»Bleiben Sie auf Empfang«, befahl Dinort. Er hatte nur Sekunden Zeit für einen Überblick. Aber als er an Höhe verlor und in dreitausend Meter kreiste, war kühle Überlegung schwer. Er sah die See grau und runzlig wie den Rücken eines Nashorns, die Flak, die aus den Geschützen der Zerstörer weiße Wattewolken nach oben schickte, stürzende und kreisende Flugzeuge und die durcheinanderlaufenden Punkte von Männern auf dem hellen Sand wie wimmelnde Ameisen auf einem zerstörten Haufen. Der Anblick faszinierte ihn.

Mit Genugtuung erspähte er unmittelbar vor sich etwas, was seiner Meinung nach ein Zerstörer mit mindestens 1300 Tonnen war. »Adler an Condor — Adler an Condor«, rief er. »Kriegsschiff unmittelbar vor uns — beide Gruppen fertigmachen.« Er rief die Gruppe des Hauptmanns Lothar: »Bleiben Sie auf Empfang — warten Sie auf weitere Befehle.«

Dann kam Hitscholds ruhige Stimme: »Condor an Adler — verstanden — Ende.«

Dann war Dinort, wie immer in solchen Augenblicken, nicht mehr er selbst: er wurde eins mit seiner Maschine. Hinter ihm gingen, wie er wußte, die ersten drei Maschinen seiner Gruppe in Position, ihre Tragflächen bebten leicht und zeigten an, daß die Sturzflugbremsen offen waren.

Nun blieben noch fünfzehn Sekunden. In äußerster Spannung glitt Dinorts Hand von Hebel zu Hebel, um die Vorkehrungen für die Sicherheit des Piloten zu treffen. Sturzflugbremse lösen ... Bomben sichern ... Reflexvisier einstellen ... Schwanzruder für die Höhensteuerung einstellen ... Luftschraubenblätter einziehen, damit die Maschine volle Stromlinienform hat ... Gashebel zu ... Wasser- und Ölkühlung zu, denn der Sturzflug brachte allein schon die notwendige Kühlung.

Hastig schob er Watte zwischen Ohren und Kopfhörer, oft schien der Druck den Kopf zerreißen zu wollen. Er schluckte einmal unwillkürlich tief, um das Gefühl in den Ohren zu beseitigen, das ihm den Hals zusammenschnürte. Er rief zum letztenmal: »Achtung! Adler an Condor — Adler an Condor. Das Kriegsschiff direkt vor Ihnen — angreifen!« Dann preßte er den Knüppel nach vorn.

Er spürte, wie seine Maschine nach vorn abkippte und wie ein Falke in die Tiefe schoß. Dem Bordschützen Müller, der mit dem Gesicht nach rückwärts hinter ihm saß, kam es vor, als drehe sich der Himmel in einem wirbelnden Kreis um ihn. An den Knüppel gepreßt spürte Dinort, wie der Luftdruck ihn in den Sicherheitsgurt drückte. Dann fiel sein Sturzkampfbomber, die anderen hinter sich lassend, in einem Winkel von 70 Grad immer schneller, der Geschwindigkeitsmesser zuckte — 450 Kilometer — 465 Kilometer — 480 Kilometer — 500 Kilometer. Wie Furien stürzten sie sich auf den Zerstörer, und der Wind krallte sich mit einer Gewalt in ihre Tragflächen, die das dünne Aluminium verbogen hätte, wären nicht die rettenden Sturzflugbremsen gewesen.

Noch tiefer und noch schneller ... Dinort sah nun die ganze Szene plastisch vor sich ... die taubengraue Masse des Zerstörers, der mit 39 Knoten Geschwindigkeit im Zickzack fuhr, um auszuweichen ... weiße Flakwolken, die so rasch aufeinanderfolgten, daß ihm war, als tauche er in eine Milchstraße von Rauchringen. Automatisch eröffnete er das Feuer, und die beiden vorderen Maschinengewehre ballerten los. Er konnte nicht viel damit ausrichten, aber er hatte seinen Besatzungen eingebläut, es so zu machen. Wenn genug Flak- und Leuchtspurgeschosse herumwirbelten, wirkte das seltsam beruhigend. Man konnte die eigenen Geschosse nicht mehr von denen unterscheiden, die einem selbst galten.

Und plötzlich lief alles schief. In 500 Meter Höhe hätte er die Bombe ausklinken sollen, das Schiff bewegte sich zu rasch. Als er einschwenkte, wußte er, es war kein Spaziergang und er hatte sich im Anflugwinkel verschätzt. Ohne praktische Ausbildung an Schiffszielen hatten sie keine ernsthafte Chance. Flakfeuer schlug ihm entgegen und er drückte gerade noch rechtzeitig den Bombenknopf. Die Maschine ging ruckartig hoch, als die 250 kg hochbrisanter Sprengstoff fielen. Eine riesige Wassersäule stieg empor, aber er wußte nicht, ob er das Schiff getroffen hatte. Gleichzeitig sah er aus dem Augenwinkel, wie ein anderer Sturzkampfbomber auf die Wasseroberfläche aufschlug. Auch er hatte sich verschätzt — und zwar hoffnungslos.

Dann schlug ihm das Herz bis zum Halse, denn er schien als nächster an der Reihe. Auch er war zu tief, tödlich tief, tiefer als die Mastspitze des Zerstörers. Er sah Männer wie Spielzeugfiguren sinnlos auf dem eisernen Deck hin- und herrennen. Jetzt ist es soweit, dachte er, bei Gott, jetzt ist es soweit, ich komme nicht wieder hoch.

Trotz der Zwischenfälle war der Erfolg der Bomber grausig. Der Angriff um 17 Uhr hatte weitere Verheerungen angerichtet. Die »Normannia«, ein Schiff der Southern Railway, war in Mardyck, neun Kilometer westlich, bombardiert und auf Grund gesetzt worden, die »Lorina« sank mit zerschlagener Rückseite langsam im seichten Wasser, die »Waverley« bombardierten zwölf tieffliegende Heinkels eine halbe Stunde lang, bis sie völlig zerstört war.

Die Haltung war überall beispiellos, als fänden Menschen, die plötzlich vor unvorstellbare Schrecken gestellt waren, Ruhe in unbeirrbarer Arbeit.

Der Kesselraum der »Jaguar« war eine Hölle von Dampf, so dicht, daß der Maschinenoffizier Cyril Rothwell, als er einen Toten von der Lukentür wegzog, sich nicht einmal zu ihm beugen konnte, um ihn anzusehen. Aber der Heizer-Bootsmann James Carr schickte alle hinaus und hielt dann in der brennenden Hitze zehn Minuten aus, bis aller Dampf abgelassen war. Der Versorgungsoffizier Auguste Brunet von der »Angèle-Marie«, die im Hafen vertäut war, zuckte wie seine Männer über das Getöse nur die Schultern, und dann luden sie weiter Munition aus. Eine einzige Bombe hätte sie in den Himmel geschickt, sie dachten nicht daran, zu unterbrechen.

Auch der Erste Offizier John Woodall auf der brennenden »MacAlister« sah keinen Anlaß zu unziemlicher Hast. Ein Drittel seiner Besatzung war gefallen, ganze Gruppen von Soldaten waren getötet und verwundet, aber als die Überlebenden sich auf den Minenräumer »Pangbourne« retteten, ging Woodall in seine Kajüte und zog seine beste Uniform an. Dabei mußte er noch ziemlich lange suchen, bis er seinen alten Wecker und die Manschettenknöpfe fand, die ihm seine Frau zur Hochzeit geschenkt hatte.

Ähnlich der Matrose Stanley Lilley von S. M. S. »Bidefords« Geschützbedienung. Geschoßsplitter übersäten seinen Rücken, und er spürte das warme Blut durch seine Matrosenjacke rinnen. Trotzdem feuerte er weiterhin seine 10,1-Zentimeter-Granaten ab, bis er endlich den zuständigen Offizier höflich fragte: »Ich bin verwundet, Sir, kann ich nach unten gehen und mich verbinden lassen?« Sowie der Oberarzt John Jordan seine Wunden mit Jod behandelt hatte, meldete Lilley sich wieder zum Einsatz. Er war böse, als Jordan ihm das verwehrte, er fand, es sei weiter seine Pflicht.

In den oberen Dienstgraden war es das gleiche. Eine Bombe hatte zwölf Meter vom Heck der »Bideford« weggerissen. Als sie mit Schlagseite im Wasser lag, beugte sich ihr Kapitän, Fregattenkapitän John Lewes, über das Brückengeländer und rief dem Fregattenkapitän Haskett-Smith auf der »Kellet« zu: »Das gibt Stunk, wenn der Vizeadmiral in Dover davon erfährt . . . Ich soll nämlich morgen einen Geleitzug führen.« Die in Gibraltar stationierte »Bideford« hatte hier gar nichts zu suchen. Aber Lewes hatte gerade in Dover vier freie Tage, und da fand er, Dünkirchen sei der richtige Platz.

Auch die Armee schlug sich trotz der Schrecken des Marsches an die Küste gut. Der Maschinenoffizier Cyril Rothwell auf der »Jaguar« sah den ersten Schub verschreckter Soldaten aus dem Schiffsinnern nach oben kommen. Dort rasierte sich gerade ein Feldwebel der Garde. Der hielt ihnen ein drohend gewölbtes Handtuch entgegen: »Wenn einer weitergeht, schieße ich.« Im Handtuch steckte lediglich sein Rasierapparat. Aber die Panik wurde gebannt.

Auf dem Küstendampfer »Bullfinch« spielte ein unbeschwerter Tommy auf einem Jagdhorn »Land of Hope and Glory«; er nahm es von den Lippen, als hinter ihm ein Kamerad in Panik geriet, schlug ihn bewußtlos und setzte dann das Lied mit dem nächsten Ton fort.

So war es überall. Der französische Kommandoführer Jean Demoy fand das blinde Wüten des Angriffs unerträglich und empfahl einem Major von der britischen Zeugmeisterei, in Deckung zu gehen. Der Major manikürte gerade sorgfältig seine Fingernägel und lehnte ab; er müsse einige Stapel Geschosse bewachen. Demoy ging mit seinen fünfzig Mann in einen Keller. In einer Kampfpause kam er zurück. Der Major war bis zur Unkenntlichkeit verstümmelt. Demoy sagte zu seinen Leuten: »Die Briten sind tapfer. Vor allem dieser Offizier war tapfer. Er fiel mit gepflegten Händen. Aber schaut, jetzt sind auch seine Nägel zerfetzt.«

Der Kraftfahrer Albert Thompson auf der »Waverley« wunderte sich. Der alte Raddampfer gehorchte nicht mehr und sank mit dem Heck voraus, aber die »Waverley« erwehrte sich der angreifenden Heinkelmaschinen mit allem, was sie hatte ... mit ihrem einzigen Zwölfpfünder ... mit Lewis-Geschützen und mit dem unentwegten Gewehrfeuer von sechshundert Tommies. Offiziere und Besatzung blieben stoisch ruhig. Hauptmann Patrick Campbell, ein Armeeoffizier, befand sich in der Kajüte des Kapitäns und zog eben Segeltuchschuhe an, als der Schiffsarzt hereinschaute: »Wissen Sie, die könnten Sie mir eigentlich für die Verwundeten geben.«

Campbell gab ihm die Schuhe widerspruchslos, dann warf er durch die Verschanzung einen Blick auf die See und stopfte die Öffnung mit einer angesengten Matratze zu, bevor er Pullover und Hosen anzog. Es lärmte ohrenbetäubend, die Schiffssirene heulte ununterbrochen das Morsezeichen SOS, Campbell ging gelassen nach oben, reihte sich in die übrigen ein und wartete wie sie, bis Kapitänleutnant Sidney Harmer-Elliott das Zeichen gab, das Schiff zu verlassen.

Wenige Minuten, nachdem der letzte Mann aus sechs Metern Höhe ins Wasser gesprungen war, verschwand die »Waverley« unter dem wirbelnden Wasser.

Nicht jeder hatte die Möglichkeit zur Ausweichaktion. Kapitänleutnant Edwin Lanceley Davies, der rotgesichtige, aufrechte Kommandeur des Minenräumers »Oriole«, war vor einigen Stunden ohne Motorboot, nur mit zwei Armstrong-Patent-Rettungsbooten vor der Küste eingetroffen. Bereits am frühen Nachmittag war ein Rettungsboot verloren – sechzig Soldaten, die sich wie wahnsinnig gebärdet hatten, um hineinzukommen, hatten es versenkt.

Davies wollte nun mit seinem zweiten Boot eine Zugleine am Mast einer versenkten Segelschaluppe anbringen. Auf diese Weise konnte seine Besatzung küsteneinwärts gehen, um »*Grasleinen*« an dem Wrack anzubringen, wasserabstoßende Kokosseile, die wie ein Spinnengewebe auf dem Wasser aufliegen und den Truppen ermöglichen sollten, sich anzuholen.

Um 15 Uhr war die Zugleine angebracht. Die Truppen wollten nicht mehr auf eine *Grasleine* warten, sondern hängten sich mit ihrem ganzen Gewicht an die schlaff herunterhängende Zugleine, um sich zur »Oriole« hinzukämpfen.

Tückischerweise trieb die Strömung Truppen und Zugleine hinter die »Oriole«, und viele gingen wie Lemminge* unter.

Davies entschloß sich rasch. Sollten die Truppen, die in endlosen Reihen an der Küste standen, gerettet werden, dann brauchten sie eine Landungsbrücke, über die sie sich ohne die Gefahr des Ertrinkens in Sicherheit bringen konnten. Aber der einzige Pier, der Davies zur Verfügung stand, war der 432-Tonner »Oriole«, früher der alte Glasgower Raddampfer »Eagle III« der Williamson-Buchanan-Linie, dessen weißen Schornstein mit schwarzem Abschluß Millionen von Ferienreisenden an der schottischen Küste kannten.

Davies sagte nun zu Oberleutnant John Crosby, der neben ihm stand: »Es gibt nur eine Möglichkeit. Ich setze sie bis zur nächsten Flut auf Grund, und die anderen schicken ihre Boote zu mir.«

Crosby fand das richtig. Die nächste Flut kam erst in mehr als zwei Stunden, da blieb Zeit genug. Und Crosby war auch schon durch und durch naß, weil er unaufhörlich im Wasser war, um den verwirrten Männern in der kräftigen Strömung ihr Gepäck und ihre Rucksäcke abzunehmen.

Langsam, sorgfältig drehte Davies die »Oriole«, bis sie mit dem Bug zur Küste stand. Dann befahl er seine achtundzwanzigköpfige Besatzung nach hinten, der Bug mußte möglichst gehoben werden. Und nun schlugen die Schaufelräder der »Oriole« das Wasser schaumig, und mit donnernden zwölf Knoten Geschwindigkeit schoß sie auf die Küste zu. Davies hielt sie auf voller Geschwindigkeit, bis sie erbebend auflief.

* Die Lemminge sind Wühlmäuse, die sich nach großen Raubwanderzügen massenweise ins Meer stürzen und ertränken.

Die Matrosen warfen zwei acht Zentner schwere Anker vom Heck aus. Diese Anker, die nur zwei Drittel eines normalen Ankers wogen, sollten der »Oriole« ermöglichen, bei der Flut rascher wegzukommen.

Es war eine tapfere Tat. Im Verlauf des Nachmittags gelangten über zweitausendfünfhundert Mann über Deck und Heck der »Oriole« in die Boote. Aber Davies konnte nicht einmal zurückschlagen, als die Luftwaffe angriff. Die gesamte Bewaffnung der »Oriole« waren ein Zwölfpfünder und ein Lewis-Zwillingsgeschütz, und Davies mußte notgedrungen bestimmen, der Zwölfpfünder dürfe nicht feuern.

Er erklärte Crosby: »Wir liegen jetzt fest auf Grund, und die Belastung durch den Rückstoß wäre zuviel für sie.«

Dem Durchschnittssoldaten schien das unmöglich. Der Pionier Stanley Bell, einer der zweihundert erschöpften Männer auf der Kajütentreppe der »Oriole«, hörte, wie Davies erklärte: »Ich habe sie absichtlich auf Grund gesetzt.« Er lachte. Als ob jemand ein Schiff absichtlich auf Grund setzt! Aber welcher Offizier auf der Welt, dachte Bell, gibt es jemals zu, wenn er etwas falsch gemacht hat.

Davies hatte nichts falsch gemacht. Indessen plagte ihn nun ein neues Problem. Überall rollten Soldaten zusammenlegbare Pionierboote auf gedrungenen Förderkarren ins Wasser. Sie schoben die Förderkarren so weit in die See, bis die Boote frei schwammen, und ließen sie dann stehen.

Die Förderkarren waren knapp 2,70 Meter hoch, etwas höher als der Wasserspiegel dort, wo Davies die »Oriole« auf Grund gesetzt hatte. Was geschah nun, wenn das Schiff wieder flott war? Bei Wind und Flut konnte Davies, wie es stand, nicht einen Zentimeter achteraus herausschinden, und die Förderkarren staken auf einer Strecke von drei Metern beiderseits des Schiffes im weichen Sand. Sie mußten sich in den rasch laufenden Schaufelrädern verfangen und sie in tausend Stücke zerreißen.

Aber Davies hatte Glück. In vier chaotischen Stunden traf keine einzige Bombe die »Oriole«, und als das Schiff um

18.30 Uhr wieder flott wurde, entstand nur leichter Schaden. Bloß ein Problem blieb übrig: Davies hatte nur zweihundert Tommies und dreizehn Krankenschwestern an Bord. Da die »Oriole« schon ein solches Risiko auf sich genommen hatte, sollte sie nun auch mit ihrem ganzen Fassungsvermögen beladen werden.

Davies kam eine glückliche Idee. Was war mit all den Soldaten in den Pionierbooten geschehen? Das merkte er bald auf der Fahrt ostwärts Dünkirchen. Die Boote tanzten ohne Ruder und Segel wie Nußschalen auf dem Wasser und trieben — mit der Flut — genau vor die Küstengeschütze von Nieuport.

Davies drehte rasch vor dem Wind, um sie in Schlepp zu nehmen — gerade noch rechtzeitig. Von Nieuport her kam eine Gruppe von fünfzig Flugzeugen, und wieder brach die Hölle los — das abgehackte Bellen der Bofors-Abwehrgeschütze, die Abschüsse der leichten Flak, die wie schwarze Wattebäusche den Himmel bedeckten. In der Nähe von Oberleutnant John Crosby fragte jemand: »Womit haben wir das eigentlich verdient?« . . .

Aber die Bomben gingen knapp fehl, sie fielen vierzig Meter von Steuerbord und Backbord ins Wasser. Die »Oriole« dampfte mit sechshundert Mann an Bord nordwärts, Harwich zu, während sie brennende Schiffe rings umgaben wie Leuchtbojen.

Erst zwei Tage später weihte Davies, von seinem Gewissen gepeinigt, Ramsey ein: »Meldung betreffend King's Regulations und *A. I. 1167:* S. M. S. »Oriole« am 29. Mai vorsätzlich an der belgischen Küste auf Grund gesetzt — Zweck: rasche Evakuierung der Truppen — wieder flottgemacht — kein offensichtlicher Schaden.« Und er schloß: »Laufe erneut die belgische Küste an. Setze das Schiff wieder auf Grund, wenn erforderlich.«

Ein Kapitän, der sein Schiff aufs Spiel setzt, hat, wie Davies wußte, normalerweise mit scharfer Zurechtweisung zu rechnen. Aber die Antwort Ramsays enthielt den ganzen Geist von Dünkirchen: »Stimme Ihrer Handlungsweise völlig zu.«

Die »Oriole« und ihren Kapitän hatte etwas wie ein Zauber geschützt. Tausenden, die das Küstengebiet von Dünkirchen säumten, war klar, daß Schiff um Schiff an diesem Tag seine letzte Fahrt machte.

Niemand war davon überzeugter als Major Oscar Dinort. Er hatte sekundenlang nach dem gefährlichen Sturzflug unter die Mastlinie des Zerstörers geglaubt, alles sei aus. Nur der Instinkt des Stukapiloten rettete ihn. Dieser Instinkt sagte ihm: Schalte nicht langsam aus — »hochtreiben« nannten es die Stukapiloten. Wenn du langsam ausschaltest, schaffst du es nicht. Das Blut zieht zu rasch aus dem Kopf ab. Er folgte seinem Instinkt, riß am Knüppel und gewann mit einem riskanten Aufstieg Höhe. Er stieg rasch, hielt auf den Hafen zu, damit die Flak ihn nicht erreichte, dann nach Steuerbord. Dabei stieg er ständig höher. Seine Hand arbeitete wie ein Roboter und schaltete zurück, was er für den Sturzflug geschaltet hatte . . . Öl- und Wasserkühlung an . . . Sturzflugbremsen zu . . ., bis er schließlich zweitausendfünfhundert Meter über der See war, die sich zu früh auf ihn gefreut hatte. Von dem Augenblick an, wo er den Zerstörer erstmals gesichtet hatte, bis jetzt waren genau sechzig Sekunden verstrichen.

Er war aber nicht der Mann, der leicht aufgab. Eine Aufgabe, die sich geistig oder körperlich nicht auf Anhieb meistern ließ, reizte den zähen Dinort immer zu neuen Anstrengungen. Hatte er nicht als Achtundzwanzigjähriger einen zweifachen Weltrekord als Segelflieger aufgestellt? Und mit sechsunddreißig Jahren hatte er bei einem Forschungsunternehmen der Luftwaffe versucht, ein Segelflugzeug einunddreißig Stunden lang in der Luft zu halten. Nach achtundzwanzig Stunden hatten sich seiner seltsame Vorstellungen bemächtigt, aber Dinort hatte sie, den Notizblock im Schoß, alle aufgezeichnet.

Er rief: »An alle — an alle — bereiten Sie sich auf einen neuen Angriff vor.«

Während er kreiste, suchten seine Augen das Wasser ab. Er sah so viele Schiffe, daß die Wahl schwerfiel. Einige, die den langen Hafendamm verließen, schienen unbeschädigt. Er teilte über Sprechfunk seinem Geschwader die Angriffsziele gerecht zu. Richthofen hatte verfügt, daß drei und mehr Flugzeuge jeweils ein Ziel anzugehen hätten. Schon die pure Vorstellung, isoliert zu werden, löste Schrecken aus. Dinort beschloß, sich mit den drei Maschinen seiner Staffel die drei größten Schiffe vorzunehmen, die gerade ausliefen. In einer Reihe von kurzen, raschen Sturzflügen — Schmetterlingsflüge nannten die Piloten sie — richtete er sich auf den langen, steilen Sturz ein.

Unter ihnen war der Hafen von Dünkirchen ein Schauplatz des Entsetzens. Der Signalgast Wilfred Walters auf dem Minenräumboot »Ross« war krank vor Hilflosigkeit, der Telegraph war ein einziges irrsinniges Ticken von Rufen in klarem Morsetext: »E.A.B. . . . E.A.B. . . .« Dieser »Maientagruf« hieß: Feind bombardiert uns. Alle diese Hilferufe blieben unbeachtet. Zu viele Schiffe waren in Not.

Und weiteren war es bestimmt, in Not zu geraten. »Adlergruppe — Adlergruppe«, rief Dinort über die Bordsprechanlage: »Angriff auf das größte Schiff in der Mitte.« Erneut stürzte er den Sturzkampfbomber im 70-Grad-Winkel in die Tiefe. Diesmal ging es besser, aber auch nur eben gerade noch.

Während Dinort auf die schimmernde See zuschoß, befiel ihn ein plötzlicher Schreck: Der Pilot hinter ihm hatte seine Bomben eine Winzigkeit zu früh gelöst. Nun stürzte Dinort einige Augenblicke lang neben den Bomben des anderen auf das Wasser zu.

In vierhundertfünfzig Metern Höhe drückte er, nicht einen Augenblick zu früh, auf den Bombenknopf und steuerte auf die Hafenseite zu. Ein großer Rauchpilz stieg aus der Mitte des Schiffes auf, doch Dinort konnte, während er hochzog, nichts weiter erkennen.

Mit Sicherheit ist anzunehmen, daß dieses Ziel Dinorts der alte Themse-Schaufelraddampfer »Crested Eagle« war. Jedenfalls wurde auch er getroffen, kurz nachdem er die Überlebenden der »Fenella« übernommen hatte und abgefahren war. Eine Bombe schlug hinten ein und setzte die Dieselöl-Vorräte in Brand, eine andere traf das Schiff in der Nähe des Maschinenraums und blockierte den Zugang zu den Maschinen. Der Chefingenieur Georges Gladstone Jones und seine Leute wurden mit plötzlich aufflammendem Feuer übergossen.

Seltsam, die Maschinen liefen weiter. Halb ohnmächtig meldete der Chefingenieur über die Sprechanlage, immer noch sei alles in Ordnung. Der Kapitän, Korvettenkapitän Booth, antwortete ihm: »Gut, fahren wir weiter; wir versuchen, das Feuer einzudämmen.«

Nicht alle waren so gelassen. Überall auf dem Schiff ging Munition wie Knallfrösche hoch . . . ein Hund rannte wie verrückt bellend auf dem Deck hin und her, und der Obergefreite James Harper dachte wie viele andere Überlebende der »Fenella«, einmal sei genug. Er griff sich einen Schwimmgürtel und sprang über Bord. Die wild schlagenden Schaufelräder verfehlten ihn nur um einige Millimeter.

Der Kanonier Georges Goodridge war von der »Fenella« mit gebrochenen Beinen herübergebracht worden. Ganz in feuchte Mullbinden gewickelt ließ auch er sich ins Wasser fallen. Der letzte Anblick, den er auf Wochen hinaus haben sollte, war scharfer, himmelblauer Rauch, der die Kajüte füllte, als die »Crested Eagle« zu brennen begann. Mit gebrochenen Beinen schwimmend erreichte er das Land, war aber wochenlang blind.

Jermyn Greengrass, der Erste Offizier der »Polly Johnson«, der von der »Grenade« an Bord gekommen war, schaffte es mit Hilfe anderer auch. Aber nur, um dann tagelang hilflos in den Dünen zu liegen und drei Jahre in einem deutschen Kriegsgefangenenlager zu verbringen.

Unnachgiebig summten die deutschen Jäger in geringer Höhe, als sich die Überlebenden in Sicherheit zu bringen versuchten. Die MG-Geschosse prasselten »wie brutzelndes Fett« auf die ruhige Wasseroberfläche. Aber die zwanzig Minuten, die ein Sturzkampfbomber über dem Einsatzort bleiben kann, waren nun um. Dinort wandte sich heimwärts;

es war noch zu früh, dem Ende der »Crested Eagle« beizuwohnen.

Das war ein quälender Anblick. Als Booth die »Crested Eagle« auf den Strand zusteuerte, sahen von dort aus Tausende entsetzt, wie Männer von Kopf bis Fuß in Flammen standen, wie sie wie besessene Derwische herumtanzten und schmerzverzerrt, schreiend ins Wasser sprangen. Die Planken des Schiffs glühten weiß, seine Deckbalken, durch die Hitze ausgedehnt, standen hoch wie der Schwanz einer Taube.

Fernab vom Geschehen war ein Überblick schwer. Der Telegraphist Dennis Jones auf dem Schwesterschiff »Golden Eagle« nahm routinemäßig den Funkverkehr auf. Achtzehn Kilometer vor der Nordspitze Englands, auf dem Weg nach Dünkirchen hörte er, wie der Telegraphist der »Crested Eagle«, Bootsmann Frank Godward, versuchte, die Funkstation von Dover anzusprechen.

Jones stand vor einem Rätsel. Godward benutzte die geheiligte Dringlichkeitsstufe der Navy »immediate« — die nur in äußerster Not verwendet werden darf. Aber schon aus dem Anschlag hörte Jones, daß Godward schwer bedrängt war. »Es schien, als übe er noch auf der Funkerschule.«

Jones hörte erregt zu. Die Antwort von Dover lautete bloß: »Warten Sie.« Wieder tickte der Telegraph, ein anderes Schiff meldete: »E. A. B.«, feindlicher Luftangriff. Dover antwortete genauso kurz: »Warten Sie.«

Jones fröstelte. Ihm war, als blicke er in ein Kartenspiel zwischen Leben und Tod. Ein anderes Schiff meldete sich jetzt und legte das höchste As auf den Tisch: »Nachricht von höchster Dringlichkeit!« Diese Formel wird normalerweise nur benutzt, um einen Kriegsausbruch bekanntzugeben. Sie fuhr wie ein Messer durch Jones. Aber Dover antwortete: »Warten Sie!«

Es dauerte nur wenige Minuten — denn Dover klärte die Luft für eine dringende Mitteilung an Lord Gort —, Jones wartete wie gebannt. Welche Nachricht der »Crested Eagle« verdiente die Dringlichkeitsstufe »immediate«? Was ließ die

Hand des Funkers derart zittern? In der nächsten Minute hörte er die letzte Botschaft des Schiffes: »Ich brenne und gehe an die Küste.«

Godward kam knapp mit dem Leben davon. Er hatte alle Schalter in der Funkkabine abgedreht und war an Deck gegangen, um sich beim Kapitän auf der Brücke abzumelden, bevor er das Schiff verließ. Dann sprang er in voller Uniform, mit Brille, aus viereinhalb Metern Höhe in das dunkle, ölige Wasser.

Hinten in den Stellungen wurde noch blind geglaubt: wer nach Dünkirchen durchkam, konnte mit einem Schiff rechnen, die Navy würde ihn schon durchbringen.

Als John »Warrior« Linton in seinem Lastwagen auf Dünkirchen zu holperte, dachte auch er so. Die Aussichten standen gut. Sie hatten den Überfall der Deutschen abgewehrt, der Wagen lief tadellos, und der Gefreite Hawkins neben ihm beschrieb die Landschaft ringsum.

Kurz nach 18.30 Uhr kamen sie an eine Scheune, die frei in der Landschaft stand. Linton hielt sie für eine Art von Verbandsplatz. Aber jetzt waren keine Verwundeten mehr da, die letzten Krankenwagen ließen gerade ihre Motoren anspringen. Als Linton aus dem Lastwagen gehoben wurde, sagte ein Sanitäter zu ihm: »Sie haben Glück. Wir wollen gerade weg.«

Zunächst ging alles glatt. Linton wurde auf einen provisorischen Tisch gehoben, ein Sanitäter gab ihm eine Tetanusspritze in den Arm, dann wurde er mit seiner Trage auf den Boden der Scheune gelegt. Kurz darauf kam ein anderer Wagen mit Verwundeten an. Voller Freude erkannte Linton alte Freunde. Sie waren gleichzeitig wie er verwundet worden: Feldwebel Adams und der Stabsunteroffizier »Ginger« Dawson. Der Sanitätsoffizier untersuchte rasch einen nach dem anderen, und dann trugen die Sanitäter sie hinaus in die Krankenwagen: den Gefreiten Hawkins, den verwundeten Offizier, der mit ihnen im Lastwagen gelegen hatte, Adams, Dawson . . .

Beiläufig befahl der Offizier nach einem flüchtigen Blick auf Linton: »Bringen Sie die Bahre dieses Mannes in die Ecke.«

Nun wurde Linton klar, daß er zu schwer verwundet war. Man ließ ihn zum Sterben hier. Die Scheune war jetzt fast leer, gleich würden sie alle fort sein. Mit aller Lungenkraft begann er zu schreien.

Als ein robuster Sanitätsfeldwebel angerannt kam, überfiel ihn Linton wütend: »Ihr Hunde, ihr laßt mich hier, damit ich bei den Deutschen verrecke!« Dann war es mit seiner Selbstbeherrschung aus und er rief: »Ich folge dir bis an das Ende deines Lebens!«

Der Feldwebel antwortete nicht und ging. Kurz darauf kam er mit einem Major zurück. »Was soll das alles, Mann?« begann der Major, und als Linton aufbegehrte, fuhr er fort: »Haben Sie nicht gelernt, wie man mit einem Offizier spricht?« Aber Linton war vom Gefühl brennenden Unrechtes übermannt, alles andere war ihm gleich.

»Kommen Sie mir nicht mit Ihrem Rang, Charley«, fauchte er zurück. »Ich werde hier nicht verrecken! Dafür bin ich nicht bei den Deutschen Spießruten gelaufen.«

Aber als auch der Major wegging und nur einen jungen Sanitäter zurückließ, der neben Lintons Bahre sitzen sollte, wußte der Unteroffizier, es war der letzte Fall der Würfel. Er sah sich das Gesicht des Sanitäters lange an. Ein nettes Kind, fand er, und mit der Arglist der Verzweiflung dachte er: ich werde ihn mir vorknöpfen.

Dann begann er, in einem ruhigen, gleichmäßigen Flüsterton zu erzählen. Er berichtete Einzelheiten aller möglichen Schauergeschichten, die er jemals gehört hatte, Einzelheiten, für die er niemals hätte eintreten können. Wie die Deutschen mit den Seitengewehren den Gefangenen beide Augen ausstächen, wie sie sie langsam marterten, bevor sie ihnen endlich den Gnadenschuß gaben.

Es war still in der Scheune, so still, daß Linton die Vögel singen hörte, während er sprach. Draußen wurde es dunkel, und noch dunkler war es in der Scheuer, wo die Schatten immer länger wurden. Wie er immer weiter sprach, sah er, wie es um die Mundwinkel des jungen Sanitäters zuckte, und er spürte, wie dessen Hand zu zittern begann. Rasch wollte sich der Junge von der Bahre wegstehlen: »Ich gehe und hole jemanden.«

Aber Linton war schneller. »Nein, nein, das wirst du nicht tun, bei Gott, das wirst du nicht tun.« Mit einer seltsamen Kraft packte er das Handgelenk des Jungen und zwang ihn zu Boden. »Du gehst hier nicht weg. Wir sind für die Deutschen bestimmt, wir beide.« Und nun fingen beide Männer zu schreien an, zu schreien mit aller Lungenkraft, bis plötzlich ein Hauptmann vom Nachschubkorps, unrasiert und schmutzig, hereinkam. »Was ist los?«

Linton erklärte ihm rasch alles. Andere hätten ihr Leben aufs Spiel gesetzt, ihn bis hierher zu bringen, und nun wolle man ihn seinem Schicksal überlassen. Der Hauptmann fragte nur: »Haben Sie zur Nachhut an der Front gehört?«

Linton nickte. »Gut«, entschied der Offizier, »wir lassen Sie nach alledem nicht hier.« Er rief nach dem Sanitätsoffizier und kritzelte eine kurze Notiz auf einen Befehlsblock. »Ich gebe für diesen Mann Transporterlaubnis.«

Der Sanitätsoffizier, ein Oberstabsarzt, hörte verbissen zu und konnte nichts sagen.

Das mit dem Transport beauftragte Nachschubkorps hatte ebenso wie der Kapitän eines Schiffes endgültig zu entscheiden, wer transportiert wurde. Als die Sanitäter Linton auf der Bahre zum Sanitätskrankenwagen trugen, hörte er, wie der Hauptmann sagte: »Dieser Marschbefehl gibt ihm auf einem Schiff Vorrang.« Das Wort wiederholte sich dauernd in Lintons Kopf. Schiff, dachte er, er hat Schiff gesagt. Nun schaffe ich es doch noch.

Der Gefreite Bill Hersey dachte fast das gleiche. Ungewaschen, unrasiert hatte er zwei Tage wie einen Albtraum erlebt, und jeder holprige Kilometer war für ihn ein Stück Hölle. Doch wie es nun dunkel wurde, war alles wieder in bester Ordnung.

Als Nobby Clarke den Bedford in den Hof eines Bauernhauses steuerte, dessen Namen er nie erfuhr, sah Hersey etwas, was sein Herz klopfen ließ. Der Lastwagen des Kraftfahrers Johnnie Johnson parkte auf den Steinfliesen.

Mit einem Satz war Hersey von dem Bedford herunter und rannte über den Hof. Er schrie genauso laut wie »Warrior« Linton, aber es war der Name seiner Frau, der in den alten Mauern widerhallte.

Sicher haben nur wenige Männer ihre Frau unter solchen Umständen wiedergesehen — denn Augustas Gesicht, noch immer vom Stahlhelm überschattet, tauchte jetzt über dem Rand des Schweinestalles auf. Der Bauer hatte Wasser und Unterkunft verweigert, und als der Regenguß losbrach, erschien ihr der Schweinestall als der trockenste Schlafplatz.

Die ersten Worte Herseys waren, wie er sich erinnert: »Du, ich liebe dich!« Die nächsten waren nicht druckreif. Sie waren eine Sturmflut von Beschimpfungen der Bauersleute, die seine Frau so behandelt hatten. Es war gut, daß Augusta sie nicht verstand.

Tragisch war, daß die sprachliche Schranke die beiden Liebenden hinderte, einander zu sagen, wie ihnen zumute war. Augusta sah Bills Wut. Sie nahm ihn beim Arm und brachte ihn so davon ab, hineinzurennen und die Bauern umzubringen. »Die haben genauso Angst«, sagte sie entschuldigend, und schließlich gab Hersey brummend sein Vorhaben auf.

In einem jedoch war Hersey unerbittlich: Augusta sollte nicht einen Augenblick länger in der gemischten Gesellschaft von Ferkeln und Flüchtlingswaisen bleiben. Er brachte sie vom Schweinestall weg zu einem Lastwagen seiner Einheit und versuchte dann, sich mit einer Handvoll Wasser zu rasieren, während Augusta dankbar aus seiner Feldflasche trank und Armeezwieback kaute. Hersey wunderte sich darüber, daß Augusta immerzu lachte. Schließlich erklärte er es sich als Folge der vorausgegangenen Spannung. Es hätte eines langwierigen Blätterns im Wörterbuch bedurft, um das zu einer Frage zu formen. Er wußte nur eins: er war auf seine lebenstüchtige junge Frau, die niemals hungrig oder durstig zu sein schien und niemals zeigte, daß sie müde sei, und die allem das Gute abgewann, schrecklich stolz. Sie war mehr als nur eine Ehefrau, sie war ein Weggefährte, mit ihr konnte man alles teilen. Andere, wie Nobby Clarke, hatten offensichtlich den gleichen Eindruck, und die Kameraden würden sie sicher durchbringen, wenn ihm irgend etwas zustieße.

Bill Hersey verstand das nur halb, aber Augusta war nicht einfach nur tapfer. Ihre jungenhafte, natürliche Art, ihr Sinn für Humor, hatte aus den Geschehnissen für sie das größte Abenteuer gemacht, das vorstellbar war. Sie lachte jetzt noch darüber, wenn sie daran dachte, wie sie die erste beiläufige Erkundigung über die besondere Eheerlaubnis eingeholt hatte und wie die Beamten im Rathaus in Tourcoing schockiert gefragt hatten: »Aber wer wird denn einen Engländer heiraten wollen?« Als sie fest antwortete »ich«, verkniffen sich die Lippen der Beamten ähnlich mißbilligend wie die ihrer Verwandten, als sie mit Bill von Haus zu Haus ging, um ihn vorzustellen. Es gehörte sich nicht für ein ordentliches Mädchen, nach eintägigem Aufgebot mit einer Sondererlaubnis zu heiraten. Nun war Bill in einer wirbelnden Welt der einzige ruhende Pol. Vielleicht war ihr Vater schon in Bordeaux, vielleicht war er auf dem Weg dahin von Maschinengewehren zusammengeschossen worden. Wer konnte das sagen? Wer wußte, wann sie ihre Mutter wiedersähe? Ihr Leben gehörte nun diesem gütigen blonden Soldaten, ihrem Mann, der sich, wenn man ihn in Ruhe ließ, ungeschickt und schüchtern benahm, der aber, wenn er um ihretwillen in Zorn geriet, plötzlich ein harter, unerbittlicher, rächender Engel wurde.

So hatte Gott es gefügt. Das Essen schmeckte nicht besser, der Schlaf wurde nicht besser, und man wurde nicht froher, wenn man sich fragte, warum es so war. Schickte man sich indessen ruhigen Herzens darein, dann schien es plötzlich das beste, einfach zu lachen.

Als sie ihr Zwiebackmahl beendet hatte, schmiegte sie sich froh in Bills Arm. Bald schliefen beide hinten im Lastwagen ein, nachdem sie das gleiche gedacht hatten, wie »Warrior« Linton: »Bald, sehr bald sind wir an der Küste, und dort wird ein Schiff sein.«

Das Schicksal der »Crested Eagle«, die an der Küste lag, aber noch immer wie ein Hochofen durch die Nacht glühte, bedeutete für Kapitän z. S. William Tennant, die Einschiffung müsse nun noch mehr beschleunigt werden, bevor die Deutschen erneut zuschlugen. Aber um 21 Uhr an diesem schrekkenvollen Mittwoch sah es so aus, als habe Ramsay die ganze Evakuierung abgeblasen. Tennant konnte sich kaum noch auf den Beinen halten. In seinem alten blauen Mantel aus wasserdichtem Stoff ging er an der Mole auf und ab, das silbere Zeichen S.N.O. (höherer Marineoffizier) nach wie vor am Stahlhelm. Seine einzige Nahrung seit Stunden war eine Zigarettenbüchse voll Tee. Ein besorgter Matrose hatte sie ihm gebracht.

Es war auch schon viele Stunden her, daß er geschlafen hatte. Die heiße Luft in der verliesartigen Bastion, die nur flackernde Kerzen in Weinflaschen erhellten, stank wie in einem Zoo. Nach einem flüchtigen Versuch, ein wenig auf dem Steinboden zu schlafen, hatte Tennant das aufgegeben. Irgendein anderer brauchte den Platz.

Zwar hatte er es fertiggebracht, sich zu rasieren, aber der gestärkte weiße Kragen, um den ihn Oberst Whitfeld beneidet hatte, war jetzt dunkler als ein Schiffsanstrich. Man konnte dagegen nur eins tun: ihn morgen wenden.

Tennant war während des Luftangriffes nicht in Dünkirchen gewesen. Er hatte eine Konferenz mit Lord Gort am Rand der Verteidigungsstellung. Dort erlebte er einen flüchtigen Augenblick des Wohlbehagens. Als Gort nämlich die heulend herabstürzenden Stukas sah, ging er kurz in einem Graben in Deckung. Erleichtert sprang ihm Tennant nach. Wenn ein Träger des Viktoria-Kreuzes aus dem ersten Weltkrieg Deckung suchte, verlor die Navy nicht ihr Gesicht, wenn sie ihm folgte.

Die größte Sorge machte Tennant, während die Minuten dahinkrochen, das völlige Ausbleiben von Schiffen. Das Aufgebot an Zerstörern und Transportschiffen an der Ostmole müßte jetzt, um 21 Uhr, so dicht sein wie ein pausenloser Verkehr auf einer sommerlichen Autostraße. Aber bis zur Stunde waren nur vier Fischdampfer und eine Jacht in Sicht gekommen.

Durch das weite Loch, das die »King Orry« in die Mole gerissen hatte, fiel das der See zu gelegene Ende der Mole aus. Trotzdem konnten immer noch Truppen von Anlageplätzen aus eingeschifft werden, die näher an der Küste lagen.

Gerade hatte Fregattenkapitän Jack Bickford vom Zerstörer »Expreß« einen massiven Beweis für den Wert der Ostmole geliefert: Am offenen Strand brauchte die »Epxreß« durchschnittlich sechs Stunden, um zu laden. An der Mole genau fünfundzwanzig Minuten.

Die Stunden vergingen, und es kamen keine Schiffe. Hatte sich Ramsay ganz gegen die Mole entschieden? Waren Truppentransporter, die auf der Route Y kamen, unter Beschuß aus den Geschützen von Nieuport geraten? Um 21 Uhr wußte Tennant nicht mehr, was er von der Lage zu halten hatte. Obwohl er einen Funkspruch nach dem anderen abgab, bekam er keine Antwort.

Admiral Ramsay in Dover tappte ebenfalls im dunkeln. Eine Meldung, die offensichtlich von Tennant stammte, hatte um 19 Uhr den Admiral und seinen gesamten Stab in völlige Verzweiflung versetzt.

Auf den Männern der »Operation Dynamo« lastete wie auf jedem der Gruppe Tennant eine Wucht von Aufgaben. Erst die holländische Evakuierung ... Calais ... Boulogne ... und nun seit vier Tagen und Nächten ununterbrochen Dünkirchen. Die Offiziere im großen »Dynamo«-Raum hatten sich täglich durch achtzehnhundert Funksprüche durchzuarbeiten und fielen erschöpft zu einem dreistündigen Schlummer neben ihren Stühlen nieder. Sie waren so fertig, daß sich der Chiffrier-Offizier Rosemary Keyes beim Austeilen der Funksprüche durch die verschlungenen Reihen regloser Körper einen Weg suchen mußte.

Ramsay hatte gerade an jenem Tag seiner Frau Margaret in einem kurzen Brief geschrieben: »Körperlich läßt sich das nicht mehr lange aushalten ... keiner weiß, was morgen sein wird.« Und nun war nicht nur Tennants niederschmetternde Meldung eingetroffen, sondern auch Gorts Hauptquartier in La Panne hatte das gleiche dem Kriegsministerium berichtet.

Beides ließ keinen Zweifel: der Hafen von Dünkirchen war nachmittags so zugerichtet worden, daß die Einfahrt ein Schiffsfriedhof war. Zwar war die Pier selbst unbeschädigt, doch — die Meldungen unterstrichen es — für die Evakuierung blieb allein der alte und mühevolle Transport mit Ruderbooten vom Strand zu den Schiffen vor der Küste. Aber im selben Augenblick warteten doch Tennant und sein Stab in Dünkirchen sehnlich auf die Schiffe, die nicht kamen.

Was war geschehen? Durch eine schicksalhafte Verkettung von Umständen wußten weder Tennant noch seine Fregattenkapitäne etwas über die Absendung der Funksprüche. Ein jüngerer Offizier in Tennants Gruppe, verwirrt durch das Bombardement, hatte es irgendwie geschafft, die vierzehn Kilometer zu Lord Gorts Hauptquartier zurückzulegen, und hatte Gort persönlich einen schiefen Bericht über die folgenschweren Ereignisse gegeben.

Gorts Stab war von Tennant in der Bastion durch Kilometer brennender, aufgerissener Straßen getrennt. Er hätte, wollte er den Bericht nachprüfen, ebensogut auf einem anderen Stern sitzen können. Die Nachricht, die in gutem Glauben von der Nachrichteneinheit des Fregattenkapitäns James McLelland in La Panne durchgegeben wurde, wurde von Lord Gort als Tennants eigene Lagebeurteilung angesehen.

Schlimmer noch: Um zwanzig Uhr in dieser Nacht hatte der Erste Lord der Admiralität, Admiral Sir Dudley Pound, zwei Entschlüsse gefaßt, die die Evakuierung entscheidend beeinflußten. Der erste konnte sich als nützlich erweisen. Konteradmiral Frederick Wake-Walker, ein großer, schwerer, blonder Nachkomme von Hereward the Wake, war mit einem Kommando von achtzig Mann in See gestochen, um an dem vierzig Kilometer langen Küstenabschnitt die Operationen vor der Küste zu leiten, ohne damit indessen an Tennants Stelle zu treten.

Aber die zweite Entscheidung konnte sich nach Ramsays Ansicht verhängnisvoll auswirken. Die acht modernsten Zerstörer in der Evakuierungsflotte sollten aus dem Kampf zurückgezogen werden. An diesem einen Tag waren drei Zerstörer versenkt und sechs beschädigt worden, und die wichtigste Aufgabe der Zerstörer war der Schutz der lebenswichtigen Verbindungen Englands zur See. Ramsay mußte sich fügen, obwohl er wußte, daß die ihm verbliebenen fünfzehn alten Zerstörer in den nächsten vierundzwanzig Stunden nur siebzehntausend Mann herüberbringen konnten.

Aber die Mitteilungen aus Dünkirchen waren nach wie vor entscheidend. Zwischen Dover und Dünkirchen rauschte der Äther von aufgeregten Meldungen, die um Aufklärung ersuchten ... an Tennant, der dringend um Klarstellung gebeten wurde ... an Kapitän zur See Eric Bush, der auf der »Hebe« unterwegs war ... an Admiral Abrial, der ausführlich berichten sollte.

Inzwischen schickte sich Ramsay darein, daß es bloß noch eine Möglichkeit gab. Um 21.28 Uhr funkte sein Nachrichten-Offizier, Fregattenkapitän James Stopford, die unwiderrufliche Weisung: »Alle Schiffe, die Dünkirchen anlaufen, haben nicht ... ich wiederhole: nicht ... in den Hafen einzulaufen. Sie haben sich statt dessen vor der ostwärts gelegenen Küste aufzuhalten, um dort die Truppen an Bord zu nehmen.« Nun hatte Richthofen gesiegt.

Unerklärlicherweise erhielten weder Tennant noch Ramsay die Funksprüche des anderen. Als um Mitternacht keine neue Nachrichten eingetroffen waren, wies Ramsay den Fregattenkapitän Conrad Alers-Hankey auf dem Zerstörer »Vanquisher« an, nach Dünkirchen aufzubrechen, um sich dort Aufklärung zu verschaffen.

Die zehntausend Mann, die in dieser Nacht über die Mole hätten entkommen können, hatten weder den Trost, das Schlimmste zu wissen, noch den, sich mit einer Entscheidung herumzuschlagen. Sie hatten nur die seltene Schönheit einer von roten und grünen Leuchtspurgeschossen erhellten Nacht, das sanfte Blinken von Aldis-Lampen weit draußen auf See ... das unwirkliche Jaulen der Zerstörer-Sirenen und das Schrillen der Heulbojen, die jammernden Schreie der Verwundeten und das sanfte Glimmen von tausend Zigaretten – wie Lichter in einem japanischen Garten.

Kapitel 6

»WIE IN SOUTHEND MIT DER ALTEN«

Donnerstag, 30. Mai

01.00—15.30 Uhr

General Viscount Gort war im Morgengrauen des Donnerstags zu einem entschlossen: Was auch kam, jeden Schicksalsschlag wollte er mit seinen Truppen teilen.

Mittwochnacht verabschiedete er sich von zwei alten Freunden, seinem Chef des Stabes, Generalleutnant Henry Pownall, und seinem militärischen Gehilfen, Lord Munster. Sie hatten Befehl, nach England zurückzukehren. Beide hatten Gort noch nie so bewegt gesehen. Mit unsicherer Stimme versicherte er Munster: »Sagen Sie denen zu Hause in England, nichts auf dieser Welt kann mich dazu bringen heimzugehen. Ich bleibe hier und kämpfe bis zur letzten Patrone.«

So sicher Gort wirkte, es gab Grund genug für Angst. Am Donnerstag, mittags, steckten an die zweihunderttausend Mann im Brückenkopf Dünkirchen, aber von den Divisionen, die diese letzte Stellung halten sollten, war nur die 1. Division des Generalmajors Harold Alexander wirklich einsatzfähig.

Der dreifache Schlag, der in Furnes das 2. Bataillon der Gardegrenadiere getroffen hatte, war bezeichnend. Oberstleutnant Jack Lloyd und zwei seiner Kompaniechefs waren durch Scharfschützen auf der Stelle gefallen. Major Richard Colvin hatte das zusammengeschlagene Bataillon übernommen, aber durch die Munitionsknappheit konnten die 50 Geschütze des Feldregimentes, das sie unterstützte, jeweils nur noch sechs Schuß täglich abfeuern. Und nördlich der Stadt waren die Verteidigungslinien noch dünner. Das 4. Bataillon »The Royal Berkshire Regiment« hatte nur noch die Stärke einer Kompanie. Übereifrige Pioniere hatten eine Brücke zu früh gesprengt und über einhundertsechzig Mann auf der deutschen Seite zurückgelassen.

Gorts Hauptquartier gab an diesem Tag einen Lagebericht aus, dem in den Annalen militärischer Doppeldeutigkeit ein bevorzugter Platz gebührt: »Die Lage ist unklar, wird sich aber, wie man annimmt, bessern.«

Unglücklicherweise geriet Gort, wenn auch nicht durch eigene Schuld, nun in eine bittere Auseinandersetzung mit Admiral Jean Abrial, dem französischen Befehlshaber in Dünkirchen. Abrial hatte, wie auch General Georges Blanchard, von seiner Regierung noch immer keine klaren Weisungen wegen der Evakuierung. Nach seinem besten Ermessen hatten die Franzosen wie die Engländer ihre unausgebildeten rückwärtigen Truppen eingeschifft, um sie aus der Schußlinie zu bringen. Nun traf ihn der Schlag mit voller Wucht: die Engländer zogen samt und sonders ab.

Aber Gort, ein Feldsoldat, hatte keinen Sinn für politische Verwicklungen. Das mußten die Regierungen von England und Frankreich unter sich klären. Er machte das Abrial unumwunden klar.

Abrial war in seinem Hauptquartier in Bastion 32 außer sich. Vor Kapitän zur See Harold Henderson, dem britischen Marineverbindungsoffizier, rief er aus: »Für wen hält sich dieser Lord Gort eigentlich? Wenn nötig, schließe ich den ganzen Hafen und setze Gort hinter Schloß und Riegel.«

Gort, der in La Panne davon nichts wußte, suchte Trost im Dienst. Durch ein Megaphon leitete er wie ein Küstenmeister die Aufstellung der Truppen in Reih und Glied, und er steckte den Quartiermeister der 25. Infanteriebrigade, Hauptmann Nibbs, nicht nur in die Verteidigungsstellung, sondern gab ihm auch noch persönlich Unterricht am Maschinengewehr.

Kapitän Henderson dagegen mußte in Bastion 32 rasch handeln. Er bat Admiral Abrial, nichts zu überstürzen, und setzte sich mit Admiral Ramsay in Dover in Verbindung. Er legte ihm dar: »Die Evakuierung läuft nun schon Tage, aber niemand hat dem Admiral etwas gesagt.« Und er forderte weiter, nicht nur Abrial sollte von seiner Regierung auf dem laufenden gehalten werden, sondern auch die französischen Truppen sollten gleiches Recht bei der Einschiffung haben.

Er schloß: »Nehmen Sie an, französische Truppen versuchten britische Schiffe zu stürmen. Das gäbe den häßlichsten internationalen Zwischenfall. So etwas müssen wir vermeiden.« Zu seiner Erleichterung stimmte auch Ramsay ihm zu. Von jetzt an wolle der Admiral das selbst mit Churchill besprechen.

Henderson legte den Hörer auf, noch immer bedrückt von der Ungerechtigkeit. Abrial standen, wie Henderson wußte, nur zwei Divisionen zur Verfügung, um den französischen Abschnitt des Brückenkopfes zu besetzen. Seine infanteristischen Reserven waren so knapp, daß die Besatzung des Torpedobootes »L'Adroit« die einzige Besatzung des westlich gelegenen Forts Mardyck bildete. Er konnte auch den gequälten Vorwurf Abrials nicht vergessen: »Sie sind Ihrem Land zur Treue verpflichtet. Aber Sie sind auch Mitglied meines Stabes — können Sie nicht soviel Loyalität aufbringen, mir zu sagen, was vorgeht?«

Ein anderer litt auch, wenn auch aus anderen Gründen. Generalmajor Baron von Richthofen auf dem Flugplatz St. Pol bekam schlechte Nachricht. Nach dem vielversprechenden Anfang der Stukas am Vortag meldeten seine Aufklärer nun: über dem Kanal verbreitet sich Waschküchennebel.

Richthofen rief sofort Major Dinort auf dem Flughafen Beaulieu an. Dinort solle unverzüglich mit seinem gesamten Geschwader Dünkirchen angreifen. Aber nach einer Stunde war Dinort zurück — mit der Bombenladung. Der Nebel war undurchdringlich. Ein Einsatz hätte schwerste Verluste bedeutet.

Aber Richthofen beharrte auf seinem Befehl, in St. Pol war das Wetter wunderbar. Als Dinort, um ihn zu besänftigen, einen neuen Start versprach, antwortete Richthofen eisig: »Ich habe nichts anderes erwartet.« Auch als Dinort zum zweitenmal unverrichteterdinge zurückkam, wollte der Baron ihm nicht glauben: »Hier ist vollkommen klares Wetter. Ich kann mir nicht vorstellen, daß es dort so schlecht sein soll.«

Dinort spielte gemächlich seinen Trumpf aus, den er sich aufgehoben hatte: »Darf ich vorschlagen, daß Herr General mit uns fliegen, um sich selbst zu überzeugen?« Er, der kein Feigling war, fand, die Stukas brauchten weitere Ausbildung in der Bekämpfung von Schiffszielen.

Er bekam auf seinen Vorschlag keine Antwort, Richthofen ging brummend in sein Dienstzimmer zurück. Bald mußte ja das Wetter aufklaren, und dann sah man weiter. Was Lord Gort und seine Armee betraf, so hatte er noch gar nicht richtig angefangen.

An der Küste von Kent waren die Menschen über Nacht reifer geworden. Hatte Churchills Vorhersage von »harten und düsteren Zeiten« diese Entwicklung eingeleitet, so verstärkte nun ihre Entschlossenheit, was sie selber sahen. In Tagen, ja in Stunden konnten die weißgrauen Klippen von Dover Front werden.

Die Zeitungen hielten sich an die bekannten Tatsachen — wie es die Sicherheit vorschrieb. Die »Times« brachte auf Seite 6 die Schlagzeile: »Der König grüßt die RAF, unsere Herzen sind in dieser Stunde der Gefahr bei euch.« Der »Daily Expreß« schrieb: »Das britische Expeditionskorps erzwingt kämpfend schmalen Durchgang nach Dünkirchen.« Journalisten an Ort und Stelle, wie Reg Foster vom »Herald«, fanden es anders. In die Fernsprechzelle eines Gasthofes drang, während er Belangloses sprach, ein Major der Abwehr ein und hörte sich jedes Wort an.

Foster konnte allerdings seinen Lesern nicht berichten, daß niemand ohne einen militärischen Paß dieses Gebiet betreten oder verlassen durfte, daß alle Briefe zensiert wurden und daß im Verlauf der nächsten Tage 48 000 Schulkinder aus dem Küstengebiet evakuiert würden.

Manche aber sahen immer noch rosig. George Youden, ein höherer Beamter, kontrollierte in einem Omnibus, der belgische Flüchtlinge zur Überprüfung ihrer Verhältnisse zum Rathaus von Dover brachte, die Passagiere, als der Auspuff eines Wagens knallte. Einer Belgierin gingen die Nerven durch, sie sprang auf und schrie: »Fliegerangriff!« Youden kanzelte sie väterlich ab: »Madame, beruhigen Sie sich, bei *uns* gibt es so etwas nicht.«

So optimistisch waren nur wenige. Der Hafen war im Gegensatz zu Dünkirchen nebelfrei, aber trotz der Sonne, die wärmend auf die alten Kreidefelsen schien, und trotz der Möwen, die über der Stadt schrien, ahnten die Bewohner Unheil.

Weiter landeinwärts standen ausgediente Lastwagen und Bauernfuhrwerke zwischen den rosaroten und weißen Apfelblüten über die Felder verstreut, um Gleitflugzeuge am Landen zu hindern, und die Heimwehren, eine neuaufgestellte Truppe von 250 000 Mann, bewehrte sich mit Mistgabeln, Golfschlägern und Jagdgewehren, die Männer zu besiegen, die Lord Gorts Armee zermalmt hatten.

Es war allgemein bekannt, daß im Hafen von Dover Heizer, die durch Überbelastung den Verstand verloren hatten, in Zwangsjacken aus den Maschinenräumen geführt worden waren, daß Matrosen, die im Café von Miß Dora Woodward schwarzen Kaffee bestellt hatten, vor Erschöpfung über dem Tisch eingeschlafen waren, noch ehe der Kaffee vor ihnen stand, daß Direktor George Evans im Grandhotel auf den Gängen und in den Badezimmern Betten für die schlaftrunkenen Marineoffiziere aufschlagen ließ.

Man wußte auch, daß sich die Truppen in schlechter Verfassung befanden, daß sie schmutzig, fußkrank und viele Soldaten schwer verwundet waren. Im Behelfskrankenhaus in der Union-Street arbeitete Dr. Gertrude Toland mit ihren Leuten

Tag und Nacht, alle halbe Stunde gab es eine Operation. Im Marinebahnhof Dover arbeitete Leslie Annand mit seinen Kollegen genauso hart und fertigte alle zwanzig Minuten einen Zug mit hundemüden Tommies nach London ab. Nicht alle waren auf diese Reise versessen. Im Hippodrom von Dover mußten die gewaltig trinkenden Soldaten, die sich in Scharen an Mrs. Edith Chaplins Bar drängten, bei jeder Vorführung gewaltsam davon zurückgehalten werden, in Prinz Mikados Löwendressurakt einzudringen, wo das grauhaarige Raubtier als Hauptsensation ein Stück rohes Fleisch auf dem Busen eines fast nackten Mädchens fraß.

Manche erkannten Anzeichen für Schlimmeres. Der Heizer Arthur Parry von S.M.S. »Halcyon« sah in einer seiner raren Atempausen um die Sockel sämtlicher Kräne im Dock ringsum niedere Holzkeile von etwa 45 Zentimeter Durchmesser. Auf Parrys Frage antwortete ihm ein Matrose schlicht: »Das ist Schießbaumwolle. Wenn die Deutschen kommen, fliegt das alles in die Luft.«

Parry schluckte. Er war in Dünkirchen gewesen und von Dünkirchen wieder zurückgekommen; die Lage mußte noch schlimmer sein, als er gedacht hatte.

Für Mrs. Rosa Bishop auf dem Bahnhof Ramsgate lag das Unheil in ihrer eigenen kleinen Welt. Zwei Tage und zwei Nächte hatte sie den Bahnhof nicht verlassen, und nun verschwammen die Gesichter in eine flirrende Unwirklichkeit. Britische Gesichter, müde und unrasiert, französische Gesichter, dunkel und schmal, im Mundwinkel die Caporal-Zigarette, marokkanische Gesichter, gekrönt von bunten Turbanen, alle gierig auf einen Becher Tee — aber niemals das Gesicht des Feldwebels Tom Bishop.

Die Männer waren am Zusammenbrechen, sie wußte es. Ein Offizier hatte sie gewarnt: »Gehen Sie von hier weg, bei Luftalarm gibt es hier ein furchtbares Blutbad.« Aber Mrs. Bishop war geblieben. Sie hatte ihre gesamte Familienunterstützung abzüglich der Miete für Schokolade und Tabak für die Soldaten ausgegeben, hatte sich zum Briefkasten geschleppt und ihre Briefe weggebracht und sich nachts in ihrem Eisenbahnwagen zum Schlafen niedergelegt.

Ursprünglich hatte sie geglaubt, Tom sei in einem anderen Hafen gelandet. Inzwischen mußte sie sich damit begnügen, den Männern anderer Frauen die Fürsorge zukommen zu lassen, die sie ihrem eigenen Mann nicht geben konnte.

Morgens hatte sie auf dem Bahnsteig einen weinenden Soldaten gesehen, und da bekam ihre Zuversicht den bisher härtesten Stoß. Sie hatte ihm gesagt: »Seien Sie doch dankbar! Sie sind daheim, und Sie leben noch.« Aber der Mann antwortete: »Alle meine Kameraden, die von den Deutschen nicht mit Bomben und Artilleriefeuer getötet wurden, sind im MG-Feuer umgekommen.«

Zum erstenmal kroch kalte Furcht über ihr Herz: »Wenn Tom nicht zurückkäme — das wäre für mich das Ende.«

Für den Kapitänleutnant Bill Tower, der gerade aus Liverpool kam, schien das Leben jetzt anzufangen. Endlich einmal erwartete ihn keine langweilige Aufgabe beim Ersatztruppenteil. Vielmehr wurde der blonde junge Offizier mit einer Reihe von anderen und dem buntesten Haufen von Zivilisten, der je auf eine Seekarte geblickt hatte, der Sammelstelle für Kleinfahrzeuge unter Fregattenkapitän Eric Wharton zugeteilt und mit der Führung eines motorisierten Landungsbootes betraut. Im kleinen Fischereihafen, 27 Kilometer nördlich von Dover, gab es die niederen Kaianlagen, die man für diese kleinen Boote brauchte.

Tower hatte sie dichtgedrängt, Kiel an Kiel auf der blinkenden Wasserfläche liegen sehen — salzverkrustete Fischdampfer von der Ostküste, schnelle Motorbarkassen der Armee, schlanke Kreuzerjachten und Rettungsboote.

Für diesen jungen Offizier mit einem starken Willen war das eine einmalige Chance. Er hatte immer geglaubt, in einem zukünftigen Krieg könnten die Kleinfahrzeuge große Leistungen vollbringen. Der Kapitän war eng mit seiner Maschine verbunden, es gab kein Problem, das er nicht eigenhändig hätte lösen können. Tower war ein begeisterter Bastler, nicht nur wenn es um »The Top« ging, seinen blauen Renault, sondern auch an den Klapperkästen, mit denen er sich bewegt hatte, bevor ihm seine Schwester Penelope den Renault geschenkt hatte — wie etwa das alte, baufällige Auto, das er »Popeye« (Glotzauge) getauft und für dreißig bare Schillinge erstanden hatte.

Kleinfahrzeuge brauchten die rasche Entschlußkraft, die Tower besaß. Als ihm einmal bei einer Einladung auf dem Land die Hosenträger gerissen waren, hatte er sich sogleich ein Paar neue angefertigt, wozu er eine Bilderschnur im Schlafzimmer entsprechend verkürzte. Während seines Urlaubs hatte er von den Vorzügen kleiner Schiffe gesprochen, und nun war die Chance da. Sobald er konnte, mußte er nach Hause schreiben und seinen Eltern, dem Pfarrer einer Landgemeinde in Hertfordshire und seiner Frau mitteilen, er habe es geschafft. Und Penelope durfte er auch nicht vergessen. Die Towers hatten immer zusammengehalten — Freunde und Verwandte nannten sie »die lustigen Vier.« Nun erhielt Tower zusammen mit den anderen im Marinestützpunkt Ramsgate die letzten Anweisungen des Einweisungsoffiziers. Sie konnten Proviant empfangen, aber nicht alle bekamen Schiffskarten, denn Wharton hatte wenig. Die Rationen waren karg — ein paar Büchsen Cornedbeef und Benzinkanister mit Wasser. Viel war zu tun und wenig Zeit, es zu tun.

Der nette und tüchtige Wharton sprach ein paar aufmunternde Worte. »Am wichtigsten ist, ausgebildete Soldaten zurückzubringen, die andere ausbilden können — denken Sie immer daran. Und nun ab mit Ihnen, viel Glück, und steuern Sie dorthin, wo die Geschütze donnern.«

Als Tower und die anderen zu ihren Schiffen gingen, verstanden sie, was der Fregattenkapitän gemeint hatte. Dumpf und drohend, wie ferner Donner, näherte sich das Geschützfeuer; es hallte über das Wasser und rüttelte an den Fenstern der stillen, vornehmen Hotels auf der Promenade von Ramsgate. Dreihundert Geschütze erhoben gemeinsam ihre Stimme wie zornige, grollende Götter, während sie die allerletzte

Verteidigungsstellung säumten, die unsterblichen, unvergänglichen Geschütze von Dünkirchen.

Nun liefen die Schiffe aus allen Häfen zu ihrer tollkühnen und wahnwitzig anmutenden Rettungsaktion — aus Ramsgate und Margate, aus Dover, Folkestone und Portsmouth, aus Sheerness und die Flüsse herab. Ihr Kielwasser rauschte wie Sensen in feuchtem Gras, dünne Rauchwolken stiegen zum Himmel empor. Es war eine Flotte von fast tausend Schiffen.

Nie gab es eine solche Kriegsflotte. Da war der Zerstörer »Harvester«, als Exportlieferung für ein fremdes Land gebaut, die Anweisungen für seine Feuerleitung waren portugiesisch, da war die »Count Dracula«, die Barkasse des deutschen Admirals Ludwig von Reuter, die 1919 in Scapa Flow versenkt und später gehoben worden war, da war die bewaffnete Jacht »Grive«, deren Kapitän, der Ehrenwerte Lionel Lambert, einen eigenen Leibkoch mitbrachte, da war die »Canterbury«, das mit Schmuck übersäte Fährboot, das am Rennen um die schnellste Kanalüberquerung teilgenommen hatte, mit Erinnerungsgaben der Prinzessin Paul von Jugoslawien, da war die »Letitia« von Arthur Dench, ein winzig kleines Boot, das über die schlammigen Strecken von Essex gefahren war und wie eine Seemöwe auf dem Wasser lag.

Und noch andere glitten über das Wasser, die Themse-Klapprahm* »Galleons Reach«, die nicht dafür gebaut war, Menschen aufzunehmen, sondern Baggerschlamm, die Jacht »Endeavour« von Tom Sopwith, der Fischdampfer »Jacinta«, der aus Fleetwood stammte und nach Kabeljau stank, das einst auf dem Yangtse eingesetzte Kanonenboot »Mosquito«, dessen Bewaffnung ursprünglich auf die Abwehr chinesischer Flußpiraten eingerichtet war, die »Reiger«, eine holländische Schute, die nach Zwiebeln roch und noch mit Geranientöpfen geschmückt war und riesige Kojen für riesige Männer hatte, der Küstendampfer »Dumpling« aus Deal, der

* Klapprahme sind flache Arbeitsfahrzeuge mit Klappen an den Seiten und am Boden zum Entleeren des Baggerschlammes.

zur Zeit Napoleons gebaut worden war, dessen Kapitän aber erst siebzig Jahre alt war.

Als diese Armada von Nußschalen nach Dünkirchen auslief, würgte es sogar im Dienst ergraute Marineoffiziere in der Kehle. Es war absurd und wunderbar. Nie hatte es in der Geschichte der Marine Gleiches gegeben. Der Navigationsoffizier des Zerstörers »Malcolm«, Kapitänleutnant Ian Cox, war auf seiner Brücke den Tränen nahe, als er die Flotte kommen sah, angeführt von der »Wootton«, einer alten Autofähre von der Insel Wight, die wie ein abgesägter Landungssteg auf dem Wasser lag. Mit erregter, zitternder Stimme zitierte Cox dem Matrosen neben ihm die klassischen Zeilen aus Shakespeares Heinrich V., gesprochen vor einem anderen Angriff auf die Küste Frankreichs:

»Und Edelleut' in England, jetzt im Bett,
verfluchen einst, daß sie nicht hier gewesen,
und werden kleinlaut, wenn nur jemand spricht,
der mit uns focht am Sankt-Crispinus-Tag.«

Wie die Schiffe, so die Besatzung. Reiche und Arme, Berühmte und Unbekannte, der buntscheckigste Haufen, der je auf Fahrt gegangen war, bildete diese Flotte der Barmherzigkeit. Der Earl of Craven diente als dritter Ingenieur auf dem Bergungsdampfer »St. Olave« ... ein Dominikaner-Mönch in einem Seemannspullover führte die Jacht »Gulzar« ... »George«, ein alter Seebär und Hochbootsmann auf dem Prisendampfer »Ocean Breeze«, trug unter seinem Stahlhelm nach wie vor seine goldenen Piratenohrringe ... »Potato« Jones, der 67 Jahre alte Kapitän der »Marie Llewellyn«, war berühmt geworden, als er während des spanischen Bürgerkrieges die Blockade Francos durchbrach.

Es gab keine Altersgrenze. Im Schleppdampfer »Sun IV« verbarg sich der vierzehn Jahre alte Küchenjunge Ronald Pridmore ohne Wissen des Kapitäns Charlie Alexander unter Deck, entschlossen, seine Männlichkeit durch andere Dinge als durch Rasieren zu beweisen. Der Oberstleutnant Charles Wharton aus Oulton Broad in Suffolk dachte ähnlich. Wegen seines Alters von sechzig Jahren war seine Reaktivierung abgelehnt worden, aber wenn er auch bequemlichkeitshalber Segeltuchschuhe trug, so wollte er es »denen« doch zeigen, daß dieser Krieg auch ein Krieg für die Alten war.

Rasse und Hautfarbe waren gleich, denn es war eine internationale Flotte, eine echte Vereinigung von Nationen. Der Kalifornier John Fernald führte eines der zwölf Rettungsboote, die der Schlepper »Racia« zog, Dick Jacobus Hoogerbeets, ein junger Werftarbeiter aus Ijmuiden, diente auf Motorboot 74, der chinesische Steward Ah Fong brachte Kapitän Lewes auf der Brücke der »Bideford« den Tee, eine Besatzung aus Stornoway* mit einem eigenen gälischen Dolmetscher, diente auf dem Minenräumboot »Fitzroy«, der Heizer Ali Khan schaufelte im Heizraum der »Dorrien Rose« Kohlen, als hänge sein Leben davon ab.

Auch die Stimmung war einzigartig — es war die grimme Lust des Spielers, der seine ganze Habe bei der letzten Drehung des Rouletts riskiert. Als das Motorboot 67, ein Veteran aus dem ersten Weltkrieg, mit einem Kompaß, der um 20 Grad abwich, auf Dünkirchen losstürmte, jubelte Kapitänleutnant Courtney Anderson beinahe vor Freude. Die ganze Verpflegung der Besatzung bestand aus einer Arzneiflasche mit gemälzten Trockenmilchtabletten, die seine Schwiegermutter gestiftet hatte, aber heute war das Leben eine Lust.

Als Anderson einen alten Freund, den Kapitänleutnant Chris Dreyer entdeckte, der einen Brigadegeneral aus Dünkirchen im Motorboot 102 wegbrachte, rief er hinüber: »Entschuldigen Sie bitte, können Sie mir den Weg nach Dünkirchen sagen?«

Dreyer ging darauf ein und zeigte mit dem Daumen hinter sich: »Das liegt dahinten, Sie können es nicht verfehlen, es

* Stornoway ist eine Hafenstadt auf der Hebrideninsel Lewis.

steht in Flammen.« Als der Brigadegeneral vor Entrüstung rot wurde, hatten beide Kapitäne ihr Vergnügen.

Nicht alle dieser Außenseiter hatten das Formular T 124 unterschrieben, das sie für einen Monat zu Freiwilligen der Kriegsmarine machte. Vielen war ihre Unabhängigkeit lieber. Einige waren jedenfalls trotz amtlicher Bedenken dabei: Die Stewardeß Amy Goodrich, die einzige Frau, die für Dünkirchen eine Auszeichnung bekommen sollte, erklärte, sie werde solange fahren, wie die Krankenschwestern auf dem Lazarettschiff »Dinard« führen. Die meisten hatten Anspruch auf eine Dienstentschädigung von drei Pfund, aber wenige machten sich die Mühe, das Geld abzuholen. Sie hatten sich einem einzigen, unwahrscheinlichen Auftrag verschrieben: der Rettung der britischen Armee.

Ihre Berufe waren so vielfältig wie ihre Kleidung. Der Schiffsingenieur Fred Reynard hatte einen Admiral dazu überredet, daß seine Besatzung das Motorschiff »Bee« übernehmen durfte; er trug einen Pullover mit V-Ausschnitt und blaue Arbeitshosen. Ein Angestellter der Bank von England, Wilfred Pym Trotter, trug ziemlich das gleiche, aber gekommen war er, als habe er in der City zu tun — mit steifem Hut, gestreiften Hosen und Regenschirm. Dr. Basil Smith, ein hitziger, kleiner Bücherrevisor, der die »Constant Nymph« führte, trug eine wattierte Golfmütze, einen Sakko und einen Rettungsgürtel, der so dick war, das Smith dreißig Zentimeter vom Steuer wegbleiben mußte. Raphael de Sola, einer der reichsten Börsenmakler Londons, trug den korrekten Dreß des Londoner Königlichen Jachtklubs: einen blauen Regenmantel aus Gabardine, gefüttert mit rotem Flanell, und die Segelmütze mit dem Klubabzeichen.

Kapitän Lemon Webb auf der »Tollesbury« war alltäglicher gekleidet: alte Segeltuchhosen und Pullover, auf dem Kopf den zerknautschten Filzhut. Er zog sich wegen dieser Veranstaltung nicht besonders an.

Der alte Seemann hatte sich, seit er seiner Frau die Postkarte geschickt hatte, mit der Lage abgefunden; das Schlimmste war eigentlich das Warten gewesen. Zuerst hatte der Schlepper die Leichter vom Cory-Kai ins Hafenbecken von Tilbury gezogen, dort wurde Proviant übernommen, und dann folgte eine weitere lange Schleppfahrt nach Southend. Als Webb dann endlich von Southend nach Dover unterwegs war, sah er die große Flotte hinter der nördlichen Landspitze im feinen, feuchten Nebel verschwinden. Er nickte befriedigt, er hatte recht behalten.

Webb, ein Mann, der sein ganzes Leben nach den Gesetzen der Themse gelebt hatte, war trotzdem ein Rätsel für seine Freunde. Er war ein so guter Seemann wie jeder andere auf der Themse, und seine Erfahrungen reichten in die Zeit zurück, wo die Leichter fünf Meter hohe Strohballen transportiert hatten und der Kapitän das Schiff nach Gefühl und nach den Anweisungen steuerte, die der Matrose aus der Takelung herunterschrie.

Aber Webb spann selten sein Seemannsgarn in der Quay Street in Ipswich im »Bull« oder im »Union Jack«. Er gab nur rasch eine Runde für die Besatzung aus und ging dann, oft ohne einen Schluck Bier getrunken zu haben, zu seinen rosa und blutroten Rosen nach Hause.

Webb stand stämmig und unerschütterlich am Steuer und dachte sich, wenn etwas Schreckliches geschehe, könne es kaum schlimmer sein als das Leben, das er kannte. Als noch 9000 Leichter auf der Themse im Bereich von London fuhren und jede kleine Zementfabrik am Medway* in der Grafschaft Kent ihre eigenen Boote besaß, hatte Webb von der Hand in den Mund gelebt und die Londoner Docks bei der Auftragssuche bis auf den letzten Winkel kennengelernt. Wohl hatte er eine geschichtliche Entwicklung miterlebt, als er Mais für die alten Pferdebusse fuhr und Fracht um Fracht rote Ziegelsteine beförderte, mit denen die westlichen Vororte Londons erbaut wurden, aber nie hatte er soviel verdient, daß es ihm gut ging.

* Medway, rechter Zufluß der Themsemündung, 113 km lang.

Der erste deutsche Stoßtrupp, der den Strand der Hafenstadt Dünkirchen erreicht (oben, 1). Die Pak geht in Stellung (unten, 2).

Da die rettenden Schiffe die flache Küste bei Dünkirchen nicht direkt anlaufen konnten, versuchten die englischen Soldaten, sie über alte Landungsbrücken zu erreichen (oben, 4), oder sie bauten aus ins Wasser geschobenen Lastwagen Behelfsbrücken, um zu den im Meer ankernden Schiffen zu kommen (unten, 5).

Französische Soldaten ergeben sich (oben, 6). Nach der Einnahme von Dünkirchen am 4. Juni 1940 werden englische Gefangene abgeführt (unten, 7).

22. Mai 1940: Deutsche Bomber überfliegen das zerstörte Dünkirchen (10).

Der Strand von Dünkirchen nach dem Rückzug der englischen Armee (11).

Der damalige Oberbefehlshaber der Kriegsmarine, Großadmiral Erich Raeder, besichtigt nach der Einnahme von Dünkirchen mit seinem Stab die zerstörte Innenstadt (oben, 12). Reichsorganisationsleiter Dr. Ley auf der Fahrt durch das eroberte Dünkirchen (unten, 13).

In den schlimmsten Zeiten war er bis zum Morgengrauen wach geblieben und hatte auf die Flut gewartet. Die Ankerkette hatte er mit Lumpen umwickelt, damit die nebenan liegenden Leichter, deren Kapitäne fest schliefen, ihn nicht hören konnten. Die Erfahrung, die aus einem leeren Magen kam, hatte ihn gelehrt, daß der Leichter die Fracht erhielt, der zuerst kam.

Damals mußte ein Topf mit vierzehn Pfund gesalzenem Schweinefleisch drei Wochen für die Besatzung reichen — Webb fand, bei dieser Fahrt seien sie besser versorgt. Die Matrosen in Southend hatten bei der Abfahrt kaltes Fleisch, Schiffszwieback und Kanister mit Wasser an Bord gebracht.

Der alte Leichter war so gut ausgerüstet wie jedes andere Schiff dieser Fahrt. Trotz aller Mühe von Kapitän zur See Wharton in Ramsgate, trotz allem, was Konteradmiral Alfred Taylor, der Verbindungsoffizier von »Dynamo« in Sheerness, tun konnten, machte sich Schiff um Schiff mit Proviant und Ausrüstung auf den Weg, die kaum für eine gemütliche Fahrt die Themsemündung aufwärts gereicht hätten.

Dr. Basil Smith und zwei Heizer waren mit der Motorjacht »Constant Nymph« bereits vor Dünkirchen und brachten Fuhre um Fuhre französischer Truppen zu der holländischen Schute »Jütland«. Das vertrieb den Hunger. Die Kriegsmarine hatte sie mit einem Stück Ochsenlende und einem Sack Kartoffeln versorgt, aber das kleine Boot besaß nur einen zweiflammigen Primuskocher.

Wilfred Pym Trotter auf dem »Clacton«-Rettungsboot ging es ebenso. Es gab nur eine Möglichkeit, den Tee zuzubereiten, nämlich einen Kessel mit Wasser, Tee und Milch im Schornstein aufzuhängen und zu warten, bis das zweifelhafte Getränk aufkochte.

Es war auf allen Schiffen das gleiche. Die Kriegsmarine hatte von der Sammelstelle der Admiralität für Kleinfahrzeuge bis zu Ramsays Stab fieberhaft gearbeitet, um alle Kleinfahrzeuge heranzuziehen. Die Bootsbauer Jack und Pat Powell gehörten zu einer Arbeitsgruppe, die in Sheerness pausenlos gearbeitet hatte, um die Schiffe einsatzbereit zu machen. Dabei wurde ihnen niederdrückend klar, daß volle zwei Fünftel davon nie zu Wasser gelassen waren.

Als die beiden Powells nun nach Dünkirchen unterwegs waren, sahen sie, was kommen mußte. In der Motorjacht »Reda« versagte das Motorbediengerät noch ehe Dover außer Sicht war. Pat Powells Bootsmaat mußte deshalb das alte, schwache Gerät mit der Hand bedienen. Jack Powell auf der »Cordelia«, die einen Zwillingsmotor hatte, war am Ende seiner Kunst. Der Kajütenkreuzer leckte in allen Fugen, und nur eine Maschine sprang an.

Die kleinen Schiffe, die die Kriegsmarine bediente, waren nicht besser. Oberleutnant zur See Alfred Weaver hatte kaum Ramsgate verlassen, als die Maschine der »Quijijana« zu brennen begann. Weaver löschte den Brand mit dem Handfeuerlöscher, aber als Dünkirchen in Sicht kam, lief Wasser in den Vergnügungsdampfer mit seinem gelben Kamin. Die Bilgenpumpe versagte, und Weaver mit seiner Besatzung schöpften das Wasser mit Mützen aus.

Dabei entdeckte Weaver ein Messingschild an der Reling: »Berechtigt zur Fahrt zwischen Chertsey und Teddington.« Nun begriff er. Diese Themsestrecke war nur fünfundzwanzig Kilometer lang.

Die Bewaffnung war primitiv. Kapitänleutnant Hubert Wigfull auf der Jacht »Chrystobel II«, dem Spielzeug eines reichen Mannes, hatte ein leichtes Maschinengewehr und als einzige schwerere Waffe eine Salutkanone aus dem Jahr 1890, die auf einem Winkel von 45 Grad festgestellt war. Andere Schiffe hatten noch weniger Feuerschutz. Der Frachter »Roebuck«, der auf der Route zu den britischen Kanalinseln eingesetzt war, hatte gerade im Hafen Weymouth Narzissen und neue Kartoffeln ausgeladen, als der Befehl zum Auslaufen kam. Das alte Schiff war noch nicht einmal entmagnetisiert, der Rumpf war zum Schutz gegen magnetische Minen bloß mit Leitungsdraht umwickelt, aber Kapitän Wilfred Larbalestier machte sich wortlos auf den Weg.

Kapitän Richard Pitman auf dem Truppentransporter »St. Helier« blieb ohne Verbindung mit der Umwelt; nach einigen schlimmen Fahrten hatten zwanzig Mann seiner Besatzung abgemustert, so daß er jetzt halbwegs vor Dünkirchen nicht einmal einen Funker hatte. Nach einigem Suchen in der Funkkabine ließ Pitman den Ingenieur Dick Dougal und den zweiten Steuermann Frank Martin kommen und tippte versuchsweise auf eine Taste. Eine blaue Stichflamme fuhr wie ein Irrlicht durch die Funkkabine, und die drei Männer gaben ihre Versuche auf. Die »St. Helier« setzte ihre Fahrt ohne Funkverbindung fort.

Die jammervollen Mängel mußten jeden verzagen lassen. Die »beträchtlichen Mengen Verbandszeug«, die Charles Jackson aus Gravesend auf dem Schlepper »Sun IV« und seiner Mannschaft von Rotkreuzfreiwilligen zugesagt waren, waren ausgeblieben, und die angekündigten Verbandscheren erwiesen sich als Nagelscheren. Kurzerhand zogen sich die Männer ihre Unterwäsche aus und zerschnitten sie zu Binden. Der Kapitän Charlie Alexander durchstöberte Schränke und Schubladen. Bald darauf zerschnitten sie Handtücher, Kissenbezüge und auch die Hemden des Kapitäns.

Nun näherten sich die kleinen Schiffe der Küste. Sie spürten Dünkirchens Wirklichkeit.

Der dreißig Kilometer lange Küstenabschnitt lag im Nebel und hallte vom Lärm wider wie ein Irrenhaus. Armee und Marine hatten gemeinsam versucht, etwas Ordnung in das Chaos zu bringen. In der Reihe, in der Unteroffizier Jack Boxey stand, mußten alle auf einem Knie hocken, um ein Vordrängen zu hemmen. Aber trotzdem bewegten sich die langen Kolonnen von Männern, die in endlosen Reihen auf dem harten Sand standen, so langsam voran, daß der Unteroffizier Bert Parks von der Nachrichtentruppe eine ganze Nacht in Reih und Glied schlafen konnte. Als er morgens erwachte, war die Schlange keinen Zentimeter vorangekommen.

Das System des Anstellens hatte sich geändert. Die Angst vor den Bomben hatte vielen den Drang zu dem mit einer

Ölschicht bedeckten Wasser genommen. Es gab jetzt weniger Reihen zu dreien, die bis tief ins Wasser hineinreichten, und mehr Reihen, die acht Mann breit bis an den Rand des Wassers standen.

Die Evakuierung von der offenen Küste aus war vom ersten Augenblick an eine schauderhafte Arbeit – nur 98 000 Mann wurden bei der ganzen Aktion so in Sicherheit gebracht. Trotz des Geschicks der britischen Marinetruppen, die überhaupt die Evakuierung ermöglichte, brachte die Hilflosigkeit der Landratten den kleinen Schiffen Sorge um Sorge.

Ein paar lernten die einfachsten Tricks: Nichtschwimmer, die im Wasser anstanden, mußten ihre Uniform aufknöpfen, damit das Wasser sie nicht unterspülte oder aufplusterte und aus dem Stand hob. Mit dem Vordermann verband der »Dünkirchen-Griff«, wie ihn der Gefreite George Hill von den Lincolns nannte: die rechte Hand umfaßte die linke des Vordermannes, die linke umklammerte seine Schulter.

Trotzdem erforderte oft das Anstehen die ganze Stärke eines Mannes. Als der Obergefreite Guy Cobbett nach einem unruhigen Schlummer morgens aufwachte, war der Mann vor ihm stillschweigend verschwunden. Den Pionier Alf Bate peinigt die Erinnerung, wie beim Wechsel der Gezeiten die im Wasser treibenden Leichen beharrlich die anstießen, die ihren Platz noch stehend behaupteten.

Wer die Augen offen hielt, sah, daß die Nähe der Schiffe die Dinge noch schlimmer machte. Der Heizer Walter Perrior beobachtete vom Deck des Zerstörers »Impulsive« eine Schreckensszene in Zeitlupentempo: Männer in voller Ausrüstung wateten, die Gewehre hoch über dem Kopf haltend, auf das Schiff zu. Sie wateten und wateten weiter, bis das Wasser sie verschlang. Der Segler Richard Betts von einem Boot der »Medway Queen« stieß auf den ruhigsten Mann von allen – einen Blinden, der seine Hand ergriff und mit schweigender Zuversicht ins tiefe Wasser folgte.

Manchen spornte die Lage zu heldischen Leistungen an. Der 29 Jahre alte Fischer Harry Brown sah, wie zweihundert

Meter vom Küstenboot »Gipsy King« ein Flachkahn mit einem Dutzend Soldaten unter einem Geschoßhagel unterzugehen drohte. Er sagte zu seinem Kapitän Alf Betts: »Ich hole sie.« Die Splitter peitschten das Wasser zu weißer Gischt auf; Brown sprang mit einem Strohseil um die Hüften ins Wasser und schwamm zu den bedrängten Tommies. Dann befestigte er das Seil an dem Flachkahn und rief Betts zu, ihm ein Schlepptau zuzuwerfen. Alle Mann wurden gerettet.

Neben Betts stand sein Besatzungsmitglied Fred Hook. Er hatte vor zwei Tagen in Deal in der Grafschaft Kent geheiratet, war buchstäblich aus dem Hochzeitsbett aufgescheucht worden und begriff noch immer kaum, daß er hier war.

Immerzu stieß die Navy auf die gleichen Schwierigkeiten: die Truppen kletterten so rasch in die Boote, daß die Besatzungen nicht einmal mehr ihre Ruder bewegen konnten. Der Telegraphist Harold Marsh erlebte es typisch im Ruderboot des Minenräumers »Westward Ho«. Kaum hatte das Boot, von einer breiten Welle getragen, die Küste erreicht, als zwanzig Tommies in voller Ausrüstung wie ein Enterkommando darüber herfielen.

Das Boot schlug in einer schmetternden Gischtwolke um, Marsh und ein Schiffsoffizier strampelten sich frei und schöpften wie die Besessenen mit ihren Stahlhelmen das Wasser, um das Boot wieder klar zu bekommen. Die Soldaten wurden von ihrer mit Wasser vollgesogenen Ausrüstung nach unten gezogen und versanken hoffnungslos wie Steine.

Marsh und der Offizier mußten bis zum Hals ins Wasser waten, um das Boot herauszuziehen und wieder flott zu machen. Dann ruderten sie triefnaß und mit leeren Händen zum Minenräumboot zurück.

Der Feldwebel Sidney Tindle, der in dem pausenlosen Bombenhagel weißhaarig geworden und innerlich zerbrochen war, arbeitete sich zu einem Ruderboot hin. Plötzlich merkte er, wie die Strömung an seinen Beinen zerrte, und der kleine Ire war vor Angst der Ohnmacht nahe. Die Matrosen riefen: »Komm, Feldwebel.« Aber Tindley jammerte: »Ich kann nicht, ich komme keinen Schritt mehr voran.« Als das Boot auf ihn zuschoß, griff er blind vor Panik nach dem Schandeck*.

Das Boot schwankte gefährlich, viele Leben standen auf dem Spiel. Da gab es nur eins: ein Matrose holte aus und schlug ihn so ins Gesicht, daß seine Zähne wie gebrannter Ton brachen. Dann wurde er an Bord gezogen.

Soldaten, die mehr von der Seefahrt verstanden, staunten über manchen Anblick. Der Feldwebel MacDonald Murray lachte sich an seinem Platz in den Dünen halbtot, als er sah, wie sechs Männer verbissen schufteten, wie Droschkenkutscher fluchten, schwitzten, und doch ein Ruderboot nicht einen Zentimeter von der Stelle brachten. Erst durch die Besatzung einer vorüberfahrenden Barkasse erfuhren sie, daß das Boot vorn und hinten verankert war. Nicht weit davon sah der Kanonier Albert Collins, wie andere sich bemühten, ein Boot mit dem Heck voraus zu rudern.

Der Gefreite Alfred Williams und der Unteroffizier Tom Colduck vom Regiment South Lancashire hatten ein Ruderboot gefunden. Williams ruderte mit dem Gewehr, Colduck mit seinem Stahlhelm. So fuhren sie unentwegt im Kreis, bis sie ein Rettungsboot aufnahm. Einige schafften den Weg zum Schiff mit eigener Kraft. Der Obergefreite Frederick Clarke und drei andere erreichten den Zerstörer »Scimitar« in einem Segelboot; zwischen Wasser und Bootsrand lagen nur fünf Zentimeter.

Noch immer hatten nicht alle Truppen die Küste erreicht. Von Schweiß und Schmutz starrend, bahnten sich alle, die nicht bei der Rundum-Verteidigung eingesetzt waren, einen Weg durch den stinkenden Trümmerhaufen des Hafens von Dünkirchen. Durch die Ruinen auf dem Place Jean Bart ... über den Boulevard Jeanne d'Arc ... vorbei an der riesigen ausgebrannten Kirche von St. Eloi. Zwischen dem Donner der Geschütze und dem Heulen der entfernt niedergehenden Bom-

* Schandeck ist der das Oberdeck an der Bordwand abschließende Plankengang eines Schiffes.

ben knirschte es ständig wie von Eissplittern — die Stiefel von Tausenden zermalmten gebrochenes Glas zu feinem Staub. Der Gluthauch der lodernden Feuer war kilometerweit spürbar.

Dünkirchen war eine Stätte der absonderlichsten Gegensätze. Aus einem Spielzeugladen mit weggerissener Vorderfront glotzten Puppen mit totem Blick, in einer Einfahrt hielt ein Glasspiegel einen Franzosen steif aufrecht, in einem verlassenen Wirtshaus zerschlug ein einsamer Soldat Glas um Glas und rief: »Wenn es nichts zu trinken gibt, braucht man auch keine Gläser!« Vor einem Keller, in dem ein Bordell untergebracht war, standen Männer geduldig Schlange. Über den gelb-weißen Trümmerhaufen lag der besondere Geruch Dünkirchens in der Luft, eine Mischung von Rauch, schalem Bier, verwesenden Pferden, Soldatentabak, Pulverdampf, Knoblauch und ranzigem Öl.

Andere werden sich an Dünkirchen als an den Hafen mit den unwirklichen Geräuschen erinnern — an das aufgeregte Tuten der verklemmten Sirene eines Krankenwagens, der während der Ebbe in die See gefahren worden war und dort stehenblieb, an die erschütternden Schreie französischer Kavalleriepferde, die beim Donnern der Geschütze bockten und durcheinanderstoben, an die abgehackten, ständigen Explosionen, die besagten, daß Ausrüstung für ungezählte Millionen vernichtet wurde, und an den quäkenden Ton von Dudelsackpfeifen weit draußen in der Dünung von Bray.

Über allem lag 45 Kilometer breit, anderthalb Kilometer tief und 3500 Meter hoch die schwarze Wolke aus den Tanklagern von St. Pol, wo zwei Millionen Tonnen Öl brannten. Auf den Chefingenieur George Tooley von der »Maid of Orleans« wirkte sie »wie der Tod selbst«.

Einige waren noch zuversichtlich. Der Kolonnenführer Charles Jackson auf der »Sun IV« besah sich den dicken Rauch, der sich mit dem Nebel vermischte und das Land beinahe verdunkelte, und sagte getröstet: »Die brave alte Navy, seht, was sie für eine Rauchwand gelegt hat.«

Der Anblick brachte auch Tapfere zum Zittern. Aber für Augusta Hersey war es der schönste Anblick ihres Lebens. Seit sie Bill Hersey im Schweinestall getroffen hatte, waren sie nicht mehr getrennt worden, das Glück schien endlich auf ihrer Seite.

Ihr Transport hatte tags darauf zum erstenmal gehalten, als sie auch schon auf ein freundliches Bauernhaus stießen. Die Bauersleute, die selbst kaum mehr etwas besaßen, hatten darauf bestanden, das letzte Essen gleichmäßig mit ihnen zu teilen. Es kam auf jeden eine Scheibe trockenes Brot. Als Bill und Augusta Hersey es schweigend aßen, spürten sie, wie sie plötzlich den Tränen nahe waren.

Ihre Glückssträhne war hier noch nicht zu Ende. »Nobby« Clark hatte doch noch Zeit gefunden, Bill die Anfangsgründe des Autofahrens beizubringen, und obwohl Bill nur eine halbe Stunde Übung hatte, war das besser als gar nichts. Als sie in der zweiten Nacht eine Schlafpause machten, war ein deutsches Krad vorbeigefahren und hatte das Unterholz mit einem Hagel von Schüssen bestrichen. An Bill gepreßt hörte Augusta, wie die Kugeln gegen die trockenen Zweige schlugen, aber die Deutschen hielten nicht an, um nachzusehen.

Nun waren sie in der kleinen Stadt La Panne, einst einem Lieblingsort der Maler, in Sichtweite der See. Sie waren auf dem ganzen Weg bombardiert worden, aber Augusta hatte gelacht, die Bomben verfehlten sie jedesmal. In La Panne hatten sie sogar eine kleine Pension an der Küste entdeckt, in deren Nähe Lastwagen parkten. Bill Hersey stöberte gleich einen davon nach Eßbarem durch, während Augusta und die anderen ihm zusahen.

Plötzlich ging mit schrillem Pfeifen wenige hundert Meter entfernt eine Granate nieder. Bill Hersey sprang wie der Blitz vom Lastwagen herunter und landete mit einem Aufprall, der ihm den Atem nahm, auf einem Kettenzaun. Als er aufschaute, hatte er rote Schleier vor den Augen, und dahinter sah er Augusta immer noch in aller Ruhe stehen. Er brüllte: »Hinlegen! Hinlegen!«

Aber Augusta lachte bloß und rief: »Ich bin doch kein Hund.«

Hauptmann Harry Smith, der dabeistand, schüttelte den Kopf — noch nie hatte er eine solche Frau kennengelernt. Ringsum stürzte die Welt ein, aber Augusta Hersey lachte.

Schließlich stellte es sich heraus, daß Bills Suche unnötig gewesen war, denn die Hotelküche setzte ihnen die kompletteste Mahlzeit vor, die Augusta seit Tagen zu sehen bekommen hatte: Roastbeef, Bratkartoffeln, Kohl und dicke Bratensoße. Selbst Bill raffte sich aus seiner Zerstreutheit zusammen und erklärte Augusta: »So ißt man in England.«

Aber Augusta war zu glücklich, um sich daraus etwas zu machen. Sie hatten die Küste heil erreicht. Jetzt konnte es nicht mehr lange dauern.

Die Herseys hatten wirklich mehr Glück, als sie wußten. Die Lebensmitteldepots, die Gorts Stab vorsorglich im Verteidigungsbereich Dünkirchen angelegt hatte, waren für die Männer gefüllt, die die Stellung bis zum letzten halten sollten. Aber für die 50 000 Mann, die, nun auf Schiffe wartend, die von Nebeln eingehüllte Küste geduldig säumten, hatte nichts vorgeplant werden können. Über den zerschlagenen Endbahnhof, den vernichteten Hafen und die überfüllten Straßen kam kein Nachschub mehr. Stunde um Stunde verstrich, und die Tausende an der Küste oder in den Dünen waren dem Verhungern näher als je zuvor.

Von ihren leeren Mägen getrieben, griffen die Männer nach allem, was die Zähne beißen konnten. Der Obergefreite Syd Garner von den Leicesters und seine Kameraden stießen auf vierzehn Pfund Cornedbeef, die mit Dieselöl getränkt waren, und teilten es mit ihren Seitengewehren. In der Einheit des Kanoniers Douglas Hammond entfielen auf jeden Mann genau drei gebackene Bohnen. Hammond bekam eine mehr, weil er die Büchse gefunden hatte. Bestecke, selbst Teller, waren Luxus. Der Gefreite James Wilson hatte auf einem Feldkocher Wurst und Tomaten zubereitet und servierte das den Offizieren in die Hand; sie verschlangen es wie hungrige Hunde.

Andere aßen einfach, was ihnen in den Weg kam. Der Füsilier Tom Blackledge von den Lancashires verpflegte sich mit hohem Kaloriengehalt: mit Reineclauden-Marmelade, die er mit schottischem Whisky hinunterspülte. Die Verpflegung von Unteroffizier Leslie Hannant war weniger schmackhaft: Hustenbonbons mit italienischen Frühjahrszwiebeln. Der Gefreite Joe Brasted von den Suffolks aß weiter landeinwärts an der Kanalstellung hauptsächlich Sahnekeks und eingelegte Essiggurken. Auch die Zuteilungen für Offiziere aus dem Kasino wurden knapp — Hauptmann Geoff Gee und Oberleutnant Richard Everard von den Leicesters hatten zum Frühstück Schokolade und Büchsenspargel.

Viele waren nicht so glücklich dran. Der Gefreite Mervyn Doncom von den Hampshires hatte unter Mißachtung der Befehle seine eiserne Ration aufgegessen und hatte statt Verpflegung seinen Sack voll Uhren durchgeschleppt. Nun legte er ihn mißmutig beiseite und kaute in seinem Hunger den Lederriemen seines Stahlhelms. Feldwebel Leslie Teare tröstete sich mit Tabak. Bisher war er Nichtraucher gewesen, jetzt konsumierte er achtzig Zigaretten am Tag.

Dieser Hunger zeigte manchmal die schlimmsten Seiten der Männer: Hauptmann George Anderson sah, wie sich an der Küste etwa hundert Mann wie Wölfe um einen Laib Brot stritten. Aber noch öfter enthüllte er ihre beste Seite. Der Gefreite Ernest Taylor und seine Kameraden vom 6. Bataillon Green Howards entdeckten ein Versteck mit einem Dutzend Eiern. In einmütiger Abstimmung beschlossen sie, daraus ein Omelette zu backen, damit jeder seinen Anteil bekam.

Manche trösteten sich mit Wunschträumen. Oberstleutnant David Marley und andere Offiziere vom 10. Bataillon der Durham Light Infantry dachten sich eine erlesene Speisenfolge aus: das Getränk war klar, natürlich Sekt, aber sollte es zuerst Hors d'Oeuvre oder geräucherten Lachs geben — und was wäre vorzuziehen, Seezunge Mornay oder Hummer Kardinal? (Sie überlebten Dünkirchen und bestellten sich später in England dieses Menü.) Der Füsilier Arthur Wescombe von den Inniskillings war heimattreuer. Er träumte von einer Schüssel mit Scouse, einem Eintopf aus Fleisch und Gemüse, dem Spezialgericht in Liverpool an der Mersey.

Der Pionier William May sah, wie eine Gruppe von Männern nach einem Schock im Geschützfeuer mit Messer und Gabel hantierten, als nähmen sie eine große Mahlzeit ein. So zu tun als ob, war immer noch eine Zuflucht.

Der Durst quälte die meisten am drückendsten. Mit aufgesprungenen, sandigen Lippen rannten sie aus den Reihen weg in die zerstörten Vororte, um etwas zu suchen, womit sie ihre brennenden Kehlen netzen könnten. Sie saugten an Kieselsteinen, kratzten mit ihren Stahlhelmen in Dachrinnen das Regenwasser zusammen, tranken aus den Wasserbehältern in Aborten. Der Gefreite James Wilson geriet in Verzückung, als er in einer zerstörten Dünkirchener Küche eine Kasserolle mit abgestandenem Eierkochwasser entdeckte.

Gewiß, die Schiffe von Ramsay und die französische Kriegsmarine brachten Kanister mit Wasser an Land, um den Durst der Tausenden zu stillen, aber das waren nur Tropfen angesichts der Menge. Hereward Phillips, Kraftfahrer in einer fahrbaren Kantine des Christlichen Vereins Junger Männer, wirkte in Malo-les-Bains gemäß dem Grundsatz, daß der Engländer seine Tasse Tee bekommen muß. Nun bereitete er ihn etwas anstrengend zu. Eimer um Eimer Wasser holte er aus brackigen Gartenbrunnen und kochte es mit Tee und Büchsenmilch auf, jeweils 140 Liter auf einmal.

Einige schluckten, was ihnen in die Finger kam. Der Gefreite John Feaveryear von den West Kents glaubte, eine glühende Kohle verschluckt zu haben. Er hatte einen tüchtigen Zug aus einer Flasche mit Worcestershire-Sauce genommen. Der Funker John Butchard trank kräftig aus einer Weinflasche und spie dann hustend Desinfektionsmittel aus. Einige gerieten bis an den Rand des Zusammenbruchs. Der Gefreite Bob Frater, ein Sanitäter, sah, wie ein Unteroffizier vom Versorgungskorps an einer Feldflasche nuckelte. Er näherte sich ihm wie ein Bettler:

»Können Sie mir einen Schluck ablassen, Unteroffizier? Nur ein Schlückchen?« Der Unteroffizier zeigte erbost mit dem Daumen hinter sich auf die zerstörte Stadt: »Ich habe mein Wasser dort hinten bekommen. Schauen Sie selber, ob Sie da etwas kriegen.«

Ehe Frater klar wurde was er tat, stürzte er sich wie ein Puma auf den Unteroffizier und schlug ihn bewußtlos. Dann trank er einen langen Schluck, fühlte das Wasser durch seinen Körper rinnen, kippte den Rest dann mit grausamem Behagen aus der Feldflasche in den Sand, bis nur noch ein dunkler, feuchter Fleck zu sehen war, und ging weg.

Aus dieser Hölle von Gestank und Krach gab es nur durch die kleinen Boote ein Entrinnen, die sich langsam an den Strand vorarbeiteten. Mutlosigkeit wäre entschuldbar gewesen. Aber seltsam, die Männer behielten nicht nur die Selbstachtung, sondern auch ihren Gleichmut.

Der Gefreite Sidney Morris schämte sich seines drei Tage alten Bartes bitter. Vorsichtig legte er die Kiste mit dem Flugzeug für seinen kleinen Jungen beiseite und benutzte die See als Rasierbecken. Es war eine Qual, wie der Rasierapparat die Stoppeln ohne Seife riß, aber danach fühlte sich Morris wohler.

Der Oberfeldwebel James Wilson fand in einem Keller einen tropfenden Wasserhahn. Er legte sich im Dunkeln auf den Bauch und rasierte sich Zentimeter um Zentimeter, immer wenn ein Tropfen auf sein Gesicht fiel. Hauptmann Robert Gordon von den Royal Ulster Rifles bekam nach verschiedenen Experimenten heraus, daß ein Becher mit siedendheißem Gin gut sei, den Bart aufzuweichen. Dem Oberleutnant Bernard Stapleton erklärte nördlich Poperinghe seine Kompanie von Royal Warwicks, sie beabsichtige nicht, ihren Angehörigen daheim mit ungeschnittenen Haaren unter die Augen zu treten. Mit weißen Tüchern um den Hals hockten sie dann auf Baumstämmen in einem Obstgarten und unterhielten sich munter, während ihnen der Kompaniefriseur das Haar schnitt.

Nur wenige konnten das Ausmaß ihrer Beschämung ermessen. Viele wußten noch immer nicht, daß es ein endgültiger Rückzug war. Die Offiziere sagten es ihnen nicht, weil sie es meist selbst nicht wußten. Klar sah man allenfalls auf der Ebene der Korps, und selbst manchem Brigadekommandeur blieb die Klarheit versagt. Viele sahen die Küste mit Urlauberaugen: heißen Sand, den wie eine blaugraue Grotte blinkenden Kanal und Chancen guter Gelegenheit.

Ein Feldwebel stand bis zur Hüfte im Wasser und führte mit Münzen und Karten Zaubertricks vor, die er mit einem fröhlichen Strom von Taschenspielersprüchen begleitete. Der Gefreite Sidney Morris lag, vom Rasieren erfrischt, in den Dünen, hielt das Flugzeug seines Jungen im Schoß und lauschte einem schmetternden Harmonikakonzert. Weiter die Küste aufwärts beobachtete Feldwebel John Roper, wie vier Pioniere Kunststücke auf Motorrädern darboten.

Nicht weit davon führte ein Soldat auf einem kastanienbraunen Ackergaul Zirkusreiterkunststücke vor. Die Hand in die Hüfte gestützt und den rechten Fuß ausgebogen, verneigte er sich unter stürmischem Applaus.

Der Gefreite Sidney Grainger sah einer Gruppe von Männern zu, die badeten und sich gegenseitig mit Wasser bespritzten. Einige Meter davon hatten zweiundzwanzig Mann einen Ball, Schlagholz und Ballgestecke aufgetrieben und spielten Kricket. Wenn ein Jagdflugzeug angriff, gingen sie auseinander und nahmen ihre Spielstellung wieder ein, wenn der Angriff vorüber war.

In der Nähe des Pioniers Joseph Hicks fühlte sich ein Ankömmling an das berühmte englische Seebad an der Ostküste erinnert, als er Männer sah, die nach Sandaalen gruben. »Wie in Southend mit der Alten«, meinte er.

Denen, die noch unterwegs waren, kam es weniger nach Urlaub vor. Der Wirrwarr des Verkehrs wurde stündlich schlimmer. Gorts Grundsatzbefehl, alle Fahrzeuge außer den unbedingt benötigten zu zerstören, bestimmte nicht im einzelnen, wann, wo und in welchem Umfang zerstört werden müsse. In dem Durcheinander kamen fast alle Transportmittel des III. französischen Korps in den Verteidigungsbereich. Viele hatten in dieser Frage ihre eigene Vorstellung. Generalmajor Dudley bog sich den Befehl so zurecht, daß ein ganzes Bataillon seiner 4. Division noch motorisiert war.

Von den Kontrolloffizieren hatten viele auch kein klareres Bild. Als der Brigadegeneral Thomas Wilson sich der Verteidigungslinie von Dünkirchen näherte, sah er an der Brücke von Pont-aux-Cerfs mit Entsetzen, wie ein völlig erschöpfter Stabsoffizier die Pistole zog und befahl, alle Fahrzeuge sollten von der Straße heruntergenommen und verbrannt werden. Wilson bekam seinen Stabswagen gerade noch durch, aber die Dienst- und Nachrichtenwagen der Brigade hatten nicht soviel Glück. Daraufhin mußte Wilson, dessen 3. Infanterie-Brigade fünf Kilometer Frontabschnitt zu halten hatte, jeden Befehl schriftlich geben — oder jede Einheit selbst aufsuchen.

Ebenso war es an der Brücke in Houthem. Während ein Stabsoffizier alle Fahrzeuge durchließ, befahl der nächste Offizier vom Dienst, alles zu verbrennen, sogar das Sanitätsfahrzeug des 4. Bataillons »East York«. Dem Sanitätsoffizier Dr. Joseph Reynolds blieb lediglich die Injektionsspritze in seiner Tasche.

Schlimmer noch war, daß die Franzosen in Watten und Les Moeres die Schleusen geöffnet und das grüne Flachland auf einer Länge von 23 Kilometern überflutet hatten. Fast fünf Kilometer breit ergoß sich das Wasser über das Land, das es teilweise fünf Meter hoch überschwemmte. Obwohl sich dies als ein entscheidendes Mittel erweisen sollte, die Deutschen zurückzuhalten, mußten nun auch die Truppen auf ihrem Marsch nach Dünkirchen die höhergelegenen Straßen benutzen. Dem Kanonier Jack Saunders kam es vor, als habe man einen wichtigen Verkehrsarm einfach überspült.

Aus vielen Gründen wurde das Chaos noch leichtfertig vergrößert. Ständig brachen die alten Wäschereilieferwagen und Milchfahrzeuge, die dem britischen Expeditionskorps als Beförderungsmittel gedient hatten, an wichtigen Kreuzungen zusammen und blieben dort liegen. Der Kanonier Hugh Fisher erlebte es auf seinem Wege von Cassel: Die Straße war so dicht verstopft, daß der einzige Weg nach Norden über die Ladeplane eines Lastwagens, durch das Führerhaus und auf die Ladeplane des nächsten Lastwagens führte. Fisher meinte, als er durchkam, ein Wunder sei es nicht, daß der Chauffeur am Steuer eingeschlafen sei.

Er gab ihm aber einen kameradschaftlichen Puff: Wach auf! Doch dann verkrampften sich seine Eingeweide, wie er den schwarzen, von Fliegen umschwärmten Einschuß auf der Stirn des Fahrers sah.

Wirrnis hin — Wirrnis her, die Befehle waren gegeben, und Militärpolizisten mit roten Armbinden dirigierten in kilometerweitem Abstand von der Verteidigungsstellung jedes Fahrzeug auf dafür bestimmte Felder. Lastwagen um Lastwagen ging in der riesigen Feuerbestattung von sechzigtausend Fahrzeugen in Flammen auf, süßlich und schwer lag der Benzingeruch in der Luft, und der Rauch stieg zum Himmel empor, um sich mit der Wolke von brennendem Öl zu vereinen.

Manche nahm diese Vernichtung mit wie kein anderes Erlebnis. Der Gefreite Sidney Morris und seine Kameraden stiegen in den schimmernden roten und schwarzen Teilen ihrer BSA-Motorräder umher, zerschlugen mit Pickeln die Motoren und streuten Sand in die Ölleitung und in die Tanks. Jedes Motorrad trug als Aufschrift den Namen einer Freundin »Cynthia« oder »Daphne«. Die Männer heulten.

Auf einem anderen Feld saß Hugo, der Wolfsspitz, aufmerksam dabei, als der elegante Hauptmann Edward Bloom mit den sechsundzwanzig Fahrzeugen seines Geleitzugs eine Vernichtungsorgie betrieb. Sie schlugen große Löcher in die Sammelbehälter, trieben die Kühler ein, warfen die Motoren an und drehten das Gas ganz auf, bis sie heiß liefen und sich verklemmten, sie zerschmetterten die Achsenlager mit Vorschlaghämmern, bohrten die Treibstofftanks an und zerrissen die Steuerzüge.

Überall gingen nun Männer mit rasantem Eifer ans Werk. Der Kanonier Auguste Vecrin vom 74. französischen Artillerie-Regiment zerstörte allein achtzehn Lastwagen, der Pionierfeldwebel Douglas St. Croix nahm für sich in Anspruch, 38 zerstört zu haben. Der Grenadierfeldwebel Edgar Plunkett und seine Leute schlugen in zwei Stunden siebzig Fahrzeuge kurz und klein. Ein Brigadekommandeur, der sich in der Nähe von seinen Männern verabschiedete, schien den Grundton für das alles anzugeben: »Jeder für sich . . . viel Glück . . . zerschlagt und verbrennt alles, was England gehört!«

In dieser Stunde sah es aus, als könne der kluge Einfall eines einzigen Mannes die Krise abwenden. Generalmajor Harold Alexander war am frühen Morgen dieses Tages entsetzt darüber, wie die Fahrzeuge jeden Zugang nach Dünkirchen verstopften. Er stieg in seinem Hauptquartier in Braye Dunes auf ein Fahrrad und versuchte, sich gewaltsam einen Durchgang durch das Chaos zum Hauptquartier Gorts in La Panne zu verschaffen.

Nach zwanzig Minuten gab er es auf. Selbst mit einem Fahrrad kam man nicht einmal mehr zentimeterweise durch. Unerschüttert wie immer kehrte Alexander zurück, wickelte sich in eine Decke und legte sich zu einem Schlaf auf den Küchenboden.

Er wachte mit einer Idee auf, die ihm brauchbar schien. Was die Arbeit der Kriegsmarine hemmte, war doch der Umstand, daß die Truppen sowohl so nahe da als auch zu weit weg waren. Dagegen glaubte Alexander nun eine Abhilfe zu wissen.

Er ließ seinen Pionierkommandeur, Oberst Dan Perrott, kommen. Warum fuhr man nicht die Lastwagen so weit wie möglich in die See hinaus und schlug eine Landungsbrücke? Die Truppen konnten darüber ohne Gefahr des Ertrinkens den ankommenden Booten entgegengehen.

Perrott war Feuer und Flamme. Er versprach das in die Hand zu nehmen.

Wenige Stunden später war man dabei. Der Pionier Bill Searle war in Braye Dunes einer von vielen, die entschlossen hinter dem Steuer eines Eineinhalbtonnen-Lastwagens saßen und ihn über die Küste hinab so weit in die See hineinfuhren, bis das Wasser fast auf der Höhe der Windschutzscheibe stand. Holpernd und dröhnend ratterten die anderen Lastwagen in dichter Folge hinter ihm drein.

Pionier um Pionier ging nun ans Werk. Der Feldwebel Reg Toates von der 250. leichten Pionierkompanie schnitt Bretter auf 45 Zentimeter Breite, andere holten aus verlassenen Häusern an der Küste Bauholz zusammen, dann wurden die Planken an der Ladefläche der Lastwagen verdrahtet, und die Landungsbrücke, über zwanzig Lastwagen lang, nahm Gestalt an.

Bald zogen die Truppen über die drei Planken breiten Landungsstege, und gleichzeitig gingen Fernsprecher an die Arbeit. Der Funker Frank Robinson bediente in Braye Dunes an der Landseite des Steges zwei Linien und zwei Feldtelefone und mußte dabei den Hörer mit beiden Händen ans Ohr pressen, um den fürchterlichen Lärm auszuschalten.

Auf der Seeseite, wo die Flut schon ins letzte Viertel eintrat, verfrachtete der Maat Lionel Perry die Mannschaften, siebenundzwanzig pro Schub, so gewandt auf ein Boot von S.M.S. »Codrington« wie ein Aufseher an einem Drehkreuz. In Abständen verständigte er Robinson: »Gut, laß jetzt keine mehr durch.« Für Perry kam dieser Einfall wie ein Gottesgeschenk. Er sah die Angst in den Augen der vorbeiziehenden Männer, selbst noch auf dem Landungssteg war das Wasser für sie ein fremdes Element, dem sie mißtrauten und das sie sogar fürchteten.

John »Warrior« Linton konnte es zwar nicht wissen, aber was seine Reise nach Dünkirchen aufhielt, waren Verkehrsstockungen. Als in der Scheune der freundliche Hauptmann vom Nachschub sich für ihn einsetzte, jubelte Linton innerlich. Nun sollte er es doch noch schaffen. Aber gleich darauf, auf dem Krankenwagen des Versorgungskorps, sah es anders aus.

Lange nach Mitternacht hielt der Krankenwagen. Linton war hellwach. Zum ersten Male klopfte es abscheulich in seinen Beinen. Der Fahrer, der den Wagen zum Abladen bereitstellte, sagte, sie seien am Feldlazarett.

Hier konnte Linton nicht nur seine Beine behandeln lassen, hier konnte sicher auch sein Marschbefehl verlängert werden.

Den aus dem Dunkel auftauchenden Krankenpflegern befahl der Fahrer: »Tragt ihn in die Kirche!«

Linton war verwundert: »Kirche? Ich sterbe doch nicht! Was soll der Quatsch?« Der Sanitäter beruhigte ihn. Die Kirche war Behandlungsraum.

Im Dunkeln hob sich der Umriß des Querschiffes ab. Zwei Sturmlampen erhellten die gewölbte Säulenhalle matt. Der Friedhof und die anliegenden Felder lagen voller Verwundeter — an die sechshundert Mann, wie Linton schätzte. Viele rauchten, es flimmerte im Dunkeln wie Glühwürmchen. In dem opalisierenden Licht des Lastwagenscheinwerfers sah man die Krankenträger an der Arbeit. Sie riefen geschäftig: »Bleib hier stehen . . . Vorsicht von hinten!«

Es war die Kirche St. Blaise in Crombeke in Belgien, etwa dreißig Kilometer von Dünkirchen. Die Einheit, das 10. Feldlazarett unter Oberst Tristam Samuel, war an diesem Tag mit tausend Verwundeten eingerückt und hoffte, ihre Verwundeten nach Dünkirchen durchzubringen.

Die Kirche erschien hinten düster wie ein Grab. Zwar brannten zwei Lichter wie Opferkerzen am Altar, aber das Kirchenschiff war dunkel. Die Kirchenbänke waren herausgeschafft, um Platz für die Tragen zu gewinnen. Der frühe Morgen schimmerte sanft durch die noch unversehrten Glasmalereien der Fenster.

Die Zeit verstrich quälend. Es gab nichts zu essen und nur wenig Wasser. Ärzte und Schwestern rackerten sich ab, aber Lintons ganze Behandlung blieb eine Zigarette, die ihm ein vorbeigehender Sanitäter gab. Er lag zwischen verwundeten Marokkanern mit ihren Turbanen und fühlte sich trostlos allein.

Er fragte sich nun, ob er je wieder nach Hause kommen werde, zurück in das Haus seines Bruders Bob, wo er seit dem Tode der Eltern jeden Urlaub verbracht hatte. Ob Joyce noch so oft dorthin kam? Sie war die Nichte seiner Schwägerin, und Bob behauptete immer, sie sei einfach nicht fernzuhalten, wenn »Warrior« da war. Sie war rothaarig und fürchtete Schlangen, und Linton hatte ihr mit Vorliebe von den riesigen Schlangen erzählt, die vor seinen Füßen herumgekrochen waren, als er in Indien diente.

In Wirklichkeit waren sie nicht länger als Würmer gewesen, aber Joyces Angst hatte in ihm immer ein Beschützergefühl geweckt.

Plötzlich befiel Linton eine jähe Freude. Auf der anderen Seite des langen steinernen Kirchenschiffes sah er einen Offizier mit den Farben seines Regiments am Stahlhelm, gelb, schwarz und rot. Er bat einen Sanitäter inständig: »Sag ihm, hier liegt jemand, der ihn sprechen möchte.« Doch der war entrüstet. »Den darf ich nicht herholen, der ist ein Oberst.« Linton dachte an den Eisenbahndamm, als es auf Leben und Tod ging, und er dachte stolz: »Der ist in Ordnung – der ist einer von uns.«

Oberst Ernest Whitfeld, ein schmaler, dunkler, heiterer Mann, der niemals laut wurde, auch nicht im Zorn, kam durch die Tragbahren. Im Bataillon wußte man, er hatte eine Beförderung abgelehnt, um bei seinen Männern zu bleiben und um sie weiter zu führen.

Der Kommandeur hatte, wie Linton wußte, beim Gefecht eine Ellenbogenverletzung erlitten. Er fragte ihn mit allem Vertrauen: »Wie stehen unsere Chancen, Sir?«

»Gut, sehr gut«, antwortete Whitfeld. »Ich wette, wir werden bei irgendeiner Gelegenheit hier herausgeholt. Es gibt noch eine Menge Gelegenheiten, Linton. Wir schaffen es schon.« Wie in der Scheune wurde es Linton sofort leichter zumute. Es gab also doch noch Aussichten.

Admiral Sir Bertram Ramsay in England fand ähnliches auch. Es gab noch eine Chance. Zwar war sie gering, doch Ramsay hatte alles dafür getan. Der Verantwortliche für das Unternehmen »Dynamo«, einsam und weit weg vom Ort der Entscheidung, stand vor einem bitteren Problem.

Obwohl die Evakuierungen tagsüber zugenommen hatten – die alten Zerstörer hatten 9750 Mann herübergebracht –, war das noch nicht genug. Ramsay erkannte, wo der Haken lag.

Eine Nachricht von Gort besagte, der Verteidigungsgürtel würde »nicht lange« gehalten werden können, wobei offenblieb, was das hieß. Notfalls konnten die Zerstörer vielleicht 17 000 Mann am Tag bringen, die Truppentransporter vielleicht weitere 9500. Aber die gesamten Kleinfahrzeuge konnten nicht mehr als weitere 15 000 Mann transportieren, das waren also rund 42 000.

Aber den Schätzungen nach warteten zur Stunde 55 000 Mann auf die Einschiffung.

Um 14.30 Uhr hob Ramsay – er war allein in seinem großen Arbeitszimmer mit den weißen Kreidewänden, und die Sonne fiel durch die Eisenstäbe des Balkons herein – sein rotes Geheimtelefon ab, um den Ersten Seelord, Admiral Sir Dudley Pound, in London anzurufen. Es war ein geheimgehaltener Entschluß – nicht einmal Kapitän zur See Vaughan Morgan, der Chef seines Stabes, wußte von der Absicht dieses Anrufes –, aber Ramsay glaubte fest, daß die modernen Zerstörer wieder eingesetzt werden mußten.

Niemand war Zeuge der harten Worte, die darüber gesprochen wurden, aber der kalte, unerschütterliche Ramsay pflegte alles einzusetzen, wenn sein Herz an etwas hing.

Als er auflegte, hatte er gewonnen. Er erzählte dann dem ranghöchsten Stabsoffizier von »Dynamo«, Kapitän zur See Michael Denny, wie es gegangen war: »Ich habe gesagt, ich behalte zwar das Kommando, lehne aber jede Verantwortung für die Evakuierung ab, wenn ich die Zerstörer nicht zurückbekomme.«

Um 15.30 Uhr entzifferte Fregattenkapitän Mark Thornton auf S.M.S. »Harvester« im Hafen von Sheerness den Funkspruch: »Begeben Sie sich an die Küste östlich von La Panne und nehmen Sie dort Truppen an Bord.« Andere Zerstörer-Kapitäne — Fregattenkapitän Colin Maud auf der »Icarus« und Fregattenkapitän Philip Hadow auf der »Ivanhoe« — erhielten den gleichen Funkspruch und befahlen: äußerste Kraft voraus! Die modernen Zerstörer waren wieder im Einsatz.

Kapitel 7

NUR VERSPRENGTE UND BETRUNKENE, SIR

Donnerstag, 30. Mai

15.30—24.00 Uhr

Tiefe Mutlosigkeit breitete sich über der Küste aus, als die letzten Einheiten der Armee Lord Gorts in den Verteidigungsgürtel von Dünkirchen einsickerten. Die kilometerlang in den Straßengräben liegenden Fahrzeuge, die gesprengten Geschütze, deren aufgebogene Läufe wie abblätternde Selleriestengel hochragten, waren für viele die ersten Zeichen der Trostlosigkeit. So unglaublich es klingt: der Ernst der Lage war nie ganz durchgedrungen, die Männer dachten immer noch beim Rückmarsch, es handle sich nur um ihre Division, nur um ihre Einheit. Der Panzergrenadier Patrick Browne glaubte, sein 4. Royal Tankregiment gehe zur Auffrischung nach England zurück, die Feuerkraft seiner I-Panzer hatten nie etwas Rechtes getaugt. Der Artillerie-Unteroffizier John Barnard meinte das gleiche und fand bloß die Maßnahme, vorher die ganze Artillerie in die Luft zu sprengen, doch etwas zu drastisch. Feldwebel Robert Jack, ein Berufssoldat mit zwanzig Dienstjahren, vermutete mit tausend anderen, die Navy werde sie alle nach Südfrankreich bringen, wo sie die verblüfften Deutschen von hinten angreifen würden.

Nur wenige wußten es besser. Der Obergefreite Thomas Nicholls von der Worcester Yeomanry, der immer noch aufgeregt an seinen ersten deutschen Panzer dachte, war gerade in Bergues am Verteidigungsgürtel angelangt, als sich der

Veteran der Einheit auf einem Lkw zur Küste schwang. Nicholls fielen die kämpferischen Worte des alten Soldaten drei Tage zuvor ein, und er rief ihm zu: »He, wie ist das mit der dünnen Schützenlinie?«

Der Veteran rief zurück: »Zum Teufel mit der dünnen Schützenlinie! Ich haue ab.«

Jetzt wußte Nicholls Bescheid.

Der Oberfeldwebel Frank Chadwick, ein Sanitäter, bekam es ziemlich direkt serviert. Von irgendwoher erschien ein Feldgeistlicher bei ihm und seinen Kameraden und schlug vor: »Ich nehme an, ihr wißt alle, wie ernst die Lage ist. Wenn es euch recht ist, lese ich euch die Totenmesse.« Obwohl weit und breit kein Toter war, antwortete doch niemand, und keiner widersprach.

Das war gar nicht einmal so überraschend. Die Vorstellung, England könne eine Niederlage erleiden, klang fremd in Ohren, die seit hundert Jahren nur Siegesfanfaren aus dem Empire gehört hatten – und selbst in den höheren Stäben gab es anderes zu berichten. Oberleutnant Wilfrid Miron, der Abwehroffizier der 139. Brigade, erfuhr in Notre-Dame-des-Neiges innerhalb des Verteidigungsringes, die Alliierten seien bis nach Koblenz, fast vierhundert Kilometer tief nach Deutschland hinein vorgedrungen, wobei die Royal Air Force tausend deutsche Flugzeuge vernichtet habe. In Bulscamp konnte Oberstleutnant Peter Jeffreys, der das 6. Bataillon der »Durhams« befehligte, eine gute Nachricht in das Kriegstagebuch eintragen: Dreißigtausend Marineinfanteristen hatten Dünkirchen von der Küste her im Sturm genommen. (Friedensstärke der Marineinfanterie im Jahr 1939: 12 390 Mann!)

Pfarrer Hugh Laurence vom 6. Bataillon der »Lincolns« ging mit sich zu Rate, ob er sein Wissen den Männern mitteilen solle. Er hatte an höchster Stelle erfahren, die Kanadier würden sie tags darauf ablösen. (In Wahrheit hatte der kanadische General Andrew McNaughton schon sechs Tage vorher mit der Begründung, der Brückenkopf von Dünkirchen sei zu überfüllt und zu eng, jeglichen Einsatz seiner I. Infanterie-Brigade abgelehnt.)

Was die Männer mit sich schleppten, verriet ihren Optimismus. Die meisten hatten dabei an die Zukunft gedacht. Der Gefreite David Minton von den »Hampshires« wollte nach dem Krieg ein eigenes Friseurgeschäft eröffnen. Er hatte fünfzig Haarschneidemaschinen in seinem Gepäck. Der Obergefreite Sidney Huntlea hatte ein Barometer aus einem zerstörten Haus mitgenommen. Es hängt heute noch in seiner Wohnung in Newcastle. Hauptmann Morton Fisher von den »Cameronians« warf zwar betrübt seine neue warme wollene Unterwäsche weg, behielt aber seine Angelrute. Obergefreiter Sidney Morris trug das Flugzeug für seinen kleinen Sohn.

Andere hatten gewichtigere Beute. Der Gefreite Herbert Stern vom Nachschubkorps sah am Rand des Verteidigungsgürtels Männer mühsam ihre Fahrräder führen, an deren Lenkstangen Radioapparate mit Plattenspielern und Kühlschränke hingen. Der Pionier George Lawson, ein ehemaliger Jahrmarkt-Schausteller, schleppte eine Teekiste voller Puppen mit sich. An der Küste von La Panne eilte ein Mann auf Oberleutnant John Crosby von der »Oriole« zu und fragte ihn: »Können Sie mein Motorrad mitnehmen? Es hat erst vierhundert Kilometer drauf.«

Einige dachten sogar an die Nachwelt. Leutnant Anthony Noble von den »Lincolns« wollte ursprünglich zu einem Schiff hinausschwimmen, entschied sich dann aber anders, weil das Salzwasser der hübschen deutschen Schmeisser-Maschinenpistole schaden konnte, die er für das Regimentsmuseum mitgenommen hatte. Der Musiker George »Jekyll« Hyde vom Royal Sussex Regiment hielt den Ort der Handlung selbst für erinnernswert. Er nahm in einem Briefumschlag Sand von Dünkirchen mit.

Ein grausiges Souvenir trug der Kraftfahrer Rowland Cole mit sich — acht Kugeln, die bei einer standrechtlichen Erschießung in Tournay acht Spione getötet hatten. Cole hatte sie mit dem Klappmesser einzeln herausgebohrt, zum eigenen Gedenken daran, welche Hölle der Krieg war.

Für Tausende ist Dünkirchen noch heute der Inbegriff der größten Menge unversteuerten Tabaks, die sie je gesehen haben. Kaum einer hatte nicht mindestens fünfhundert Zigaretten in der Patronentasche, im Rucksack oder sogar im Stahlhelm.

Major Edward Poulton hielt in Nieuport am Verteidigungsring einen Unteroffizier an: »Haben Sie wohl eine Zigarette für mich? Ich habe keine mehr.« Als der Unteroffizier ihm einen Karton mit zweihundert Stück geben wollte, wehrte Poulton ab: »Nein, nein, behalten Sie noch etwas für sich, ich möchte mir nur zwei Schachteln nehmen.« Doch der Unteroffizier drängte mit der gelassenen Großzügigkeit eines Partygastes, dessen Zigarettenetui voll ist: »Bitte, behalten Sie den Karton, Sir, ich habe zehntausend Stück.«

Scharenweise hatten die Männer ihre Lieblingstiere bei sich. Die englische Tierliebe war stärker als das Blutbad ringsum. Hauptmann Edward Bloom hatte den Wolfsspitz Hugo, der Obergefreite Eric Stocks immer noch Tippy, den Dackel, der aus seinem Rucksack heraussah; andere wateten mit Kanarienvögeln in Käfigen hoch über dem Kopf in die See. Ein völlig nackter Mann drückte ein schwarzweißes Kaninchen in einem Korb an sich.

Manche schafften es nicht. Wer ihn gesehen hat, kann den unbekannten Soldaten nie vergessen, der tot am Strand von Braye Dunes lag. Aus seiner Uniform quoll buntgestreifter Baumwollstoff für Kinderröckchen heraus — ein Familienvater.

Tiefe Hoffnungslosigkeit hatte Generalleutnant Alan Brooke erfaßt. Trotz der furchtbaren Verluste der letzten Tage waren 38 600 Mann seines II. Korps unversehrt in den Verteidigungsgürtel gelangt, und diese Männer hatten, daran zweifelte Alan Brooke nicht, das britische Expeditionskorps gerettet. Aber jetzt, in der Stunde der Krise, sollte er das Kommando über sein Korps abgeben und nach England zurückkehren. Alle seine Einwände in letzter Minute bei Lord Gort waren nutzlos.

Die blinkenden Reitstiefel auf dem Tisch, saß Gort zurückgelehnt in seinem Sessel. Auch er schien starr vor Hoffnungslosigkeit. Er sah Brooke düster an: »Ich frage mich, was die Geschichte einmal dazu sagen wird, was sich jetzt abspielt.«

Als Brooke zum nahen Zeltlager von Generalmajor Bernard Montgomery durch die Dünen ging, überkam ihn ein tiefes Mitleid mit seinem geschlagenen Korps. In der Vorstellung, er verrate seine Männer, tasteten sich seine Gedanken durch die letzten Befehle. Montgomery folgte ihm als Chef des Korps ... Brigadegeneral Kenneth Anderson von der 11. Infanterie-Brigade übernahm Montgomerys vorheriges Kommando ... Oberstleutnant Brian Horrocks vom Middlesex Regiment trat an Andersons Stelle. Der Schmerz überwältigte ihn, und der dunkelhaarige Mann mit dem undurchdringlichen Gesicht, der Kommandeur des II. Korps, weinte und legte seinen Kopf an Montgomerys Schulter.

Montgomery, der Brooke seit vierzehn Jahren als Freund und Ratgeber kannte, versuchte zu trösten: Brooke werde in England gebraucht, eine neue Armee müsse aufgestellt werden, um das britische Expeditionskorps zu ersetzen. Aber als Brooke schweren Herzens zu einem letzten Imbiß wegging, wußte Montgomery, daß seine Trostversuche nicht geholfen hatten. Taumelnd vor Erschöpfung wurde Broke zu dem Zerstörer »Worcester« hinausgefahren, an dessen Bord bereits ein alter Freund war, Generalleutnant Sir Ronald Adam.

Als die »Worcester« auf Dover zufuhr — wobei sie vorübergehend mit vierundzwanzig Knoten Geschwindigkeit auf eine Sandbank auflief — wurde Adam zum ersten Leser künftiger Geschichtsschreibung. Er hatte zum Kampfgeschehen um Dünkirchen keine Verbindung gehabt und bat nun Brooke um Unterrichtung. Der völlig erschöpfte Korpskommandeur, der auf die Koje des Kapitäns, Fregattenkapitän John Allison, niedergesunken war, gab ihm ein kleines, in Leder gebundenes Buch. So wurde Adam der erste Außenstehende, der einen Blick in die historischen Alan-Brooke-Tagebücher tun konnte.

Obwohl Brooke es kaum gemerkt hatte, war auch Gort im ungewissen. Am frühen Morgen dieses Tages war Gorts Gehilfe, Lord Munster, nach seiner Ankunft in London eilends zu seinem alten Freund Winston Churchill ins Haus der Admiralität gefahren. Der Ministerpräsident hatte gerade im Pyjama und schwarz-goldenem Morgenmantel gefrühstückt. Seine erste Sorge galt Munsters mißlicher Lage. Der junge Offizier war gerade in der Nacht zu einem Schiff hinausgewatet und triefte noch vor Nässe. Churchill klingelte seinem Kammerdiener und bestellte sofort frische Wäsche für ihn.

Aber Munster, noch mit Gorts Abschiedsworten im Ohr, beharrte darauf, keine Zeit zu verlieren. Der Oberkommandierende, berichtete er eindringlich, sei gewillt, sein eigenes Leben zu opfern, und der einzige Mann, der ihn davon zurückhalten könne, sei Winston Churchill.

Für Churchill war nun die Zeit seines Bades gekommen. Er war nicht der Mann, der von seinen Gewohnheiten abwich. »Ich hoffe, junger Freund, Sie sind nicht mit allzu großer Förmlichkeit belastet.« Als Munster verneinte, meinte Churchill, dann könne der junge Lord ja dem Bade beiwohnen.

Dann saß Munster in langen wollenen Unterhosen, die ihn wie ein Sack umhüllten, auf dem Rande der Badewanne, während Churchill im heißen Wasser plätscherte und schweigend zuhörte. Munster erinnert sich der Szene immer noch besonders gern: es fehlte ihm nur noch eine rote Zelluloid-Ente, dann wäre das Bild vollkommen gewesen.

Und obwohl Churchill wußte, daß auch er nicht anders handeln würde als Gort, sah er als alter Soldat doch den entscheidenden Punkt: Fiele der Oberkommandierende an der Spitze seiner Männer, dann hieß das, das Leben leichtsinnig wegwerfen. Churchill brummte: »Dem müssen wir ein Ende machen«, ging zurück in sein Bett und schrieb hier, aufrecht gegen die Kissen gelehnt, einen nachdrücklichen Befehl von zweihundert Worten nieder.

Bis zum frühen Nachmittag, so meinte er, werde das Kriegskabinett den Befehl für verbindlich erklärt und Gort die schlimmste aller Nachrichten empfangen haben: daß er einen Nachfolger zu bestimmen und nach England zurückzukehren habe.

In La Panne brannten sich einige der Redewendungen in Gorts Hirn ein: »Ihnen bleibt hier keine persönliche Entscheidung ... aus politischen Gründen muß ein Triumph des Feindes über Ihre Gefangennahme vermieden werden.«

Aber Churchills Befehl betonte auch, der gegenwärtige Verteidigungsgürtel müsse »bis zum äußersten« gehalten werden. Ein Befehlshaber wie Gort, der wußte, was Angst bedeutete und sie trotzdem in sich zum Schweigen gebracht hatte, mußte den Gedanken, seine Armee zu verlassen, mehr als bitter empfinden. Montgomery traf ihn vor der Lagebesprechung der Korpskommandeure am Nachmittag allein und schweigend im Salon seiner kleinen Villa mit den blauen Fensterläden. Er starrte erbarmungswürdig ins Leere.

Außer dem Brigadegeneral Oliver Leese, dem stellvertretenden Chef des Stabes, der gerade im Keller telefonierte, schien sonst niemand im Hauptquartier anwesend zu sein.

Aber ein Schimmer vom alten »Tiger« Gort wurde sichtbar, als Montgomery eintrat. »Sorgen Sie unbedingt dafür, daß Sie Ihren Frontabschnitt heute nacht gut mit Stoßtrupps besetzt haben.«

Obwohl Montgomery Gort gern mochte, fiel es ihm doch schwer, an sich zu halten. Das war eine Sache der Brigadekommandeure. Aber Gort stand eben bis zum letzten Augenblick in allen Einzelheiten zu der Führung seiner Armee.

Montgomery, ein unbeirrbarer Realist, hatte wie Brooke das Unheil bereits vorausgesehen, als die jämmerlich ausgerüstete Armee nach Frankreich ging. Für ihn »war der Krieg, Jahre bevor er begann, in ›Whitehall‹* verloren worden.«

* Whitehall, nach einem abgebrannten Königspalast so benannte breite Straße in London mit Regierungsgebäuden. Synonym für: britische Regierung.

Aber Gort hatte noch geglaubt, der Kampfgeist seiner Männer würde die Dinge schon noch zurechtrücken. Ihm erschien der ganze Gespensterfeldzug genauso schmählich wie die Niederlage.

Auch andere waren dem Zusammenbruch nahe. Während Gorts Lagebesprechung beobachtete Montgomery, wie der überlastete Kommandeur des I. Korps, General Michael Barker, an den Rand eines Nervenzusammenbruchs geriet. Die endgültige Abwicklung der Evakuierung Seite an Seite mit den Franzosen lastete nun auf Barker, den Gort zu seinem Nachfolger bestimmt hatte.

Kaum war die Konferenz vorüber, stürzte Barker in sein Hauptquartier und bestürmte den Himmel: »Warum muß ausgerechnet ich diese Verantwortung tragen?«

Es blieb Sache Montgomerys, noch zu einem Gespräch mit Gort dazubleiben, um den Oberkommandierenden umzustimmen. Munter wie ein gutgelaunter Lehrer in der Schule schaltete er plötzlich in das Gespräch die Bemerkung ein: »Sie haben ja gesehen, in welchem Zustand sich Barker befindet; der ist doch fix und fertig: Nehmen Sie doch um Himmels willen Alex!«

Nach einiger Überlegung war Gort schließlich einverstanden. Er fuhr sofort zur Bastion in Dünkirchen und teilte dem französischen Befehlshaber, Admiral Jean Abrial, den neuesten Stand der Dinge mit: Die Engländer unter Generalmajor Alexander würden den Verteidigungsgürtel Schulter an Schulter bis zum äußersten halten.

Abrial war zwar noch über die Geheimnistuerei der vergangenen Woche verärgert, aber nun erkannte er die Bereitschaft zum Kampf an. Er ließ sogleich, wie Fregattenkapitän Harold Henderson, der britische Marine-Verbindungsoffizier, noch weiß, Champagner bringen: »Darauf müssen wir trinken. Das war nicht das Wort eines Verbündeten, sondern auch seine Tat.«

Durch eine Verkettung unglücklicher Umstände kam Gort nicht dazu, Alexander einzuweisen. Kurz nachdem Gort

Abrial verlassen hatte, kam Generalmajor Alexander selbst in die Bastion. Zu seinem Erstaunen trat Abrial ihm nun herzlich entgegen und dankte ihm für seine tapfere Haltung.

Die nun folgende bittere Szene sollte Henderson niemals vergessen: das von Kerzen geisterhaft erleuchtete Verlies, Abrials vor Zorn erstarrendes Gesicht, und Alexander, der immer wieder sagte: »Ich weiß nicht, wovon Sie reden. Ich habe keine solchen Weisungen. Meine einzige Absicht ist, meine Männer so rasch wie möglich hier herauszubekommen.«

Henderson sah beschämt, wie die französischen Stabsoffiziere bedeutungsvolle Blicke tauschten, in denen stand: Welches üble, perfide Spiel treiben die Engländer jetzt?

Gab es schon viele Wirren an der Spitze, so waren die Untergebenen erst recht ahnungslos. Das ganze Auf und Ab der Evakuierung war zu gewaltig, als daß ein einzelner es hätte verstehen können. Zuerst war durch jene verhängnisvolle Mitteilung an Ramsay nach dem großen Luftangriff der Hafen endgültig abgeschrieben worden . . . dann folgte Tennants gespanntes Warten an der Ostmole auf Schiffe, die niemals kamen . . . dann der fast totale Ausfall der Verbindungen zwischen der Bastion 32 und den Küstenabschnitten und dazu die Zwischenfälle bei der Verständigung zwischen den Schiffen und der Küste an der 40 Kilometer langen Dünenstrecke.

Als Augusta Hersey in La Panne angekommen war, hatte sie alle ihre Sorgen für beendet gehalten: hier ließ sich doch sicher ein Boot finden. Aber in der vorletzten Stunde griff das Schicksal grausam ein. Ein Offizier suchte Freiwillige, um Ablösungsgruppen von den Nachhutstellungen zu den Einschiffungsplätzen bei Dünkirchen zu fahren.

Bill Hersey meldete sich sofort in einer Art schwer erklärbarer Ritterlichkeit. Dabei erwähnte er nicht, daß seine Fahrkenntnisse aus einem halbstündigen Unterricht bei seinem Freund »Nobby« Clark bestanden.

Um das Augusta zu erklären, hätte er zuviel im Wörterbuch nachschlagen müssen. Trotzdem hielt er, der sich nie um das Morgen gekümmert hatte, seine freiwillige Meldung für das einzig Richtige. Er hatte Augusta bis zur Küste gebracht, und damit war klar, daß alles gut ausging. Nun anderen zu helfen, die schlechter daran waren als er, war für ihn einfach etwas wie ein Dank.

Die Zeit reichte nicht, das Augusta verständlich zu machen. So lag sie nun, anstatt mit Bill am Strand zu sein, auf dem zementierten Fußboden einer Garage in La Panne, allein in einer krausen Gesellschaft von Zivilisten und müden Soldaten, und mit wechselndem Erfolg versuchte sie zu schlafen. Ihr sorgfältig gepackter Koffer war nur noch ein Hohn. Was nutzte ein funkelnagelneues Tischtuch, was zarte seidene Unterwäsche, wenn der eigene Mann sein Leben für andere riskierte und ins Ungewisse verschwand?

Zum erstenmal hatte sie Angst. Der Rausch ihrer Abenteuerlust war verflogen. Die anderen Zivilisten in der Garage beschäftigten sich mit ihren eigenen Problemen; ihnen war dieser Bill ganz gleichgültig, nach dem die als Soldat gekleidete Frau alle Stunden fragte.

Der vom Hauptquartier vorgesehene Evakuierungsplan nahm sich auf dem Papier recht gut aus. Nur waren leider eine Reihe unvorhergesehener Faktoren nicht in Betracht gezogen: ein Überfluß an Schiffen, während sich die Truppen in den Dünen aufhielten, und unendliche Reihen wartender Soldaten, wenn kein Schiff in Sicht war. Auch bei der Einteilung der Küsten in saubere Divisionsabschnitte war an die Tausende nicht gedacht, die von ihren Einheiten abgeschnitten waren und bei ihrer Ankunft niemanden fanden, der für sie verantwortlich war.

Hunderte glaubten, jetzt ihre Fähigkeiten voll entfalten zu können. Dem Unteroffizier Charles Reading, einem von Generalmajor Montgomerys Panzerabwehrleuten, mißfiel nach seiner Ankunft in Dünkirchen, daß die Meldestelle ein Trümmerhaufen und die Stadt voll von wilden Scharen führerloser Soldaten war. Als echter Montgomery-Mann handelte er. Er schlug sich die zehn Kilometer nach Bergues am Verteidigungsgürtel durch und meldete sich zu einem dreitägigen Dienst bei der Nachhut. Hauptmann François Saguard empfand ähnlich. Auch er und seine Männer machten sich mit drei Panzerabwehrgeschützen, die ihnen freundliche Engländer überlassen hatten, auf den Weg nach Bergues. Unterwegs zweifelte ein vorbeikommender Brigadegeneral ihre Berechtigung an, britische Waffen zu führen. Saguard verwies ihn an Admiral Abrial. Feierlich schrieb der Brigadegeneral den Namen auf seine Visitenkarte und versprach, die Bastion zu besuchen.

Überall an der Küste war es das gleiche. Hundert Meter weit war alles in tadelloser Ordnung, und gleich daneben brodelten ungeordnete Massen.

Major Alex Grant kam mit den Resten seiner Einheit von den Royal Sussex in den Dünen an, und vollendet korrekt begrüßte ihn der Militärpolizist: »Zur 44. Division, Sir ... nach links, bitte sehr.« Der Gefreite Fred »Chippy« Williams von den »Royal Warwicks« dagegen, der mit einem zufällig zusammengewürfelten Haufen von fünfzig Mann ankam, wurde weniger sanft empfangen. Er stieß am Strand auf dem Weg von Gruppe zu Gruppe nur auf Abwehr: »Such deinen eigenen Verein, Kumpel. Hier ist kein Platz.«

Als Williams und sein zerlumpter Haufen in einem Musikpavillon Unterschlupf vor einem Wolkenbruch suchten, trafen sie auf einen Brigadegeneral. Der sagte: »Macht euch keine Sorgen, Leute, man wird einen Waffenstillstand schließen. Wer seid Ihr eigentlich?«

Einer aus den Reihen brummte: »Nur Versprengte und Betrunkene, Sir.«

»Wer ist der aufsichtführende Unteroffizier?«

»Bei uns ist keiner mit Tressen, Sir.«

Da sagte der Brigadegeneral zu Williams: »Gut, dann sind Sie von nun an Unteroffizier. Führen Sie die Männer hinunter an die Küste.«

Williams tat sogleich wie geheißen, aber seine Blitzbeförderung trug keinem etwas ein. Erst nach zwei Tagen brachte ihnen eine zufällige Begegnung mit einem Marineoffizier eine Rückfahrkarte ein.

So geduldig warteten nicht alle. Der Obergefreite Billy Mullins von der Panzerabwehr war an fünf wartenden Schlangen abgewiesen worden. Dann schnitt er seine Schulterstücke ab und wandte sich einer sechsten zu, wobei er sich als Angehöriger des 4. Bataillons »Royal West Kents«, eines Bataillons seiner eigenen Brigade, ausgab. Das war das »Sesam-öffne-dich«, und Mullins ruderte kurz darauf in einem Boot froh auf den Zerstörer »Winchelsea« zu.

Noch kühner war der Obergefreite James Cole. Er war viele Kilometer weiter hinten von seiner Einheit abgeschnitten worden und trat nun an einen Hauptmann der Militärpolizei an der Mole heran. Als der einzige bekannte Überlebende des 30. Feldregimentes bezeichnete er sich selbst als dessen letzten Führer. Daraufhin bekam er einen Platz auf einem Kohlenschiff, das nach Ramsgate fahren sollte.

Ganze Einheiten gerieten in das totale Durcheinander. Das vor zwei Tagen in Braye Dunes eingetroffene 58. mittlere Artillerie-Regiment des Oberstleutnants Maurice MacEwan bekam die Wartenummer zwei. Dann entschlossen sich die Einschiffungsoffiziere anders, da die Einheiten in so rascher Folge kamen. MacEwans Regiment mußte zehn Kilometer westlich auf Dünkirchen marschieren und dort eine neue Einschiffungsstelle suchen. Nun standen die Wartenden so dicht gedrängt, daß die Kanoniere nicht einmal mit Planierraupen durchgekommen wären, aber sie blieben da und erhielten zum Trost die neue Zulassungsnummer sechsundzwanzig.

Insgeheim traf MacEwan Abmachungen für die Einschiffung von fünfhundert seiner Männer, indem er sich an Landeboote des Minenräumers »Kellett« wandte, aber sechsunddreißig Stunden später, als er noch immer zweihundertdreißig Mann zu verladen hatte, zeigten sich die zuständigen Einschiffungsoffiziere höchst erstaunt. Sie wußten nichts von der Wartenummer sechsundzwanzig — die mußte einer anderen Einheit zugeteilt sein. Als Zugeständnis gaben sie MacEwans

Männern die Nummer dreiunddreißig, die letzte auf ihrer Liste.

An diesem Küstenabschnitt trafen die Kanoniere nicht weniger als drei Einheiten, die die Nummer dreiunddreißig für sich beanspruchten. Eine hochgeworfene Münze entschied die Streitfrage. MacEwans Männer verloren und marschierten geknickt ans Ende der Schlange. Nach weiteren Stunden des Wartens erfuhren sie, die Wartenummern seien abgeschafft worden. Nun lösten sie sich aus der Schlange und marschierten auf Dünkirchen zu, in einem Troß anderer Einheiten, die auch auf diesen Gedanken gekommen waren.

Dann schienen sie Glück zu haben. In diesem Küstenabschnitt in Braye galten die Wartenummern noch. Sie zogen die Nummer sieben. Aber sogleich wies ein anderes Artillerie-Regiment überlegen dieselbe Nummer vor. Die hochgeworfene Münze entschied wieder gegen sie. Das 58. Regiment setzte sich wieder ans Ende der Schlange.

Sechzehn Stunden vergingen, bis MacEwan den letzten seiner Männer auf den Weg schicken konnte — und wieder geschah das nach der Do-it-yourself-Methode, indem seine Offiziere bis zu den Schultern im Wasser wateten und die Boote heranriefen wie Portiers die Taxis.

Ein paar griffen zu verzweifelten Kriegslisten. In La Panne drang ein zorniger Gefreiter von den »Green Howards« bis zu Generalmajor Harold Alexander vor. »Sie scheinen ein ganz hohes Tier zu sein. Vielleicht können *Sie* mir sagen, wo wir ein Schiff nach England bekommen.«

Alexander blieb ruhig wie immer, obwohl seine Stabsoffiziere vor Wut rot anliefen. »Geh diesem Haufen nach, mein Sohn!«

Der Gefreite: »Vielen Dank. Sie sind der beste Kamerad, den ich weit und breit gefunden habe.«

Die ritterliche Art des Umgangs miteinander hielt an. Vielen Offizieren und Mannschaften kam eine Erkenntnis: wahre Führerqualitäten würden diesen Krieg besser durchstehen als die Vorrechte von Rang und Geburt, die bis dahin die Hierarchie der Armee beherrscht hatten. Für Tausende sollte Dünkirchen ein düsterer Meilenstein in der Militärgeschichte werden. Als die Mannschaften gewahr wurden, daß Offiziere sich genauso feige zeigen konnten, brachen die alten Idole für immer zusammen.

In den Dünen wand sich ein Offizier in der Nähe des Kraftfahrers Harry Owen vor Angst. Dabei hielt er einen Sektpfropfen in der Hand. So oft ein Flugzeugmotor zu hören war, schob er ihn zwischen die Lippen. Die Detonation drückte bei offenem Mund weniger auf das Trommelfell. Noch zwanzig Jahre später erinnert sich Owen verächtlich an ihn: »Er war ein Armleuchter.« Feldwebel Bob Chapman, ein Artillerist, lief zu einem scheinbar verwundeten Offizier hin. Doch der Offizier war unverletzt und stammelte nur ununterbrochen: »Das ist nicht recht . . . ich habe eine Frau . . . eine Frau und ein kleines Mädchen.«

In einem Schützenloch erklärte ein höherer Offizier im Beisein des Gefreiten Sidney Grainger vom Versorgungskorps, von Furcht gelähmt, immer wieder, er könne nicht hinaus, um seinen Männern beizustehen, er müsse einen Korb Eier hüten. Grainger ging näher heran und sah, daß überhaupt keine Eier da waren — nur die Hand des Offiziers hielt sich gekrümmt über dem Nichts. Kapitän zur See Eric Bush erlebte vor der Küste an Bord der »Hebe« gleiches wie viele Soldaten. Ein junger Oberleutnant des Heeres kam in einem kleinen Boot, nur auf sich selbst bedacht, zu dem Minenräumboot hinausgerudert. Als er die Schiffsleiter emporkletterte, fuhr Bush ihn an: »So benimmt sich kein Offizier! Zurück ans Land und kümmern Sie sich um Ihre Leute!«

Beschämt kletterte der Offizier in das Boot zurück und machte es wieder los. Wenig später sah Bush, wie er geradenwegs auf das nächste Schiff zuruderte, das achteraus lag.

Das Absinken der Moral war unvermeidlich. Oft entgingen Offiziere, auch wenn sie sich untadelig benahmen, nur um Haaresbreite dem Tod. Leutnant Clive Le Couteur von der »Worcestershire Yeomanry« schwamm mit einem anderen

Offizier hinaus, um drei Ruderboote für seine Einheit hereinzuholen. Als dann sein Kamerad mit den Soldaten kam, hatte Le Couteur nur noch ein Boot. Männer, die ihn schweigend beobachtet hatten, hatten ihm mit bösem Grinsen und mit angelegtem Gewehr die anderen Boote abgenommen.

Daß Engländer sich mit nackter Gewalt gegen Engländer wandten, zeigte, wie schlecht es stand. Aber je länger die Nervenprobe anhielt, um so öfter geschah das. Der Gefreite Joubert Rolfe von den »Royal Norfolks« kletterte von der Mole auf den Schraubendampfer »Royal Diaffodil«. Ein Major behauptete, er sei nicht an der Reihe und wollte ihn zurücktreiben. Als der Major dabei die Geduld verlor und seine Pistole zog, hob Rolfe sein geladenes Gewehr zur Kehle des Offiziers. »Probieren Sie's doch mal!«

Ein Marineoffizier brüllte wie ein schlechtbezahlter Schulmeister dazwischen: »Nehmt die verdammten Dinger weg, ihr beiden, und geht an Bord!« Aber er rettete damit die Lage. Nicht immer ging es glimpflich ab. Der Gefreite Fred »Chippy« Williams sah von den Dünen aus, wie ein verwirrter Militärpolizist eine Sperre durchbrach und auf ein Boot losstürmte. Gelassen legte ein Major an, zielte und schoß ihn nieder. Unweit des Gefreiten James Wilson von den »Sherwoods« ereilte einen Major das gleiche Schicksal. Als er an der wartenden Schlange vorbei wild durchs Wasser stürmte und beinahe ein Boot zum Kentern brachte, schoß ihn der diensthabende Offizier zwischen die Augen.

Aber gegenüber den wenigen Offizieren, die gewissenlos ihre Truppe verließen, gab es Tausende, die sie mutig und entsagend durchbrachten. Kapitänleutnant Alex Tyson erlebte auf der Schute »Reiger« an der Mole eine erregende Szene. Fünfzig Mann unter Führung eines Subalternoffiziers standen auf der Mole fast vier Meter über dem kleinen holländischen Schiff. Tyson sah mit einem Blick, daß die Männer, selbst wenn sie nicht ihr volles Gepäck mitnahmen, unmöglich die schmale eiserne Leiter zum Deck hinuntergehen konnten.

Auch der Subalternoffizier erkannte das, obwohl er zu Tode

erschöpft war. Als er jedoch befahl, »erstes Glied einen Schritt vorwärts, springen!« sprang Mann um Mann gehorsam hinunter; wie vom Katapult geschleuderte Zirkusartisten stürzten sie auf das Plankendach der Schute. Zuletzt sprang auch der Offizier hinunter. Als er bewußtlos zum Steuerhaus getragen wurde, sah Tysen, was geschehen war.

Der Offizier hatte seine Stiefel einem Soldaten gegeben und war dann viele Kilometer in Wasserstiefeln marschiert. Jetzt hatte er an den Fußsohlen fast kein Fleisch mehr. Die weißen, glänzenden Fußknochen schimmerten im Licht des Kompaßhäuschens.

Andere bewiesen die gleiche Kameradschaft. Während des ganzen »Scheinkrieges« hatte Major Valder Gates, ein Offizier des Versorgungskorps, mit dem größten Teil seiner Einheit in Fehde gelegen. Gates entstammte einer Familie von Plymouth-Brüdern*, und nach einer pedantisch-freudlosen Jugend wandte er sich von der Religion ab und einem verneinenden Unglauben zu, bis sich in Liévin im Pas de Calais die Langeweile wie Meltau auf seine Einheit senkte. Da erwachte in ihm ein neues Verantwortungsgefühl. Er entsetzte sich darüber, wie Bordelle und Kneipen seine Männer veränderten, und erklärte schließlich der Sünde und dem Müßiggang den Krieg. Gottesdienstappelle und Märsche mit fünfzig Pfund Gepäck wurden zur Tagesordnung. Zwischen dem gutaussehenden Offizier mit seiner Haltung, als habe er einen Ladestock verschluckt, und seiner Einheit, die bald den Spitznamen »Gates' Garde« trug, herrschte wenig Liebe.

Dann kam der Rückzug. Nachdem sie ihre Fahrzeuge in den Straßengraben gefahren hatten, mußten Gates' Männer einen Eilmarsch über fünfundzwanzig Kilometer nach La Panne antreten. Andere Einheiten blieben an der Straße liegen, aber Gates' Männer, ausschließlich Soldaten der nichtkämpfenden Truppe, bestanden die Prüfung.

* P. B. = eine durch Abspaltung von der englischen Staatskirche entstandene Sekte. Sie fühlt sich als Braut Christi und rechnet mit dessen naher Wiederkunft.

Da wandelte sich Gates' Gesinnung. Er fühlte sich nicht nur für seine Männer verantwortlich, die ihr Bestes gaben, er liebte sie auch. Allmählich setzte er sich an die Spitze der Schlange und watete bis zum Hals ins Wasser, um eins der wenigen Boote aufzutreiben, die kamen; er schaffte so viel Leute wie möglich weg, kehrte triefendnaß zurück und legte sich in die Dünen.

Nun kam zögernd einer seiner Feldwebel auf ihn zu. »Sir, ich möchte Ihnen im Namen der anderen etwas sagen. Als Sie mit diesen Gottesdienstappellen angefangen und uns geschliffen haben, da dachten wir alle, das ist ein Riesenquatsch. Jetzt, wo wir die Sauhaufen hier sehen, sind wir stolz darauf, daß Sie das mit uns durchgehalten haben.«

Nicht nur für seine eigenen Leute, sondern auch für alle, die führerlos geworden waren, empfand Gates nun eine schmerzliche Zuneigung. Die Worte des 23. Psalms kamen ihm in den Sinn: »Ob ich auch wanderte durchs finstere Tal, fürcht ich kein Unglück, denn du bist bei mir ...« Wenn seine Männer noch länger warten sollten, dann brauchten sie mehr Trost als nur Disziplin. Gates sprang auf und rief: »Kniet nieder, Männer, der Feldgeistliche wird Gott um Erbarmen mit uns bitten.«

Als Pfarrer William Curtis ein Gebet sprach, sah Gates heimlich ringsum. Nicht nur seine eigenen fünfhundert Mann knieten in den Dünen, sondern auch Hunderte von anderen – weithin sah er entblößte Häupter im Gebet geneigt. Nun war es Gates, als habe er seine Jahre des Unglaubens getilgt.

Andere Offiziere sorgten auf ihre Art gleichfalls für ihre Männer. Hauptmann Edward Bloom, der immer noch für 380 Mann und den Wolfsspitz Hugo verantwortlich war, suchte in Malo-les-Bains einen Einschiffungsoffizier. Er und seine Leute hatten sich in einem Friedhofsbrunnen gewaschen und rasiert, und nun schienen sie dem normalerweise sehr schwer zufriedenzustellenden Bloom zur Abfahrt bereit. Aber als sich Bloom durch das dichte Gewühl an der Düne durchzwängte, fand er nur einen ziemlich sturen Brigadegeneral vor.

Der sagte, er könne erst dann Schiffsraum für Blooms Truppen besorgen, wenn eine Namensliste in dreifacher Ausfertigung vorliege, ein kompliziertes Formular, das in Friedenszeiten verwendet wurde. Allen Protesten des Hauptmanns setzte der General entgegen: »Ich muß diese Formulare haben.«

Bloom konnte nirgends solche Formulare auftreiben. Schließlich fand er in einem leeren Haus eine Rolle Klosettpapier. Auf dem Bauch liegend, Hugo neben sich, schrieb er mühsam sämtliche Namen seiner Einheit darauf und ging dann damit zu dem Brigadegeneral.

Doch der ging hoch: »Wollen Sie mich auf den Arm nehmen?« Bloom antwortete mit unbewegtem Gesicht: »Sir, ich habe Ihren Befehl nach besten Kräften ausgeführt, aber ich hatte kein Kohlepapier.«

Es gab minutenlang ein zorniges Hin und Her, doch Bloom gewann. Die vorschriftsmäßig ausgefüllte Klo-Rolle brachte sie alle miteinander – Bloom, seine 380 Mann und Hugo – weiter nach Dünkirchen.

Der erst kürzlich angekommene Admiral Frederick Wake-Walker, der stämmige blonde Nachkomme von Hereward the Wake, hatte das Gefühl, niemand könne das entscheidenste Problem von Dünkirchen auch nur annähernd in seinem ganzen Umfang erkennen.

Der Admiral – obwohl er in keiner Weise Kapitän zur See William Tennant ersetzte – war beauftragt, die gesamten Operationen von der Küste zu leiten. Er hatte bereits verfügt, Vizeadmiral Gilbert Stephenson sollte den Abschnitt La Panne und Vizeadmiral Theodore Hallet den Abschnitt Braye-les-Dunes übernehmen. Wake-Walker selbst trat in Malo-les-Bains und Dünkirchen an die Stelle von Kapitän zur See Eric Bush.

Der Admiral – ein neuer Besen, dazu bestimmt, gut zu kehren – erwies sich als eine Feuerkugel. Innerhalb von vierundzwanzig Stunden schaffte er den Rekord, seine Kommandoflagge sechsmal zu wechseln. Vom Zerstörer »Esk«, auf dem er herübergekommen war, setzte er auf das Minenräumboot »Hebe« über, von der »Hebe« ging er auf den Zerstörer »Windsor«, dann auf Motorboot 102, dann auf das Minenräumboot »Gossamer«, dann auf S.M.S. »Worcester« und dann auf den Zerstörer »Expreß«.

Aber das große Problem, das vor Tennant lag, lag auch vor Wake-Walker: Am meisten mangelte es an kleinen Schiffen. Obwohl Motorboot und Barkassen die Ruderboote zur Küste hinzogen, konnten sie nicht zu dicht am Land arbeiten. Die Ponton-Fähren der Pioniere, die die Soldaten zu den Schiffen hinausbrachten, trieben in der Hälfte aller Fälle leer ab. Und die Zerstörer waren erst dann beladen, wenn sie ihre Ruderboote wieder bei sich hatten. Bootsbesatzungen waren zugleich Geschützbedienungen. Und auf die wollte niemand verzichten.

Immer noch hingen schwere, dicke Wolken tief herab und verhinderten einen Angriff Richthofens. Aber würde das Wetter länger halten als die Verteidigungsstellung auf dem Land?

Auch das Anlegen war ein Problem. An der Ostmole konnte Wake-Walker nach den Verheerungen am Mittwoch von sechzehn möglichen Landestellen nur vier ausmachen, an denen Truppentransporter anlegen konnten. Aber in verschiedener Hinsicht wurde das Bild freundlicher. Ramsay hatte um 18.30 Uhr, nachdem der Zerstörer »Vanquisher« berichtet hatte, dringend angefragt: »Können die Schiffe wieder die Mole anlaufen?«

Wake-Walker meldete um 20.30 Uhr zurück: »Zerstörer können die Mole wieder benutzen. Die Truppen warten; es kann jeweils ein Schiff einlaufen.«

Als Wake-Walker in Gorts Hauptquartier in La Panne landete, wo Leutnant Thomas Nuttall von den Pionieren nach wie vor standhaft die Unterseekabelverbindung mit England aufrechterhielt, sah er die Schwierigkeiten nur zu gut. Stunde um Stunde liefen die Nachrichten ein. Um 17.49 Uhr hatte eine zweifelnde Anfrage von Dover wissen wollen, ob wirklich an der Küste von La Panne Schiffe derart dringend gebraucht würden. Als Wake-Walker die Anfrage um 19 Uhr zu sehen bekam, arbeiteten vier Zerstörer und ein Minenräumboot vor dieser Küste. Die Situation wechselte zu oft, als daß irgend jemand mit ihr hätte Schritt halten können.

Nun kam aus London ein Funkspruch vom Ersten Seelord Admiral Sir Dudley Pound: Ob die Boote entlang der Küste auch sinnvoll verteilt seien. Wake-Walker stöhnte: von den Ponton-Fähren und einigen wenigen Landungsbooten abgesehen, waren die Ruderboote die einzigen Schiffe, die überhaupt heranfahren konnten. An welchen Küstenabschnitten die Schiffe eingesetzt waren, hing stets vom Ankergrund ihrer Mutterschiffe ab.

Wake-Walker hielt, so gut er konnte, das Gleichgewicht zwischen den einzelnen Küstenabschnitten aufrecht, aber der Mangel an raschen Transportmitteln band ihm die Hände. Kaum war er von einem Küstenabschnitt weg, so trafen auch schon Schiffe an einem anderen Abschnitt ein und luden dort auf Kosten des Abschnittes, den er eben verlassen hatte.

Beim gemeinsamen Dinner fühlte sich der Admiral trotz Tennants zusätzlicher Anwesenheit und Lord Gorts gelassenem Charme nicht wohl. Seine Hose war nach dreimaligem Versuch, in einem Ruderboot zu landen, durchnäßt. Er saß als zusätzlicher Esser an ihrer Tafel und beraubte sie ihres Fruchtsalats aus Büchsen. Aber schlimmer noch war, daß die Armee nun den Eindruck einer blinden Abhängigkeit bot.

Als die vier Männer die Lage durchsprachen, kam Gorts Ansicht klar heraus. Die Armee war trotz äußerst widriger Umstände bis an die Küste gekommen. Nun lag es an der Navy, sie wegzubringen. Aber die Navy tat dafür zu wenig.

Wake-Walker mußte an sich halten, als er ausführlich seine Meinung darlegte. Auch wenn an diesem Tag 53 823 Mann weggebracht werden konnten, davon 29 512 von der offenen Küste, so würde doch die weitere Einschiffung im großen Stil langsam vor sich gehen, schwierig sein und vom Wetter abhängen. Seine eigene Ansicht — ähnlich der von Tennant — sei, die Masse der Truppen an der Küste müsse sich westwärts bewegen und von Dünkirchen aus einschiffen.

Nun unterbrach ihn Brigadegeneral Oliver Leese. Im tiefsten Grund liege das Desaster in der Unzulänglichkeit der Navy. Als Wake-Walker antwortete, fielen seine Worte wie Peitschenhiebe: »Sie haben weder einen Anlaß noch das Recht, so zu reden . . .«

Es war ein tragisches Zusammentreffen — tragisch, weil die Nerven der vier Männer rund um den Eßtisch an der Fenstertür, durch die man auf die Sandküste hinuntersah, am Zerreißen waren, tragisch, weil der wirkliche Streitpunkt die Tatsache war, daß eine alte, stolze Nation in die Flucht geschlagen worden war, und tragisch, weil Gorts letzte Flasche Champagner, die sie nun zusammen tranken, in vieler Hinsicht nur allzu symbolisch war. Als Wake-Walker sich um 22 Uhr verabschiedete, war wenig für einen erfolgreichen Ausgang zu hoffen. Admiral Sir Dudley Pound hatte Gorts bereits versprochen, die Navy werde die Kerntruppe der Nachhut — fünftausend Mann — wegbringen, wenn sie sich innerhalb von vierundzwanzig Stunden aus der Kampfstellung zurückziehen könne.

Wake-Walker wußte, daß außer der Nachhut noch Zehntausende kommen würden, und die Vorstellung war entmutigend, die Nachhut auf die Schiffe zu bringen, wenn sie, dicht gefolgt von den Deutschen, auf die von Menschenmassen gesäumte Küste stieß.

Schließlich mußten Wake-Walker, Lord Kelburn, sein Erster Flagg-Offizier, Gort und Tennant, gemeinsam die Ponton-Fähre des Admirals in Richtung auf einen Zerstörer zu Wasser bringen. Aber gleich darauf schlug das Boot um, und Wake-Walker und Kelburn lagen im Wasser.

Als sie zurückwateten, um das Ponton-Boot auszuschöpfen, behielt die Navy doch das letzte Wort. Wake-Walker rief Gort, der noch an der Küste stand, lachend zu: »Wieder ein Beispiel für die Unfähigkeit der Navy!«

Der Admiral wußte zu diesem Zeitpunkt noch nicht, wie seine schlimmsten Befürchtungen scheinbar gerechtfertigt werden sollten.

In Veurne, sechs Kilometer landeinwärts, in der Schlüsselstellung gegenüber dem gesamten deutschen Vormarsch, hatten die Garden nunmehr unter mörderischem Artilleriefeuer zwei Tage standgehalten. Es war eine erbitterte Abnutzungsschlacht. Viele der alten Fachwerkhäuser brannten. Wolken von ätzendem, gelbbraunem Rauch wirbelten durch die engen Straßen und vermischten sich mit dem stickigen Geröllstaub der einstürzenden Gebäude.

Im gefährlichsten Abschnitt vom Kanal stadteinwärts zur Ortsmitte waren die Grenadiere von Major Richard Colvin in den Häusern verbarrikadiert und hatten den Befehl, dort zu leben, zu kämpfen und, falls nötig, zu sterben. Nur Essenträger und Sanitäter durften dieses letzte Niemandsland betreten. Den weißen Stahlhelm des Feldgeistlichen fest auf den Kopf gepreßt, kroch Pfarrer Philip Wheeldon vom Regiment »Coldstream« an die Front vor, um in Kellern und sogar in Schützengräben die Kommunion abzuhalten.

Die Stadt war voll Spannungen. Jede der rauchigen Straßen und Gassen wimmelte von Scharfschützen. Aber so oft die Gardesoldaten auch suchten, fanden sie keine Spur eines Feindes. Hauptmann Edward Gage von den »Coldstreams« fand überall in den Kellern nur Frauen und Kinder aneinandergedrängt. Major Robin Bushman von den Grenadieren stieg auf den Zehenspitzen, die Pistole im Anschlag, in ein verdunkeltes Obergeschoß, aus dem, wie es hieß, Lichtsignale gegeben worden waren; aber er stieß nur auf eine Fledermaus und eine Eule.

Auf Befehl von Colvin mußten sich alle Zivilisten der Stadt in der Krypta der Walpurgiskirche auf der Grande Place aufhalten. Aber trotzdem hatten die Verteidiger das Gefühl, als folgten ihnen überall spähende Blicke.

In jeder Lagebesprechung des Brigadegenerals Jack Whitaker, des Kommandeurs der 7. Gardebrigade, unterstrich dieser aufs neue den Befehl von Montgomery, Veurne müsse unbedingt gehalten werden. Kamen die Deutschen erst einmal mit starken Verbänden über den Kanal, dann brach der ganze Brückenkopf Dünkirchen wie eine Nuß im Nußknacker zusammen.

Eifrig stimmten Colvin und die anderen Kommandeure ihm zu, denn sie wollten die Lagebesprechung so rasch wie möglich beenden. Aus Sicherheitsgründen hielt Whitaker seine Lagebesprechungen in einem Schützengraben ab, der durch einen Misthaufen führte und als Dach mit einer Deckung aus Mist und Stroh getarnt war. In diesem Graben saß er mit gekreuzten Beinen, das Gesicht ihnen zugewandt, wie der Steuermann eines Achterruderbootes. Aber seinen Bataillonskommandeuren mißfielen der Gestank und die Schmeißfliegen.

Die Deutschen waren bereits einmal über den schmalen Kanal auf Leichtern gekommen, und die Panzerwagen des ersten Bataillons »Coldstream Guards« des Obersten Arnold Cazenove hatten sie zurückgeschlagen. Der gesamte Kanal lag so voll mit verlassenen Schiffen, daß Major Robert Riddell vom Regiment »The Royal Berkshire« weitere Versuche zu verhindern suchte, indem er nachts wie ein Indianer hinauskroch und die Leichter in Brand steckte. Aber der Versuch mißlang, ihr Aufbau bestand aus allzu vielem Stahl.

Riddell, mit seiner Kompanie von achtzig Mann an der untersten Grenze, hatte selbst Offiziersburschen und Köche in die vorderste Linie schicken müssen. Er hatte für seine Männer ein Schwein geschossen und gebraten und brutzelnde Stücke Fleisch mit dem Taschenmesser abgeschnitten. Er wußte, daß nun um 22 Uhr jeder seiner Männer, der in dem düsteren Schützengraben entlang dem Kanal sein Gewehr hielt, gegen fürchterliche Erschöpfung ankämpfte und sich mehr abverlangte als einer Maschine.

Plötzlich erstarrte Riddell. Er hörte in seinem Gefechtsstand in einem Keller nahe beim Kanal Stimmen. Er lauschte angespannt und konnte sie verstehen. Deutsche Stimmen — auf der britischen Seite des Kanals.

Kapitel 8

VIELLEICHT FINDEN SIE ES KOMISCH . . .

Freitag, 31. Mai

01.00—12.00 Uhr

Als das fahle Morgenlicht am Freitag in den rückwärtigen, mit einem eisernen Balkon umgebenen Flur des Kastells von Dover einfiel, war Admiral Sir Bertram Ramsay den Tränen nahe. Auch sein erster Stabsoffizier bei der Operation »Dynamo«, Kapitän zur See Michael Denny, fand keine Worte mehr.

In dieser Stunde war die Lage schlechter denn je, so daß Denny nach vier entnervenden Tagen und Nächten das seltsame Gefühl hatte, als sei er überhaupt nicht mehr da, sondern schwebe körperlos wie ein Jogi über dem unheilvollen Wasser des Hafens von Dünkirchen.

Bis vor ein paar Augenblicken sah es aus, als stünden Ramsays Pläne unter gutem Zeichen. Er hatte die Operation »Dynamo« nach einem vierundzwanzigstündigen Großeinsatz in der Nacht des Samstags, des 1. Juni, beenden wollen — zu diesem Zeitpunkt hätten die letzten viertausend Mann der britischen Rückhut eingeschifft werden sollen.

Nun war von der Admiralität zu hören, die vorangegangenen Anträge Ramsays hätten Früchte getragen, daß die Franzosen eine gleichwertige Chance des Entkommens in letzter Minute haben müßten. Für Ramsays peinlichste Fairneß war der Gedanke fast eine Zwangsvorstellung. Oberleutnant William de Quincey konnte nie vergessen, wie der Admiral im Stabsquartier von »Dynamo« in die Worte ausgebrochen war: »Wenn wir jemals wieder freundschaftliche Beziehungen mit den Franzosen haben wollen, müssen sie weggebracht werden.«

Nun schien es, als habe Ramsay gewonnen. Auf Winston Churchills ausdrücklichen Befehl hatten die französischen Soldaten das gleiche Recht, auf die britischen Schiffe zu gehen wie Gorts Armee.

Was bedeutete das? Für Ramsay, der die Lage mit Kapitän Michael Denny durchsprach, war sofort klar: Die Schiffe mußten in den nächsten vierundzwanzig Stunden noch mehr leisten. Nur dann bekamen die Franzosen eine Chance. Aber da von zwölf Truppentransportern und Lazarettschiffen, die noch unterwegs waren, keine Nachrichten eintrafen, war Ramsey um 9 Uhr morgens gezwungen, weitere Überfahrten aufzuschieben.

Er mußte befürchten, die in den engen Gewässern von Dünkirchen massierten Schiffe könnten das gleiche Schicksal erlitten haben wie der unglückliche Geleitzug am Mittwoch. Tatsächlich waren die Schiffe nur verspätet, aber Ramsay wußte das zu diesem Zeitpunkt nicht.

Schlimmeres stand bevor. In den ersten beiden Stunden nach ihrer Ankunft in Dover auf der »Worcester« waren Generalleutnant Alan Brooke und General Sir Ronald Adam in Ramsays Dienstzimmer gekommen. Brooke blickte auf Ramsays Fahrplan und beschwor dann den Admiral, den er zwanzig Jahre kannte: »Können Sie den Plan nicht ändern? Ich komme gerade von der Lagebesprechung bei Gort. Er hat mich gebeten, klarzulegen, daß es wohl Tage dauern wird, bis die Truppen abholbereit sind. Wenn Sie nicht weitermachen können, wird das für das britische Expeditionskorps zur Katastrophe.«

Ramsay sah das ein. Doch ihm stand noch ein härterer Schlag bevor. Ein Bericht des Küstenkommandos in Braye-les-Dunes, das die Windstärke die ganze Woche hindurch mit der Aufmerksamkeit von Auguren beobachtet hatte, meldete nach

Dünkirchen, der Wind habe sich zur milden und heimtückischen Stärke 3* erhoben. Als die Brandung in den seichten Gewässern nunmehr stärker wurde, konnten die erschöpften Männer in den kleinen Booten ebensowenig dagegen an wie die hundemüden Tommies. Allmählich lief Boot um Boot auf und blieb liegen. Als um 8 Uhr Ebbe eintrat, lagen sie wie Strandgut in langer Reihe auf dem vom Wind bestrichenen Sand, während die Männer der Armee Gorts hilflos aus den Dünen zusahen.

Ramsay hatte allen Grund zur Sorge. Selten waren Schiffe oder Menschen solchen Schlägen ausgesetzt. Proviantmeister Sidney Mason Springgay auf der »Maid of Orleans«, die dreimal die Überfahrt gemacht und bereits dreitausendsechshundert Mann herübergebracht hatte, fühlte sich auf das äußerste angespannt. Kaum hatte das Schiff an diesem Morgen angelegt, als ein Marineoffizier ihm sagte: »Sie legen in spätestens einer halben Stunde wieder ab.«

Springgay stöhnte. Derzeit konnte man nicht einmal in Ruhe über den Kai gehen. Die acht Anlegeplätze für den Kanalfährbetrieb in Dover beherbergten nun gleichzeitig achtzehn Schiffe, die in Dreierformation gestaffelt lagen, und sie zentimeterweise herauszubringen, war schwierig und brauchte Zeit und Schleppboote.

Und die Anfahrt an den Hafen Dünkirchen, einen Wald von Masten und Aufbauten gesunkener Schiffe, wurde für jeden Steuermann zum Alptraum. Als der Kapitän der »Maid« in der vergangenen Nacht das Schiff in die Mole eingefädelt hatte, brummte er: »Ich komme mir vor wie eine Fliege, die über eine Schuhsohle mit groben Nägeln krabbelt.«

Auf dem Schiff, unter dessen Verdeck vierzehnhundert Mann wie Sardinen zusammengepfercht waren und das damit gefährlich überladen war, fragte ein Armeeoffizier Walker: »Wenn wir getroffen werden, haben wir mit diesem Haufen wohl keine Chance?« Walker, ein gutaussehender,

* Windstärke 3 = schwacher Wind, bewegt einen Wimpel und die Blätter der Bäume, hat 16 km/Std. Geschwindigkeit.

zynischer alter Seemann, antwortete: »Wenn wir getroffen werden, haben wir sowieso keine Chance. Also nehmen wir mit, soviel wir können.«

Die »Maid von Orleans« war mit Truppen bereits bis zur Takelage beladen, und Walker wußte, daß nicht ein einziger Rettungsgürtel an Bord war.

Die Ingenieure des Stützpunktschiffes »Sandhurst« in Dover bekamen stündlich neue Beweise für das Katastrophale der Lage: Die gußeisernen Hilfsmotoren eines Zerstörers brachen, als Bomben in hundert Metern Entfernung niedergingen. Der Bug von S.M.S. »Malcolm« wurde bei einem Zusammenstoß aufgebogen wie der Sporn eines Kampfhahnes. Auf dem polnischen Zerstörer »Blyskawica« war die See durch einen Riß in seinem vorderen Laderaum zu sehen.

Der Taucher Walter Davis von der Hafendirektion arbeitete täglich vierundzwanzig Stunden drei Meter tief unter Wasser, löste Drähte von den Schiffsschrauben und verschloß Einschüsse mit Keilen und Werg; andere Monteure dichteten die Kondensatoren von Fischdampfern mit Sand und Kies und kalfaterten undichte Stellen mit Werg, Roßhaar und sogar mit Wagenschmiere. Der Inspektionsoffizier Weston Smith hatte zu der entscheidenden Inspektion, die über das Schicksal des Schiffes entschied, jeweils zwanzig Minuten Zeit. Immer wieder warnte er den Chefingenieur mit dem Satz: »Vorsicht! Das Schiff ist eigentlich reif für die Werft.«

Das war eine klare Aussage: jede Bombe, die fünfzig Meter vom Schiff niederging, bedeutete sein Ende.

Je größer die Schäden wurden, um so klarer wurde den Männern um Ramsay, daß nur noch ein Wunder die Armee retten konnte.

Aber manche glaubten an Wunder. Um 9 Uhr, in der Stunde der tiefsten Verzweiflung Ramsays, wurde Kapitän Lemon Webb, der am Kai in Dover angelegt hatte, durch eine schallende Stimme aus seiner Koje auf der »Tollesbury« gescheucht. Ein Fregattenkapitän ging von Schiff zu Schiff und suchte Freiwillige für Dünkirchen.

Die Schiffe sollten durch einen Schlepper gezogen werden, aber die Besatzungen konnten noch entscheiden, ob sie die Reise mitmachen wollten oder nicht.

Während sich Webb den Schlaf aus den Augen rieb, hörte er längs des Kais zwiespältige Antworten. Der Kapitän Horlick von der »Beatrice Maud« sagte zunächst einmal rundheraus: nein. Seine Barke habe kein Schleppseil. Der Steuermann Albert Catchpole von der »Ena« meinte, sie könnten ruhig fahren, ein alter Kapitän hatte Catchpole einmal prophezeit, sein Schicksal sei, gehenkt zu werden, nicht zu ertrinken. Webbs Steuermann Edward Gunn warf ein: »Gut, aber wenn wir geschnappt werden? Dann wandern wir in Gefangenschaft, was?«

»Warum nicht?« fragte der Marineoffizier.

Entsetzt über soviel Unwissen antwortete Gunn: »Was? Und dann stehen wir da in Zivil — ohne Papiere und ohne alles?« Der Marineoffizier gab es schließlich auf und ging weg. Aber Webb rief ihm nach: »Ist schon gut, Käpt'n, wir machen mit.«

Nun war auch Gunn bereit: »Ja, wenn Sie mitgehen, mache ich natürlich auch mit.« Nicht, daß Gunn oder irgendeiner der Männer sich geängstigt hätten, nein, aber als englische Arbeiter mußten sie ihren Standpunkt klarmachen. Für sie war es ein freiwilliges Unternehmen.

Der Marineoffizier kam kurz darauf mit den endgültigen Befehlen wieder. Die fünf Barken aus Ipswich sollten nach Dünkirchen geschleppt und dort abgehängt werden. Die »Aidie« und die »Barbara Jean«, das Schiff vom Neffen Charlie, sollten zum Teil mit Regierungsgut beladen werden, darunter jeweils sechzig Tonnen Trinitrotoluol*, die »Tollesbury«, die »Doris«, deren Kapitän Webbs Schwager Fred Finbow war, und die anderen Leichter hatten lediglich Lebensmittel mitzunehmen.

* Trinitrotoluol ist unter der Bezeichnung TNT bekannt, einer der meistbenutzten Sicherheitssprengstoffe zur Füllung von Granaten, Minen usw.

Es war ein höchst wichtiger Auftrag. An der ganzen Verteidigungslinie fehlte gefährlich Verpflegung, Wasser und Munition. Im Hafen von Dünkirchen konnte aber nicht entladen werden. Selbst die Arbeit an der Küste war gefahrvoll, doch breite, flachgebaute Leichter wie die »Tollesbury«, die für die seichten Küstengewässer von Suffolk bestimmt waren, kamen weit. Sie brauchten im Verhältnis zu ihrer Segelfläche die kleinste Besatzung von allen seegängigen Typen. Durch ihren hölzernen Aufbau waren sie gegen Magnetminen immun.

Von Webb und anderen solchen Männern hing nun die Sicherheit der Nachhut ab. Als Webb dies hörte, nickte er befriedigt: wie konnte man in einer solchen Zeit nein sagen?

Selbst wenn die Leichter auf Grund lagen, konnten sie noch als improvisierte Landungsbrücken dienen, von wo aus die Soldaten mit kleinen Schiffen und Barkassen zu den Transportschiffen im tieferen Wasser gebracht werden konnten.

Dieser Punkt vor allem war für Webb entscheidend. Seit zwölf Jahren war er Kapitän der »Tollesbury«, er liebte jeden Zoll ihres himmelblauen Decks, und an ihren rostbraunen Segeln in der Brise freute er sich wie an nichts anderem auf dieser Welt. An ihrem Tagesablauf nahm er bis ins einzelne Anteil. Selbst die Fleischpasteten und die Rouladen aus Mehl und Talg, das Hauptgericht der Besatzung, bereitete Webb selbst zu und übergab sie dann dem Deckmatrosen Percy Scott zum Fertigmachen in der Kombüse.

Als die »Kenia« sie um vierzehn Uhr ins Schlepp nahm, sagte der Marineoffizier aufmunternd: »Ihr werdet den ganzen Weg unter einem Luftschirm fahren.«

Zwei Stunden später lachte Webb, der verbissen im Kielwasser der »Kenia« steuerte. Ja, unter einem Luftschirm fuhren sie, unter einem gewaltigen, weitgespannten Schirm von deutschen Messerschmitt- und Heinkelmaschinen, die im Tiefflug dröhnten, deren Bordgeschütze knatterten und deren Bomben riesige Wasserfontänen aufwarfen. Webb klammerte sich an das schwere Steuerrad aus Mahagoni und biß die Zähne zusammen. Wurde es noch schlimmer, dann schätzte er, hatte er Mabel und das Haus Cliff Lane 133 zum letztenmal gesehen.

In Dünkirchen verschlechterte sich die Lage stündlich; Kapitän William Tennant glaubte, es könne nur noch Stunden dauern. Die Windstärke 3 belebte die Brandung, sie legte die Arbeit unmittelbar an der Küste lahm und vertrieb den leichten Nebel, der über dem Wasser lag.

Die deutschen 10,5-Zentimeter-Geschütze unter dem Befehl von Major Hans Sandar hatten sich auf den Hafen eingeschossen. Den ganzen Morgen bebten die Ankerplätze in den Docks unter dem Brüllen und Pfeifen des Beschusses. In Veurne schaffte es Major Robert Riddells, 4. Bataillon der »Berkshires«, einfach nicht mehr. Ein heftiger Gegenangriff der Grenadiere von Major Richard Colvin mußte kommen, um die Deutschen zu vertreiben, die in der Nacht den Kanal bezwungen hatten. Doch das geschah erst, nachdem Grenadiere auf einem Lastwagen ahnungslos versucht hatten, Verpflegung in einem besetzten Haus abzuliefern.

Schlimmer war, daß die deutschen Geschütze am östlichen Ende der Verteidigungslinie bei Nieuport bis zu der Yser vorgehend festen Fuß gegenüber dem Küstengebiet von La Panne gefaßt hatten. Ihr Aufklärungsballon hing dreihundert Meter außerhalb der Reichweite der englischen Geschütze herausfordernd am klarblauen Himmel.

Tennant grübelte über die Rückwirkungen auf die Truppen nach. Als einer von Tausenden sah der Kanonier Hugh Fisher in La Panne, was geschah. Fisher hockte mit dem Kanonier Harry Randall in einem Schützenloch, als er einen Todesschrei hörte. Auf einem Abschnitt von einem Kilometer am Rande des Wassers schlugen die Geschosse ein, und Sandfontänen spritzten auf.

Während Fisher auf die Szene sah, wurden die Kanoniere weiter landeinwärts eingeklammert. In Abständen von etwa zwanzig Metern ging das enge Sperrfeuer nieder und kam immer näher zu den kauernden Truppen. Die Männer sprangen aus ihren Stellungen, gaben ihre Deckung auf und stürmten blindlings landeinwärts. Unter ihnen Fisher und Randall.

Während sie rannten, schwirrte die Luft von Infanterie-Geschossen, und überall stürzten Soldaten zu Boden. Fisher erkannte, was das bedeutete: »Wir sind verrückt, Harry«, rief er Randall zu, »wir laufen ja direkt in sie hinein!« Knapp einen Kilometer entfernt lagen deutsche Scharfschützen mit Zielfernrohren, die sich einen Tommy nach dem anderen herauspickten.

Die beiden warteten angespannt, und als dann die nächsten Artilleriegeschosse heranrauschten, zählten sie bis drei und warfen sich platt in den Sand. Als sie vorsichtig bis zum Rand des Wassers zurückgingen, sahen sie die Einschläge noch immer weiter landeinwärts. Fisher und Randall hatten schnell genug reagiert, um zu überleben. Aber beinahe in regimentsmäßiger Formation lagen die khakifarbenen Reihen auf den Dünen niedergestreckt.

Die See schäumte von Blut und Gischt, weiß gesprenkelt von den Splittern geborstener Granaten. Aber die Männer auf den kleinen Schiffen arbeiteten wie betäubt weiter.

Nicht alle waren Helden. Fregattenkapitän St. John Cronyn war auf dem Minenräumboot »Niger« nach Dünkirchen unterwegs, und er hatte um 15 Uhr einen demütigenden Anblick. Eine ganze Flotte von kleinen Schiffen fuhr eilig auf Dover zu. Außer der Besatzung hatten sie niemanden an Bord. Cronyn verständigte Admiral Ramsay: »Eine Anzahl kleiner Schiffe fährt leer zurück.« Ramsay antwortete zornig: »Halten Sie jedes kleine Schiff auf, das leer zurückfährt.« Cronyn zuckte die Achseln. Mitten im Kanal, bei pausenlosen Luftangriffen, war das schlecht durchführbar.

Aber Scharen von Männern, die noch niemals einen scharfen Schuß gehört hatten, hielten tapfer durch. Ingenieur Fred Reynard war die halbe Nacht aufgewesen und hatte Pläne für den entscheidenden Moment gemacht. Auf gemeinsamen Entschluß ordnete sich auf dem Motorschiff »Bee« selbst der junge Oberleutnant Kendall dem Veteranen Fred, der Gallipoli mitgemacht hatte, unter. Fred war überzeugt, die »Bee« rage zu hoch über das Wasser, als daß die erschöpften Soldaten hätten an Bord klettern können. Er redete dem Maat Harry Downer zu, über Bord zu springen und zu versuchen, ob er ohne Hilfe wieder heraufkomme.

Downer schaffte es kaum. Aber Fred fand eine Lösung. Er zersägte die acht Meter lange Leiter, die im Hafen von Portsmouth zum Übersteigen auf größere Schiffe diente. Als nun die »Bee« auf Grund lag, leistete die ganze Besatzung Hilfestellung, und die beiden Hälften der Leiter hingen beiderseits des Bugs.

Ihr einziger Schutz gegen den Geschoßhagel war die Pistole von Oberleutnant Kindall. Aber keiner dachte daran, alle waren zu beschäftigt.

In jedem kleinen Boot war es das gleiche. Kapitän Albert Grimwade und die Besatzung des Austernfischers »Vanguard« hatte nicht einmal Stahlhelme; als sie Truppen zu der bewaffneten Jacht »Grive« brachten, schützten sie ihren Kopf mit Emailletöpfen, Schöpfern und Zinkeimern. Von Minute zu Minute rückten die Einschläge näher. Dr. Basil Smith, der mürrische kleine Bücherrevisor, fuhr mit der »Constant Nymph« so dicht an die Küste, daß er einen Augenblick dachte, er sei auf ein Wrack gestoßen. Der Heizer Meakle, der seit drei Monaten bei der Navy war, meldete vom Heck her gleichmütig: »Das war eine Granate, Sir.«

Smith brüllte zurück: »Ein Dreck war das.« Dann rügte er sich insgeheim. Er gehörte jetzt zur Navy, und da hieß die korrekte Antwort: »Sehr gut.«

Auf dem als Kutter aufgetakelten Fischerboot »Endeavour«, einem von den sechs Booten aus dem Wattenmeer von Essex, warf sich der Signalgast Eric Marsh, ein neunzehnjähriger Matrose, unter einem Vorhang von Geschossen auf das Deck und suchte hinter einem Sandsack Schutz. Als er kurz nach oben spähte, sah er die Ostmole — bei der derzeitigen Ebbe — wie den Bug eines großen Passagierdampfers emporsteigen. Als Marsh wieder nach oben sah, lag die Mole viel weiter hinten. Kapitän Fred Hall nahm mit der »Endeavour« Kurs auf Dover.

Marsh stolperte sofort nach hinten: »Was machen Sie?«

Kapitän Hall antwortete: »Wir können das nicht durchhalten. Es ist Selbstmord. Das kann man nicht verlangen.«

Marsh schüttelte traurig den Kopf: »Vielleicht finden Sie es komisch, aber man verlangt es von uns.« Geduldig setzte er die Lage auseinander. Die Disziplin der Navy erlaube es ihm einfach nicht, unverrichteterdinge zurückzukehren. Und wenn die »Endeavour« auch machen könne, was sie wolle, mitten im Kanal könne sie ihn wohl kaum absetzen.

Nach dem ersten Schock erkannte Fred Hall seine Pflicht. Gleich darauf hielt die »Endeavour« wieder auf die Mole zu und wurde dann ein Glied in der sechs Schiffe starken Flotte, die tausend Mann auf die Schuten und in Sicherheit brachte.

Die kleinen Schiffe hatten es schwer. Arthur Dench und die Besatzung seines kleinen grünen Fischdampfers »Letitia« war nach getaner Arbeit auf dem Heimweg nach Leigh-on-Sea in Essex. Als Dench im Schlepp eines Fischdampfers gerade aus dem Hafenbereich von Dünkirchen heraus war, sah er seinen Neffen Fred Osborne, den Ingenieur des Fischerbootes »Renown«. »Unsere Maschine ist kaputt«, rief Osborne. Sein Onkel wußte Rat: »Wirf ein Seil rüber, wir schleppen dich.«

Bald darauf glitten die drei Schiffe in der weichenden Flut die belgische Küste aufwärts. Ein sechs Meter langes Seil verband die »Renown« mit dem Heck der »Letitia«. Die Nacht war friedlich, und Dench schickte seine Besatzung — seinen neunzehnjährigen Sohn Jim, den Ingenieur Tom Meddle und den Deckmatrosen Ken Horner — zum Schlafen unter Deck.

Und dann geschah etwas Entsetzliches. Dench sah im Dunkel die Mine nicht, die die »Renown« in Stücke riß; er hatte nur eine Schrecksekunde lang gehört, »wie etwas an der Schiffswand der Letitia scharrte«. Dann zerriß eine Explosion wie der jüngste Tag das Dunkel so heftig, daß sich das Deck unter ihm spaltete und ihn die aufgerissenen Planken einklemmten. Als er sich herausstemmte, regneten Holzsplitter von der »Renown« »wie eine Million Streichhölzer« vom Himmel herab.

Als die Besatzung auf Deck stürzte, fand sie Dench vor, der noch immer das Schleppseil der »Renown« umklammerte. Es verging beinahe ein Tag, bis sie erfuhren, was geschehen war. Der Schock hatte Dench die Sprache verschlagen.

Trotz allem beteiligten sich immer mehr Schiffe, so viele, daß Korvettenkapitän de Toulouse-Lautrec auf der Brücke der »Siroco« an die Champs Elysées in der Hauptverkehrszeit denken mußte. Die Marine-Pinasse* »Monotaur« mit einer Besatzung aus halbwüchsigen Marinepfadfindern aus Mortlake an der Themse ... die belgische Schmack** »Cor Jesu« ... der Wasserflugzeugtender der R. A. F. unter Führung von Unteroffizier Leslie Flower, der fünfmal von Tieffliegern mit Maschinengewehren beschossen worden war ... das Feuerwehrschiff »Massey Shaw« von der Londoner Feuerwehr.

Major Hans Sandar an der Küste nördlich von La Panne fand es kaum faßbar. Der schlanke, beherrschte Artillerie-Offizier der SS-Totenkopf-Division war sprachlos, als er die kleinen Schiffe im Bereich seiner 10,5-Zentimeter-Geschütze auf und ab tanzen sah.

Dann fragte er: »Was haben die Tommies eigentlich vor? Wollen sie einen Zirkus aufziehen oder was sonst?«

Sie waren jedenfalls als Darsteller zäh. Aber wenige von ihnen leisteten eine längere Schicht als das Rettungsboot »Prudential« aus Ramsgate, eines der beiden Rettungsboote von der Grafschaft Kent mit zivilen Besatzungen. Sechsunddreißig Stunden fuhr die »Prudential« pausenlos zwischen der Küste und den Zerstörern hin und her, brachte bei jeder Fahrt hundertsechzig Mann, zog im Schlepp andere Boote, die mit eigener Kraft nicht weiterkonnten ... ihre sieben Fahrboote arbeiteten in der heftigen Brandung. Insgesamt holte sie 2800 Mann heraus.

* Beiboot für Kriegsschiffe.
** Ein Küsten- und Fischereifahrzeug in der Nordsee mit Kutter-Takelung.

Als sie sich einmal im Dunkel auf den Strand arbeitete, rief eine Stimme: »Ich kann nicht sehen, wer ihr seid. Seid ihr von der Navy?« Als Bootsführer Howard Knight erklärte, wer sie seien, kam, wie die gedruckte Legende berichtet, das bombastische Lob: »Wir danken euch, und wir danken Gott dafür, daß er uns solche Männer geschickt hat, wie wir sie in euch heute nacht kennengelernt haben.«

Wo das Besatzungsmitglied Jim Hawkes stand, hörte sich das Lob allerdings formloser und herzhafter an: »Gott sei Dank, daß ihr so verdammt viel Mumm habt.«

Admiral Frederick Wake-Walker hätte an Bord seines 9. Flaggschiffes, des Zerstörers »Keith«, dem sicher zugestimmt. Aber jetzt tat mehr als bloßer Mut not. Vor allem brauchte der Admiral Geduld. Scharen von kleinen Booten, bis obenhin randvoll beladen, fuhren hinaus, alle gerüstet für eine Rückkehr nach England unter dem Motto: die siegreichen Helden kommen. Dem Admiral erschien das menschlich verständlich, aber die Minenräumboote und Geleitschiffe sollten bei Einbruch der Dunkelheit kommen. Zogen die kleinen Boote im Triumph ab, dann brach das ganze System des Fährdienstes im Küstenbereich zusammen.

Der Admiral versuchte nun, mit der »Keith« in majestätischen Kreisen fahrend, Ordnung in das Durcheinander zu bringen. Sein erster Flaggoffizier, Lord Kelburn, brüllte durch das Megaphon: »Fahrt nicht weg. Ladet ab und wartet hier ... An alle kleinen Schiffe: ihr werdet alle weiterhin gebraucht.«

In all dem Trubel glaubten viele, sie könnten nun auf eigene Faust nach Hause. Der Unteroffizier Victor Allport stach fröhlich in See und paddelte fleißig auf einer hölzernen Truhe. Der Gefreite Arthur Yendall sah zu, wie ein anderer auf einer Tür losfuhr. Der Gefreite William Nightingale vom Versorgungskorps beobachtete von den Dünen aus, wie Männer auf Flößen aus Fässern sich glücklich von den Wellen tragen ließen. Auf dem Minenräumer »Roß« betrachtete der Signalgast Wilfred Walters bewundernd einen Soldaten, der in einem Motorradschlauch saß und mit seinem Gewehr paddelte.

Andere entkamen nur um Haaresbreite. Den Gefreiten Fred Shepherd vom Regiment Bedfordshire und Hertfordshire warf ein Geschoß in hohem Bogen ins Wasser. Ein Matrose von der Schute »Oranje« hakte einen Bootshaken in die Uniform des Bewußtlosen und zog ihn an Bord. Der Gefreite Leslie Carran von den »Chestershires« sah vor Braye das Ruderboot eines Minenräumers und schwamm mit seiner ganzen Kraft dreißig Meter. Dann verspürte er einen qualvollen Schmerz, als ihn der Bootsmann an den Haaren an Bord zog. Es war das erste und das letzte Mal, daß er schwamm.

Ein Mann wurde wider seinen Willen gerettet. Der Fähnrich zur See Alfred Brinton trieb in einem ausgesteuerten Sturmboot hilflos vor der Küste von La Panne. Sein Leben schien ihm so schwarz wie die Nacht ringsum. Erst mußte er als Ausbilder in Hayling Island Portsmouth sein Boot und seine Besatzung vorausschicken, dann vergingen zehn gereizte Tage ohne Boot, und jetzt, nachdem er ein Kommando bekommen hatte, hatte sein Boot nach der ersten Runde Fährarbeit versagt.

Verzweifelt machte er sich einem anderen Landungsboot verständlich, das eine kleine Motorjacht namens »Rosaura« zog.

Deren Kapitän, Oberleutnant zur See William Tower, kannte zwar Brinton nicht, aber der Fähnrich verspürte sofort Sympathie. Tower rief in frischem Ton: »Wo brennts, Bootsmann?«, und Brinton rief zurück: »Der verdammte Motor ist kaputt.«

»Können Sie ihn nicht wieder in Gang bringen?«

»Nein, es hat keinen Zweck. Er klemmt. Können Sie mich nicht ins Schlepp nehmen, Sir?«

Tower antwortete: »Wir können das große, schwere Boot nicht ziehen. Kommen Sie lieber zu uns an Bord.«

Brinton sah betrübt, daß der Vorschlag richtig war. Er schaffte seine beiden Obergefreiten von Bord, goß Benzin auf das Deck und setzte das Boot in Brand. Dann kletterte er auf Towers Boot. Tower erklärte ihm, sie seien nach Ramsgate unterwegs. Brinton verzweifelte. Eine ganze Woche hatte er nur Pech gehabt. Er war draußen, noch bevor er drin war. Das einzige Plus war die Bekanntschaft mit einem Offizier wie Tower, einem geborenen Führer wie kaum ein anderer. Und es schien nicht wahrscheinlich, daß ihre Wege sich jemals wieder kreuzen würden.

Für die Männer in Dünkirchen stand das Ende nun in Stunden bevor, aber das wußten nur wenige. Anstrengung und Schock hatten ihre Vorstellungen betäubt, und das Zuhause war nur noch ein entlegener Traum. Der Kavallerist Dennis Cartwright aus Birmingham lag mit geschlossenen Augen in den Dünen, und in seinen Sinnen milderten sich die Schreie und das Durcheinander zum Summen eines Samstagnachmittags: die Fußballmannschaft von Westbromwich Albion spielte daheim auf ihrem Platz. Major Cyril Huddlestone vom Regiment »East York« träumte, er esse Gurkensandwichs und betrachte im Mere Country Club in Knutsford in Cheshire die hübschen Mädchen in ihren Badeanzügen. Vierundzwanzig Stunden später tat er genau das. Die Armee tat ihm den Gefallen, ihn dorthin zu evakuieren.

Der Gefreite Walter Osborn von den »Suffolks«, der noch immer am Kanal bei Veurne in Stellung lag, dachte an seine Frau Louvain daheim in Ipswich. Osborn glaubte, sie werde einiges Aufhebens von seiner Rückkehr machen, obwohl sie kaum einen Monat verheiratet waren, als er den bewußten Brief an Winston Churchill geschrieben hatte. Er handelte immer aus dem Impuls und hatte um Sonderurlaub aus Frankreich gebeten, weil er heiraten wollte. Diese Absicht hatte er Louvain aber erst mitgeteilt, als er zu Hause ankam.

Sie hatte ihn zurechtgewiesen: »Du bist verrückt. Wir haben doch beide keinen Pfennig.«

Osborn bekräftigte seinen Heiratsantrag mit den Worten: »Mädchen, ich fliege ins Kittchen, wenn ich ohne Trauschein zurückkomme.«

Die Sondererlaubnis war schließlich erst dann gegeben worden, als Osborn schon tagelang überfällig war. Er war bereits damals nur knapp am Gefängnis vorbeigekommen.

Die Halluzinationen mehrten sich. Leutnant Alexander Lyell bildete sich ein, er sei zu Hause. Die Landschaft von Dünkirchen wurde für ihn zu einer Fata Morgana der Straße von Arbroath nach Dundee. Der Pionier Robert Nevison sah ein Bild vor sich, das er in Wirklichkeit nie gesehen hatte — sein Vater dirigierte in Leeds einen Kirchenchor, der »Ehre sei Gott in der Höhe« aus dem »Messias« sang. Oberleutnant Laurence Harley lebte eine ganze Woche in Trance. Er wohnte andächtig Gottesdiensten bei, die, wie er später erfuhr, niemals stattfanden, er glaubte, gleich einem militärischen Robinson Crusoe, ganz allein an der Küste zu sein ... er verfolgte auf Befehl seines Kommandeurs fünf Kilometer lang Panzerspuren, bis sie sich plötzlich auflösten. Die Spuren stammten von seinem eigenen Humber-Stabswagen, und der Kommandeur hatte nie einen solchen Befehl gegeben.

Manche machten sich überhaupt keine Gedanken mehr. Sie fügten sich ein wie Wasser in ein Glas und kamen zu dem Schluß, an der Küste sei es am sichersten. Der Unteroffizier John Hudson von den Pionieren, der an den »Lastwagen-Kais« alles in Fluß hielt, taufte sie »Dünenbewohner«: Männer, die sich nunmehr, da der Beschuß heftiger wurde, nicht von der Stelle rührten und ausdauernd sitzen blieben wie die Zuschauer in einem Amphitheater.

Sie richteten sich ein, so gut es ging. Sie gruben mit Stahlhelmen und leeren Cornedbeef-Büchsen Löcher und deckten sie mit Matratzen, Strandgut und Schrott ab. Manche stellten ihre Wecker täglich auf 6 Uhr morgens. Der Artillerie-Unteroffizier »Darky« Lowe und seine Kameraden ließen sich an der Mole zwischen Ballen von Schafwolle nieder. Sie hatten einen Tisch, weiße Tischdecken, Milch, Tee, Zucker und eine ziselierte silberne Teekanne für zwei Liter. Der Gefreite Mervyn Doncom, der erneut auf Schatzsuche gewesen war, hatte sich behaglich mit einem Faß Rum im Keller eines verlassenen

Hotels eingerichtet und schlief dort unter einer seidenen Daunendecke.

Der einzige Mann, der nicht nach Hause wollte, soweit es auf ihn ankam, war Lord Gort. Als die Deutschen immer näher an La Panne herankamen, wußte er, daß die letzten hunderttausend Mann seiner Armee in höchste Bedrängnis gerieten. Es war ihm unmöglich, sie jetzt im Stich zu lassen.

Gort hatte im Hinblick darauf, daß die äußersten östlichen Küstenabschnitte am nächsten Tag in deutsche Hand fallen könnten, die Pläne grundlegend geändert. Die sechstausend Mann der vierten Division von General Dudley Johnson, die die östliche Verteidigungslinie in Nieuport hielten, mußten nunmehr fünfzehn Kilometer entlang der Küste nach Braye Dunes zurückgehen, wo sie von Ramsays »Spezialschleppern« aufgenommen werden sollten, einer aus fünfzig Einheiten bestehenden Flotte von Rettungsbooten und Ruderbooten, die von Schleppern gezogen wurden. Inzwischen mußten sich die Truppen, die jetzt in Braye standen, über Malo-les-Bains auf Dünkirchen zu absetzen. Unglücklicherweise hatte Ramsay, wie Gort wußte, infolge der raschen Verschiebung der Pläne die »Spezialschlepper« von der Änderung nicht unterrichten können. Wenn die Minenräumboote, die bei der ganzen Aktion als Wachhunde fungierten, nicht schnell genug spurten, konnte es geschehen, daß die Truppe bei ihrer Ankunft kein einziges Boot vorfand.

Daher zögerte Gort wegzugehen. Denn niemand wußte besser als er, wie sich der Verteidigungsgürtel stündlich zusammenzog.

Stündlich geriet auch Gort selbst in größere Gefahr. Winston Churchill, durch Lord Munster davon unterrichtet, daß »Tiger« Gort bis zum letzten kämpfen wollte, ließ der Admiralität keine Ruhe — aber die Navy kam ihm nur schwer auf die Spur.

Fregattenkapitän Colin Maud von der »Icarus« wußte nicht, daß die Sonderbefehle für Gort, die er an Land geschickt hatte, den Befehl zur Rückkehr Gorts enthielten. Er kehrte mit einem Schub Soldaten nach Dover zurück. Kaum hatte er angelegt, als sich ihm ein Regierungsbeamter verstohlen näherte. »Haben Sie eine sehr hochgestellte Persönlichkeit an Bord?«

Maud schüttelte erstaunt den Kopf, und der Beamte ging betreten weg. Später wandte er sich an den Kapitänleutnant Courtney Anderson, der mit seinem Motortorpedoboot 67 gerade angelegt hatte. Verzweifelt warf ihm der Beamte vor: »Aber Sie sind doch weggefahren, um ihn zu holen.«

Nun erinnerte sich Anderson. Vor Tagen hatte er eine dringende Mitteilung für Gort an Land gegeben, aber er hatte die Antwort bekommen, Gort sei ganz mit der Evakuierung der Armee beschäftigt und könne nicht abkommen.

»Soweit ich weiß, sitzt er immer noch an der Küste in Frankreich«, sagte Anderson.

Das war allerdings nicht der Fall, obwohl es Gort viel lieber gewesen wäre, wenn es sich so verhalten hätte. Bereits nachmittags hatte er den Chef des Reichsgeneralstabes, Sir John Dill, im Kriegsministerium angerufen und ihm die Änderung der Pläne mitgeteilt. Bei einem letzten Zusammentreffen mit Generalmajor Alexander gab er ihm abschließende Anweisungen. Alexander sollte bis zum Schluß unter Admiral Abrial tätig sein, hatte aber die Vollmacht, die Waffen zu strecken, wenn anders die Truppen in allzu große Gefahr gerieten. Dann saß Gort schweigend und allein in seinem Schlafzimmer und trennte die Orden von seinem Waffenrock, den er zurücklassen mußte.

Hart gegen sich selbst wie immer, trug Gort seine beiden Koffer selbst, als er im Dämmerlicht mit seinem diensttuenden Stabschef, Brigadegeneral Oliver Leese, zur Küste hinunterging.

Dann verlief alles routinemäßig. Eine lange Ruderfahrt in einem Pontonboot der Armee zu Admiral Wake-Walkers Flaggschiff »Keith«. Gort schaute sich nicht einmal um, als Geschosse hinter dem Pontonboot einschlugen. Als er längs der »Keith« lag, fiel es ihm schwer, über das Kletternetz des Zerstörers hochzuklimmen. Auf Deck hielt sich befehlsgemäß Lord Kelburn auf, der erste Flaggoffizier des Admirals. Im Zwielicht sah er ein Gebirge von Mann, der an der Reling zappelte. Kelburn packte ihn am Gürtel und hievte ihn herein. Mit einem dröhnenden Plumps fielen zwei Mitglieder des Oberhauses wie eins auf Deck.

Gort war augenblicklich wieder auf den Beinen und ging weg. Er konnte vor Zorn nicht sprechen. Das Krebsgeschwür der Demütigung hatte sich so tief in ihn eingefressen, daß er selbst wohlgemeinte Gesten als Affront gegen sich betrachtete.

Er zögerte, den Hafen zu verlassen, wo alle seine Hoffnungen zusammengebrochen waren. Er war kaum an Bord der »Keith«, als er verlangte, auf das Minenräumboot »Hebe« gebracht zu werden, dessen Fregattenkapitän John Temple er gut kannte. Als die Motor-Barkasse abfuhr, sagte Wake-Walker zu Kelburn mit einem tiefen Seufzer der Erleichterung: »Gott sei Dank, daß wir das hinter uns haben!«

Gort schien immer noch nicht zur Abfahrt bereit. Nahezu sechs Stunden lang stand Gort, mit dem Fernglas an den Augen die Szene betrachtend, auf der Brücke der »Hebe«, die wie Espenlaub zitterte, während ihre 10,16-Zentimeter-Geschütze den deutschen Angreifern entgegendonnerten. Kapitän zur See Eric Bush beobachtete ihn und begriff nicht, warum er eine brennende Laterne hielt, die er mit an Bord gebracht hatte.

Erst gegen Mitternacht ging er — nach einer kurzen Erholungspause im Kartenhaus — an Bord des U-Boot-Abwehrbootes 6 unter Kapitänleutnant Trevor de Hamel, das sie nach Dover bringen sollte. Der Funkmaat William Com nahm allen Mut zusammen und bat ihn im Steuerhaus um sein Autogramm.

Gort schrieb ohne einen Einwand mit grünblauer Tinte klar und nach links geneigt seinen Namen. Coom hatte den Eindruck, er sei zu müde, um überhaupt abzulehnen. Zusammen mit Oliver Leese verkroch er sich ins Ruderhaus des kleinen Schiffes, das mit äußerster Fahrt auf Dover zuhielt. Er war so erschöpft, daß er mitten im Satz einschlief. So kehrte der Führer der geschlagenen Armee heim.

Als Granate um Granate dröhnend in der kleinen Stadt La Panne einschlugen, wußten Bill und Augusta Hersey trotzdem das Glück auf ihrer Seite. Augusta hatte sich, betrübt auf dem Boden der Garage kauernd, gerade wieder mit dem Gedanken befaßt, ob sie wohl Bill je wiedersehen werde, als wunderbarerweise ein Hauptmann des Nachschubkorps eingriff.

Hersey wollte gerade wieder seinen Lastwagen besteigen, um eine weitere Fuhre Truppen aus der Frontlinie zu holen. Da sagte der Hauptmann — die Herseys erfuhren niemals, warum: »Hör mal, Junge, du hast genug getan. Du bleibst jetzt hier bei deiner Frau.«

Als es schon hell war, kam der Befehl: »Abmarsch an den Strand. Geht in loser Ordnung, einzeln oder zu zweit. Abstand halten.«

Langsam machten die Herseys sich auf den Weg, über die gepflasterten Straßen, auf denen ein Gewirr von Kabeln lag und die von aufgeblähten Pferdekadavern verstopft waren, vorbei an den brandschwarzen Ruinen der Villen am Strand. Bill hatte seinen Tornister auf dem Rücken, und Augusta schleppte den Koffer mit ihrer Wäsche.

Am Küstenrand wurde es schwierig. Augusta hatte in der brütenden Hitze ihren Militärmantel weggeworfen, und ihre hübsche blaue Jacke war zum Vorschein gekommen. Augenblicklich kam ein Küstenmeister der Armee auf sie zu: »Hier dürfen keine Frauen her!«

Hersey antwortete in ruhigem Ton: »Das ist meine Frau.« Aber der Offizier antwortete bloß: »Ich habe gesagt, hier dürfen keine Frauen her!«

»Und ich habe gesagt, sie ist meine Frau.«

Als der Offizier dreimal das Verbot wiederholte, brachte Hersey mit funkelnden Augen sein Gewehr in Anschlag und legte den Sicherungsflügel um. Nach einer Pause höchster Spannung wandte der Offizier sich um und ging weg.

Aber ein anderer Offizier, der die wartenden Schlangen beaufsichtigte, war höflich, aber ebenso entschieden. Erst als der oberste Küstenmeister eine schriftliche Erlaubnis ausstellte, durfte sich Augusta in eine Schlange einreihen.

Mit der Verbissenheit des Verzweifelnden ging Hersey auf die Suche nach irgend jemandem, der eine Erlaubnis für die Überfahrt ausstellen konnte. Aber die Reihen standen zu dicht; stumpf vor Erschöpfung mußte er aufgeben. Dann geschah ein Wunder. Ein freundlicher Kanonier gab Augusta ein paar Uniformhosen, und ein Hauptmann steuerte einen Mantel bei.

Als sich die Nacht über das Wasser senkte, schlüpften Bill und Augusta in die Schlange längs der Lastwagen. General Alexanders improvisierte Landungsbrücken taten noch ihren Dienst. Augusta sah nun wieder von Kopf bis Fuß wie ein Soldat aus. Die Männer ringsum waren viel zu müde, um auf sie zu achten. Betäubt vor Erschöpfung starrten sie mit blutunterlaufenen Augen geduldig in die Dunkelheit, während Geschosse und grüne, gelbe und rote Leuchtkugeln den östlichen Nachthimmel säumten.

Stunden vergingen, bis sie das Ende der Landungsbrücke erreichten. Aber nun gab es eine Stockung. Das Boot, das in gleicher Höhe mit dem Pier auf dem Wasser schaukelte, hatte nur noch Platz für einen einzigen.

Hersey überlegte blitzschnell. Egal, was geschah, er durfte Augusta jetzt nicht allein lassen. Da sie kein Wort Englisch sprach, war sie hilflos, sobald sie das Schiff betrat. Vielleicht schickte man sie sogar zurück.

Rasch wandte er sich zu dem Soldaten hinter ihm: »Einer kann noch rein, Kumpel, los, spring!«

Der Soldat schaute verdutzt. »Was ist mit deinem Kumpel?«

Hersey sah, wie Augusta vor Erschöpfung schwankte und stützte sie in einer plötzlichen Eingebung mit seinem Arm.

»Der ist betrunken. Ich bleibe lieber bei ihm und kümmere mich um ihn.«

Noch einmal hatten sie Glück. Gleich tauchte ein anderes Boot aus der Dunkelheit auf, und sie kletterten hinein. Auf der Mütze des Matrosen lasen sie die Aufschrift: »S.M.S. Ivanhoe«.

Die Herseys kamen gerade noch rechtzeitig. Am 31. Mai um Mitternacht lief die Zeit der Armee Gort ab. Bill und Augusta Hersey waren zwei der letzten fünftausend, die von der Küste von La Panne aus weggebracht wurden, bevor die Deutschen einrückten. Obwohl fünf Zerstörer, darunter die »Ivanhoe«, vor dem Strand lagen, schafften sie zusammen nur fünfzehn Ruderboote. Es dauerte eine volle Stunde, bis die Herseys die »Ivanhoe« erreichten und wie Spinnen über die Kletternetze nach oben klettern konnten.

Aber für Augusta war die Krise noch nicht vorbei. Auf dem Deck des Zerstörers brach sie ungeschickt zusammen und schlug sich beinahe mit dem eigenen Gewehr bewußtlos. Ein Matrose fragte Hersey: »Was ist mit deinem Kumpel los?« Hersey entgegnete: »Der ist ein bißchen durcheinander, der hat beim Beschuß was abgekriegt.«

Die stolpernde, halb ohnmächtige Augusta wurde in die Mannschaftsmesse geführt. Behutsam half Bill Hersey ihr, als sie neben einem Tisch hinsank — mitten unter die Soldaten, von denen viele nackt und alle vollständig erschöpft waren. Aber Augusta kümmerte das nicht. Im nächsten Augenblick schlief sie schon, und als sie zur Seite sank, rollte ihr Stahlhelm weg und enthüllte ihr glattes, dunkles Haar.

In Dünkirchen wurde anderen bewußt, daß sie nicht nach Hause kommen würden. In Rosendael, einem alten Schloß fünf Kilometer östlich der Bastion, in dem viele der Verwundeten von Dünkirchen lagen, hatte Major Philip Newman schicksalsschwere Anweisungen von Generalleutnant Harold Alexander bekommen. Pro 1000 Verwundeten mußten ein Arzt und zehn Mann zurückbleiben.

Rosendael quoll bereits über vor Verwundeten. Das Schloß selbst war schon lange voll belegt, und Hunderte lagen unter Büschen auf dem Boden. Gegen ihren Durst hatten sie nichts als Wasser aus dem Goldfischteich. Nur wenig Verbandsmaterial gab es, und die Vorräte bestanden bloß noch aus fünfzig Büchsen mit weißen Bohnen. Wenn nicht schnellstens Lazarettschiffe eintrafen, drohte Hunderten das Schicksal der Gefangenschaft.

Beim flackernden Licht einer Karbidlampe zogen Newman und sechzehn andere in der Offiziersmesse Lose. Kein Laut war zu hören, als der Feldgeistliche der Einheit, Pater Joseph O'Shea, die Zettel mit den Namen aus einem steifen Hut zog, den man im Keller gefunden hatte. Newman zog Nummer siebzehn, und sein Magen krampfte sich zusammen; er war einer der drei, die zurückbleiben mußten. Der französische Verbindungsoffizier Theo Pathé, überwältigt von der Tragik des Augenblicks, weinte still vor sich hin, obwohl er nach England fahren durfte.

Tausende standen vor Überlegungen, die über Leben und Tod entschieden. Hauptmann Malcolm Blair war von den Royal Fusiliers abgeschnitten worden und befand sich bereits auf einem Zerstörer, als er erfuhr, seine Einheit halte noch immer die Stellung in Nieuport. Sofort sprang er in ein Boot, das zur Küste fuhr, watete an Land und marschierte über dreißig Kilometer, um sich zum Dienst zu melden. Eine halbe Stunde später fegte eine Granate den Gefechtsstand weg und tötete ihn auf der Stelle.

Der Abbé Castel war in Dover an Bord des Zerstörers »Mistral«, der gerade nach Cherbourg auslaufen wollte. Da wurde durchgesagt, die »Siroco«, die zur selben Flottille gehörte, müsse nach Dünkirchen zurückfahren. Der Abbé als Flottillen-Geistlicher ließ sich sofort auf die »Siroco« bringen und sagte: »Meine Kinder, ich kann euch doch nicht ohne Pfarrer in diese Hölle fahren lassen.« Deutsche Bomber und Schnellboote machten dann der »Siroco« bei der Kwinte-Boje den Garaus. Dreiunddreißig Mann von der Besatzung wurden gerettet. Aber nicht der Abbé Castel. Andere wollten abtreten. Unter der Schmach der Niederlage wurde ihnen die Wirklichkeit unerträglich. Auf dem Minenräumer »Glengower«, einem Raddampfer, versuchte Kapitänleutnant Gilbert Chapman einen triefenden Tommy von dem Radgehäuse wegzubringen, in dem die Schiffsräder liefen, unter Deck sei es warm und trocken.

Aber der Mann wollte nicht weg: »Ich habe alles satt, ich will eine Lungenentzündung.«

Manche hatten den Tod wie einen Spiegel vor Augen. In den Dünen von Malo kontrollierte Oberleutnant Cyril Murray das Magazin seiner Pistole und beschloß: fünf Schuß für die, einen für mich. Er dachte, daß es kein Pardon geben werde, wenn die Deutschen ihn gefangennahmen. Auf seiner Erkennungsmarke stand: Jude.

Einige wenige trösteten sich mit ihrer Abstammung. Als Oberleutnant Mavro Martin, ein Ire, der das 4. Bataillon East Yorks befehligte, seine Gruppe zur Mole führte, hielt sie ein Marineoffizier an. In dieser Nacht kämen keine Schiffe mehr, und wann die nächsten kämen, wisse der Himmel. Martin, zutiefst aufgewühlt, rief: »Wenn ich daran denke, daß ich es sein mußte, der das Bataillon so weit gebracht hat . . .« Aber Major »Rosy« Lucas, gleichfalls ein Ire und sein nächsthöherer Offizier, tröstete ihn: »Machen Sie sich keine Gedanken, Sir. Schlimmstenfalls berufen wir uns darauf, daß wir Neutrale sind.«

Aber langsam stiegen die Evakuierungszahlen an, und niemand empfand darüber größere Freude als Winston Churchill. Er war nach Paris geflogen, um die letzten Einzelheiten der Evakuierung der französischen Truppen zu regeln. Dort, in der britischen Botschaft, sollte sein persönlicher Begleiter, Detektivinspektor Walter Thompson, keine Ruhe finden. Noch um Mitternacht ließ Churchill ihn holen.

Dann fragte ihn Churchill – die unvermeidliche Zigarre im Mund – mit der Miene eines Schulbuben, der einem anderen ein Rätsel aufgibt: »Was glauben Sie, Thomson, wieviel

Mann wir von Dünkirchen geholt haben, und zwar allein von den Küsten weg?«

Thompson versuchte gar nicht erst zu raten. Er wußte nicht einmal, wieviel überhaupt dort waren. Aber Churchill, außer sich vor Freude, drang weiter in ihn: »Schätzen Sie, Thompson, schätzen Sie!«

Thompson, dem nicht nach nächtlichen Gesellschaftsspielen zumute war, versuchte sein Bestes. Er sagte aufs Geratewohl: »Vielleicht fünfzigtausend?« In seiner Hochstimmung rief Churchill: »Fünfzigtausend? Fast das Doppelte, Thompson, und es kommen immer noch mehr.«

Dann fügte er besorgt hinzu: In seinem eigenen Zimmer war Thompson von allen Nachrichten abgeschnitten, aber wenn er sich hier in diesem Flügel der Botschaft zum Schlaf niederlege, dann könne er, Churchill, ihn jedesmal wecken, wenn neue Ereignisse durchgesagt wurden.

Thompson stöhnte innerlich. Er empfand genauso für die Männer in Dünkirchen wie jeder Brite, aber die Aussichten auf eine ungestörte Nachtruhe schienen nun schlecht.

In La Panne standen sie vor einem Engpaß. Herseys Division – die vierte, unter General Dudley Johnson – war in einer üblen Lage. Von der Navy war nichts zu sehen. Aber Johnson hatte einen Einfall. Das Unterwasserkabel von La Panne nach Dover war zwar tags zuvor durch eine Bombe kurzgeschlossen worden, aber sein zerfranstes Ende war in dem Bombentrichter in anderthalb Meter Tiefe erkennbar.

In wenigen Minuten hatte ein Nachrichten-Soldat die Verbindung wiederhergestellt. Johnson rief Ramsay in Dover an und erklärte ihm, es seien keine Boote da. Es müßten tausend Mann pro Stunde eingeladen werden. Tatsächlich wurden hundert eingeladen. Ramsay knurrte, in dieser rabenschwarzen, chaotischen Nacht könne man unmöglich erfahren, ob die Minenräumboote mit ihren Spezialschleppern Kontakt bekommen hätten oder nicht.

Brigadegeneral Christopher Woolner, der gerade da war, sollte die spannungsvolle Atmosphäre in der kleinen Villa niemals vergessen: das unheimlich flackernde Licht einer blauen Sturmlampe, den schweigend auf und ab gehenden Johnson, den telefonisch mit dem Kriegsministerium verbundenen Stabsoffizier, der stur wiederholte: »Aber hier sind keine Boote . . .«, die scheinbar endlosen Pausen des Schweigens.

Schließlich versprach das Kriegsministerium: mit Tagesanbruch würden die Boote da sein, um in Braye Dunes und Dünkirchen sechstausend Mann an Bord zu nehmen.

Der einzige Ausweg für Johnsons Männer führte westlich über den offenen Strand, wo feindliche Geschütze die Küste behämmerten, wo das abgehackte Krachen von Gewehrfeuer die Nacht zerriß und wo für den Tagesanbruch die gräßliche Aussicht auf feindliche Jäger bestand.

Verbissen machten sich sechstausend Mann in kleinen, geschlossenen Gruppen auf den vierzehn Kilometer langen Weg.

Die Hälfte der Schiffe hätte nie etwas von ihrem vorgesehenen Einsatz erfahren, wäre nicht Korvettenkapitän James McLelland gewesen, der Signaloffizier der Navy. Kurz vor ein Uhr morgens hatte er aus La Panne Ramsays Hauptquartier angerufen: Gort sei weg, und er stelle nun die Telefonverbindung ein. Als er dann die Küste entlang auf Braye zuging, ließ McLelland ein paar Soldaten in die Luft schießen, um die Schiffe zu verständigen, die vor Anker lagen.

McLelland, dessen Signallampe durch einen Granatsplitter zerschlagen worden war, sah noch eine Möglichkeit. Trotz seines verwundeten Knöchels ging er ins Wasser und schwamm unter unsäglichen Anstrengungen auf die schwach auf und ab tanzenden Schiffslichter zu. Als er an Bord des Minenräumbootes »Gossamer« geklettert war, konnte er gerade noch Korvettenkapitän Richard Roß das Entscheidende sagen, ehe er zusammenbrach. Die Truppen zogen nach Westen, und dorthin mußten auch die Schiffe.

Die Nachricht erreichte nicht jedes Schiff. Gegen Mitternacht dampfte der Schlepper »Kenia« östlich Dünkirchen mit der »Tollesbury« und der »Ethel Everard« im Schlepp in eine wahre Höllenszene: im Osten lag der ständig wechselnde Umriß des brennenden Hafens, darüber die von weißen Lichtadern zerrissene Nacht, und dazwischen dröhnten drohend und dumpf die Geschütze von der Front.

Dem Kapitän Lemon Webb war der Anblick fast unerträglich. Ein beschädigtes Gewehr war die einzige Verteidigungswaffe der alten Barke, die keinen Hilfsmotor und keine Navigationslampen hatte. Als der Schlepper um Mitternacht das dreiunddreißig Millimeter starke Zugseil abhängte, waren Webb und seine Besatzung auf sich selbst gestellt.

Sie benutzten nun die »Feger« der »Tollesbury«, massive 7,3 Meter lange Ruder, um die Barke der Küste zuzurudern. Der Maat Edward Gunn hatte bereits eine Rettungsleine aus Tauen angefertigt; er legte sie spiralförmig in Schleifen über die verschnörkelten Verzierungen, die die schwarzgestrichenen Bordwände der »Tollesbury« schmückten. Wenn sie zufällig auf Soldaten im Wasser trafen, konnten sie sich daran festhalten.

Plötzlich stellten die drei das Rudern ein. Die Bewegung der »Feger« ließ das Wasser unheimlich phosphoreszieren — eine Erscheinung auf vollkommen unbewegtem Wasser. Webb fürchtete, die schimmernden kleinen Wellen könnten die Luftwaffe neugierig machen.

Als die »Tollesbury« nähertrieb, drang ein seltsames Geräusch durch die Nacht. Webb, der aus einer ländlichen Gegend in Suffolk stammte, kam es vor wie das Blöken von Schafen in den Marschen. Dann merkte er, daß es menschliche Rufe waren. »Barke, Barke, Barke«, riefen sie, und dann riefen sie erregter: »Käpt'n, Käpt'n, laß sie nicht auflaufen!«

In der Dunkelheit konnte niemand sehen, daß die »Tollesbury« flachbödig war und nur einen Meter Tiefgang hatte.

Webb setzte nun die bereitliegenden Spieren ein, 4,5 Meter lange Stangen mit Eisenspitzen, die wie Pündelstangen verwendet werden und die man benutzt, um zu verhindern, daß ein Boot zu tief in den Schlick gerät. Rasselnd ging der 126 Zentner schwere Anker auf Grund; mit dem Bug zur See, dem

Heck zur Küste, war die »Tollesbury« vor Dünkirchen gelandet.

Als Webb dann die Schiffsleiter für die Wartenden herunterließ, ruckte die alte Barke. Die Leiter war wie dürres Brennholz gebrochen.

Zwischen Webb und dem Maat Edward Gunn gab es eine erregte Debatte. Die bis zu den Schultern im Wasser stehenden Soldaten konnten nicht ohne Hilfe an Bord klettern. Bald fanden sie eine Lösung. Sie schwenkten ihr Rettungsboot im Kran über Bord und senkten dessen Heck. So konnte das nun fast senkrecht hängende Boot wie eine Leiter benutzt werden.

Mann um Mann kamen die Truppen, die das Gewicht ihrer Ausrüstung beinahe hintenüberzog, mit vor Nässe dunklen Uniformen wie triefende Säcke auf das himmelblaue Deck der »Tollesbury«. Dem alten Schiffer war einen Augenblick, als seien ihm die Arme aus den Gelenken gerissen worden. Dann hörte er von der Küste her das Gebrüll eines zornigen Stieres: »Wer hat denn dort das Kommando?«

Webb, der die erregt durcheinander rufenden Soldaten überschreien mußte, um sich Gehör zu verschaffen, antwortete: »Nur der Kapitän.« Augenblicklich schlug die Stimme zurück: »Well, Sie verstehen auch nicht viel davon, wie man mit Leuten umgeht.«

Die Rufe der Soldaten dämpften sich zu einem sanften Murmeln, wie Wind, der durch Gras streicht. Die Deutschen standen schon sehr nahe, so nahe, daß sie das Rufen hören konnten.

Aber Webb war außer sich. War er ein Seemann oder nicht? Und kein »Spieß«. Zornig gab er zurück: »Well, jedenfalls bringe ich sie an Bord.« Der Wortwechsel gab ihm Auftrieb. Er vergaß, daß es überhaupt nicht seine Aufgabe war, Truppen an Bord zu nehmen, und sagte sich nur, keiner habe ihm beizubringen, wie er sein Schiff fahren müsse.

Es war jetzt auch klar, daß der Zwieback und der 45-Liter-Tank mit Wasser, den er befehlsgemäß an Land bringen sollte, nun nicht mehr abgeladen würden. Diese Männer hungerten. Nur einige von ihnen hatten noch die Kraft, über Deck bis zum Bug zu gehen. Kurz darauf brachte sie das Rettungsboot der Ipswicher Barke »Beatrice Maud« zu einem Zerstörer. Aber die Mehrzahl blieb liegen, wo sie war, auf dem Vorderdeck, im Segelkasten und sogar in den Kohlenbunkern.

Mit verklärtem Gesicht sah Webb, wie die ausgehungerten Männer, unter ihnen ein Generalmajor und sein Adjutant, über den Käse und die Brotlaibe herfielen, sie auseinanderbrachen und dankbar das kühle, saubere Wasser tranken.

Aber als der Morgen graute, wurde Webb sorgenvoll. Die »Tollesbury« ankerte nur knapp achtzig Meter vor der Küste. Wenn sie nicht beim frühen Morgengrauen den Küstenbereich verlassen hatte, konnten die Granaten Kleinholz aus ihr machen.

Im Steuerhaus rang Webb mit sich um seinen Entschluß. Laut Befehl sollte er sein geliebtes Schiff an die Küste bringen und sich rasch aus dem Staube machen. Aber nun waren diese Männer da, die er mitnehmen wollte, mindest zweihundertfünfzig, wie er schätzte — tatsächlich waren es zweihundertdreiundsiebzig. Es war höchste Zeit, in tieferes Wasser zu kommen. Er rief Edward Gunn und Percy Scott entschlossen seine Befehle zu.

Fünf Minuten verstrichen in der Dunkelheit ... zehn ... fünfzehn. Dann brachte Gunn, triefnaß und verzweifelt, die bisher schlimmste Nachricht: Das siebzehn Zentner schwere Ruder der »Tollesbury«, ein Körper aus Holz, massiv wie ein Baumstamm, steckte unbeweglich im sanften, rieselnden Sand.

Als die Minuten verstrichen und die Flut zurückging, setzte sich die »Tollesbury« noch fester auf Grund. Webb versuchte es mit verzweifelten Behelfen. Er trieb die Soldaten an, sie durch Schaukeln loszubekommen ... er rief einem vorbeifahrenden Motorboot zu, ihn ins Schlepp zu nehmen. Er erhielt den bedauernden Bescheid, dafür sei der Motor nicht stark genug. Die »Tollesbury« lag bis zwei Stunden nach der Morgendämmerung fest, bis die Flut wieder einsetzte und sie wieder flottmachte. Webb mußte sich, ob er wollte oder nicht, darein schicken, aber er wußte, was immer auch kommen mochte, er würde auf ihr bleiben bis zum Ende. Leise sprach er die Worte vor sich hin, die sein Glaubensbekenntnis waren: »Ein Schiff läßt man nicht allein sterben.«

Kapitel 9

WISSEN SIE, DIE MEISTEN SIND WEG

Samstag, 1. Juni

01.00—24.00 Uhr

Als Brigadegeneral Evelyn Barker, ein langjähriger Angehöriger der 4. Division, beim ersten Tageslicht des Samstags, des 1. Juni, auf die Höhe der Dünen kam, war er zunächst starr über den Anblick, der sich ihm bot. Auf einer Strecke von fünfzehn Kilometern war der Horizont ein dunkler, endloser Schmutzfleck von Männern, die so eng aneinanderhingen wie schwärmende Bienen. Erschüttert sagte sich Barker: »Mein Gott, nie hätte ich gedacht, daß ich die britische Armee in einem solchen Zustand sehen könnte!« Dann wandte er sich an seinen Adjutanten, Leutnant Peter Young, und knurrte: »Die Leute machten sich gar nichts daraus, daß wir nach England zurück müssen.«

Young war der Meinung, daß sich die Männer sehr wohl etwas daraus machten, aber daß sie nunmehr, geschlagen, verwirrt und in die Irre geführt, nur an einem Kampf unter gleichen Bedingungen Geschmack finden konnten. Und um 5 Uhr morgens sprachen alle Umstände dagegen, daß 65 000 Mann, die Kerntruppe der Armee Gort, England jemals erreichen würden.

Das wußte auch Gort, als er in der Morgenkühle des Samstag in Dover von dem U-Boot-Abwehrboot 6 an Land ging. Um diese Stunde war, wie der Nachrichten-Obergefreite William Coom sich erinnert, kein Mensch am Kai außer einem einsamen Wachtposten, der beinahe sein Gewehr fallen ließ, als ihm bewußt wurde, daß er es vor dem Oberbefehlshaber präsentierte.

Aber bereits nach Sekunden hielt schnurrend ein Regierungs-Rolls-Royce mit einer Gruppe unter der Führung von Lord Munster, dem militärischen Assistenten des Generals. Ein offizieller Regierungsvertreter setzte sich geschäftig in Trab und gab der Erleichterung darüber Ausdruck, daß der Oberkommandierende auch wohlbehalten zurückgekommen war.

Gort fauchte ihn an: »Daß ich heil zurückgekommen bin ... das ist nicht wichtig. Wichtig ist, daß meine Armee zurückkommt.«

Tatsächlich waren alle Sorgen Gorts gerechtfertigt. Allein im britischen Abschnitt der Kanäle um Dünkirchen, entlang der 13 km langen Schleife von Bergues im Westen bis Les Moeres im Osten waren noch 39 000 britische Soldaten. Westlich davon hielten 50 000 Poilus im französischen Abschnitt aus.

Als sich die Truppen von einem Schwerpunkt nach dem anderen zurückzogen, schwanden die Chancen der Nachhut, die Stellung zu halten, rapide. Generalmajor Harold Alexander, der sein Hauptquartier nun in der Bastion hatte, meinte, der Plan des Admirals Abrial, den Verteidigungsgürtel noch enger anzuziehen, werde nur die deutsche Artillerie noch näher heranbringen und auf Kosten der Einschiffung gehen.

Andererseits war Alexander überzeugt, daß die Briten die ursprüngliche Stellung keine weiteren vierundzwanzig Stunden halten konnten. Brigadegeneral Miles Dempsey, der zu einem kurzen Besuch in die Bastion kam, erinnerte sich stets daran, wie Alexander bei einem Telefongespräch mit dem Kriegsministerium klar erklärte: »Ich kann mich mit keinem anderen Vorschlag einverstanden erklären als mit dem, bis Sonntag nacht auszuhalten. Danach werden wir alle heimkommen.«

Als der Hörer krachend auf die Gabel fiel, dachte Dempsey: »Gott sei Dank steht ein ganzer Kerl an der entscheidenden Stelle.« Aber auf die feindlichen Kräfte hatte selbst ein Alexander keinen Einfluß, besonders nicht auf die Stukas vom VIII. Fliegerkorps des Barons von Richthofen. Während der ganzen Nacht waren die Aufklärungsflugzeuge aktiv gewesen, das grellweiße Licht ihrer Magnesiumsignale hatte sich unheimlich in den Gewässern des Hafens widergespiegelt. Die Frühpatrouille der R. A. F., drei Elite-Gruppen von Spitfires, in denen die aufstrebenden Flieger-Asse, Hauptmann Douglas Bader und Hauptmann Bryan Lane, dienten, sahen drohende Gefahr.

Ihre schlimmsten Befürchtungen wurden um 5 Uhr morgens, 1200 Meter über dem Einsatzgebiet, bestätigt. Sie sahen die grauen, wirbelnden Schatten eines Dutzend deutscher Jäger vom Typ Me 109, die wie Haie in die Deckung der Wolken sprangen und aus deren Schnauzen gelbrotes Feuer züngelte, wenn sie schossen. Was den Piloten noch an technischem Können fehlte, ersetzten sie durch Mut. In wenigen Sekunden gab es bereits Zwischenfälle.

Der Flieger-Oberfeldwebel George Unwin flog so dicht unter eine Messerschmitt, daß ihn ihre Explosion fast mitgerissen hätte. Oberleutnant Gordon Sinclair geriet bis fünfzehn Meter an den Erdboden, als er einer anderen Me im Sturzflug nachstieß. Hauptmann Douglas Bader stürzte sich wie ein Falke auf die erste Me, die er zu sehen bekam, beobachtete die gelbrote Flamme, die ihm wie aus einer Lötlampe entgegenzischte, und dachte: »Es stimmt schon, sie haben wirklich schwarze Kreuze.«

Andere waren übler dran. Dem Leutnant Roy Morant aus Baders Gruppe fiel der Steuerbordmotor aus; er flog in seiner mit Glykole-Dünsten* gefüllten Führerkanzel fort, bis ihm eine Bauchlandung auf dem Wasser gelang. Rasch wies er die am Ufer stehenden Soldaten vom 1. Bataillon des Regiments

* Glykole sind zweiwertige primäre Alkohole, die als Treibstoff für Flugzeuge benutzt werden.

»South Lancashire« an, das Flugzeug durch Schüsse in den Benzintank zu zerstören, und schloß sich dann ihrem Zug über die Dünen an. Oberfeldwebel Jack Potter von der Gruppe 19 bekam den Schuß einer Bordkanone in die Steuerbordseite und stürzte aus 1200 Metern in die See. Dann kletterte er an Bord eines kleinen französischen Fischerbootes.

Um 6 Uhr morgens flog die Frühpatrouille nach dem Abschuß von fünfzehn deutschen Jägern zurück. Der zweiten Welle, die kurz darauf über dem Einsatzgebiet eintraf, kam es dort völlig ruhig vor. Der Gruppenkommandeur John Thompson von der 111. Gruppe sah während der fünfundvierzig Minuten des Patrouillenflugs keine einzige Messerschmitt. Um 7 Uhr kehrte auch diese Gruppe zu ihrem Einsatzflughafen zurück. Der nächste Start war für 9 Uhr festgesetzt.

Um 7.20 Uhr schlug Richthofen, der zunächst an der Küste etwas sondiert hatte, zu.

Der Zeitpunkt war meisterhaft gewählt. Für den Kapitän Lemon Webb, der mit der »Tollesbury« noch immer auf Grund saß, kam es völlig überraschend. Der alte Seemann bereitete sich gerade in seiner mit verwittertem Tannenholz getäfelten Kajüte auf dem Primuskocher sein Frühstück. Da brüllte die Luft über ihm. Der Generalmajor, dessen Namen Webb nie erfuhr, hatte seinem Adjudanten zugerufen: »Tony, sehen Sie bloß!« Dann schlug unter dämonischem Heulen berstenden Metalls eine Bombe einen halben Meter neben der Bordwand der »Tollesbury« ins Wasser.

Der Leichter zitterte und bebte wie ein verwundetes Tier, und Webb überkam ein Gefühl von Schuld. Wäre er oben gewesen, dann hätte eine geschickte Drehung des Steuerrades im Augenblick des Bombeneinschlages das Ruder der »Tollesbury« aus dem Sand befreien können.

Aber das Glück war auf seiten der »Tollesbury«. Webb schickte den Maat Edward Gunn an die Pumpe, ob sie Wasser ziehe. Gunn meldete, sie halte dicht. Webb achtete nicht auf das Pfeifen der Bomben, die Explosionen und die Sprühfontänen, aber er spürte eine schwache Bewegung des Schiffes. Die Flut hatte eingesetzt, und die »Tollesbury« war frei. Er befahl seinem Maat: »Setz alle Segel, Gunn, auch das Vormastsegel! Wir wollen lavieren.«

Wer damals an der Küste von Dünkirchen war, erinnert sich noch heute an den Anblick: Während Richthofens Stukas wie metallene grüne Adler dröhnend vom Himmel herunterstießen, so nahe, daß der Ingenieur Fred Reynard auf der »Bee« meinte, er könne die Bomber mit der Hand greifen, glitt die kleine »Tollesbury« mit geschwellten rostbraunen Segeln ins tiefere Wasser, wo Webb vergeblich zu lavieren suchte, indem er im Zickzackkurs Wind und Flut ausnützen wollte.

Aber an diesem Morgen war der Wind aus Südwest schwach, die Strömung östlich. Ließ er der »Tollesbury« freie Fahrt, trieb es sie genau vor die Geschütze von Nieuport. Webb blieb nur eins: loszufahren und die Situation durchzustehen. Gelassen entschloß er sich dazu.

So war die Haltung aller. Welle um Welle der Bomber verdunkelte den Morgenhimmel, doch Gelassenheit war der Grundtenor, als hätten die Männer durch das Erleben der letzten Stunden neue Energie und echte Kraft gewonnen.

So auch General Alexander selbst, der bald an der Mole von einem Liegestuhl aus den Kampf verfolgte, bald, einen Apfel kauend, zwischen den Soldaten hin und her ging.

Der Anblick des dunkelhaarigen Gardeoffiziers — mit seinen achtundvierzig Jahren der jüngste General der britischen Armee —, der als siebenundzwanzigjähriger Oberst eine Kavallerie-Attacke gegen die Bolschewisten geführt hatte, gab allen, die ihn sahen, neuen Mut. Das Schicksal der Tausenden, die noch immer in der Dünkirchener Falle saßen, lag in seiner Hand, aber seine gelassene Ruhe ließ nichts davon erkennen.

Alexander verstand sich mit seinen Männern. Trotz der wirbelnden Granatsplitter trug er keinen Stahlhelm. Dem Hauptmann Edward Bloom, einem starken Raucher, befahl er, mit einem Lastwagen zu einem nahen, verlassenen Depot zu fahren, damit alle etwas zu rauchen bekämen. Er begrüßte Major Allan Adair, den kultivierten Kommandeur des 3. Grenadierbataillons, so höflich, als sei man in Ascot beim Rennen, und bot ihm aus einem Picknickkorb Tee an. Er sagte zu Oberleutnant Frederick Turner, dem Quartiermeister von Adair, es sei nun Zeit, seine Männer nach England zurückzubringen.

Turner verstand ihn nicht, denn der ganze Umfang des Rückzugs war ihm noch nicht bewußt geworden. Da erläuterte ihm Alexander liebenswürdig: »Wissen Sie, die meisten sind nämlich weg.« Erst als Kapitän William Tennant meinte, man werde kapitulieren müssen, wenn es noch schlimmer käme, schimmerte Stahl unter der verbindlichen Oberfläche auf. Tennant fragte, wie wohl eine Kapitulation vor sich gehe, und Alexander entgegnete hart: »Ich weiß nicht. Ich habe noch nie kapituliert.«

So dachten auch die Männer an der Küste. Die deutschen Jäger erlebten eine Überraschung, als sie ihre Tiefangriffe flogen und ihr Beschuß dünne Sandfontänen hochwirbelte: Die Feuerkraft der Tausende zerriß die dünne Luft wie ein Gewebe. Einer kämpfte wie der andere. Der Gefreite Walter Osborne von den »Suffolks« verfeuerte Magazin um Magazin, unbekümmert um den Rückstoß des Kolbens gegen sein Schlüsselbein. Er dachte bloß froh: »Ich kämpfe wieder.«

Der Gefreite Mervyn Doncom von den »Hampshires« hatte seine Steppdecke beiseite gelegt und sich ein Maschinengewehr genommen, mit dem er eine tieffliegende Dornier-Maschine beschoß. Er jubelte, als sie auf einen Kirchturm zu trudelte und ihre Sturzspirale noch kurz unterbrach, bevor sie zu Boden ging. Wie ein Sheriff im Wilden Westen ritzte Doncom in den Kolben ein: »1 Dornier«. Das MG würde sein schönstes Souvenir für daheim sein.

Es war höllisch. Die Geschütze der acht Zerstörer schossen. Sie jagten zehn Schuß pro Minute bis zu 1 Kilometer auf die heulenden, wirbelnden Flugzeuge. Die Gewehre der schießenden Männer blitzten auf.

Auf der Brücke des Zerstörers »Codrington« schien sich Generalmajor Bernard Montgomery so richtig wohl zu fühlen. Seine erregte Anteilnahme wuchs mit jeder neuen Welle angreifender Flugzeuge, wie der Kapitän George Stevens-Guille sah.

Seine Kommentare übertönten den an- und abschwellenden Schlachtenlärm: »Ah, da kommt ein neuer Haufen; was glauben Sie, was die für eine Taktik einschlagen? . . . Wenn ich die wäre, käme ich nicht mit allen Maschinen zugleich . . ., kämen die einzeln nacheinander, könnten sie uns besser treffen.«

Stevens Guille zog die Augenbrauen hoch. Er hatte bis jetzt noch nichts von Montgomery gehört. Nun glaubte er, das sei wohl der roheste Bursche, den er je kennengelernt habe.

Der Kampf war roh. Die Stukas konnten weder zu Wasser noch zu Lande mit Schonung rechnen. Der Gardist Thomas Heal sah, wie ein Sturzkampfbomber, der die Küste beschossen hatte, im Sand notlandete. Mit über dem Kopf erhobenen Händen kam der Pilot heraus und rief: »Kamerad«. Von Schüssen durchsiebt brach er zusammen. Feldwebel Robert Copeman sah einen Piloten mit dem Fallschirm aus dem brennenden Flugzeug abspringen. Als er in Schußweite der Karabiner war, hämmerte massiertes Gewehrfeuer auf ihn ein. Aber niemand wußte dabei, ob er Deutscher, Franzose oder Engländer war.

Die Gesinnung hielt die Männer nicht nur aufrecht, sie trieb auch Tausende zur Unbesonnenheit. Major Hubert Joslens Bataillon aus dem Regiment »Duke of Cornwall« fand nicht nur Dünkirchen sicherer als die Küste, sondern es marschierte auch, geleitet von den Flutzeichen, dorthin, als komme es aus der Bodmin-Kaserne in Cornwall, mit einem Dudelsackpfeifer an der Spitze. Der Regimentsspieß »Sticky« Hill machte Schritt.

Manche zeigten ihren Gleichmut, indem sie sich an ihr Schema hielten. Oberst »Nipper« Armstrong von den »East Surreys« führte seine Männer über den Sand, als ihn ein schmutziger und bärtiger Gardesoldat militärisch grüßte. Er war von seiner Einheit abgekommen und wollte sich den »Surreys« anschließen. Armstrong nahm ihn auf, aber erst nach einer Ansprache über die Tradition des Regiments, die den Mann veranlaßte, sich schleunigst zu waschen und zu rasieren.

Andere wurden geradezu übermenschlich gleichgültig in ihrer Bedrängnis zwischen der tiefen, blauen See und der Luftwaffe. Oberst Arnold Cazenove vom Regiment »Coldstream« stand kerzengerade in den Dünen und rasierte sich mitten in einem Luftangriff. Sein Bursche hielt ihm kniend den Spiegel und zuckte mit keiner Wimper. Ein Stück weiter wurde Hauptmann John Hay Drummond Hay von den »Royal West Kents« von seinem Burschen begrüßt, den er tagelang nicht mehr gesehen hatte. Der Bursche entschuldigte sich; er war auf der Suche nach dem Hauptmann mit einem Paar frischgebügelter Hosen vierzig Kilometer unterwegs gewesen. Jetzt überreichte er die Hosen.

Ein anderer Offizier vom Regiment »West Kent«, Hauptmann Edward Scott-Clarke, hatte als Buchmacher für Wetten viel Zulauf. Der Einsatz betrug einen Penny, und die Wette ging darum, welcher der mehr als hundert Stukas, die im Sturzflug herunterschossen, seine Bomben in ihrer nächsten Nähe ablüde.

Manche schauten überhaupt nicht zum Himmel hinauf. Das waren die, die Schach spielten, oder der Mann in der Nähe des Gefreiten James Wilson, der ein Rundfunkgerät auseinanderbaute, um zu sehen, wie es funktionierte, und ein paar, die friedlich lasen.

Der Oberfeldwebel Frederick Parks wollte erst »Vom Winde verweht« auslesen, ehe er sich in eine Schlange einreihte. Leutnant Alexander Lyell las mit gerunzelter Stirn Chestertons Geschichten vom Pater Brown, und Oberleutnant Edward Ford von den Grenadieren, der sich in einem Unterstand in zwei Meter Tiefe behaglich niedergelassen hatte, las Homers »Ilias« im griechischen Urtext.

Auf den Schiffen benahmen sich die Männer auch eher so, als wollten sie die herkömmliche britische Zurückhaltung verspotten, kein Aufsehen von einer Sache zu machen. Auf der »Medway Queen« saß ein Matrose am Heck und angelte. Er erklärte dem Segler Richard Brett, es könne immerhin sein, daß er einen deutschen Stahlhelm herausziehe.

Oberleutnant zur See Stanley Jones-Frank stand mit zurückgeschobenem Stahlhelm, die Hände in die Hüften gestemmt, am Fallreep seines Schiffes und brüllte wie ein Ausrufer am Molenkopf: »Noch Passagiere für die ›Brighton Queen‹?«

Oberleutnant Barnard Bredin von den »Royal Ulster Rifles« mußte, als er an Bord des Dampfers »Ben-My-Chree« ging, am Ende des Fallreeps über einen Toten steigen. Er ging gleich in den Salon und bestellte bei einem Steward in weißer Jacke Bier. Der Steward machte ihn höflich darauf aufmerksam: »Bier gibt es leider erst außerhalb der Dreimeilenzone, Sir, aber darf ich einen Tee servieren?«

Dreimeilenzone hin — Dreimeilenzone her, immer mehr Leute zeigten ihren Gleichmut, indem sie sich mit rauhen Männersitten gaben und beim Marschieren Lieder sangen, die dröhnend emporschallten. Die Kompanie des Hauptmanns Joe Broadbent in einem Yorkshirer Artillerie-Regiment schmetterte »I do like to be beside the Seaside«, eine andere Gruppe sang: »There will always be an England«, und ein Bataillon sang ein eigenes Lied:

Dreihundert marschierten entlang dem Strand,
dreihundert marschierten durch Sand und durch Sand,
und nach jeder Meile da fehlten ein paar.
Wo bleibt die Verpflegung? fragt stapfend die Schar,
wo bleibt unser Bier? das verdammte Bier?

Korvettenkapitän Pierre Fontaine erlebte, noch immer an das Wrack des Zerstörers »Foudroyant« geklammert, eine Szene, die ihn ergriff. Als die rasch steigende Flut die Geretteten ostwärts trug, zog seine gesamte Besatzung wie bei der Parade an ihm vorbei und sang die Marseillaise.

Über dem belagerten Dünkirchen brach nun die Hölle los. Der Zerstörer »Keith« wurde so durchlöchert, daß Admiral Wake-Walker zum zehnten Male seine Flagge auf einem anderen Schiff hissen mußte. Die »Keith« hatte noch dreißig Schuß, als sie nach Steuerbord Schlagseite bekam und sank. Das Minenräumboot »Sutton« hatte keinen einzigen Schuß mehr. Der Zerstörer »Havant« fuhr mit äußerster Kraft große Kreise und konnte nicht halten. Das gesamte Maschinenpersonal war tot oder lag im Sterben. Die »Basilisk« trieb manövrierunfähig dahin. Schiff um Schiff bekam Schlagseite.

Trotzdem überwog unter den Männern kühle Ruhe.

Telegraphist Harold Marsh zählte sechsundneunzig Bomben, die in nächster Nähe der »Westward Ho!« einschlugen, dann gab er es auf. Mittschiffs verfolgte General Langlois von der 3. motorisierten Division den Kampf. Sein Gesicht war eine graue Maske. Anschließend verlieh er den beiden MG-Schützen das Croix de Guerre. Auf der »Speedwell« tröstete ein gläubiger Matrose den Major Jack Lotinga von den »Royal Fusiliers«: »Wir schaffen es schon — der Ehrenpreis ist eine zähe Pflanze.«*

Nicht jede Bombe war ihren Sprengstoff wert. Kapitän William Tennant zählte vom Dach der Bastion aus siebenundzwanzig Sturzangriffe der Bomber auf die »Clan MacAlister«. Sie war beim Angriff am Mittwoch teilweise beschädigt worden und saß nun im seichten Wasser als perfekter Lockvogel auf Kiel. Sachverständige schätzten später, ihre Gegenwart habe England eine Million Pfund an anderen Schiffswerten gerettet.

Augusta Hersey war an Bord von S.M.S. »Ivanhoe« zu beschäftigt, um sich darum kümmern zu können, was draußen vorging. Ihr Schlaf auf dem Mannschaftsdeck hatte nicht lange gedauert. Kaum war sie eingenickt, als der neugierige Matrose wiederkam, der sie hatte an Bord klettern sehen. Ein

* Unübersetzbares Wortspiel, denn der Schiffsname »Speedwell« bedeutet »Ehrenpreis«, eine auch in Deutschland stark verbreitete Art von Veronicas.

Blick auf den zur Seite gefallenen Stahlhelm und Augustas glattes dunkles Haar genügte ihm: »Aha. Ich habe es mir doch gleich gedacht.«

Als Bill erklärte, sie sei seine Frau, war der Matrose einsichtig: »Okey — aber das hier ist kein Platz für eine Frau. Es ist besser, du schaffst sie ins Krankenrevier.«

Kurz danach stürzte der überraschte Kapitän der »Ivanhoe«, Fregattenkapitän Philip Hadow, in die Schiffsapotheke. »Ich habe gehört, auf meinem Schiff ist eine Frau. Was machen Sie hier?«

Da Hadow indessen die Frage auf französisch wiederholen mußte, begab er sich eiligst auf das Mannschaftsdeck, wo er Hersey fand. »Es ist besser, Sie kommen mit Ihrer Frau nach oben.«

Als Bill Hersey zur Krankenstube ging, mußte er an jenes erste Zusammentreffen im Café »Zur goldenen Ähre« denken, als Augusta ihre Kenntnisse in erster Hilfe praktiziert hatte. Denn jetzt saß seine Frau mitleidig neben einem verwundeten Soldaten und flößte ihm Wasser ein. Aus einer anderen Koje rief ein zweiter Tommy, dessen Augen dick verbunden waren: »Hast du einen Glimmstengel für uns, Kumpel?«

Augusta bedeutete ihnen, still zu sein. Der diensttuende Oberarzt hatte gesagt, der Mann dürfe nicht beunruhigt werden. Sachte steckte Bill ihm eine Zigarette zwischen die Lippen, und der Mann zog gierig daran. »Danke, Kumpel«, murmelte er, »jetzt ist es wieder zum Aushalten.«

Es war noch viel auszuhalten. Die beiden Herseys wußten es zwar nicht, aber die »Ivanhoe«, deren Geschütze donnerten, eilte in diesem Augenblick dem Kapitän Lemon Webb und seiner Fracht Menschen zu Hilfe. Der findige Maat Edward Gunn, Signalgast der Navy im ersten Weltkrieg, hatte irgendwie gelbe und rote Signalflaggen organisiert und damit der »Ivanhoe« signalisiert, sie hätten Truppen an Bord.

Als die »Ivanhoe« dann zur »Tollesbury« fuhr, kam das Unheil: Eine Bombe schlug in den vorderen Schornstein, schnitt die Dampfleitungen durch und füllte den Kesselraum mit pfeifendem Dampf mit einem Druck von 5 Atmosphären pro Quadratzentimeter. Kapitänleutnant Andrew Mahony, der Ingenieuroffizier, erstarrte auf dem Deck vor Schreck. Er glaubte, der pfeifende Heulton im Kesselraum wolle überhaupt nicht mehr aufhören. Tatsächlich dauerte er zwanzig unvergeßliche Minuten.

Nun erfaßte der Luftdruck das höherstehende Elf-Zentimeter-Geschütz und warf es, während es noch feuerte, seitwärts auf die Brücke der »Ivanhoe«. Überall brachen Männer tot zusammen.

Im Krankenrevier waren alle einen Augenblick vor Schreck gelähmt. Die Gefäße regneten aus den Regalen klirrend auf Augustas Stahlhelm nieder. Mit einem Schrei sprang sie nach vorn, gerade auf den Leib des Mannes mit den verbundenen Augen.

Auch er schrie auf, mehr aus Schmerz als aus Entsetzen, denn er hatte ebensowenig wie Augusta das Fürchterliche gesehen, das Bill Hersey sah, als der Kopf des anderen Patienten weggerissen wurde und wie ein Geschoß pfeifend die Tür zum Krankenrevier zerschmetterte. Nun machte auch Hersey einen Satz und griff nach Augustas Stahlhelm, um ihn ihr herunterzureißen.

Augusta wehrte sich und schrie: »Laß ihn, laß ihn!« Erst als ihre tastenden Hände die Hände Bills berührten, verstand sie. Der Helm war außen mit einer roten, warmen Blutschicht überzogen. Ihr wurde übel, aber sie wollte ihn aufbehalten. Sie dachte: Ich lebe noch, ich brauche ihn weiter zum Schutz. Schließlich gewann Hersey, der seiner Frau den schrecklichen Anblick ersparen wollte, die Oberhand.

Er warf ihn fort.

Auf dem schmalen Gang ging es zu wie bei einem Dammbruch. Eine Woge von entsetzten Tommies versuchte verzweifelt, ans Oberdeck zu dringen. Um einer Panik zuvorzukommen, hatten die Matrosen zunächst die Luken zum vorderen Laderaum geschlossen.

Unteroffizier James Trodden von den »East Yorks« war wie hundert andere von der Dunkelheit auf dem Fleck gebannt und spürte, daß das Schiff »wie eine Keksdose« herumgeworfen wurde. Als das Licht ausging, hatte eine Stimme gesagt: »Wir wollen beten.«

Auf einer Taurolle kniend, betete Trodden für seine Frau und seine Kinder. Doch das Gebet war nichts gegen die Hoffnung auf Rettung, als die Lukentür wieder aufflog. Inmitten der anderen kämpfte er sich durch zum Licht und auf ein Oberdeck, das sich so neigte, daß die Männer auf allen Vieren über die Leichen der Matrosen krochen.

Durch die Panik klang die Stimme Bill Herseys. Sie beruhigte. »Macht den Matrosen Platz, Kameraden, die verstehen von der Sache mehr als wir.« Als sich der Minenräumer »Speedwell« näherte, um die Überlebenden aufzunehmen, rief Fregattenkapitän Philip Hadow dem Kapitän der »Speedwell« zu: »Passen Sie um Gottes willen auf, unser Magazin kann jeden Augenblick in die Luft fliegen!«

Trotzdem ging die »Speedwell« längsseits. Beide Schiffe wurden von den Wellen, die die Bomben verursacht hatten, so hochgetragen, daß eine Reihe von Männern, die zu früh hinübersprangen, zwischen den Bordwänden zerquetscht wurden. Aber ein Mann dachte noch an Ritterlichkeit. »Anpakken!« hörte Augusta Hersey einen Matrosen rufen, »da kommt eine Frau an Bord.« Als Augusta und Bill gemeinsam hinübersprangen, streckten sich ihnen helfende Hände entgegen.

Major Jack Lotinga von den »Royal Fusiliers«, einer der ersten, die mitgeholfen hatten, Augusta in Sicherheit zu bringen, wird nie vergessen, wie Hersey, völlig benommen, immer wieder stolz sagte: »Sie ist ein großartiges Mädchen, sie ist ein großartiges Mädchen.«

Aber Augusta, von einem hilfsbereiten Steward in den Salon des Kapitäns gebracht, war zu abgespannt, um Komplimente entgegenzunehmen. Im Salon drängten sich alle an der Bar zusammen, und der Steward gab ihr ein großes Glas.

Elend und benommen trank sie den Inhalt aus, im verschwommenen Gefühl, es sei Limonade. Erst dann merkte sie, daß sie zum ersten — und zum letzten — Male ein halbes Wasserglas Whisky pur getrunken hatte.

Es war nicht die Schuld der »Ivanhoe«, doch Kapitän Lemon Webb hatte den Eindruck, daß die »Tollesbury« noch lange nicht in Sicherheit war. Minutenlang wurde die Barke von dröhnenden Unterwasserexplosionen geschüttelt, die die Gischt sechsundzwanzig Meter bis zur obersten Mastspitze der »Tollesbury« emporjagten.

Aber Webb war überzeugter denn je, daß sie den Rückweg schaffen werde. Die anderen Leichter waren nun, wie die Navy es befohlen hatte, an der Küste auf Grund gesetzt: Kapitän Harold Millers »Royalty«, Charlie Webbs »Barbara Jean«, Harry Potters »Aidie« und die »Ena« unter Kapitän Alfred Page. Die »Tollesbury« war die letzte in dieser Reihe. Sie mußte das Gemetzel überleben. Schlimmer war es der »Doris« ergangen; Webb hatte entsetzt gesehen, wie sie, aufgegeben und rasch sinkend, in der erbarmungslosen Flut der Küste von Nieuport zutrieb. Ihr Kapitän war Fred Finbow, sein Schwager.

Wie durch einen Schleier sah Webb einen Hoffnungsschimmer. Der alte Themse-Schlepper »Cervia« unter Kapitän William Simmons kam heran, um sie ins Schlepp zu nehmen. Doch gleich erhob sich ein neues Problem. Das Zugseil war kaum auf der »Tollesbury« festgemacht, als Simmons, der es eilig hatte, Dünkirchen hinter sich zu bringen, mit voller Kraft anfuhr.

Das war zu viel für die Barke. Mit einem infernalischen Krach riß der Schlepper ihr Beting — das stabile Holzgehäuse für die Ankerketten — heraus. Wieder trieb die »Tollesbury« auf der See dahin, die rot war vom Blut jener Männer, die die Reise hinter sich hatten.

Mut war das Kennzeichen des Tages. Das »Loyal«-Regiment hatte in Bergues, der Schlüsselstellung im Westen des Brükkenkopfes, zwei Tage standgehalten, aber als die Verteidigungslinie verkürzt wurde, nahm der Druck der Artillerie auf die alte, von Mauern umgebene Stadt zu. Zur Bemannung der massiven Bollwerke aus dem 17. Jahrhundert hatte Oberstleutnant John Sandie nur 26 Offiziere und 451 Mann; die übrige Besatzung bestand aus Versprengten, die ihr Bestes gaben . . ., einer Nachschubkompanie aus ehemaligen Londoner Busfahrern, die zur Schießausbildung hergekommen waren . . . dem Reverend Alfred Naylor, dem stellvertretenden General-Feldgeistlichen, der mit einer gemischten Einheit von Feldgeistlichen drei Tage lang ein Stadttor hielt. Naylor und seine Gruppe, denen das geistliche Gewand den Kampfeinsatz verwehrte, leisteten wertvolle Arbeit, indem sie Personen verhörten, die verdächtig waren, der fünften Kolonne anzugehören.

Auch die Zivilbevölkerung trug ihren Teil bei. Bei Steene, westlich der Stadt, gingen die Panzer des Generals von Kleist beharrlich vor, aber Bürgermeister Jean Duriez, ein Fabrikant von Industrie-Alkohol, drehte die Hähne seiner Destillierkessel auf und ließ neun Millionen Liter reinen Alkohol über das bereits überflutete Land laufen. Duriez sah, wie ein verirrtes Artillerie-Geschoß bei seiner Explosion die Flut in ein wildes Flammenmeer verwandelte. »Es sah aus wie eine riesige Feuerzangenbowle.«

Duriez sah, wie zwei der Panzer des Generals von Kleist, die in diese Falle geraten waren, im Feuer weißglühend wurden. Der Vormarsch im Westen war gestoppt.

Aber am Samstagmittag konnten die »Loyals« Bergues nicht mehr halten. Die Truppen, die sich in den alten Bollwerken eingegraben hatten, verschmachteten beinahe vor Durst unter der Hitze von den brennenden Gebäuden. Der Rauch war so dicht, daß die Meldefahrer zu Fuß durch die Stadt liefen und nasse Tücher vor Mund und Nase gepreßt hielten. Gegen Mittag bildete das Kanalufer vor den nördlichen Bollwerken den letzten Schutzwall der »Loyals«, und dort fielen die Männer unter dem Artilleriefeuer wie Kegel.

In der Kompanie des Hauptmanns Henry Joynson waren die Mannschaften nunmehr so erschöpft, daß die Offiziere sie wie Kohlensäcke über die Straße ziehen mußten.

Aber dann schlug wie durch ein Wunder der Wind um und trieb eine schwarze, stickige Rauchfahne aus der brennenden Stadt mitten in die deutschen Stellungen. Selbst Kleists Panzer konnten nicht mehr vorrücken. Die wenigen, die es versuchten, verfuhren sich im Rauch und fanden im Kanal ein schreckliches Ende. Der Infanterie-Vorstoß kam zum Stehen, aber erst um 21 Uhr konnten die »Loyals« abziehen. Immer wieder von Granatwerferfeuer überschüttet, zogen sie nach Dünkirchen. Auf Befehl von Generalmajor Harry Curtis hatten viele ihre Gewehre in Schußposition gelassen. Sie waren mit einer aus Schnüren, Gewichten und langsam brennenden Kerzen bestehenden Vorrichtung versehen, so daß sie in gewissen Abständen feuerten und den Eindruck hervorriefen, hier sei noch ein Kampfverband im Einsatz.

Dem Regiment »East Lancashire« fünf Kilometer östlich ging es ebenso übel. Das 1. Bataillon zog sich, nachdem die gesamte Munition verschossen war, auf Dünkirchen zurück. Nach seinem Abzug verblieb für den einen Kilometer breiten Frontabschnitt nur eine Kampfgruppe von 41 Mann unter Harold Ervin-Andrews. Andrews, ein untersetzter, massiger Ire, wurde von seinen Männern wegen seiner freundlichen und zwanglosen Art verehrt, während höhere Offiziere weniger von ihm überzeugt waren. Seine Eskapaden während der Dienstzeit vor dem Kriege in Indien und China waren geradezu legendär geworden. Einmal war er wegen einer Wette um fünf Pfund 90 Kilometer marschiert, ein andermal hatte er im Urwald einen kapitalen Sanbar-Hirsch geschossen und ihn auf den Schultern nach Hause getragen.

Andrews und seine Männer hatten sich die ganze Nacht unter dem vernichtenden Granatfeuer geduckt, bis das Ende nahe schien. Aus ihren Stellungen in den Bauernhäusern waren sie bereits herausgeschossen worden. Nun ging auch noch die Scheune in Flammen auf, in der sie Zuflucht gesucht hatten. Als sie, die Funken und das glimmende Stroh auf ihrer Uniform ausschlagend, hinter einer Hecke Deckung nahmen, sahen sie in der hereinbrechenden Dämmerung, wie deutsche Infanterie in einer Schützenkette näher kam.

Andrews sagte zu seinen Männern: »Paßt auf, da sind fünfhundert, und wir sind vielleicht sechsunddreißig. Laßt sie ein bißchen näher kommen, und dann drauflos.« Dann schrillte seine Pfeife, Andrews sprang vor und stürmte auf die heranrückenden Scharen ein wie ein Fußballspieler, der dem Gegner den Ball abnehmen will. Die brüllende Schar der »East Lancers« folgte nach, und die Deutschen wichen zurück und suchten Deckung.

Andrews kletterte mit einem Gewehr auf das Dach einer Scheune und schoß von dort aus siebzehn Deutsche ab. Dann holte er sich ein leichtes Maschinengewehr und stürmte wieder nach vorn. Der Gefreite John Taylor erinnert sich, wie es bei diesem Kampf zuging: »Es war eine große Sache. Als die Munition knapp wurde, stießen wir sie mit den Füßen, schüttelten sie und bissen sie sogar.«

Nach einem blutigen Kampf von etwa fünfzehn Minuten zogen sich die Deutschen verwirrt zurück. Die Stellung war gehalten, aber Andrews hatte, als er seine Verwundeten zurückgeschickt hatte, nur noch acht Mann.

Entschlossen setzte er sich zu einem Querfeldeinmarsch, der auf einer Strecke von vierhundert Metern oft durch die überfluteten Felder führte, an die Spitze seiner kleinen Truppe und zog nach Dünkirchen. Als erstem englischen Offizier im zweiten Weltkrieg wurde ihm das Viktoria-Kreuz verliehen.

Das Toben des Angriffes hatte an den Küstenabschnitten ein besonderes Ergebnis. Um 13 Uhr, sechs Stunden nach Beginn des Luftangriffes, kannte jeder, der noch lebte, ob Mann oder Frau, nur einen Gedanken: das einzige, was noch zählte, war das Leben der anderen.

Die 6. »Lincolns« des Obersten Sidney Harrison hatten, als sie über die Ost-Mole dahintrotteten, ihre Verwundeten wie Säcke auf den Schultern liegen, aber sie stolperten weiter, und sie brachten es irgendwie fertig, sie trotz der meterbreiten Löcher in der Mole auf die Schiffe zu bringen. Im Schatten der Mole sah Kanonier Albert Collins einen Offizier, der sich eine Aufgabe gestellt hatte, die selbst für Samson schwer gewesen wäre. Er hatte sich ein Seil wie ein Joch um die Stirn gewunden und schwamm damit auf eine holländische Schute zu, während er ein Carley-Floß mit sechs Mann hinter sich herzog.

Der Unteroffizier Georges Brockerton unternahm Wagnisse, die mindestens so groß waren wie jene, die er als Kunstradfahrer an der Todeswand riskiert hatte. Als er eine Gruppe von einundachtzig Mann entdeckte, die in einem zerbombten Keller verschüttet waren, arbeitete er zwei Stunden mit Hammer und Meißel, um sie zu befreien. Als Sprengstoff benutzte er französische Handgranaten. Unbekümmert um die einschlagenden Bomben half er Mann um Mann heraus und führte ihnen dann, um sie wieder in Stimmung zu bringen, Zauberkunststücke vor.

Auch der Gefreite Walter Allington von den »Lincolns« war in seinem Element. Er hatte bereits eine ganze Nacht einem Mann beizustehen versucht, der infolge einer Kopfverletzung den Verstand verloren hatte. Dann hatte er mit einem Hemd ein schreckliches Loch in der Schulter eines anderen Mannes ausgestopft. Jetzt wühlten grimmige Schmerzen in seinen Gedärmen, aber er sah trotzdem, wie ein Geschoß, das für die herabstoßenden Stukas bestimmt war, zu tief abgekommen war und wie in großer Entfernung ein Mann gestürzt war.

Die Kugel saß ihm im Kreuz.

Obwohl andere näher daran waren, war Allington wieder als erster zur Hilfe da. Aber der große, freundliche Mann hatte sein einziges Verbandszeug für jenen belgischen Versehrten gebraucht. Doch er gab nicht auf und fand schließlich einen abgestellten Krankenwagen, der noch lief und lud den Mann auf. Trotz der herumschwirrenden Stukas fuhr er, bis ihm das Wasser des Kanals über die Motorhaube lief. Dann stellte er sich auf das Dach des Wagens und winkte einem Boot, das den Mann wegbrachte.

Überall entdeckten die Männer in sich selbst ungeahnte Kräfte. Brigadegeneral Evelyn Barker stand am Rande des Wassers, als ein nahe krepierendes Geschoß den Arm eines Mannes so übel zurichtete, daß er nur noch an einer Sehne hing. Barker lieh sich von seinem Brigadeadjutanten ein Taschenmesser und wetzte es gelassen wie ein Metzger an einem Kieselstein. In Ermangelung von Betäubungsmitteln gab er dem Mann erst einen Schluck Cherry Brandy, bevor er ihm den Arm an der Schulter abnahm.

Dann fertigte Barker mit einem Bleistift und einem Taschentuch eine provisorische Aderpresse an und trug zusammen mit seinem Adjutanten den Mann in einem Regenmantel die Küste entlang, bis sie ihn einem Arzt übergeben konnten.

Der Marine-Hauptgefreite Samuel Palmer — zwanzig Jahre Dienstzeit — konnte eine Kurbelwelle nicht von einer Nockenwelle unterscheiden, aber er übernahm mit einer Besatzung von drei Mann die Motorjacht »Naiad Errant« und brachte sie, nachdem er die Besatzung verloren hatte, allein mit neun dankbaren Tommies zurück. Dabei half er dem einen noch betriebsfähigen Motor durch Paddel nach, die er aus zerschlagenen Türen angefertigt hatte.

Der Schiffsheizer David Banks aus Sheerness tat sogar noch mehr: Als Kapitän des Motorbootes »Pauleter« machte er sieben Fahrten, stand am Steuerrad und bediente das Flakgeschütz, wenn die Stukas angriffen. Er rettete ganz allein vierhundert Mann. Am selben Küstenabschnitt packte Fregattenkapitän Charles Lightoller, der frühere zweite Offizier der »Titanic«, die Männer in seine Jacht »Sundowner«. Sein größtes Vergnügen hatte er dann bei dem fassungslosen Staunen der Marinebehörden in Ramsgate darüber, daß er in seinem 18 Meter langen Boot 130 Mann zurückgebracht hatte.

Die Anfänger bewährten sich gut. Hauptmann »Paddy« Atley von den »East Yorks« fand den auf Grund gesetzten Leichter »Ena« dort, wo Lemon Webbs Flottille gelegen hatte, und brachte ihn mit vierzig Mann zurück. Seine Erfahrung stammte aus fünf Segelurlauben in Norfolk. Sie brauchten vierzehn Stunden einschließlich einer ungewollten Rückkehr nach Dünkirchen, aber sie schafften es.

Hauptmann David Strangeways vom Regiment »Duke of Wellington« stieß auf einen anderen Leichter, der passenderweise »Iron Duke« hieß. Nackt bis auf den Bettvorleger des Kapitäns, den er als Lendenschurz trug, brachte Strangeways 26 Mann zurück. Er steuerte nach Kompaß und Schulatlas.

Die Ärzte setzten alles daran, Leben zu retten, aber ihre Arbeit war jetzt sehr beschwerlich. In der Ambulanz-Einheit des Gefreiten William Horne gab es als einziges Medikament zur Behandlung von Phosphorverbrennungen eine Flasche mit aufgelösten Acriflavin-Tabletten. In Rosendael war das gesamte Verbandsmaterial aufgebraucht. Der Chirurg Major Philip Newman führte beim Licht einer Fackel die letzte Amputation durch, dann gab er es auf. Die Ambulanz-Einheit in La Panne hatte nach einer Rekordleistung von zweitausend Operationen in einer Woche ebenfalls zusammengepackt, aber viele Ärzte arbeiteten weiter, wie und wo sie konnten.

Wenn es ihnen an Hilfsmitteln fehlte, behalfen sie sich. Hauptmann William MacDonald sterilisierte in einem Unterstand in den Dünen Wunden mit liegengebliebenem Benzin. Hauptmann Joseph Reynolds, der keine Thomas-Schienen mehr hatte, um Brüche zu schienen, sicherte Oberschenkelbrüche mit Gewehrläufen, und viele, die von ihren Einheiten oder ihren Familien abgeschnitten waren, halfen bereitwillig, zerschnitten Uniformhosen zu Verbänden oder durchsuchten verlassene Wohnungen nach Bettzeug. Die hübsche Solange Bisiaux, die Frau eines französischen Arztes, wusch die blutverkrusteten Verbände in Salzwasser aus. Acht Männer bildeten eine Kette, um die Tragen an Bord der Schiffe zu bringen.

In der Umgebung jeder Ambulanz und jedes Verbandsplatzes bemerkte der Pionier Georges Brooks die gleiche geheimnisvolle Stimmung, »den Strom untergründigen Mitgefühls, das sich wie ein Wind erhebt, wenn ein Sarg aus einem Haus getragen wird«. Ob verwundet oder nicht — einige waren entschlossen, die Rückfahrt auf jeden Fall zu schaffen. Oberleutnant J. P. Walsh von den »Loyals« war in der Nähe von Bergues von einem Lastwagen angefahren worden. Er schleppte sich trotzdem noch acht Kilometer bis Dünkirchen. Später entdeckten die Ärzte, daß er einen Beckenbruch hatte. Hauptmann John Whitty von den »Royal West Kents« legte mit einer Bauchverletzung den achtzig Kilometer langen Weg von Flêtre, wo sein Bataillon festsaß, zur Küste größtenteils zu Fuß zurück; als er schon am Ende seiner Kraft war, erwischte er ein Motorrad, auf dessen Sozius er bis zur Küste kam. Als Whitty dann in einem Krankenwagen an die Mole gefahren worden war, fand er das Warten zu langweilig, kletterte hinaus, forderte andere Verwundete auf, sich ihm anzuschließen und verschaffte allen zusammen eine Überfahrt auf einem Boot in die Heimat.

Auf den Schiffen herrschte der gleiche Geist. An Bord des Fischdampfers »Brock« behalf sich ein Stabsarzt gegenüber den schlimmen Verbrennungen und bei dem Mangel an Eichenlohe, indem er eine Badewanne mit Tee füllte und seine Patienten bis zum Hals hineinsteckte.

Der Schiffsarzt des Zerstörers »Whitehall«, Stabsarzt David Brown, beeilte sich so, zur Behandlung der Verwundeten auf das Minenräumboot »Jackeve« zu kommen, daß er seine Instrumente zurückließ. Er behalf sich, indem er mit der Metallsäge aus dem Maschinenraum amputierte, die er mit Chloroform sterilisiert hatte. Als Operationstisch diente die Holzplatte, auf der in diesem ehemaligen Fischdampfer die Fische sortiert worden waren.

Was auch dem einzelnen widerfuhr, die Not der anderen ging vor. Auf dem Lazarettschiff »Dinard« bat ein verwundeter Soldat die Stewardeß Amy Goodrich, ihm keine Suppe zu holen, sie gerate dabei in Gefahr. Mrs. Goodrich beruhigte ihn. Sie trug die Schwimmweste über ihrer Uniform. Während Granatsplitter wie Dolche über das Deck flogen, ging sie nach hinten und holte die Suppe. Im Mannschaftsraum der »Leda« sah der Marinestabsarzt Richard Pembrey ein erschütterndes Bild: Ein Sterbender, dem er eine Decke gegeben hatte, sah, wie sich ein anderer im ersten Stadium der Lungenentzündung vor Fieber schüttelte. Schweigend richtete sich der Sterbende auf den Ellbogen auf, zog die Decke von seinem Körper und gab sie dem Mann, der sie nötiger brauchte.

Kapitän William Tennant in Dünkirchen mußte sein Herz gewaltsam verschließen. Ein einziger Verwundeter auf einer Trage nahm den Platz von acht gesunden Männern ein, und das bedrohte England konnte nur dann hoffen, den Krieg zu überstehen, wenn man der kampffähigen Truppe den Vorrang gab.

Um 14 Uhr gab Tennant zögernd den Befehl an seinen Stab, nur noch gehfähige Verwundete auf die Schiffe – Lazarettschiffe ausgenommen – zu lassen.

Nun wurde vielen eine schreckliche Wahrheit klar: Ging es dem Ende zu, so war das Barmherzigste, den Tod zu geben. Der Sanitäter William Horne blickte traurig auf einen Mann, dem ein Granatsplitter im Brustkorb steckte; er hatte nur noch ein paar Stunden zu leben. Der Mann lag im Todeskampf und durfte nicht mehr weg. Horne richtete ihn behutsam auf und gab ihm einen Schlaftrunk: Whisky und Wasser. Nach zwei Minuten war der Mann tot.

Tennants Entscheidung, schweren Herzens getroffen, galt erst recht für Tiere. Unteroffizier Eric Stocks konnte »Tippy«, seinen kleinen Dackel, erst in einen Sandsack und dann auf einen Fischdampfer schmuggeln. Aber Hauptmann Edward Bloom, zur Einschiffung für den Zerstörer »Vanquisher« zugeteilt, konnte nun Hugo nie nach England bringen. Der massige Wolfspitz mit seinen rührenden braunen Augen war zu groß und zu langsam, um sich selbst durchschlagen zu können. Immer war für ihn gesorgt worden. Er war nicht für die Welt geschaffen, die jetzt um ihn war. Langsam ging Bloom, die Hand in Hugos Halsband, von der Küste zurück in die Dünen, wo das Dünengras in wilden Büscheln wuchs und wenig Menschen waren. Er glaubte später, er habe eine Weile mit Hugo gesprochen, aber er konnte sich nicht erinnern, was. Der Hund saß aufrecht, seine rosarote Zunge hing ihm heraus; er hörte die tröstenden Worte seines neuen Herrn, als Bloom seine 0,45-Pistole herauszog. Der Schuß war im Lärm von Dünkirchen kaum zu hören. Dunkelblauer Rauch hing in der Luft, und Bloom ging rasch weg, ohne sich umzusehen.

Kapitän William Tennant auf dem Dach der Bastion war in größter Sorge. Um 18 Uhr an diesem Samstag schien es, als müsse die Navy für die heutige Evakuierung einen blutigen Preis zahlen.

Von den 41 Zerstörern, die in den Kampf eingetreten waren, waren nur noch neun übrig. Die Schiffsverluste stiegen rapide im Hinblick auf die Zahl der Männer, die es noch zu retten galt. Während Tennant Ausschau hielt, stießen sechs Stukas vom Himmel herunter auf den alten Zerstörer »Worcester« und belegten ihn fünf Minuten lang gnadenlos mit Bomben, so daß er sich nur noch mit höchstens zehn Knoten Geschwindigkeit aus dem Hafen schleppen konnte und dreihundertfünfzig Tote und vierhundert Verwundete an Bord hatte.

Tennant sprang auf und sagte zu Generalmajor Harold Alexander: »Ich bedaure, aber das reicht mir jetzt. Ich funke Ramsay, er soll bei Tag kein Fahrzeug mehr herüberschikken.«

Gleich hatte er seinen Funkspruch entworfen: »Lage für Schiffe äußerst kritisch; über hundert Bomben seit 17.30 Uhr ... große Verluste; habe Anweisung gegeben, daß kein Schiff bei Tag auslaufen darf.« Er schloß: »Wenn der Brückenkopf hält, werde ich die Evakuierung — einschließlich der restlichen Franzosen — morgen, Sonntagnacht, abschließen. General Alexander ist einverstanden.«

Die Luftwaffe hielt das Ganze für den letzten Griff nach dem Strohhalm. Jeder Abzug von Truppen war ein neuer Beweis. Die Briten waren fast alle weg, gleich würde Frieden sein, und die Ziele waren zu zerstreut, um sie empfindlich treffen zu können.

Wer neu eingesetzt war, fand alles noch rätselhafter. Oberleutnant Alfons Vonier hielt dreitausend Meter über Dünkirchen in seiner schnellen He 111 den Atem an. Er rief seinem Funker, Paul Strobel, zu: »Das ist ja phantastisch; schauen Sie sich bloß diese Schiffe an!« Vonier hatte bisher geglaubt, die Engländer würden mit Hitler Frieden schließen, wenn ihre Truppen eingeschlossen seien. Das Ausmaß ihres Rückzuges war ihm nie klar geworden.

Aber auch die Möglichkeit von Gefahren war ihm nicht klar; denn der Himmel wimmelte von wirbelnden grauen Messerschmitt-Maschinen, an Jagdschutz war kein Mangel. Während Vonier hinuntersah, flogen die Jäger jedoch in westlicher Richtung, auf Gravelingen zu, weg. Vonier fragte seine Besatzung: »Verdammt noch mal, warum hauen die ab?«

Gleich wußten sie es. Von hinten kam ein überraschender Feuerstoß, und Vonier sah flüchtig eine lange, karpfenförmige Motorkappe, die er nur zu gut kannte. Eine Spitfire saß ihnen hart auf den Fersen.

Sekunden später war die Heinkel links von ihnen in Schwierigkeiten, heftig schwankend flog sie nach dem Ausfall ihres rechten Motors auf Antwerpen zu. Auch die Heinkel rechts vor ihnen war getroffen. Rauch quoll aus ihren Motoren, und sie trudelte zur Bruchlandung westlich von Dünkirchen abwärts.

Grimmig befriedigt beobachtete Vonier, wie Funker Strobel der Spitfire einen Streifen mit 75 Schuß in den Leib jagte. Behend scherte das Flugzeug seitlich aus, Flammen schlugen aus seinen Tragflächen. Senkrecht stürzte es donnernd in die See. Es war ein teurer Sieg. Der erste Feuerstoß der Spitfire hatte gesessen. Das Armaturenbrett der Heinkel war zerschlagen. Strobel meldete vom Heckgeschütz: »Ich kann die anderen nicht mehr rufen, Herr Oberleutnant, die Funkverbindung ist unterbrochen.« Vonier antwortete gelassen: »Mir scheint es an der Zeit, hier wegzugehen.«

Behutsam steuerte er das Flugzeug zum Bedarfsflughafen Gent. Zu seinem Glück merkte er nicht, daß fünf Schüsse im Brennzünder-Behälter fünf Zentimeter über seinem Kopf saßen.

Auch für andere waren die Briten, die in der Stärke von zwei Gruppen eingesetzt wurden, ein Faktor, mit dem zu rechnen war. Leutnant Hans Dudeck — vierundzwanzig Jahre alt, mit Nerven aus Stahl — von der Jagdgruppe 2, kurvte in seiner Me 109 über dem Einsatzgebiet. Vorsichtig hielt er die Augen offen und verschwand jedesmal, wenn er eine Spitfire sah, in der Deckung der Wolken. Warum die immer wie bei einer Luftparade flogen, begriff er nicht. Aber an einem Handgemenge war er nicht interessiert.

Die Piloten manövrierten wie Kunstflieger. Sie gaben einen Feuerstoß ab, stiegen dann hoch wie die Habichte und schossen gleich wieder herunter, um einen Feuerstoß von hinten anzubringen.

Major Oscar Dinort in seinem langsameren Sturzkampfbomber kam überhaupt nicht zum Zuge. Oberstleutnant Hans Seidemann, der Stabschef Richthofens, erinnert sich, wie er etwa um diese Zeit in Beaulieu landete und wie ein Feldwebel fluchte. »Diese Spitfires! Wenn die kommen, bleibt dir nichts anderes übrig, als im Rauch Deckung zu suchen und drinzubleiben.«

Bei der Royal Air Force lagen die Dinge anders. Die ganze Woche hindurch hatte das Glück sie verlassen. Erst war beißende Kritik auf sie niedergegangen, dann stiegen die Verluste bei jedem Patrouillenflug, weil er mit unzureichenden Kräften unternommen wurde, dann marterte sie die Erkenntnis, daß sich ihre Lehrbuch-Taktik aus der Friedensausbildung einfach nicht bewährte. Nun hatten sie aus hundert Einsätzen gelernt und lechzten nach Blut.

Besonders war dem Gruppenkommandeur George Lott, dem Führer der 43. Gruppe, danach zumute. Morgens hatte der vierunddreißigjährige Flugzeugführer einer Hurricane beim Frühstück in der »Times« gelesen, ihm sei das Distinghuished Flying Cross verliehen worden. Als Lott sechstausend Meter über Dünkirchen stand, verspürte er das Bedürfnis, es sich zu verdienen.

Gelegenheit dazu bekam er. Bald hörten die elf Piloten seiner Gruppe seinen Ruf: »Me 109 hinter uns!« Dann wurde der Himmel zu einem verschwommenen Chaos. Lott befand sich plötzlich allein in einer wirbelnden Wolke von fünfzig deutschen Jägern. Es war ein solches Getümmel, daß er überhaupt nicht daran denken konnte, das Feuer zu eröffnen. Zweimal mußte er jäh auf tausend Meter hinunter, zweimal schraubte er sich auf fünftausend Meter hinauf, zweimal mußte er abtrudeln.

Allein sein fliegerisches Geschick ließ ihn unbeschädigt aus dem Kampf hervorgehen. Dann befand er sich zu seinem Staunen hinter zwei nichtsahnenden Me 110.

Behutsam pirschte Lott sich mit einer gleichbleibenden Geschwindigkeit von 480 Kilometern an sie heran. Sein Hirn arbeitete eiskalt, die Wenden und Rollen hatten ihn so erfrischt wie eine Einreibung mit Alkohol. Er ging näher heran und hatte Glück. Bei 400 Metern Abstand hatten sie ihn noch immer nicht bemerkt. Noch näher heran und den Blick stur geradeaus! Bei hundert Metern eröffnete er das Feuer.

Sofort quoll schwarzer Rauch aus den Motoren der Messerschmitt. Aber Lott wollte sicher gehen. In tausend Metern Höhe hing er immer noch an der Me, als er einen mörderischen, fünf Sekunden dauernden Feuerstoß in sie hineinjagte. Die Maschine vergrößerte sich unangenehm in seinem Blickfeld, als die gelbrote Feuergarbe einschlug.

Lotts erster Gedanke war: der hat zu lange den gleichen Kurs gehalten. Sein zweiter Gedanke war: und ich auch. Seine Hand am Steuerknüppel zitterte, seine Fliegerkombination war von Schweiß durchnäßt, aber der Himmel war leer. Rasch trat er den Heimflug an. Nun war ihm die Auszeichnung nicht mehr so peinlich.

Die Piloten lernten neue Taktiken. Der immer gutgelaunte Oberleutnant Hilton Haarhoff, ein Südafrikaner und Heckschütze eines Hudson-Bombers vom Küstenkommando, hatte für die Flughöhe von 1200 Metern strikte Befehle: niedrig bleiben, feindliche Angriffe auf Schiffsziele abwehren! Für Haarhoff war das leichter gesagt als getan. Die in einem Kreis von drei Kilometern zusammengedrängten Stukas tauchten rasch und stiegen noch schneller und nahmen ihm die Zielmöglichkeit.

Fünf Kilometer westlich Dünkirchen sichtete die Hudson einen wirbelnden Strudel von zwanzig Stukas, die wie Seeraben auf einen Fisch herabstießen. Als Haarhoff ihr Ziel erkannte, durchfuhr ihn jäher Zorn: was konnte ein Schlepper, der einen Leichter zog, gegen zwanzig Stukas ausrichten!

Der Schlepper »Cervia« hatte nämlich die »Tollesbury« erneut im Schlepp. Kapitän Lemon Webb, der sich verbissen an das Steuerrad klammerte, war nun schon fast unempfindlich gegen Bomben; was ihm, als er sein Schiff genau im Kielwasser der »Cervia« steuerte, am meisten Sorge machte, waren Minen. Wenn der Schlepper auf eine Mine auflief, mußte er blitzschnell das Schleppseil abhängen können.

Haarhoff und sein Pilot, Oberleutnant John Selley, ein südafrikanischer Landsmann, hielten Webb für verloren. Sie sahen, wie ein riesiger Wasserpilz Schlepper und Leichter völlig einhüllte. Aber als sich der Sprühregen gelegt hatte, setzte die »Cervia« mit Webb im Kielwasser ruhig ihre Fahrt fort. Haarhoff hätte am liebsten gejubelt. Die beiden Südafrikaner waren nun entschlossen, den Stukas das Handwerk zu legen. Dafür kam ihnen ein Einfall. In den fünfzehn entscheidenden Sekunden vor dem Sturzflug hält sich ein Bomber bewegungslos im Gleichgewicht und kann nicht ausbrechen.

In jähem Entschluß rammte Selley Steuerknüppel und Seitensteuer ein und setzte sich genau auf die Fährte der dröhnenden Stukas. Sie hielten auf die Mitte des großen Angriffskreises zu und brachten sich in Schußposition, bis der erste so still in seinem Visier lag wie eine Tontaube auf dem Schießstand. Dann bäumte er sich unter dem Feuerstoß der Hudson heftig auf und trudelte wie ein Blitz in die See.

Noch ein Stuka schwirrte vorbei, und als er zum Sturzflug ansetzte, eröffnete Haarhoff auf sechzig Meter Entfernung erneut das Feuer. Wie ein sterbender Fisch legte sich das Flugzeug auf den Rücken und verschwand dann in einer Feuersäule.

Zum drittenmal hatten sie Glück. Knapp dreißig Meter vom nächsten Flugzeug entfernt feuerten die beiden Männer erneut; sie waren so nahe, daß sie den Rumpf unter den Aufschlägen wie eine Stimmgabel zittern sahen. Sekundenlang flohen olivgrüne Metallsplitter wie Späne unter Axthieben. Dann drehte sich die Maschine angeschlagen zum Todessturz. Der Pilot stieg in letzter Sekunde aus.

Noch dreimal stieg die Hudson, aus allen Bordgeschützen feuernd, empor. Aber die Stukas hatten nun genug und flogen nach Hause. Jetzt hatte Lemon Webb eine sichere Heimfahrt, und für Haarhoff und Selley gab es zum Abschluß des Tages dieselbe Überraschung wie für Gruppenkommandeur Lott. Ihnen wurde das Distinghuished Flying Cross verliehen.

Für Baron von Richthofen war es ein schwerer Schlag. Als in der Dämmerung die letzten seiner Stukas eintrafen, wußte er, daß das Ende in Sicht war. Wieder hatte der Führer wie ein launisches Kind das Interesse verloren. Es war der Befehl gekommen, ab Montag müßten alle Flugzeuge zu Bombenangriffen auf die Flugplätze rund um Paris bereitstehen. Die Dünkirchen-Einsätze der Stukas waren so gut wie zu Ende.

In seinem Dienstzimmer schlug der Baron von Richthofen sein ledergebundenes Tagebuch auf und schrieb dem Feldzug seinen verbitterten Nachruf: »Die Luftwaffe kann die Einschiffung in Dünkirchen nicht mehr im letzten Augenblick aufhalten. Das Heer hätte vor Tagen einen festeren Standpunkt beziehen müssen. Ein Sieg über England ist vergeudet worden.«

Admiral Ramsay in Dover wußte nicht mehr ein noch aus. Nach den Berichten, die bei seinem Stabschef, Kapitän Vaughan Morgan, ununterbrochen eintrafen, waren Schiffe und Besatzungen am Ende ihrer Kraft. Erst morgens war Morgan eilig in sein Dienstzimmer gekommen und hatte ihn dringend gebeten, sich die Zeit zu nehmen, einen Zerstörerkommandanten anzuhören. Als Ramsay bejahte, wollte Morgan den Offizier holen, doch er fand ihn so todmüde vor, als sei er betäubt. Nicht einmal zu zweit konnten sie ihn wachrütteln.

Einige Minuten später las Ramsay die Kopie einer Mitteilung von Sir John Dill, dem Chef des Commonwealthgeneralstabs, an Generalmajor Harold Alexander: »Wir setzen keinen bestimmten Termin für die Evakuierung. Sie müssen so lange wie möglich aushalten, damit möglichst viele Franzosen und Engländer evakuiert werden können.«

Es war klar, daß die Berechnungen schiefgegangen waren. Es war nicht möglich, die Evakuierung in dieser Samstagnacht abzuschließen. Die Schiffsbesatzungen mußten sich für neue Anstrengungen rüsten.

Aber aus jedem Hafen war das gleiche zu hören. Als Fregattenkapitän Grenville Temple das Minenräumboot »Sutton« in den Hafen von Harwich brachte, konnte niemand von seiner Besatzung mehr das Landeseil auswerfen. Die Werftbarkasse, die sie festmachte, sah jeden Mann auf der Stelle liegen, wo er hingefallen war. Fregattenkapitän Harold Unwin schlief auf der Brücke der »Leda« mitten im Kanal fest ein. Fregattenkapitän Harold Conway vom Stab Tennants, der zu einer kurzen Erholungspause nach Hause geschickt worden war, wollte so rasch wie möglich nach Dünkirchen zurückkehren. Auf dem Kai von Dover rief er einem Oberleutnant von einem Zerstörer zu: »Wann legt ihr ab?«

Fassungslos schrie der Oberleutnant zurück: »Ablegen? Wir legen nicht ab! Der Käpt'n ist völlig fertig, die Besatzung ist völlig fertig! Ihr Herren da oben wißt einfach nicht, wann Schluß sein muß!«

Andere Zerstörer hielten gerade noch durch. Auf der »Icarus«, die sechs Überfahrten hinter sich hatte, wagte keiner der Offiziere von Fregattenkapitän Colin Maud mehr, ein volles Glas zu heben, so zitterten ihnen die Hände. Fregattenkapitän Mark Thornton auf der »Harvester« konnte sich gerade noch auf den Beinen halten, aber von den Besatzungsmitgliedern noch eine Leistung zu verlangen, war mühsamer. Nur Thorntons Schockbehandlung – er schlug ihnen mit einem Hammer auf den Stahlhelm und feuerte hinter ihnen seine Pistole ab – hielt sie wach.

Die Transportschiffe mit ihren zivilen Besatzungen, die überhaupt nicht auf einen Kampfeinsatz eingerichtet waren, waren noch schlimmer dran. Als der Personendampfer »Tynwald« von der Insel Man nach fünf Überfahrten 7500 Mann herübergebracht hatte, wurde er der Navy überlassen. Die »Ben-My-Chree« machte nur zwei Überfahrten, dann gab die Besatzung auf; Heizer der Navy mußten sie mit aufgepflanztem Seitengewehr an Bord halten, bis eine neue Besatzung kam. Die »Malines« hatte bei der Rettung der Überlebenden von der »Grafton« wertvolle Dienste geleistet, aber jetzt wurde es ihr zuviel. Die »Malines« verließ ohne Befehl Dover und kehrte nach Southampton zurück. Angesichts der sich an diesem Tage häufenden Verluste mußte Ramsay Tennants Standpunkt teilen. Bei Tage sollten keine Einschiffungen mehr vorgenommen werden. Alle drei Anfahrtsrouten lagen im Bereich mörderischen Geschützfeuers. Die einzig vernünftige Lösung war, die noch in Aktion befindlichen Schiffe nach Einbruch der Dunkelheit vor der Küste von Malo und im Hafen von Dünkirchen alle zusammenzufassen.

Ramsay rief seinen Flaggoffizier, Fregattenkapitän James Stopford, zu sich und ließ an alle Schiffe, die ihm unterstanden, funken: »Die Lage erfordert unbedingt eine weitere Anstrengung. Ich bin sicher, daß Sie alle wissen, was auf dem Spiel steht.«

Generalmajor Harold Alexander in Dünkirchen traf die letzten Vorbereitungen zu seiner Besprechung mit Tennant. Alles sprach dafür, daß Admiral Abrial recht hatte. Der Verteidigungsgürtel mußte bis an die Mauern der Bastion zurückverlegt werden, die britischen Truppen mußten sich von der Frontlinie durch die Nachhut zurückziehen, die aus mehr als 30 000 Franzosen unter General Barthélémy bestand, von denen nur wenige entkommen sollten.

Die einzige Verteidigung der Bastion und der Küste bestand von nun an aus den sieben 2-Zentimeter-Geschützen des 14. Panzerabwehrregiments unter seinem letzten Kommandeur, Major William Mitchell. Alexander befahl Mitchell zu sich in die Bastion. Auf einem Feldbett liegend, sagte er zu ihm: »Ich möchte diese Geschütze hier haben.«

Mitchell machte Einwendungen. Die Geschütze waren während der Ebbe in Malo-les-Bains auf harten Sand gesetzt worden — eine letzte Vorkehrung für den Fall, daß deutsche Panzer bis zur Küste vordrangen. Aber Malo war fast drei Kilometer entfernt, und bis zum nächsten Morgen trat die Ebbe nicht ein.

Alexander zuckte die Achseln und ließ sich nicht erweichen. Irgendwie mußten die Geschütze nach Dünkirchen geschafft werden.

Als Mitchell zu seiner verwegenen Fahrt nach Malo aufbrach, verursachte ihm ein Umstand wachsendes Unbehagen. Er hatte befohlen, die Geschütze sollten um 21 Uhr gesprengt werden. Ob er seine Batterie noch rechtzeitig erreichte, um den Befehl zu widerrufen?

Nach einer höllischen Fahrt durch die brennenden Straßen schaffte Mitchell es. Fünfzehn Minuten blieben ihm noch. Fluchend, schwitzend und wuchtend brachten die sechzig Mann, die ihm noch geblieben waren, mit ihren Händen die Geschütze über den weichen Sand nach Dünkirchen: sieben Geschütze zur Verteidigung der letzten Stellung.

Kapitel 10

HABEN SIE MEINEN JOHNNY NICHT GESEHEN?

Ab 2. Juni

Als sich das Minenräumboot »Speedwell« am Samstag, dem 1. Juni, gegen 16 Uhr langsam der Admiralitätsmole in Dover näherte, rief ein Offizier vom Evakuierungsstab am Kai ihrem Kapitän, Fregattenkapitän »Lucky« Maunsell, zu: »Wieviel Mann haben Sie an Bord?« Gleich dröhnte Maunsells Antwort über den Lautsprecher: »Fünfhundertneunundneunzig Mann – und eine Frau.«

Als auf dem Schiff dröhnendes Gelächter erscholl, wäre Augusta Hersey, die neben Bill an der Reling stand, am liebsten in den Boden gesunken. Sie war jetzt so erschöpft, daß ihr die Tatsache ihrer Rettung gar nicht mehr wichtig erschien, und auch ihr Humor war am Ende.

Irgendwie hatte sie – entgegen aller Wahrscheinlichkeit – gehofft, die weißen Klippen von Dover würden im Gegensatz zu dem Inferno von Dünkirchen in schweigender Stille liegen. Aber es ging in diesen letzten Stunden im Hafen so turbulent zu wie auf einem Londoner Bahnhof in der Hauptverkehrszeit. Vom Bug bis zum Heck mit endlosen dichten Reihen vollgestopfte Schiffe, Stimmengewirr, das aus den Lautsprechern dröhnte, aufgeregtes Bellen, als die Inspektoren der Gesundheitspolizei ganze Wagenladungen von zitternden, herrenlosen Hunden zusammentrieben.

Unermüdlich gingen die Helfer vom Roten Kreuz und vom Freiwilligen Frauendienst mit Äpfeln, Schokolade und Tee umher.

Augusta stand noch einiges bevor. Stundenlang mußte sich Bill in einem kleinen, überhitzten Zimmer heftig mit einem Major der Abwehr auseinandersetzen, der den Verdacht hatte, die beiden Herseys seien Spione. Nur durch Augustas Geburtsurkunde und Herseys Soldbuch ließ er sich davon abbringen. Minuten später nahmen sie schmerzlich Abschied, denn der Militärpolizist war trotz aller Proteste Herseys unerbittlich. Seine Frau sollte in ein ziviles Durchgangslager, während er selbst mit den anderen in einen Truppentransportzug kam.

Im letzten Augenblick konnte Hersey noch die Adresse seiner Mutter in Addlestone in der Grafschaft Surrey auf einen Zettel kritzeln. Irgendwann, hoffte er, würde er Augusta dort wiedersehen.

Danach verging die Zeit bedrückend langsam. Augusta suchte dem Wortgewirr zu entgehen und sank auf einer Trage in Schlaf. Als sie erwachte, fand sie sich mitten unter verwundeten deutschen Gefangenen. Es dunkelte schon, als sie mit anderen französischen Zivilpersonen in einen Zug nach London verfrachtet wurde, und als der an jeder Station hielt, wo freiwillige Helfer Käsebrote zum Fenster hereinreichten, sank ihr Mut noch mehr. Ihre Aussteuer und alles, was sie je besessen hatte, war nun weg — war vor Ewigkeiten zurückgelassen worden, als sie sich in letzter Sekunde von der »Ivanhoe« rettete. Von den anderen Zivilisten im Abteil konnte sie keine Tatsachen, sondern nur eine Menge aufgeregter Gerüchte erfahren. Wann und wie würde sie, die kein Wort Englisch sprach, wieder mit Bill zusammenkommen?

Sie wunderte sich über die Zurufe der dichtgedrängten Menschenmengen, die die Straßen und Bahndämme säumten. Hatten die denn Grund zu Jubelrufen?

Nach den Gesetzen der Vernunft wäre Trauer richtiger gewesen. Gewiß, das mit Vorschußlorbeeren bedachte britische Expeditionskorps, dreihundertneunzigtausend Mann stark, »so gut, wenn nicht besser ausgerüstet wie jede vergleichbare Armee«, war zu Hause, aber mit eingezogenem Schwanz.

Nur eine Handvoll Männer — vor allem Bernard Montgomerys 3. Division — blieb intakt, um einen Angriff Hitlers abzuwehren.

Aber die ganze Küste entlang und bis sechzig Kilometer nach England hinein brandete der gleiche Beifall — ein donnernder Niagarafall von Hochrufen, der in ganz England widerhallte. Die Parole »Gut so, britisches Expeditionskorps« stand in Kreide und Tusche an den Mauern schmutziger Hinterhöfe. Die bunten Dekorationen des Krönungsjahres wurden wieder hervorgeholt. Die Krankenschwestern und Helferinnen des Freiwilligen Frauendienstes, die sich in allen Häfen und auf allen Bahnhöfen in Scharen bereithielten, bewiesen, was die Engländer empfanden.

Es war eine Zeit der Huldigungen. An diesem Tage erklärte die New York Times: »Die Lumpen und Fetzen, die die Demokratie verunstaltet haben, sind weggefegt. Geschlagen, aber unbesiegt, in schimmerndem Glanz hat sie sich dem Feind gestellt.« Der Daily Express brachte die Schlagzeile: »Müde, schmutzig und hungrig kamen sie zurück, aber unbesiegbar.« Das Hamburger Fremdenblatt verstieg sich zu dem Lob: »Sie schlugen sich mit der bewährten Zähigkeit der angelsächsischen Rasse, die Deutschland niemals unterschätzt hat.« Und die Schlagzeile des Daily Mirror lautete: »Einfach wunderbar.«

Aber der einfache Landser verstand das nicht recht. Der Gefreite Ronald Le Dube von den »Loyals« wurde unter seiner Dünkirchen-Bräune blaß, als sein Zerstörer in Dover am Kai anlegte: »Mein Gott, die werden uns die Hölle heiß machen.« Der Oberleutnant Patrick Needham von den Grenadieren schämte sich in Grund und Boden, als er den Bahnhof Peckham Rye in London-Süd passierte. Eine Kapelle der Heilsarmee hatte auf dem Bahnsteig gespielt: »Als siegreiche Helden kehren sie heim.« Der Feldwebel Leslie Teare, der auf dem Weg nach London die »News of the World« studierte, löste das Rätsel: »Wißt ihr eigentlich, warum sie uns überall zuwinken? Wir sind nämlich ganz große Helden.«

Hauptmann John Gibbon vom Border-Regiment bemerkte auf einem in Ramsgate einlaufenden Schlepper das Erstaunen eines Außenstehenden, als er einen französischen Verbindungsoffizier sagen hörte: »Wenn die Engländer eine Niederlage so feiern, wie feiern sie dann erst einen Sieg?«

Die Frage war angebracht. Zwar hatten Tausende so wie Bill Hersey ihr Gewehr und ihre Ausrüstung mitgebracht, aber tausend andere brachten nichts mit als die Kleider, die sie am Leib trugen. Unteroffizier Holt vom Regiment »Duke of Wellington« kam in einem Zuckersack an Land, in den er für Arme und Beine Löcher geschnitten hatte. Unteroffizier Ivan Miles, ein Pionier, trug nur die Sporthose und das Trikot eines Jugendklubs aus Ipswich. Manche waren wie für den Fasching angezogen. Korvettenkapitän de Toulouse-Lautrec war wie ein Indianer von einer Decke umhüllt ... der Gefreite Roland Cotton trug seine Uniformjacke über einem roten Damenpullover, dazu französische Reithosen und karierte Kniestrümpfe.

Wenige hatten es so gut getroffen wie der Signalgast Douglas Peckham. Er trug den Mantel des Kapitäns der »Scimitar« und dazu weiße Tennishosen und Segeltuchschuhe. Sein eigener Feldwebel salutierte vor ihm, und im Kino am Standort geleitete man ihn in eine Loge.

Bestanden auch ihre Kostüme aus Fetzen und Lumpen, so ließen sie sich doch nicht herablassend behandeln. Kapitän George Anderson und seine Offiziere hörten auf der »Javeline«, wie ein Militärpolizist einem anderen zurief: »Da kommen sie wie eine Herde von Schafen.«

Als die Gangway herunterging, stürzten Scharen von Männern auf die beiden zu, und die Militärpolizisten wurden fast bewußtlos geschlagen und dann ins Wasser geworfen.

Die nun eintretende Entspannung führte zu Zusammenbrüchen. Als der Brigadegeneral Christopher Woolner, einer von Montgomerys alter Garde, über den Text eines Telegramms an seine Frau im Postamt Dover nachdachte, empfahl ihm der Postbeamte: »Ich würde ein Schmuckblatt-Telegramm schicken, Sir. Heute ist nicht der Tag für gewöhnliche Telegramme.« Plötzlich verzog sich das faltige Gesicht des eisernen Brigadegenerals, und er weinte. Auch der Kraftfahrer Percy Case weinte auf dem Gang eines Zuges, der nach London fuhr. Ihm war plötzlich die Ode an die Gefallenen von Laurence Binyon durch den Sinn gegangen:

»Ihnen war nicht bestimmt zu altern, so wie wir Lebenden altern. Das Alter zermürbt sie nicht, noch höhlen die Jahre sie aus.

Wenn immer die Sonne sinkt und das Morgenlicht aufsteht, werden wir ihrer gedenken.«

Das waren Krisen, die kamen und gingen, aber viele blieben für die Zeit ihres Lebens gezeichnet. Feldwebel Sidney Tindle, der stramme kleine Ire, war in diesen sieben Tagen ein echter Dünkirchen-Veteran geworden, weißhaarig, mit ausgeschlagenen Zähnen, zermürbt von den Schreckensbildern, die er gesehen hatte. In einem Durchgangslager in Devon wurden er und einige andere plötzlich rabiat, zertrümmerten die Baracken-Einrichtung und heulten wie Wölfe. Der Polizeiinspektor Richard Butcher nahm längs der Eisenbahnstrecke London — Dover eine seltsame Erscheinung wahr: den wirbelnden Funkenflug von Gewehren, die wirre Männer aus den Zugfenstern warfen.

Der Obergefreite Guy Cobbett erlebte auf derselben Strecke einen grausigen Augenblick: das plötzliche Kreischen der Bremsen eines entgegenkommenden Schnellzuges löste bei einem Unteroffizier einen Schreikrampf aus. Er stürzte aus dem Abteil, und seine Schreie hallten gräßlich wider, als er den Gang des Zuges entlangtaumelte.

Auch für die Zivilbevölkerung lag trotz der Fahnen und der gehobenen Stimmung eine drohende Spannung in der Luft. Mrs. Kathleen Heal in Kensington, West-London, empfand sie, als Tom, ihr Mann, sich in voller Uniform, die noch vollgesogen war mit dem Wasser von Dünkirchen, aufs Bett warf — ein Angehöriger der Garde tat so etwas sonst nie. Mrs. Edith Williams in Dorchester in der Grafschaft Dorset schauderte beim Anblick Freds, ihres Mannes. Er war unrasiert, hohlwangig und stank wie ein Iltis. Ihr und anderen Frauen hatte die Armee das empfohlen: »Regen Sie sich nicht auf, wenn Ihr Mann nachts schreit oder sich beim Geräusch eines Flugzeuges auf den Boden wirft.«

Für die Frauen und Bräute der Männer, die überfällig waren, wurde das Leben zu einem ständigen Warten auf den Bahnsteigen. Sie beteten darum, daß das vertraute Gesicht vor ihnen auftauche. Der Unteroffizier Billy Mullins sah, als er im Zug nach Devizes fuhr, immerzu das Bild eines bleichen, schmerzerfüllten Gesichts zwischen den winkenden Händen, und immer wieder hörte er den verzweifelten Ruf: »Haben Sie meinen Johnny nicht gesehen?«

»Ich weiß nicht. Bei welcher Einheit war er denn?«

»Dorsets. 2. Bataillon Dorsets.«

»Im nächsten Abteil sind ein paar von den ›Dorsets‹; vielleicht ist er dort dabei? Man kann nie wissen.«

Hauptmann Daphne Lumsden, eine der Marine-Stabshelferinnen von Admiral Ramsay, hatte selbst die Nachricht dechiffriert: »S.M.S. ›Keith‹ bombardiert. Keine Nachricht von Überlebenden.« Ihr Mann, Kapitänleutnant Graham Lumsden, war der Navigationsoffizier der »Keith«. Sie biß die Zähne zusammen und zwang sich, weiterzuarbeiten. Der Kapitänleutnant tauchte einen Tag später auf, und zwar in einem französischen Matrosenpullover und mit einer Bommelmütze. Daphne Lumsden hielt ihn für einen Aufwärter.

Als sie ihn dann erkannte, sagte sie: »Gott sei Dank, daß du wieder da bist. Aber du riechst nach französischem Parfüm.«

Nicht überall löste es sich so glatt. Mrs. Rosa Bishop arbeitete auf dem Bahnhof Ramsgate nunmehr wie ein Automat. Sieben Nächte hatte sie ihr Lager im Eisenbahnwagen nicht verlassen. Sieben Tage lang hatte sie ununterbrochen den Soldaten Schokolade und Tee gebracht und ihre Briefe eingeworfen. Müde, übernächtig und vom Kummer zerquält, wußte sie nur das eine: unter den 44 000 Soldaten, die in Ramsgate in den Zug gestiegen waren, war Feldwebel Tom Bishop nicht.

Tatsächlich war Bishop in Plymouth und nicht in Ramsgate gelandet — aber das erste Zusammentreffen erwies, daß ihr Roman zu Ende war. Ihre Liebe war schon seit Wochen erloschen, ohne daß es ihnen bewußt geworden war.

Dem Bootsmann Arthur Brinton schien es in der Nacht vom Samstag auf Sonntag in der Unteroffiziersmesse in Ramsgate, als habe das Leben noch gar nicht angefangen. Er war wütend, weil er vom größten Triumph der Navy seit Nelsons Zeiten ausgeschlossen war. Erst mußte er warten, während alle anderen ein Boot bekamen, dann erwies sich sein eigenes Schiff als unbrauchbar, und nun war er endgültig aus dem Spiel.

Als Brinton am Sonntag, dem 2. Juni, schlecht gelaunt seinen Tee aus einem Emaille-Becher trank, dachte Brinton an Tower, den jungen Oberleutnant, der ihn an Bord genommen hatte. Normalerweise stand Brinton nach dreiundzwanzig Dienstjahren in der Navy nur vor Offizieren im Range eines Fregattenkapitäns und darüber stramm, aber von Tower war vom ersten Augenblick etwas Faszinierendes ausgegangen. Er sah ihn in Gedanken bereits Karriere machen — vielleicht konnte er eines Tages sagen, ein Erster Lord der Admiralität habe ihn an der Küste von Dünkirchen gerettet.

In diesem Augenblick schaute Brinton auf und sah Tower leibhaftig vor sich. Verblüfft hörte er Towers Stimme: »Bootsmann, wir haben heute nacht einen letzten Evakuierungsauftrag. Nur schnelle Boote mit hoher Geschwindigkeit dürfen fahren.« Tower fuhr dann fort, er selbst werde die Motorjacht »Rosaura« führen. Ob Brinton mitkommen wolle.

Erst später wurde dem Bootsmann klar, daß er »ja« geantwortet hatte, denn Tower forderte ihn auf: »Fragen Sie Ihre beiden Matrosengefreiten, ob sie auch mitkommen.«

Die kämen, versicherte Brinton. Tower lachte, als er wiederholte: »Besser ist schon, Sie fragen vorher.« Aber Brinton hatte die Antwort vorweggenommen, die er zehn Minuten später bekam. Wenn Tower das Schiff führte, dann wollten sie.

Tower gab die letzten Anweisungen. Brinton und seine Leute sollten nicht später als 22 Uhr an Bord der »Rosaura« sein, es war die letzte Gelegenheit, einen Teil der Tausende an Bord zu nehmen, die noch geduldig warteten. Dann verschwand seine schlanke, straffe Gestalt durch die Flügeltür.

Tower und seine Schwester Penelope hatten dreizehn Jahre vorher als Kinder im Hurstpierpoint College in Sussex, wo ihr Vater, der Pfarrer Bernard Tower, Direktor war, eines Tages ihren Mittagsschlaf halten sollen. Nach Kinderart hatten sie vom Sterben geredet — welche Todesart sie wählen würden, wenn sie darüber zu entscheiden hätten.

Penelope wußte später ihre Antwort nicht mehr, wahrscheinlich hatte sie gesagt: friedlich im Bett. »Bill« hatte geraume Zeit geschwiegen, wie immer, wenn er über etwas nachdachte. Schließlich hatte der Achtjährige gesagt: »Ich möchte bei der Rettung von Menschen sterben.« Und dann setzte er hinzu: »In einem kleinen Boot, ich mag kleine Boote am liebsten.«

Penelope, die damals gerade zehn Jahre alt war, fühlte, »wie ein kleiner, kalter Frosch in ihr Herz sprang«.

Brinton wußte das nicht.

John »Warrior« Linton sah in der Kirche von Crombeke, fünfunddreißig Kilometer von Dünkirchen, seine letzte Chance wie den Sand im Stundenglas verrinnen.

Seine Beine waren jetzt gelb und hart und wie Blasen über den einschnürenden Verbänden angeschwollen. Trotzdem bemerkte er genau die kleinen Anzeichen, die Unglück verhießen.

Während die Stunden dahingingen, gab es gar zu viele Anzeichen dafür, wie schlecht es stand.

Die Pflegeschwestern waren bereits abgezogen — aber ohne die Verwundeten. Als sie mit Feldpostkarten, die in England aufgegeben werden sollten, herumgingen, liefen ihnen die Tränen über die Wangen.

Linton, Berufssoldat bis zum letzten, wollte es von seinem Kommandeur hören. Er und Oberst Whitfeld hatten ihren verzweifelten kleinen Kriegsrat nunmehr drei Tage lang abgehalten. Wie auf Verabredung kam Whitfeld zu ihm herüber und setzte sich auf seine Trage.

»Wie steht es heute, Sir?«

Whitfeld konnte ihm nichts vormachen: »Es tut mir leid, Linton, hoffnungslos.«

Vor der Kirchentür entstand plötzlich ein Gedränge. Linton sah, wie die Sanitäter in einem Schubkarren einen verwundeten Zivilisten hereinbrachten. Als er auf dem Weg zum Altar vorbeigefahren wurde, erkannte Linton die schwarze, dreieckige Kopfbedeckung des Dorfgeistlichen, die grotesk aus dem Schubkarren herausragte. Ihm kam es vor, als seien erst ein paar Augenblicke seitdem verstrichen, als sich der Pfarrer noch würdig in der Kirche zu schaffen gemacht hatte.

An Linton begann die Angst zu nagen: Wenn sie schon auf Geistliche schossen, was würden sie erst den Verwundeten antun!

Als er so dalag und der Schmerz in Wellen immer wieder in seinen Beinen riß, versuchte der junge Soldat aus dem Westen von England verzweifelt, an etwas anderes zu denken als an die Gefangennahme ... an Briefe, die er schreiben müßte ... »Raygos« Mutter mußte doch erfahren, was geschehen war ... an Essen, denn der Schmerz hatte den Hunger vertrieben, und heimwehkrank, aber ohne Verlangen, erinnerte er sich an das Steak mit Zwiebeln und Bratkartoffeln, das ihm seine Mutter gebraten hatte, als er seine erste Lohntüte nach Hause gebracht hatte ... an die Zeiten, als er und sein Bruder Bob auf Filme verrückt waren und mit der Straßenbahn von Kino zu Kino gefahren waren, um erst Al Jolson als »Singenden Toren« und dann »Ben Hur« zu sehen.

Jetzt wurde es lebhafter. Eine Ordonnanz, deren Schritte dumpf auf den Fliesen widerhallten, kam mit einer Meldung für Oberstleutnant Tristram Samuel, den Einheitsführer. Wie im Traum sah Linton, daß Samuel seine Ärmel herunterstreifte, die Jacke anzog, die Mütze aufsetzte und bedächtig die Rote-Kreuz-Binde am Ärmel befestigte. Dann rückte er seine Krawatte zurecht und verließ die Kirche.

Wie ein elektrischer Schlag durchfuhr Linton der Gedanke: »Der macht sich für die Übergabe zurecht.« Er konnte nicht wissen, daß Samuel darauf schon seit drei Tagen vorbereitet war, als der Befehl aus Dünkirchen gekommen war: »Wir können keine Verwundeten mehr aufnehmen. Halten Sie aus, bis Sie in die Hände der Deutschen fallen.«

Dieselbe Ahnung mag die anderen befallen haben, nicht einmal die Schwerverwundeten rührten sich.

In der ganzen langen Kirche des Heiligen Blasius war nicht ein einziger Fluch, kein Murren und nicht einmal ein Husten zu vernehmen. Linton erinnert sich mit schmerzhafter Klarheit an die Situation und sein Verhalten: »Schau hinauf an die Decke, halte dich an der Trage fest, schalte vollkommen ab und warte, warte, warte.«

Er brauchte nicht lange zu warten. Jäh unterbrach das Geräusch eines Panzers das drückende Schweigen. Im gleichen Augenblick hörte Linton Stimmen – deutsche Stimmen. Die Stimmen kamen näher. Die Kirchentür ging auf und in einer Entfernung von fünfzig Metern sah Linton mit überempfindlichen Sinnen den Feind vor sich, den er mehr gefürchtet hatte als den Tod: zwei feldgraue deutsche Soldaten.

Sie nahmen Haltung an, und ein Offizier trat ein, mit hohen Stiefeln, im langen grauen Ledermantel, und es herrschte immer noch ein unwirkliches Schweigen. Man hörte kein Husten, kein Knurren, nicht einmal einen Fluch.

Winston Churchill in London hatte einiges zu tun. In zwei Tagen mußte er seinen Bericht an die Nation abgeben. Im langen, hellerleuchteten Kabinettszimmer von Downing Street 10 sammelte er, langsam auf und ab gehend, seine Gedanken. Auf der gegenüberliegenden Seite des Zimmers saß seine

Sekretärin, Mary Shearburn, an der geräuschlosen Remington-Schreibmaschine. Näher, in unmittelbarer Hörweite, zu sitzen, war nicht möglich. Der Alte brauchte Platz, um auf und ab zu gehen.

Churchill begann nachdenklich: »Wir müssen sorgfältig darauf bedacht sein, diese Rettung nicht in einen Sieg umzudeuten. Kriege werden nicht durch Evakuierungen gewonnen.« Mary Shearburns Finger flogen über die Tasten. Sie schrieb jeden Satz mit größtem Zeilenabstand, wie es der Ministerpräsident wünschte.

Vom ungeheizten Kamin ging Churchill zu den mit Samt behängten Fenstertüren und zurück. Oft brummte er »wieviel?« und die Antwort mußte unverzüglich folgen, nämlich die Zahl der Wörter, die er bereits diktiert hatte. Manchmal knurrte er »gib her« und riß das Blatt aus der Maschine, um einen Satz nachzulesen.

Noch immer schritt er auf und ab. Er ließ seine Gedanken in die Vergangenheit wandern: »Als Napoleon mit seinen Flachbooten und seiner Grande Armée ein Jahr lang in Boulogne lag, sagte ihm jemand: ›Es wachsen bittere Kräuter in England‹.« Er grübelte über einen Vergleich nach. Sicher gab es deren mehr, seitdem das britische Expeditionskorps wieder zurückgekommen war.

Mitternacht war vorüber. Im Zimmer wurde es kälter. Bis jetzt fühlte sich Miß Shearburn noch nicht als gute Arbeitskraft. Sie war müde und Churchill tat sich schwer, die richtigen Worte zu finden. Seine Stimme wurde undeutlich. Sie konnte ihn kaum hören. Mit dem Gebaren des Kurzsichtigen ging er hin und her. Er hielt den Kopf gesenkt und kämpfte mit den Tränen.

Miß Shearburn liebte ihn, weil er seine Gefühle so offen zeigte, und unterdrückte einen Protest gegen sein Gemurmel. Die Festigkeit seiner Rede wurde nun von Schluchzen unterbrochen: »Wir werden nicht wanken, noch weichen. Wir werden bis ans Ende durchstehen. Wir werden in Frankreich kämpfen, wir werden auf den Seen und auf den Meeren kämpfen ... wir werden unsere Insel verteidigen, gleichgültig, wie hoch der Preis sein mag. Wir werden an den Küsten kämpfen, wir werden auf den Landeplätzen kämpfen, wir werden auf den Feldern kämpfen, wir werden in den Straßen kämpfen, wir werden auf den Hügeln kämpfen.«

Für Mary Shearburn wurde es zum schmerzlichsten Diktat, das sie je geschrieben hatte. Vom Gram über das Leid seines Landes erfüllt, konnte er nicht weitersprechen.

Eine ganze Minute verging. Dann kam der nächste Satz wie ein Trompetenstoß und traf sie wie ein Schlag: »Wir werden uns niemals ergeben!«

Er hatte sich wieder gefangen. »All die Tränen«, so erinnert sich Mary Shearburn, »waren aus seiner Stimme wie weggewischt.« Ihre Finger flogen über die Tasten. Churchill ging wieder auf und ab.

»Und selbst wenn, was ich keinen Augenblick glaube, diese Insel oder ein großer Teil von ihr, unterjocht oder ausgehungert werden sollte, dann wird unser Reich jenseits der Meere den Kampf fortsetzen.«

Churchill ging auf und ab, schneller und schneller. Seine Stimme klang wie ein Trommelschlag, von Hoffnung erfüllt, bis zum donnernden Finale.

»Bis zur gottgewollten Stunde die Neue Welt mit all ihrer Macht und Kraft zur Hilfe und Befreiung der Alten Welt auftritt.«

Oberleutnant »Bill« Tower hatte die Wahrheit gesagt. Admiral Ramsay hatte im Kastell von Dover seinem Nachrichten-Offizier, Kapitänleutnant James Stopford, bereits den letzten Befehl diktiert: »Die letzte Evakuierung ist für heute nacht vorgesehen, und die Nation erwartet von der Navy, daß sie sie durchführt.« Er fuhr fort: »Jedes Schiff muß alle seine Kraft zusammennehmen, um dieser letzten Anforderung zu genügen.«

Niemand kannte die Tatsachen besser als Ramsay. Nur dreitausend britische Soldaten verblieben noch, um den verengten Brückenkopf von Dünkirchen mit Hilfe von 30 000 Franzosen zu halten, und diese Nacht war die letzte Gelegenheit, sie wegzubringen.

Der überaus ermüdete Admiral — er hatte darauf bestanden, daß ihm jeder einzelne Funkspruch vorgelegt wurde — war nicht zu Auseinandersetzungen über das Vergangene gewillt. Als sein Stabschef, Kapitän Vaughan Morgan, bedauernd feststellte: »Schade, daß wir nicht mehr Zeit hatten, um das vorzubereiten!« antwortete ihm Ramsay kalt: »Wenn wir Monate Zeit gehabt hätten, um es vorzubereiten, hätten wir auch nichts Besseres geleistet — niemand konnte den Umfang der Aufgabe voraussehen.«

Als die Nachricht des Admirals von Schiff zu Schiff ging, stieg die Spannung. Korvettenkapitän Brian Dean auf der »Sabre« sagte: »Es mag riskant sein ... die Deutschen könnten jetzt vielleicht in der Stadt sein ... aber ich glaube, wir sollten fahren.«

Kapitän Thomas Woods vom Passagierdampfer »Lady of Mann« ließ seine Heizer und Ingenieure kommen, sie hatten zuvor beschlossen, auf keinen Fall mehr nach Dünkirchen zu fahren. Woods schob ihnen nun den Funkspruch von Ramsay vor die Augen: »Lesen Sie das, und dann sagen Sie mir, ob Sie fahren wollen.« Kein Mann versagte sich.

Trotz aller Gefahren wollten Ungezählte mitmachen. Auf dem Clacton-Rettungsboot zog Wilfred Pym Trotter ein Taschenwörterbuch heraus, es konnte nützlich werden, wenn französische Truppen mit im Spiele waren. Der Schriftsteller David Divine, der den Nachschuboffizier von »Dynamo«, Konteradmiral Alfred Taylor, herüberbringen sollte, stahl einen Motorkreuzer mit Zwillingsschraube namens »White Wing«, um sicherzugehen. In London rief ein Freiwilliger die Admiralität an: für dieses Wochenende sei er vergeben, aber ob er nicht auf die nächste Liste gesetzt werden könnte?

Auf jedem Schiff hatte man seine eigene Methode, die Dinge dieser Sonntagnacht zu ordnen. Der Flak-Kanonier Richard Charters auf der »Ben-My-Chree« war überzeugt, die

Kessel müßten platzen; das Schiff lief mit solcher Geschwindigkeit Dünkirchen an, daß das Dröhnen der Motoren jegliches Gespräch erstickte. Der Fregattenkapitän Harold Conway glaubte, die »Côte d'Argent«, die der französischen Eisenbahn gehörte, wolle sich überhaupt nicht in Bewegung setzen. Kaum hatte sie Dover verlassen, da ließ sich ihr Kapitän Georges Grailhon mit seinen Offizieren zu einem Mahl mit fünf Gängen und anschließendem Kaffee und Likör nieder. Als Conway innerlich schon tobte, trank Grailhon seine letzte Tasse Kaffee aus, sprang auf und schrie: »An die Gewehre!«

Die »Côte d'Argent« fuhr schneidig mit 20 Knoten Geschwindigkeit auf Dünkirchen zu und sollte in dieser Nacht elfhundert Mann zurückbringen.

Auf der »Rosaura«, einem schlanken, zwölf Meter langen Boot, dem einstigen Spielzeug des stellvertretenden Führers des Oberhauses, Lord Moyne, machte sich Bootsmann Alfred Brinton seine Gedanken. Der Oberleutnant »Bill« Tower schien vom ersten Augenblick an, in dem sie in den dunklen Kanal ausgelaufen waren, verwandelt. Er übte an einem Maschinengewehr, das ein Soldat zurückgelassen hatte, um damit ein deutsches Flugzeug abzuschießen, wenn es auftauchte, und hatte nur ein Achselzucken für die Tatsache, daß der Kompaß kaputt war.

»Schon recht, Bootsmann«, sagte er zu Brinton. »Ich fahre nach den Sternen.«

Brinton war stolz, als er in dem kleinen Steuerhaus eng mit Tower zusammensaß. Hier war, wie er schon die ganze Zeit gewußt hatte, ein geborener Seemann. Aber als die Ostmole vor ihnen auftauchte und Tower in höchster Fahrt Kurs auf den Innenhafen nahm, spürte der Bootsmann sein Hochgefühl schwinden. Er ermahnte Tower: »Wenn ich Sie wäre, Sir, führe ich jetzt langsamer. Wir können auf ein Wrack stoßen.«

Aber Tower hielt seinen Kurs: »Ich kann es nicht ändern. Dort sind Leute, die gerettet werden müssen, und ich bin dafür da, sie zu retten.«

Zunächst stieg in Brinton der Zorn hoch. Wer war schon dieser junge Spund? Er hatte die Seefahrt gelernt, als der noch in den Windeln lag. Dann verwandelte sich der Zorn merkwürdigerweise in einen Zorn gegen sich selbst: Er fand sich feige, zum erstenmal in seinem Leben. Die ganze Aufgabe dieser Nacht war in Tower verkörpert, der erkannte, daß allein die Rettung der Männer wichtig war. Nötig war in dieser Nacht nur, gerade auf das Ziel loszugehen. Und das tat Tower. Seemännische Kenntnisse und alles andere kamen erst an zweiter Stelle.

Der Auftrag erforderte Mut. Major Hans Sandar und seine Kanoniere hatten sich nun genau auf den Hafen eingeschossen. Und alle zehn Minuten erklang der Befehl des hageren, korrekten SS-Offiziers durch die Nacht des Vorküstengebietes: »Ziel 17 000 Meter ... 1 Grad mehr ... 82 Grad ... Feuer!«

Als die schnelle Motorbarkasse von Admiral Wake-Walker, geschickt die Wracks im Innenhafen umsteuernd, die ersten Schiffe zu ihren Landeplätzen dirigierte, schlugen die Geschosse dröhnend und pfeifend unter den eng beieinanderliegenden Fahrzeugen ein.

Kapitän William Tennant, der in Bastion 32 seine letzten Stunden durchstand, glaubte, die Tausende, die noch da waren, müßten den besonderen Schutz der Götter haben, um zu entkommen. Schlimmer war, daß zahlreiche französische Verbände, die führerlos geworden waren, sich in den Kellern der Stadt und in den Dünen von Malo-les-Bains aufhielten, und nicht gewillt waren, durch das Feuer Spießruten zu laufen, wenn ihnen kein strikter Befehl erteilt wurde.

Die Navy gab, wie immer, ihr Bestes. Waren die Truppen nicht gleich sichtbar, dann mußte man sie eben suchen. Der stämmige Fregattenkapitän Edward Conder vom Zerstörer »Whitshed« verschaffte sich ein Fahrrad, fuhr unter Lebensgefahr durch die brennende Stadt und sagte jeder Gruppe von Poilus, die er antraf: »Macht euch auf die Beine, Männer!« Wilfred Pym Trotter rief von seinem Clacton-Rettungsboot aus den Truppen zu: »Kommt schnell, hier ist ein Schiff!«

Konteradmiral Alfred Taylor, der den Einsatz der kleinen Fahrzeuge vor Malo-les-Bains organisierte, schickte den Oberleutnant Karminski in die Stadt, er sollte dort die Leute zusammentrommeln, die sich da noch aufhielten. Karminski sprach mehrere Sprachen. Zur Enttäuschung des Admirals kam er aber mit leeren Händen zurück: »Der einzige, der eine mir bekannte Sprache sprach, hat gesagt: ich bin hier auch fremd.«

Der Seekadett Keith Horlock, der an der West-Mole arbeitete, mußte mit einem Baby im Arm über eine schmale eiserne Leiter klettern. Dabei begann das Kind vor Freude über das Feuerwerk der Geschosse entzückt zu krähen. Oberleutnant R. C. Watkin wollte den Abtransport französischer Einheiten beschleunigen. Er rief: »So macht man das!« und sprang, um zu zeigen, wie einfach es sei, aus viereinhalb Metern Höhe von der Mole auf den Zerstörer »Winchelsea«. Oberleutnant Bernard de Mathos von der »Southern Queen« mußte einen alten, körperbehinderten Franzosen auf das Schiff bringen und machte das mit einem Tau.

Der Hilfssteward Jimmy Knott auf der Kanal-Fähre »Autocarrier« hatte klare Anweisungen. Die Poilus, die mit einer langen Trennung von der Heimat rechneten, kamen scharenweise mit Federbetten, Papageienkäfigen und sogar mit silbergerahmten Familienfotos an, aber das Schiff sollte Menschenleben retten, keine Besitztümer. Knott mußte diese Schätze den Wellen übergeben. Dabei geriet er auch an einen Packkorb von der Größe eines Katzenkörbchens. Aber dessen Besitzer drang mit einem fürchterlichen Schrei auf ihn ein und entriß ihm den Korb.

Darin lag, friedlich schlummernd, ein sechs Monate altes Baby. Der Soldat war seine Mutter, die die gleiche Verkleidung gewählt hatte wie Augusta Hersey.

Verwundert dachte Knott darüber nach, was sich alles an einem Tage ändern könne. Heute morgen noch hatte er als erstklassiger Steward Winston Churchill bedient, und heute nacht wärmte er im Inferno von Dünkirchen die Milchflasche für ein namenloses französisches Baby auf dem Teekessel der Kombüse.

Die Minuten verstrichen. Auf dem Dach der Bastion 32 sah Major William Mitchell nervös zum Himmel hinauf, der wie von einem Wetterleuchten erhellt war, und dann auf seine Uhr. Seine sieben Panzerabwehrgeschütze standen nun seit 24 Stunden an den Zugängen rund um die Bastion. Sie waren die einzige Artillerie-Unterstützung der ersten Garde-Brigade des Generalmajors Harold Alexander. Mitchell hielt sie für ein unzulängliches Mittel, einen deutschen Vormarsch aufzuhalten.

Major Philip Newman im Lazarett in Rosendael entzifferte einen neuen Befehl von General Alexander: alle einigermaßen gehfähigen Verwundeten bekamen die Erlaubnis, mit den letzten Lastwagen abzuziehen. Einige Minuten später sah Newman ein Bild, das ihn an den Besuch von Jesus in Bethesda erinnerte: Als die Sanitäter in den Gängen und Gärten des Schlosses den Befehl bekanntgaben, kamen mehr als hundert Mann, die sich von den Tragen erhoben hatten oder unter den Büschen vorkrochen, und schleppten sich mit ihren letzten Kräften auf die vier Lastwagen. Sie rutschten auf den Knien oder robbten auf den Ellenbogen und humpelten auf Krücken, die sie sich aus Hammerstielen und Gartenrechen gemacht hatten.

Newman und seine Sanitäter befaßten sich damit, den deutschen Satz zu lernen, der ihnen das Leben retten sollte: »Nicht schießen — Rotes Kreuz!« Erst viel später erfuhren sie, was weder ihnen noch Tennant zum Bewußtsein gekommen war, daß nämlich genug Schiffe da waren, um alle Verwundeten abzutransportieren, und daß die Straßen von Rosendael nach Dünkirchen bis zuletzt befahrbar waren.

Im Hafen wurden die Schiffe trotz des sichtlichen Mangels an Truppen weiter beladen. Eine dicke, weiche Rauchwolke, die hundert Kilometer weit längs der Küste hing, hüllte sie ein. Dem ersten Maschinisten-Maat Claude Feben auf der Korvette »Kingfisher« schien es, als sei der 34. Psalm, den er morgens gelesen hatte, wahr geworden: »Der Engel des Herrn lagert sich um die her, so ihn fürchten, und hilft ihnen aus.«

Nicht allen war es vom Schicksal bestimmt, gerettet zu werden. Die Disziplin war streng und untadelig. Als die letzten britischen Truppen durchzogen, hielten hundert Mann vom 5. Bataillon »Green Howards« unter Hauptmann Dennis Whitehead mit aufgepflanztem Seitengewehr die Ordnung aufrecht. Sie hatten sich aus eigener Initiative als Wache bestellt. Sie sammelten die Versprengten an der Küste und lotsten die Tommies in Reih und Glied auf die schmalen Stege der Molen. Die Geschosse der Kanoniere von Sandar schlugen auf den schlüpfrigen Steinen Funken. Der Gefreite »Yorky« Giles, der vorsichtig über eine 3,50 Meter lange Planke balancierte, wird nie den Weg über eine Behelfsbrücke vergessen, die die Navy über geborstenes Mauerwerk gelegt hatte. Der einzige Halt war eine von den Matrosen festgezurrte Leine, und als die Geschosse einschlugen und Männer zwanzig Meter tief ins dunkle Wasser stürzten, hob und senkte sich die Planke wie ein Federsprungbrett. Wie Feldwebel Alexander Reid von den »Cheshires«, der einer kleinen, fünfzig Meter weit auseinandergezogenen Gruppe angehörte, wurden Hunderte von einem Marineoffizier dirigiert, der ihnen durch ein Megaphon zurief: »Im Laufschritt zu mir!« Dann schlugen mit hohem, grellem Pfeifen die Granaten ein. Aber während die Mannschaften in Deckung gingen, blickte Reid auf und sah, daß der Offizier, das Megaphon in der Hand, nach wie vor stand. Sie humpelten weiter, stiegen über die Körper von Männern hinweg, die sich im Todeskampf wanden, und der Offizier rief immerzu: »Bewegung, Bewegung! Die Evakuierung muß weitergehen!«

Um 23.30 Uhr studierte Kapitän Tennant in der stickigen Hitze der Bastion den letzten Bericht seiner Piermeister. Bis zum 4. Juni sollten weitere 52 000 Mann, vorwiegend Franzosen, weggebracht werden, aber Tennants Hauptarbeit war getan. Sein zerklüftetes Gsicht verzog sich zu einem seltenen Lächeln, und er sagte: »Ganz hübsch.« Dann trug er seinem

Signaloffizier Michael Ellwood den kürzesten Funkspruch des ganzen Feldzuges auf: »An den Vizeadmiral Dover — britisches Expeditionskorps evakuiert.«

Aber der Navy blieben noch drei Stunden Arbeit, und vielen schienen das die Stunden der erschütterndsten Bilder. Der Schriftsteller David Divine sah von der »White Wing« aus die Silhouetten von Tausenden von Franzosen im Blitzlicht der berstenden Geschosse, und das Schiff, an dessen Bord sie gehen wollten, wurde vor ihnen in die Luft geschleudert. Hoffnungslos zogen sie sich im Feuerhagel in die zerstörte Stadt zurück. »Es war der tragischste Anblick meines Lebens. Wir mit unserem Segelboot konnten ihnen nicht helfen.«

Kapitänleutnant George Davies erlebte Ähnliches. Als der letzte Franzose, den er auf seiner Motorbarkasse »Thetis« aufnehmen konnte, an Bord kam, trat der Mann zurück und gab seinen Platz einem anderen ab. Zur Erklärung deutete er auf einen Dritten, der bereits an Bord war, und sagte: »Sein Freund.«

Es war ein gespenstisches und unvergeßliches Bild ... der Kanal so still wie ein Bergsee ... der stickige schwarze Rauch ... die erbosten Rufe, sooft ein Soldat mit seiner Ausrüstung in der Scheinwerferanlage einer Barkasse hängenblieb und den Hafen in geisterhaftes Licht tauchte ... das Plärren der Zerstörersirenen ... das bleiche Flackern der Aldislampen.

Über allem lag ein ständiger Strom von Signalen und Ausrufen: »Los, vorwärts, Laufschritt, haltet euch ran ... Sutton an Niger, Sutton an Niger ... ich lege jetzt ab ... passez vite, passez vite ... Sind noch britische Verbände da? Jetzt ist die letzte Gelegenheit ... Rangältester Marineoffizier an »Thetis«, denken Sie an »Cinderella«, ich wiederhole: denken Sie an »Cinderella« ... bis 2.30 Uhr muß hier alles weg sein ...« Schließlich kam der Befehl, der den Telegraphisten immer im Gedächtnis bleiben würde: »Wenn das Signal ›Blauer Peter‹ durchgegeben worden ist, kann keine weitere Evakuierung mehr erfolgen. Die Schiffe kehren an ihre Standorte zurück.«

Die kleinen Schiffe ohne Funkverbindung empfingen diese Nachricht direkt; es war die Aufgabe der Mutterschiffe, sie sicher herauszubringen. Bootsmann Arthur Brinton bekam die Nachricht, daß die Evakuierung zu Ende sei, erst, als die »Rosaura« sich erneut von dem chinesischen Flußkanonenboot »Locust« löste, das außerhalb der Brandung vor Anker lag. Drei Stunden war die »Rosaura« mit ihren Ladungen französischer Truppen zwischen dem Innenhafen und der »Locust« hin- und hergependelt, aber jetzt, als sie vom Kanonenboot abgelegt hatte, rief Tower zum Erstaunen Brintons über das Megaphon der »Locust« zu: »Ich kann nicht leer mit ihr nach Hause kommen. Ich fahre zurück und hole mir die letzte Ladung.«

Brinton konnte nicht wissen, daß der Kapitän der »Locust«, Kapitänleutnant Anthony de Costobadie, erst einige Minuten zuvor Tower erklärt hatte: »Wir haben strikten Befehl, daß nach 2.30 Uhr keine Truppen mehr abgeholt werden dürfen. Jetzt geht es nach England zurück. Sie haben genug geleistet.«

Aber die Devise von Towers Vater hatte stets gelautet: »Die größte Sünde ist der Egoismus«, und nun war es für ihn undenkbar, die »Rosaura« leer nach Ramsgate zu bringen. Wieder einmal hatte »Bill« Tower seinen eigenen Entschluß gefaßt. Costobadie konnte nichts anderes tun als machtlos aufzubrausen.

Auch Brinton fand den Entschluß vernünftig. An der Westmole kauerten noch fünfunddreißig Poilus und zwei Offiziere — ein Arzt und ein Ingenieur. Tower hatte ihnen versprochen, sie abzuholen. Es dauerte nur wenige Minuten, sie aufzuladen und dann Kurs auf England zu nehmen. Tower steuerte geschickt durch die Wracks im Hafen und wurde dann etwa vierhundert Meter vor der Küste plötzlich schneller.

Dann merkte Brinton, daß die »Rosaura«, obwohl die Maschine nach wie vor auf hohen Touren lief, keine Fahrt mehr machte. Über das Dröhnen des Motors hinweg rief er: »Sir, der Motor läuft leer.«

Tower nickte und ließ die Kupplung los, um die Motorgeschwindigkeit zu vermindern. Dann kuppelte er wieder ein und versuchte, besonders hohe Fahrt zu machen. Aber die »Rosaura« bewegte sich nicht. Als er den Motor ausschaltete, herrschte einen Augenblick absolute Stille. Brinton und Tower gingen nach unten und nahmen die Motorhaube ab.

Ein Blick genügte den beiden. Obwohl der Acht-Zylinder-Motor noch durchaus intakt war, wurde die Antriebskraft nicht mehr auf die Schiffsschraube übertragen. Die Schraubenwelle war gebrochen.

Es war keine Zeit zu verlieren. Die »Rosaura« besaß für eilige Reparaturen einen Vorrat an Kabelschnur, und Tower und Brinton brachten nun, unterstützt von dem französischen Ingenieur, mit Draht eine Manschette zwischen Kupplung und Schraubenwelle an.

Tower, der leidenschaftliche Bastler, wußte, daß diese Verbindung selbst dann halten mußte, wenn der Motor auf vollen Touren lief. Im Gegenteil, die Beschleunigung mußte die Verbindung noch verstärken — aber wußte man, ob der Draht hielt?

Tower war seiner Sache nicht sicher, machte aber auf Brinton einen absolut ruhigen und selbstsicheren Eindruck. Schließlich hatte er sich an seinen alten Autos unzählige Male mit solchen Problemen beschäftigt. Außerdem befanden sie sich in einer zwingenden Notlage, es war kein Schiff in Sicht, das sie hätte ins Schlepp nehmen können.

Die Zerstörer »Shikari« und »Whitshed«, die Minenräumboote »Kellett« und »Ross« — alle Schiffe der Rettungsflotte von Sonntagnacht waren weg, und die Sicherungsfahrzeuge liefen in den Außenhafen ein. Allem Anschein nach war die »Rosaura« das letzte Boot, das vor Dünkirchen lag.

Tower eilte zurück ins Steuerhaus. Vorsichtig und mit unendlicher Geduld versuchte er, mit dem Selbststarter den Motor wieder anzulassen. Brinton und der französische Ingenieur beobachteten gespannt die Schraubenwelle, die mit dem elektrischen Kabel provisorisch dick umwickelt war. Wenn es nur solange hielt, bis sie Anschluß an den Geleitzug bekamen, dann konnten sie sich dort anhängen.

Sie hörten, wie der Selbststarter über ihnen dröhnte. Der Motor sprang heftig an, und Brintons Herz sank. Eine einzige Drehung der Schraubenwelle hatte genügt, um die Kabelschnur wie Zwirn zu zerreißen. Der Motor lief unerbittlich weiter, aber die Schraubenwelle lag bewegungslos.

Tower machte einen letzten Versuch. Er wickelte die nutzlose Manschette ab, trennte Kupplung und Motor völlig voneinander. Dann richteten die drei Männer schwitzend, fluchend und ölverschmiert die Schraubenwelle vorsichtig so ein, daß sie direkten Kontakt mit dem Motor bekam. Vielleicht ging es so, obwohl die »Rosaura«, wenn sie sich überhaupt steuern ließ, nur mit dem Heck voraus manövrieren konnte.

Nach einigen Minuten gab Tower es auf. Die am Heck sitzenden Poilus protestierten verzweifelt; als die Jacht achteraus fuhr, wurden sie von einer solchen Welle überschwemmt, daß sie fast ertrunken wären.

Zögernd gab Tower den Befehl: »Ankern. Wir müssen etwas anderes ausprobieren.«

Die Morgendämmerung kam, der Himmel wurde heller. Leichter Seenebel strich sanft über die Wasseroberfläche, aber er war nicht so dicht, daß Tower nicht auf der gegenüberliegenden Seite der Bucht drei oder vier liegengelassene Motorboote sehen konnte. Das nächstliegende war etwa zwei Kilometer entfernt.

Tower faßte einen Entschluß. »Bootsmann, ich schwimme zu dem Boot hinüber und hole es; ich bringe es her, und dann können wir uns anhängen.« Brinton erschrak über den jähen Entschluß. Er gab zu bedenken: »Tun Sie das nicht, Sir, die Boote sind weiter weg als Sie denken.«

Aber Tower, der im Steuerhaus seine Uniform sauber zusammenlegte, hatte sich bereits ausgezogen. »Ich ziehe die Schwimmweste an«, war seine ganze Antwort, während er sie anlegte. Dann übergab er Brinton seine Uhr, seine Brieftasche und sein Fernglas, tauchte mit einem Kopfsprung ins

Wasser und schwamm in ruhigen Stößen auf das nächste Boot zu.

Brinton wußte einen Augenblick lang nicht, was er von der Situation halten sollte. Hätte er noch mehr auf Tower einreden sollen? Aber hatte es einen Sinn, auf einen Mann einzureden, der so eisern war? Er übergab das Fernglas dem Matrosen-Obergefreiten Corry am Heck und befahl ihm: »Halten Sie Ausschau nach Mister Tower.« Dem anderen Matrosen am Bug rief er ebenfalls zu: »Und Sie halten auch Ausschau.«

Bald fiel es schwer, Towers Kopf von dem Strandgut zu unterscheiden, das im Frühnebel sanft auf den Wellen schaukelte. Um sich zu beruhigen, versuchte Brinton noch einmal, die »Rosaura« in Fahrt zu bringen. Aber jetzt waren die Batterien erschöpft. Er konnte nicht einmal mehr den Motor anlassen. Als er über Bord schaute, sah er einen Soldaten, einen alten Mann mit einer Schwimmweste, sich mit letzten Kräften im Wasser abmühen.

Sie konnten nicht zu ihm gelangen. Nach einigen Minuten war er ertrunken.

Das könnte Mister Tower nicht passieren, dachte Brinton. Der hat noch eine strahlende Zukunft vor sich. Wie zur Bestätigung seiner Gedanken hörte er den Ruf Corrys vom Heck: »Er hat das Boot erreicht!« Als Brinton sich endlich wieder zu sprechen traute, brachte er es nur zu der bärbeißigen Bemerkung: »War auch verdammt Zeit.«

Ohne Besorgnis betrachtete Brinton, wie das kleine Boot sich auf den Weg machte, und genoß die gesegnete Ruhe. Keine heulenden Stukas, keine fluchenden und singenden Soldaten, keine Schreie der Verwundeten. Dünkirchen war nicht mehr wiederzuerkennen. Plötzlich sprang er nach vorn und nahm Corry das Fernglas aus der Hand. Dann schrie er laut: »Zum Teufel, wo will er denn hin?« Das kleine Boot mit Tower am Steuer hielt Kurs auf Dünkirchen.

Brintons Gedanken rasten, während er ihm nachsah. Hielt Tower Ausschau nach einem größeren Boot, das sie besser ins

Schlepp nehmen konnte? Oder hoffte er, im Innenhafen noch weitere Soldaten retten zu können? Nun war das Boot im Nebel verschwunden. Es gab keine Möglichkeit, sich mit Tower zu verständigen. Sie sollte sich auch niemals mehr ergeben. Im nächsten Augenblick hörte Brinton durch den Nebel das Hämmern von Maschinengewehrfeuer, grausam und unerträglich laut.

Brinton wartete weiter. Langsam stieg wie die Kühle des Morgens ein dumpfer, unbezähmbarer Schmerz in ihm hoch. Am liebsten hätte er alles aufgegeben. Er hatte nur noch den Wunsch, daß die Deutschen kamen und ihn gefangennahmen. Wenn Tower gefallen war, hatte das Leben keinen Sinn mehr. In diesem Augenblick haßte Brinton sich selbst, die anderen auf dem Boot und diesen ganzen nutzlosen, verdammten Krieg.

Diese Bitterkeit war verständlich. Aber als die Evakuierung von Dünkirchen dem Ende zuging, war mehr unwiderruflich verloren als das Leben des Oberleutnants »Bill« Tower. Erst fünf Jahre später wurde Tower amtlich für tot erklärt. Bootsmann Brinton und die Leute auf seinem Schiff wurden, nachdem sie zweieinhalb Tage auf dem Wasser getrieben waren, von einem Schnellboot der R.A.F. aufgenommen und in ihr Land zurückgebracht, dessen Existenz auf dem Spiele stand.

Für 68 000 Soldaten war der Krieg bereits beendet. Auf 40 000 von ihnen warteten fünf grausame, eintönige Jahre hinter Stacheldraht.

Am 1. Juni hatte Lord Gort erklärt: »Wir werden sie wiedersehen; das nächste Mal wird der Sieg unser sein.« Aber als die Verluste immer größer wurden, waren Winston Churchill und sein Kriegskabinett darüber entsetzt, wie schmal der Grat zwischen Fortbestand und Vernichtung geworden war.

Gegen die zweihundert deutschen Divisionen konnten die Engländer jetzt zwanzig aufbieten. Aber sie besaßen nur für den zehnten Teil Ausrüstung. Um Hitlers »Unternehmen Seelöwe« abzuwehren, verfügte England, wie Churchill später enthüllte, über genau fünfhundert Achtzehnpfünder-Geschütze und Haubitzen, von denen viele aus Museen stammten. Die Ausrüstung von zehn ganzen Divisionen lag in den Straßengräben und auf den Feldern von Flandern. Und vierzehn Tage später war auch Frankreich außer Gefecht gesetzt.

Von zweihundert Zerstörern waren nur 74 nicht reparaturbedürftig, und der R.A.F. war es nicht besser ergangen. Sie hatte in der Schlacht in Frankreich vierzig Prozent ihrer einsatzfähigen Bomber der ersten Linie verloren.

Viele Deutsche dachten, es sei nur noch eine Frage der Zeit. Als Major Hans Sandar und seine Kanoniere im Morgengrauen des Dienstags an den Strand von Dünkirchen kamen, blieben sie erstaunt stehen. Mindestens fünfzigtausend Fahrzeuge übersäten die Küste und die Strandpromenaden oder steckten im seichten Wasser. Sandar rief seinem Fahrer zu: »Das kommt uns gerade recht! Laß meinen Wagen stehen, fisch mir diesen Buick aus dem Wasser und mach ihn fahrbereit!«

Als sein Regimentskommandeur, Oberst Prieß, feststellte: »So, die Engländer sind also weg!«, zeigte Sandar mit dem Daumen nach unten auf das Bild der Vernichtung und sagte: »Die Engländer sind erledigt!«

In der obersten Spitze dachte man ebenso. Am 1. Juni stattete Hitler dem Hauptquartier des Generals von Bock in Brüssel einen Blitzbesuch ab. Er traf den Befehlshaber der Armeegruppe B deprimiert und mißgestimmt an. Vielleicht aus einer Verlegenheit heraus bemühte sich der Führer, Bock eine Erklärung zu geben: »Es hat Sie vielleicht überrascht, daß ich die Panzerdivisionen zurückgehalten habe. Aber ich hatte Sorge, daß die Franzosen vom Süden her angreifen würden. Ich konnte mir hier zu guter Letzt nicht noch eine Schlappe leisten.«

Als der Panzergeneral von Kleist später den gleichen Unmut äußerte, sagte Hitler leichthin: »Möglich, aber ich wollte die Panzer nicht in das flandrische Küstengebiet schicken, und wir werden von den Engländern in diesem Krieg nicht mehr viel hören.« Hatte der Führer die Engländer schonen wollen, wie Rundstedt annahm? Oder hatten falsche Informationen über die französische Schlagkraft und die Angst vor den flandrischen Marschen ihn veranlaßt zu bremsen? Wahrscheinlich handelte er, wie die meisten Menschen, aus Motiven, die eng miteinander verknüpft waren. Doch eines ist sicher: die Mehrzahl der hohen militärischen Führer rechnete damit, daß es im Laufe der nächsten Wochen zu Friedensverhandlungen kommen werde.

Nur jene, die weiter sahen, hatten Zweifel. Als der Führer am Samstag Brüssel verlassen hatte, zog Oberst Hans von Salmuth, der Stabschef des Generals von Bock, sich zurück und schrieb in sein Tagebuch: »Also sind bei den Besprechungen zwischen dem Führer und von Rundstedt am 24. Mai die Entschlüsse gefaßt worden, die uns den sicheren Sieg in Flandern gekostet haben.«

Salmuth machte eine Pause und schrieb dann weiter: ». . . und die uns vielleicht den ganzen Krieg verlieren lassen.«

Allerdings konnte das weder damals noch später jemand sicher sagen. Am 4. Juni rüttelte Winston Churchill die Nation mit seinem unvergeßlichen Kampfgelöbnis auf, aber hinter der trotzigen Entschlossenheit lag Besorgnis.

Der Brigadegeneral Charles Hudson gehörte zu der Gruppe hoher Offiziere, die zu einer Geheimbesprechung mit Kriegsminister Anthony Eden und Generalmajor Harold Alexander ins Royal Station Hotel in York befohlen wurden. Als Eden seine Erklärungen beendet hatte, lief ein entsetztes Raunen um den Konferenztisch.

Der Minister hatte nämlich — von Churchill beauftragt, klare Unterlagen beizubringen — eine zwangsläufige Frage stellen müssen: wie würden sich die britischen Truppen verhalten, wenn eine deutsche Invasion erfolgte, wenn ganz Südengland geräumt würde und wenn die Truppen in Liverpool eingeschifft würden, um den Kampf von Kanada aus fortzusetzen? Kurzum, wie weit war auf die Armee nach der Katastrophe von Dünkirchen noch Verlaß?

Als die Kommandeure ihre Meinung vorbrachten, wurde eins klar: Die Berufsoffiziere und das Unteroffizierskorps würden bis zum Letzten gehorchen. Aber die Masse der im Krieg eingezogenen Reservisten würde auf englischem Boden oder überhaupt nicht kämpfen oder versuchen, sich zu verkrümeln. Hudson und die anderen verließen niedergeschlagen den Konferenzraum. Der Ernst der Lage stand nun im ganzen Umfang vor ihnen.

Das waren die Fragen, die den Führern der Nation in den nächsten Monaten schwere Stunden bereiteten. Den meisten anderen wurde die Bedeutung von Dünkirchen erst im Laufe der Jahre bewußt. Die härteste Aufgabe war, aus den Trümmern noch einmal ein Leben aufzubauen, das bereits als verloren galt.

Schiffsingenieur Fred Reynard vertäute die »Bee« in Newport auf der Insel Wight und eilte heim. Der Sonntagsbraten stand im Ofen, und im Sonnenschein gingen die Leute von der Kirche nach Hause. Es war, als sei er niemals fortgewesen. Im Wohnzimmer pfiff der Wellensittich und gurrte sein Paradestück: »Fred, wo bist du gewesen.« Aber Reynard fand, das sei schwer zu erklären, jedenfalls einem Wellensittich.

Hauptmann Edward Bloom ging mit Freunden zu einer Party. Gebadet, rasiert und mit frischen Bügelfalten fühlte er sich schon fast wieder in seiner alten Haut. Nur an Hugo durfte er nicht denken.

Der Obergefreite Eric Stocks war glücklicher daran — »Tippy« war in Quarantäne genommen worden, aber der kleine Dackel lebte noch bis 1953. Der Gefreite Sidney Morris, der das Flugzeug für seinen kleinen Jungen unter dem Arm hielt, kam leichter in seine Heimatstadt Coventry als in sein eigenes Haus. Unter der Sonne von Dünkirchen war er tiefbraun geworden. Seine Frau hielt ihn in der Dämmerung für einen fremden Marokkaner und wollte ihn nicht hereinlassen.

Der Gefreite Walter Allington kam bis zum Bahnhof Paddington. Dann kroch der Schmerz in seinem Bauch bis ins

Hirn hinauf, und er brach ohnmächtig zusammen. Stunden später stellte der Arzt fest, daß Allington, der Samariter von Dünkirchen, den ganzen Rückweg mit einem vereiterten Blinddarm mitgemacht hatte, der jetzt am Aufbrechen war.

Der Gefreite Mervyn Doncom geriet zuerst außer sich — die Militärpolizei hatte ihm in Dover sein MG abgenommen, als habe er nie eine Dornier abgeschossen. Resignierend ging er ins Kino und tröstete sich mit dem Gedanken, daß seine lädierte Uniform ihm auf dem Parkettsitz vom Leib fallen würde, hätte er sich nicht zuletzt noch ein paar Sicherheitsnadeln besorgt.

Der Gefreite Walter Osborn verhandelte mit seinem Kommandeur: »Schauen Sie, Sir, erst haben Sie mich herausgelassen, damit ich kämpfe, und jetzt soll ich wieder ins Kittchen. Ich habe genauso meine Pflicht getan wie jeder andere.« Oberstleutnant Tony Milnes hatte ein Einsehen. Osborn bekam für seine letzten vierzehn Tage Straferlaß und war wieder Soldat wie alle anderen.

Manche hatte aller Kampfgeist verlassen. Die »Tollesbury« lag in Gravesend auf der Themse vertäut, nachdem sie ihre Höllenfahrt überstanden hatte. Die Besatzung war nach Hause gegangen, aber Kapitän Lemon Webb blieb auf dem Schiff. Er wußte nicht, daß sein Schwager Fred Finbow die »Doris« verlassen hatte, bevor sie sank — er brauchte Zeit, bis er seiner Frau Mabel gegenübertreten und ihr vom Schicksal ihres Bruders berichten konnte. Der alte Themse-Schiffer schloß die Tür seiner Kajüte, ließ sich mit dem Gesicht voraus auf seine Koje fallen und schluchzte wie ein Kind. Er hatte sein geliebtes Schiff zurückgebracht, aber die Anstrengung war zu groß. Nach zwei weiteren Fahrten trat er in den Ruhestand.

In der Kirche von Crombeke gab es kein Entrinnen. In gespanntem Schweigen hatte John »Warrior« Linton zuerst gesehen, wie die deutschen Soldaten die Tragbahren eng nebeneinander stellen. Als dann zwei Mann mit einem Maschinengewehr kamen, schloß Linton die Augen. Er hatte es ja gewußt, daß die Deutschen nur die Vorbereitungen trafen, um sie alle niederzumetzeln. Stunden schienen zu vergehen, bis er wieder wagte aufzuschauen. Und dann durchströmte ihn ein merkwürdiges Gefühl der Ruhe. Die Soldaten waren jetzt kaum noch zu sehen. Sie setzten das Maschinengewehr zusammen, um eine Verteidigungsstellung im Glockenturm einzurichten. Vor Entspannung zitterte Linton an allen Gliedern. In einigen Wochen würden deutsche Ärzte sein linkes Bein am Knie amputieren — aber er war zurückgelassen worden, um zu leben, nicht um zu sterben.

Irgendwie kam Augusta Hersey nach West Byfleet in Surrey. Im Durchgangslager in West-London war sie gebadet und verpflegt worden, und man hatte ihre Ausweispapiere geprüft, bevor man sie auf den Weg schickte. Das Leben in England war ihr so fremd, daß sie einige Zeit brauchte, sich daran zu gewöhnen. Zweimal verlief sie sich in den grünen Nebenstraßen, und es war schon Nachmittag, als sie an die Tür des Hauses Addison Road Nr. 23 klopfte.

Das Lächeln auf dem Gesicht von Bills Mutter sagte Augusta, daß sie zu Hause war. Aber Frau Hersey konnte nichts sagen außer »Bonjour«. Doch schließlich konnte sie Augusta verständlich machen, daß Bill bald kommen werde. Als Augusta, die Hände im Schoß gefaltet, im hinteren Wohnzimmer saß, sah sie zuerst so verloren aus, daß Bills Mutter ihr den Flickkorb und Nähzeug gab.

Hinter dem Häuschen glitzerte der Fluß in der Junisonne, und grüne Felder erstreckten sich, soweit Augustas Auge reichte. Manchmal lächelte sie scheu zu Bills Mutter hinüber, aber nur das Ticken der Standuhr unterbrach das Schweigen. Es war so still, wie in den dämmerigen Räumen im Café »L'Epi d'Or« vor sieben Tagen. Aber plötzlich verstand sie, was sich geändert hatte: die Stille der Freiheit hatte die Stille der Furcht abgelöst.

ANGABEN ÜBER DÜNKIRCHEN

Dieser Bericht enthält nicht alles über Dünkirchen, sondern erzählt nur die Geschichte einer Gruppe von Menschen, deren Leben in dieser schicksalsschweren Woche einander berührten. Er schildert nicht alle Tatsachen oder auch nur annähernd alle; niemand kann den gigantischen neuntägigen Exodus, der ungezählte Millionen von Männern und Frauen erfaßte, in seiner vollen Wirklichkeit und in seinem ganzen Ausmaß darstellen. Und da die Betroffenen oft zu erschrocken, zu angespannt oder zu verstört waren, ihr Verhalten genau zu registrieren, sind selbst grundlegenden Angaben gegenüber einige Vorbehalte angebracht. Wir waren uns dieser Einschränkungen bewußt, als wir den Versuch unternahmen, die nachstehenden Antworten auf einige der Kernfragen zu geben.

Wie viele kamen nach Hause?

Alle Quellen stimmen hinsichtlich der Endzahl überein: 338 226. Andererseits sind in dieser Zahl die 27 936 Mann nicht enthalten, die bis zur Mitternacht des 26. Mai bereits in England gelandet waren. Damit erhöht sich die Gesamtzahl auf 366 162 Personen. Davon gehörten 139 911 alliierten Verbänden an. Von der Gesamtzahl der Evakuierten wurden 98 671 Personen an der offenen Küste aufgenommen, die übrigen an den Molen und im Hafen.

Wie viele Schiffe waren beteiligt?

Das ist vielleicht die umstrittenste aller Fragen über Dünkirchen. Während einige offizielle Angaben auch die Schiffe mit berücksichtigen, die Patrouilleneinsatz fuhren, lassen andere nur die gelten, die Truppen überführten. Captain

S. W. Roskill (The War at Sea, 1939–45, Band 1) erwähnt 848 britische und alliierte Schiffe. Die Transportliste des Kriegsministeriums führt 1040 Fahrzeuge auf, aber damit sind die französischen Einsätze nicht hinreichend gewürdigt. Eigene Nachforschungen haben bisher eine Gesamtsumme von 1210 Schiffen ergeben, aber selbst diese Aufstellung scheint noch unvollständig zu sein.

Wieviel Evakuierungen entfallen auf die einzelnen Tage?

Die meisten Evakuierungen erfolgten am 30. Mai, am 31. Mai und am 1. Juni, nämlich 53 823, 68 014 und 64 429 Personen. Das Spitzenergebnis an der Küste wurde am nebligen 30. Mai mit 29 512 Personen erzielt. Das Spitzenergebnis im Hafen wurde am 1. Juni mit 47 081 Personen erreicht, die während der Luftangriffe der Verbände Richthofens eingeschifft wurden.

Welche Schiffe brachten die meisten zurück?

Auch hier sind die Zahlenangaben unvollständig, da die Evakuierung der »nutzlosen Mäuler« am 26. Mai in den Zusammenstellungen der Admiralität nicht enthalten ist. Während der Haupt-Evakuierung brachten die Zerstörer mit 102 843 die größte Zahl von Personen in Sicherheit. Darauf folgen die Truppentransporter (87 810), die Minenräumboote (48 472), Fischdampfer (28 709) und Schuten (22 698). Schiffe der französischen Kriegs- und Handelsmarine haben nach den Angaben von Dr. Hervé Cras (Dunkerque) 48 474 Menschen aufgenommen, von denen 3936 unmittelbar in andere französische Häfen gebracht wurden.

Welche Verluste erlitt die Navy?

Schwere Verluste im Hinblick auf die Schiffe. Roskill führt von 848 eingesetzten Schiffen 235 auf, die infolge Feindeinwirkung oder aus anderen Gründen verlorengingen; das ist fast das Doppelte der Schätzung des Ministeriums für die Kriegstransporte, die sich auf 121 belief. Aber wahrscheinlich ist auch Roskills Gesamtsumme im Hinblick auf die kleinen Fahrzeuge noch unvollständig. Die Hauptlast der Verluste trugen wiederum die Zerstörer (9 wurden versenkt, darunter drei französische Zerstörer, und 19 beschädigt), dicht gefolgt von den Passagierschiffen (8 versenkt, 9 beschädigt).

Die Verluste an Menschenleben wurden nie genau festgestellt — doch wurden 125 Zivilpersonen und Angehörige der Handelsmarine getötet und 81 verwundet.

Was ließ die Armee zurück?

Genaue wertmäßige Angaben stehen nicht zur Verfügung, aber die nachstehenden Summen geben einen Anhaltspunkt:

2 472 Geschütze
63 879 Fahrzeuge aller Art
20 548 Motorräder
76 097 Tonnen Munition (1 Tonne = 907,185 kg)
416 940 Tonnen sonstige Güter
164 929 Tonnen Treibstoff

Auf der Aktivseite stehen die von der Armee Gort zurückgebrachten

322 Geschütze
4 739 Fahrzeuge
533 Motorräder
32 303 Tonnen Munition
33 060 Tonnen sonstige Güter
1 071 Tonnen Treibstoff.

Außerdem noch 2 090 000 Pfund in bar, die nie in Betracht gezogen wurden.

Welche Verluste erlitten die Alliierten?

Insgesamt verlor Gort 68 111 Mann (Tote, Verwundete und Kriegsgefangene); grob gerechnet 40 000 Mann, darunter ein kleines französisches Kontingent, gerieten beim Fall von Dünkirchen in Kriegsgefangenschaft. Von den im Laufe des Feldzugs Verwundeten wurden 8061 Briten und 1230 Alliierte nach England evakuiert. Dank der ausgezeichneten Versorgung in den Lazaretten erlagen nur 1,7 Prozent ihren Verwundungen.

Wo war die Royal Air Force?

Sie war über dem Einsatzgebiet, obwohl von den 32 beteiligten Gruppen wegen der anderweitigen Aufgaben bei der Verteidigung des Mutterlandes nur jeweils 16 Gruppen gleichzeitig im Einsatz waren. Insgesamt brachten sie 101 Patrouillen hinter sich, flogen in 9 Tagen 4822 Flugstunden und meldeten die Vernichtung von 265 feindlichen Flugzeugen. (Die Navy meldete 35 zerstörte und 21 schwer beschädigte Feindflugzeuge.) Im Endstadium hatte sie so gut wie keine Substanz mehr. Am 30. Mai verfügten die Einsatzflughäfen in Südengland nur noch über 283 sofort verwendungsfähige Flugzeuge und 362 Flugzeugführer. Die Gesamtverluste betrugen 177 Flugzeuge in 9 Tagen, davon 106 Jagdflugzeuge.

Wie hoch waren die deutschen Verluste?

Major L. F. Ellis führt in dem Buch »The War in France and Flanders 1939/40« 240 in 9 Tagen zerstörte oder beschädigte Flugzeuge auf, während David Divine (The Nine Days of Dunkirch) nur 156 angibt. Die Verlustliste der Luftwaffe für fliegendes Personal, die nur für den internen Gebrauch, nicht für Propagandazwecke bestimmt war, läßt den Schluß zu, daß die tatsächlichen Verluste höher waren. Sie führt für die Zeit vom 21. bis 31. Mai 727 Angehörige des fliegenden Personals als gefallen oder vermißt auf, darunter 129 Offiziere. Die Verluste des Heeres sind nie zusammengestellt worden.

Was sagten die Beteiligten?

In diesem Buch kommen keine erfundenen Äußerungen vor. Alle Zitate gehen auf das echte Bemühen der Betreffenden zurück, sich daran zu erinnern, was sie damals gesagt haben.

Wann fanden die verschiedenen Ereignisse statt?

Die offiziellen Unterlagen bestätigen, daß das »Unternehmen Dynamo« am 26. Mai um 18.57 Uhr begann und daß der Funkspruch des Kapitäns zur See Tennant: »Britisches Expeditionskorps evakuiert« eine Woche später um 23.30

Uhr abgesetzt wurde. Für die dazwischenliegende Zeit bestehen große Abweichungen; jede im Buch gemachte Zeitangabe stützt sich auf einen vorhandenen dienstlichen Eintrag oder eine Meldung, aber in dem Durcheinander von Dünkirchen vergingen oft Tage, bis die Ereignisse schriftlich festgehalten wurden. So legt zum Beispiel der Bericht von Kapitänleutnant Robert Bill den Beginn des verheerenden Luftangriffes vom 29. Mai auf 15.30 Uhr fest, der Kapitän der »Lochgarry«, MacKinnon, meldete ihn für 14 Uhr, und Kapitän Mackie von der »Clan MacAlister« gibt ihn für 15.45 Uhr an.

Es wurde größte Sorgfalt darauf verwandt, die geschilderten Vorgänge zeitlich so auszuführen, wie sie sich tatsächlich zugetragen haben, aber die Zeitangaben am Anfang der einzelnen Kapitel stellen nur einen groben Anhaltspunkt dar. Manche Ereignisse haben zweifellos eher begonnen oder später geendet, als die Kapiteleinteilung aussagt.

NACHWORT

»Wenn es schon ein Dünkirchen geben mußte, so glaube ich, daß es gut war, dabeigewesen zu sein«, stellt Feldwebel Leslie Teare rückblickend fest. »Man konnte sehen, wie tief ein Mensch sinken kann, man konnte aber auch das großartige Erlebnis haben, wie Menschen über sich hinauswuchsen.«

Feldwebel Teare, Grubenbeamter in Nottingham, der vor einundzwanzig Jahren die Deutschen mit dem kalten Haß betrachtete, der in diesem Buch wiedergegeben ist, zeigt in verschiedener Hinsicht etwas von dem Fluidum, das sich in Dünkirchen allen mitteilte, die dort waren. Heute gesteht er offen ein, daß sein deutscher Schwiegersohn »der fabelhafteste Kerl ist, den ich kenne« – und das bemerkte er beiläufig im Verlauf eines dreieinhalbstündigen Gesprächs über das Thema Dünkirchen.

Teares Einstellung und die gern gewährte Zeit waren typisch. Feldmarschälle, Admiräle und Divisionskommandeure, einfache Soldaten, Matrosen und Fischer, Engländer, Franzosen und Deutsche bewiesen während der Zusammenstellung dieses Buches die gleiche Geisteshaltung. Sie alle opferten Zeit und schoben alle nationalen Vorurteile beiseite, damit dieser Bericht über Dünkirchen so vollständig wie möglich werden konnte.

Die Stunden an der Küste, in denen es um Leben und Tod ging, haben offenbar eine Haltung erzeugt wie nur wenige Schlachten in der Vergangenheit. Sie werden in vielfältiger Weise von den Mitgliedern der »Dunkirk (1940) Veterans' Association« zum Ausdruck gebracht, deren Sitz sich in Leeds, England, Spring Bank Crescent 35, befindet. Ihrem Präsidenten, Generalleutnant Sir Ronald Adam, ihrem Vizepräsidenten, Brigadegeneral John Gawthorpe, ihrem Generalsekretär, Harold Robinson, und ihren einundvierzig örtlichen

Sekretären von New York bis London gilt mein steter Dank. Sie stellten Verbindungen her, die mir und dem Stab meiner Rechercheure sonst nicht gelungen wären.

Von gleicher Hilfsbereitschaft zeigten sich M. Léonard Mizzi (Flandres, Dunkerque, 1940), Commandant François Kerneis (Marine — Dunkerque) in Paris und die Dienststelle »Deutsche Wehrmacht« in Berlin; auch ihnen schulde ich unendlichen Dank. Auch den Sekretären der Regimentsvereinigungen sage ich meinen herzlichsten Dank dafür, daß sie über hundert Teilnehmer des Feldzugs ausfindig gemacht haben. Insbesondere haben die Nachforschungen von Oberstleutnant Geoffrey Cant (East Lancs), Oberstleutnant O. G. White (Dorsets), Oberstleutnant J. E. G. Whitehead (Cameronians), Brigadegeneral I. C. Cameron (Queen's Own Cameron Highlanders), Hauptmann T. W. Watkins (South Lancs), Oberstleutnant G. Frederick Turner (Grenadier Guards) und Hauptmann P. R. Adair (Coldstream Guards) mir unsagbar viel Zeit und Mühe erspart.

Von seiten der Navy erfuhr ich unschätzbare Hilfe durch C. H. Tross Youle von der R. N. V. R. Officers' Association (Offiziersverband der ehemaligen Freiwilligen-Reserve der Royal Navy), Fregattenkapitän J. S. Head, dem ehemaligen Kapitän von S.M.S. »King Alfred« und Miß Louise Caddy von der »Association of Wrens« (Vereinigung des Marinehelferinnen-Korps).

Alle, die Dünkirchen überlebt haben, haben besonders eins gemeinsam: nichts kann sie mehr allzu sehr erschüttern. Man gewann diesen Eindruck deutlich, als Bill und Augusta Hersey in ihrem Häuschen in Surrey, einen Steinwurf von dem landwirtschaftlichen Anwesen entfernt, das Bill jetzt betreibt, bereitwillig ihre Freizeit hergaben, um mit Genugtuung darüber zu berichten, wie sie damals durchgekommen sind; als John »Warrior« Linton, der auf Austauschbasis 1943 repatriiert wurde und Joyce, das Mädchen, das Schlangen haßte, heiratete, in dem ruhigen Hinterzimmer seines Lagers in Bristol sich die Schrecken seiner fürchterlichen Irrfahrten von der

Seele redete; als Kapitän Lemon Webb, nunmehr ein rüstiger Dreiundachtzigjähriger, in seinem kleinen Garten umherging und von den merkwürdigen Zufällen erzählte, die die »Tollesbury« (die noch immer auf der Themse fährt) nach Dünkirchen brachten; als Bootsmann Arthur Brinton in seiner Wohnung nahe der Werft in Plymouth bewegt seine kurze und glorreiche Begegnung mit Kapitänleutnant Bill Tower schilderte. Er hat seitdem an jedem Jahrestag von Dünkirchen die Zeitungen durchforscht, weil er nicht glauben wollte, daß sein damaliger Kapitän, dieser strahlende Held, tot sein könne.

Viele Erlebnisse dieser Art wurden um dieses Berichtes willen geschildert, obwohl sie Schmerzliches aufrührten, und dafür bin ich aufrichtig dankbar. Um auch nur einen Teil der Ereignisse von Dünkirchen berichten zu können, sind Nachforschungen notwendig gewesen, die sich über sechs Jahre hinzogen. Ein neunköpfiges Team reiste 100 000 Kilometer und suchte 390 Orte in England, Frankreich und Deutschland auf. Ohne die bereitwillige Mitarbeit von 1070 Augenzeugen wäre das alles nicht möglich gewesen.

Trotz dieser persönlichen Schilderungen stützt sich dieser Bericht im wesentlichen auf das Fundament schriftlicher Unterlagen, auf Kriegstagebücher, Funksprüche, Logbücher, private Tagebücher und Briefe aus der damaligen Zeit. Dabei hatte ich das Glück, als erster »inoffizieller« Historiker Zugang zu dem ungeheuer wertvollen Material der Historical Division der US Army in Karlsruhe und zu den amtlichen Aufzeichnungen des britischen Oberkommandierenden, Lord Gort, zu erhalten. Deshalb schulde ich vielen Archivaren, die mir Material zugänglich machten und persönliche Fühlungnahme vorschlugen, meinen tiefsten Dank, insbesondere Oberstleutnant Asbury H. Jackson, Oberstleutnant Carl W. Ivins und Major William A. Hintz von der US Army Historical Division Karlsruhe, Mr. Francis Wilkinson und Mr. S. Bayley von der historischen Abteilung der britischen Admiralität und Mr. Thomas Pearse von der Informationsabteilung der Navy, Mr. L. A. Jackets von der historischen Abteilung des Luftfahrtministeriums, Mr. W. G. Williams vom Kriegsministerium, Mr. A. J. Charge und Miß R. E. Coombs vom Reichskriegsmuseum, General Paul Deichmann von der Luftwaffen-Akademie in Hamburg, Dr. Hervé Cras vom Historischen Dienst der Marine in Paris.

Bezüglich der Unterlagen über Schiffe schulde ich gleichen Dank Mr. R. P. Orvis von der R. & W. Paul, Ltd., Ipswich, Mr. John Watkin von der Watkin Steam Tug Co., Kapitän J. W. Howgego von der General Steam Navigation, Mr. Douglas Hoppins, dem Leiter der Marine-Abteilung der Western Region der britischen Eisenbahnen, Kapitän R. G. Morrison, Leiter der Marineabteilung der Coast Lines in Liverpool, Mr. M. E. Bone von der Joseph Constantine Co. in Middlesbrough, Mr. A. Guthrie von der Tees-Tyne Navigation Company in Newcastle. Es stellten sich noch zahlreiche andere Schiffahrtsgesellschaften zur Verfügung, die nicht alle an dieser Stelle genannt werden können, doch weder die Berichte, die sie zur Verfügung stellten, noch die Verbindungen, zu denen sie mir verhalfen, sollen unerwähnt bleiben.

Hinsichtlich der britischen Armee hatte ich das Glück, wertvolle Ratschläge und Ermunterungen von Feldmarschall Lord Alanbrooke und Feldmarschall Lord Montgomery zu erhalten. Über die Darstellung der Lage aus dem Blickwinkel des Hauptquartiers von Lord Gort verdanke ich diese Unterstützung Generalleutnant Sir Henry Pownall, dem früheren Chef des Stabes, Lord Bridgeman, der den Rückzug von Dünkirchen plante, und dem Earl of Munster, Gorts militärischem Assistenten. Von der Navy danke ich in gleicher Weise Admiral Sir William Tennant dafür, daß er mir persönliche schriftliche Unterlagen überließ, Admiral Sir Michael Denny, Admiral Sir Llewellyn Vaughan Morgan, dem Stabschef des Admirals Ramsay, Konteradmiral Alfred Taylor, Kapitän zur See James Stopford, Kapitän zur See Eric Wharton, Kapitän zur See Lionel Dawson und besonders Flottenadmiral Viscount Kelburn, dem ersten Flaggoffizier von Admiral Wake-

Walker, der den unveröffentlichten Bericht des Admirals zusammengestellt hat.

In Deutschland und Frankreich hatte ich den Vorzug, mit Generaloberst Franz Halder, damaligem Chef des deutschen Generalstabs, General Alombert-Goget, Stabschef von General Blanchard, Generaloberst Hans von Salmuth, Stabschef von Bocks, Generalleutnant Günther Blumentritt, Chef der Operationsabteilung von Rundstedts, und General Hans Seidemann, früherem Chef des Stabes des Barons von Richthofen, aufschlußreiche Gespräche führen zu können.

Es haben noch so viele andere wertvolle Hilfe beigesteuert, daß jede dankbare Würdigung unvollständig bleiben muß. Bei der Vorbereitung gab Miß Joan Isaacs von »Reader's Digest« wertvolle Ratschläge. Mein Dank gilt auch über hundert britischen Zeitungsverlegern, die mir die Arbeit erleichterten, indem sie in ihren Zeitungen nach Unterlagen über Überlebende forschen ließen. Eine ganze Reihe örtlicher Korrespondenten stellten nicht nur wichtige lokale Daten zur Verfügung, die sich im Laufe der Jahre angesammelt hatten, sondern arbeiteten auch als Reporter für mich, wenn ich mich in ihrem Gebiet aufhielt. Hierfür sage ich meinen tiefsten Dank Claude Burnod vom Dünkirchener Büro der »Voix du Nord«, Tony Arnold vom Büro des »Kent Messengers« in Dover, A. L. Ellwood von der »Birmingham Mail«, C. E. Goodey vom Büro der »East Anglian Daily Times« in Lowestoft, und Bill Rogers vom »Liverpool Echo«.

Hinsichtlich des Geschehens im Bereich der Eisenbahnen und der persönlichen Kontakte in Dover und Dünkirchen wäre ich ohne die stetige Unterstützung von Arthur Streatfield, William Ransom, dem früheren Stadtsekretär von Dover, Cecil Byford von der Hafendirektion Dover und Louis Deweerdt, dem stellvertretenden Bürgermeister von Dünkirchen, sehr ins Hintertreffen geraten.

In zahllosen Fällen schlugen sie persönliche Fühlungnahme vor oder vermittelten Bekanntschaften, die mir den Weg erleichterten.

Ganz besonderen Dank schulde ich auch Pfarrer Bernard Tower, Mrs. Tower und Mrs. Penelope Balogh für Überlassung wertvollen Materials über Oberleutnant zur See William Tower.

Schließlich verdient die ungeheure Arbeit meines Rechercheurstabes und meines Sekretariats eine besondere Erwähnung. In erster Linie danke ich hier meiner Frau, die nicht nur die Nachforschungen in Frankreich leitete, sondern auch unverdrossen das gewonnene Material zusammenstellte, katalogisierte, durchsah und abschrieb; ferner Jane Carden und Pamela Skilton, die unermüdlich als Sekretärinnen zur Verfügung standen; Michael Bonello und Michael Wright, die sich für mich durch Berge von deutschen Dokumenten durcharbeiteten.

Mein herzlichster Dank gilt auch den Rechercheuren, die allen Schwierigkeiten zum Trotz die unverfälschten Tatbestände ermittelten: Joachim Kolsch, Bryan und Joan Morgan, Rosemary Salmon, Pamela Sargent, Cynthia Walker und besonders Jemima Williams für so erarbeitete Unterlagen, wie sie sich ein Autor nur wünschen kann. Allein ihre Hingabe an das Werk machte die Arbeit lohnenswert.

BIBLIOGRAPHIE

Veröffentlichte Quellen

Anonym. *Personal Record of Dunkirk,* in: Gallipoli Gazette, Journal of the Lancs Fusiliers, Juli 1946.

Anonym. *Riflemen Prefer Boats,* in: The London Rifle Brigade Record, 1949.

Anonym. *Some War Experiences,* in: The Spread Eagle, Band XV, Nr. 9.

Anselm-Ritchie, Lewis, *Things of Splendour,* in: The Globe an Laurel, Journal of the Royal Marines. Band XLVIII, Nr. 7.

Armengaud, Gen. J. *Le Drame de Dunkerque.* Paris, Verlag Plon 1948.

Auphan, Rear-Admiral Paul. In *US Naval Institute Proceedings,* Juni 1956.

Barclay, Brig. C. N., *History of the Cameronians.* Band III, London, Verlag Sefton Praed, 1948.

Barclay, Brig. C. N. *History of the Duke of Wellington's Regiment, 1919—1952.* London, Verlag William Clowes, 1953.

Bartlett, Sir Basil. *My First War.* London, Verlag Chatto & Windus, 1940.

Béarn , Pierre. De Dunkerque à Liverpool. Paris, Verlag Gallimard, 1941.

Beckles, Gordon. *Dunkirk — and After.* London, Verlag Hutchinson, 1940.

Beddington, Major.-Gen. W. R. *History of the Queens Bays.* Winchester, Verlag Warren, 1954.

Bell, Lieut.-Comdr. A. C. R. N. (retd). *History of the Manchester Regiment.* Altrincham, Verlag John Sherratt, 1954.

Belot, Contre-Admiral R. de. *La Marine Française pendant la Campagne 1939—1940*. Paris, Verlag Plon 1954.
Béthignies, Robert. *La Sacrifice de Dunkerque*. Lille, Verlag Demailly, 1947.
Bihan, R. and Normand J. *Ils étaient sept petits chasseurs*. Paris, Verlag Arthaud, 1945.
Birdwood, Lieut.-Col. Lord. *The Worcestershire Regiment*. Aldershot, Verlag Gale & Polden, 1952.
Blake, George. *John Rutherford Crosby*. Glasgow, Verlag Wm. Porteous, 1946.
Blight, Brig. Gordon. *History of the Royal Berkshire Regiment*. London, Verlag Staples Press, 1953.
Bowell, Charles. *In France with the Royal Navy*. In The Ditty Box, Januar 1948.
British Coaster, 1939—1945. London, Central Office of Information, 1947.
Brooks, Lieut.-Col. Graham. *Grand Party*. London, Verlag Hutchinson, 1943.
Brown, Ashley. *Dunkirk and the Great Western Railway*. London, G. W. R., 1945.
Bryant, Sir Arthur. *The Turn of the Tide:* the Alanbrooke Diaries. London, Verlag Collins, 1957.
Burden, Brig. G. W. P. N. *History of the East Lancashire Regiment*. Manchester, Verlag H. Rawson, 1953.
Burnod, Claude. *Il y a Vingt Ans*. Mai 1960.
Bush, Capt. Eric, R. N. *Bless Our Ship*. London, Verlag Allen & Unwin, 1958.
Butler, Lieut.-Col. Ewan, and Bradford, Major Selby. *Keep the Memory Green*. London, Verlag Hutchinson, 1950.
Cant, Major G. Y. *On the Road to Dunkirk*. In The East Lancs Regimental Journal, Juni 1950.
Chalmers, Rear-Admiral W. S. *Full Cycle*. London, Verlag Hodder & Stoughton, 1959.
Chambers, H. *Epic of Dunkirk*. In The Green Can. Juni 1950.
Chaplin, Lieut.-Col. H. D. *The Queens Own Royal West Kent Regiment*. London, Verlag Michael Joseph, 1954.

Chatelle, Albert. *Dunkerque, Ville Ardente.* Paris, Verlag Ozanne, ohne Jahresangabe.

Chatterton, E. Keble. *The Epic of Dunkirk.* London, Verlag Hurst & Blackett, 1940.

Churchill, Rt. Hon. Winston. *The Second World War.* Band II. London, Verlag Cassell, 1949.

Clay, Ewart. *The Path of the 50th.* Aldershot, Verlag Gale & Polden, 1950.

Collier, Basil. *The Defence of the United Kingdom.* London, Verlag H. M. S. O.

Courage, Major G. *History of 15/19 The King's Royal Hussars.* Aldershot, Verlag Gale & Polden, 1949.

Cowper, Col. J. M. *The King's Own,* Band III, Aldershot, Verlag Gale & Polden, 1957.

Cras, Hervé. *Dunkerque.* Paris, Editions France-Empire, 1960.

Crew, F. A. E. *The Army Medical Services, Campaigns.* Band I. London, H. M. S. O., 1956.

Crookenden, Arthur. *History of the Cheshire Regiment in the Second World War.* Chester, Verlag W. H. Evans, 1949.

Crozier, Major S. F. *History of The Corps of Royal Military Police.* Aldershot, Verlag Gale & Polden, 1951.

Cunliffe, Marcus. *The Royal Irish Fusiliers 1793—1950.* London, Oxford University Press, 1952.

Cunliffe, Marcus. *History of the Royal Warwickshire Regiment 1919—1955.* London, Verlag William Clowes, 1956.

Daniell, David Scott. *History of the East Surrey Regiment.* Band IV. London, Verlag Ernest Benn, 1957.

Daniell, David Scott. *Cap of Honour. The Story of the Gloucestershire Regiment 1694—1950.* London, Harrap, 1951.

Daniell, David Scott. *The Royal Hampshire Regiment.* Band III. Aldershot, Verlag Gale & Polden, 1955.

Darwin, Bernard. *War On The Line.* London, Verlag Southern Railways, 1946.

Dean, Capt. C. G. T. *The Loyal Regiment 1919—1953.* Watford, Mayflower Press, 1955.

Divine, A. D. *Dunkirk*. London, Verlag Faber, 1945.

Divine, David. *The Nine Days of Dunkirk*. London, Verlag Faber, 1959.

Doyle, H. *Stories of Dunkirk*, in With the Colours Again, Band XV, Nr. 9.

Drew, Nicholas. *The Amateur Sailor*. London, Verlag Constable, 1946.

Dunkirk Adventurer, Log of A, in Lloyds List & Shipping Gazette, 21. Juni 1940.

Ellan, Sqn.-Ldr. B. J. *Spitfire*. London, John Murray, 1942.

Ellis, Major L. F. *The War in France and Flanders, 1939—40*. London, H. M. S. O., 1953.

Ellis, Major L. F. *Welsh Guards at War*. Aldershot, Verlag Gale & Polden, 1946.

Evans, Major-Gen. Roger. (Ed.) *Story of The Fifth Royal Inniskilling Dragoon Guards*. Aldershot, Verlag Gale & Polden, 1951.

Fagalde, Gen. *La Bataille de Dunkerque*, in Revue Militaire Suisse, März — Juli 1952.

Fergusson, Brig. Bernard. *The Black Watch and the King's Enemies* London, Verlag Collins, 1950.

Ferraby, H. C. *The Dynamo Operation*, in The Navy, Juli 1940.

Fifty-Eight Suffolk Medium Regiment, An Account of Their Actions in May, 1940. Poole, Dorset, Verlag K. Looker, 1940.

Fifty-Ninth West Lancs Medium Regiment, 1939—45. Hamburg, Privatdruck 1945.

Forrester, Larry. *Fly For Your Life*. London, Verlag Muller, 1956.

Foster, Major R. C. G. (Ed.) *History of the Queen's Royal Regiment*. Band VIII. Aldershot, Gale & Polden, 1951.

Foster, Reginald. *Dover Front*. London, Verlag Secker & Warburg, 1941.

Fox, Sir Frank. *The Royal Inniskilling Fusiliers in the Second World War*. Aldershot, Verlag Gale & Polden, 1951.

Galland, Adolf. *The First and the Last*. London, Verlag Methuen, 1953.
Gawthorpe, Brig. John. *The 137th Infantry Brigade*, in: Ça Ira, Journal of the West Yorks Regiment. 1948.
Gilmore, Brig. G. H. *The Story of an Eventful Month*, in: The Covenanter, Journal of the Cameronians, 1958.
Gort, Gen. the Visc. *Despatches*. Beilage der London Gazette, 17. Oktober 1941.
Graves, Charles. *Women in Green*. London, Verlag Heinemann, 1948.
Graves, Charles. *The Royal Ulster Rifles*. Band II. Ballymena, N. Ireland, R. U. R. Regimental Committee, 1950.
Griffin, Major-Gen. J. A. A. (Ed.) *History of The Tenth Foot 1919—1950*. Aldershot, Verlag Gale & Polden, 1953.
Guderian, Gen. Heinz. *Panzer Leader*. London, Verlag Michael Joseph, 1952.
Guierre, Maurice. *Marine Dunkerque*. Paris, Verlag Flammarion, 1942.
»Gun Buster.« *Return via Dunkirk*. London, Verlag Hodder & Stoughton, 1940.
Gunning, Hugh. *Borderers in Battle*. Berwick-on-Tweed, Verlag Martin, 1948.
Guttery, D. R. *The Queen's Own Worcestershire Hussars*. Stourbridge, Verlag Mark & Moody, 1958.
Hadley, Peter. *Third Class to Dunkirk*. London, Verlag Hollis & Carter, 1944.
Hancock, H. E. *Semper Fidelis*. London, General Steam Navigation Co., 1949.
Harris, E. C. *Dunkirk May 1940*, in: The Manchester Guardian, 30. Mai 1949.
Hart, Capt. B. H. Liddell (Ed.) *The Rommel Papers*. London, Verlag Collins, 1953.
Hart, Capt. B. H. Liddell (Ed.) *The Tanks, The History of the Royal Tank Regiment*. London, Verlag Cassell, 1959.
Haywood, Cap. E. J. *Dunkirk*, in: Firm, Journal of the Worcestershire Regiment, 1948.

Hazell, Peter. *The Evacuation from Dunkirk,* in: With The Colours Again, Band I, Nr. 2.

Henniker, Major M. C. *Small Change from Dunkirk,* in: The Royal Engineers Journal, März 1941.

Hingston, Lieut.-Col. W. *History of The King's Own Yorkshire Light Infantry.* London, Verlag Lund, Humphries, 1950.

Historical Records of the Queen's Own Cameron Highlanders, 1932—1948. London, Verlag William Blackwood, 1952.

Hodson, James L. *Gentlemen of Dunkirk.* Manchester, Withy Grove Press, 1940.

Holman, Gordon. *The Little Ships.* London, Verlag Hodder & Stoughton, 1943.

Holman, Gordon. *In Danger's Hour.* London, Verlag Hodder & Stoughton, 1948.

Horrocks, Lieut.-Gen. Sir. Brian. *A Full Life.* London, Verlag Collins, 1960.

Howard, Michael, and Sparrow, John. *The Coldstream Guards, 1920—1946.* London, Oxford University Press, 1951.

Hutton, Major W. S. *History of the Argyll and Sutherland Highlanders, 9th Battalion.* Teil I. London, Verlag Thomas Nelson, 1950.

Jacobsen, Hans-Adolf. *Dünkirchen.* Neckargemünd, Verlag Kurt Vowinkel, 1958.

Jacobsen, Hans-Adolf. *Dokumente zum Westfeldzug.* Göttingen, Verlag Musterschmidt, 1960.

Jacobsen, Hans-Adolf. *L'Erreur du Commandement Allemand devant Dunkerque,* in: Revue Historique de l'Armée, 1958.

James, Admiral Sir William. *The Portsmouth Letters.* London, Verlag Macmillan, 1946.

James, Brig. E. A. *The 48th and 61th Divisional Signals.* Birmingham, in: Journal Offices, 1947.

J. F. C. und C. I. W. *Dunkirk,* in: Pompadours, Journal of the Essex Regiment, November 1955.

Johnson, Capt. George. *The Royal Daffodil at Dunkirk*, in: Sea Breezes, 1946.

Kemp, Lieut.-Comdr. P. K. *History of the Royal Norfolk Regiment*. Band III. Norwich, Soman Wherry Press, 1953.

Kemp, Lieut.-Comdr. P. K. *The Middlesex Regiment 1919 bis 1952*. Aldershot, Verlag Gale & Polden, 1956.

Kennedy, Sir John. *The Business of War*. London, Verlag Hutchinson, 1957.

Kesselring, F.-M. Albert. *Memoirs*. London, Verlag Kimber, 1953.

Kielmansegg, Major, Graf. *Panzer zwischen Warschau und Atlantik*. Berlin, Verlag »Die Wehrmacht«, 1941.

Knight, Col. C. R. B. *Historical Records of the Buffs, 1919 bis 1948*. London, Verlag The Medici Society, 1951.

La Laurencie, Gen. *Les Opérations du 3e Corps d'Armée*. Paris, Verlag Lauauzelle, 1948.

Lobb, Signalmann, Maurice. *A Signalman at Dunkirk*, in: The Wire, Journal of the Signal Corps, September 1940.

Lohmann, Walter, und Hildebrand, Hans. *Die deutsche Kriegsmarine 1939—1940*. Bad Nauheim, Verlag Hans-Henning Podzun, 1956.

Long, Sub-Lieut. *A Report on Evacuation*, in: H. M. S. King Alfred Magazine. Band I, Nr. 4.

Lushington, Col. F. *Short History of the Kent Yeomanry*. London, Verlag Medici Society, 1947.

Lyet, Pierre. *La Bataille de France*. Paris, Verlag Payot, 1947.

MacMillan, Capt. Norman. *The Royal Air Force in the World War*. London, Verlag Harrap, 1942—1950.

Madden, Col. B. J. *History of the 6th Battalion Black Watch 1939—1945*. Perth, Verlag D. Leslie, 1948.

Manstein, F. M. Erich von. *Lost Victories*. London, Verlag Methuen, 1958.

Martin, Col. T. A. *The Essex Regiment*. Brentwood, Essex Regiment Association, 1952.

Martineau, G. D. *History of the Royal Sussex Regiment*. Chichester, Verlag Moore & Tillyer, 1955.

Masefield, John. *The Nine Days Wonder.* London, Verlag Heinemann, 1941.
Masters, Capt. J. W. H. *Story of the 2nd Battalion The Sherwood Foresters.* Aldershot, Verlag Gale & Polden, 1946.
Mepham, C. R. *From Belgium to Dunkirk.* Ilfracombe, Verlag A. H. Stockwell, 1942.
Miller, Major.-Gen. C. H. *History of the 13/18th King's Own Royal Hussars.* London, Verlag Chisman, Bradshaw, 1949.
Montgomery, F.-M. The Visc. *Memoirs.* London, Verlag Collins, 1958.
Mordal, Jacques. *La Bataille de Dunkerque.* Paris, Verlag Self, 1948.
Mullaly, Col. B. R. *The South Lancashire Regiment.* Bristol, White Swan Press, 1958.
Neville, Lieut.-Col. J. E. H. (Ed.) *The Oxfordshire & Buckinghamshire Light Infantry War Chronicle.* Band I. Aldershot, Verlag Gale & Polden, 1949.
Nicholson, Col. W. N. *The Suffolk Regiment, 1928—46.* Ipswich, East Anglian Magazine, 1948.
Nicolson, Nigel, und Forbes, Patrick. *The Grenadier Guards in the War of 1939—1945.* Aldershot, Verlag Gale & Polden, 1949.
Nightingale, Lieut.-Col. P. R. *History of the East Yorkshire Regiment.* London, Verlag William Sessions, 1952.
Oldfield, Lieut.-Col. E. A. L. *History of the Army Physical Training Corps.* Aldershot, Verlag Gale & Polden, 1955.
Parkinson, C. Northcote. *Always a Fusilier.* London, Verlag Samson Low, 1949.
Phillips, E. H. *Dunkirk,* in: The Fortnightly Review, 1940.
Poulton, Col. E. A. *Short History of the 2nd Battalion Royal Fusiliers.* Aldershot, Verlag Gale & Polden, 1941.
Prioux, Gen. Edmond. *Souvenirs de Guerre.* Paris, Verlag Flammarion, 1947.
Quilter, David (Ed.). *No Dishonourable Name.* London, Verlag William Clowes, 1947.

Ramsay, Admiral Sir Bertram. *Despatches*. Beilage der London Gazette, 15. Juli 1947.
Rhodes, Anthony. *Sword of Bone*. London, Verlag Faber, 1942.
Richards, Denis. *The Royal Air Force, Band I, The Fight at Odds*. London, H. M. S. O., 1953.
Rissik, David. *The Durham Light Infantry at War*. Brancepath Castle, D. L. I. Depot, 1953.
Rogers, Bill. *The Merseyside Ships of Dunkirk*, in: The Liverpool Echo & Evening Express, Mai 1960.
Roskill, Capt. S. W. *The War at Sea, Vol. I, The Defensive*. London, H. M. S. O. 1954.
Sandes, Lieut.-Col. E. W. C. *From Pyramid to Pagoda*. London, Verlag F. J. Parsons, 1952.
Saunders, Comdr. Malcolm. *L'évacuation par Dunkerque*, in: Revue d'Histoire de la Deuixème Guerre Mondiale, Juni 1953.
Scott, Peter. *The Battle of the Narrow Seas*. London, Country Life, 1945.
Sheares, Philip J. *Story of the Border Regiment 1939—1945*. London, Verlag Nisbet & Co., 1948.
Sheffield, Major, O. F. *The York & Lancaster Regiment*. Band III Aldershot, Verlag Gale & Polden, 1956.
Simouth-Wilkins, R. *He Did Well*, in: The Navy, Band XV, Nr. 7.
Smyth, Brig. John. *Before the Dawn*. London, Verlag Cassell, 1957.
Speras, Sir Edward. *Assignment to Catastrophe, Vol I, Prelude to Dunkirk*. London, Verlag Heinemann, 1954.
Stewart, Capt. P. F. *The History of the XII Royal Lancers*. London, Oxford University Press, 1950.
Stirling, Major, J. D. P. *The First and the Last: the Story of the 4/7th Royal Dragoon Guard, 1939—1945*. London, Art & Educational Publishers, 1946.
Stitt, Lieut.-Comdr. George. *H. M. S. Wideawake*. London, Verlag Allen & Unwin, 1943.

Stories of the Lifeboats. London, Verlag Maxclif Publishing Co., 1956.

Surtees, Major-Gen. G. (Ed.) *Short History of the Lancashire Fusiliers*. London, Verlag Malcolm Page, 1952.

Synge, Capt. W. A. T. *Story of the Green Howards*. Richmond, Yorks, The Green Howards, 1952.

Three Fifty-Ninth West Lancs Medium Regiment, A History of. Liverpool, Privatdruck, 1959.

Underhill, Brig. W. E. (Ed.) *The Royal Leicestershire Regiment*. Plymouth, Verlag Underhill, 1958.

Wake, Sub-Lieut., Roger. *Dunkirk May 30—June 4*, in: The King's Royal Rifle Corps Chronicle, 1940.

Wallis, Major R. S., und Hornsby, Major R. J. *History of the 2nd Battalion Northamptonshire Regiment 1939—1945*. Aldershot, Verlag Gale & Polden, 1947.

Walmsley, Leo. *Fishermen and War*. London, Verlag Collins, 1941.

Whitaker, J. Meredith. *The Green Howards in France*, in The Scarborough Evening News, Januar — Mai 1950.

White, Lieut.-Col. O. G. W. *Straight on for Tokyo*. Aldershot, Verlag Gale & Polden, 1948.

Whitmore, J. O. *The Little Ships of the Orwell*, in: The East Anglian Magazine, Juni 1950.

Williams, Douglas. *The New Contemptibles*. London, Verlag John Murray, 1940.

Williams, Hugh. *The Fourth Division, 1939—45*. London, Verlag Newman Neame, 1951.

Wood, J. E. R. *Detour*. London, Falcon Press, 1946.

Woodward, David. *Ramsay at War*. London, Verlag Kimber, 1957.

Woolnough, Capt. G. F. *The 4th Battalion Wiltshire Regiment*, in: Journal of the Wiltshire Regiment, Juni 1950.

Young, Brig. Desmond. *Rommel*. London, Verlag Collins, 1950.

MANUSKRIPTQUELLEN

(Die hier aufgeführten Quellen sind, sofern sie nicht über öffentliche Archive zugänglich waren, zeitgenössische private Aufzeichnungen und Eigentum ihrer Besitzer, denen ich für die Überlassung tief verbunden bin.)

Archdale, Lieut.-Comdr. Sir Edward Diary of H. M. S. Sabre at Dunkirk.

Blumentritt, Generalleutnant, Günther. Dünkirchen 1940. Sammlung des Autors.

Bridgeman, Lieut.-Col. the Viscount. The Planning of the Dunkirk bridgehead. Manuskriptstudie.

Davies, Lieut.-Comdr. E. L., H. M. S. Oriole at Dunkirk, Lektüre zum Gebrauch für Studiengruppen.

Dean, Capt. Brian. H. M. S. Sabre at Dunkirk. Unveröffentlichtes Manuskript.

Edlmann, Lieut.-Col. Ernest. 2nd Battalion the Buffs, persönliches Tagebuch.

Flavill, A. B. Bernard. H. M. S. Havant at Dunkirk. Unveröffentlichtes Manuskript.

Franklys, Major-Gen. Sir Harold. The Battle of the Ypres-Comines Canal. Unveröffentlichtes Manuskript.

French Navy, Classified Accounts of the Ships Taking Part. (Service Historique de la Marine, Paris.)

Gort, Gen. the Viscount. War Diary and Official Correspondence.

Haarhoff, Sqn.-Ldr. Hilton. No. 220 Squadron at Dunkirk. Persönliches Tagebuch.

Halder, Generaloberst, Franz, Persönliches Tagebuch. (Luftwaffenakademie Hamburg.)

Hudson, Brig. Charles. Diary of Dunkirk (Überlassen von Mrs. Gladys Hudson.)

Jerram, Capt. Edward. The 2nd Warwicks at Dunkirk, Tagebuch.

Kester, A. B. George. H. M. S. Wakeful at Dunkirk. Eine Erzählung.

Kirkbride, Lieut.-Col. William. Notes on the Supply Problems of 2nd Corps. Sammlung des Autors.

Laurence, Canon Hugh. Persönliches Tagebuch 6th Lincolns.

Le Couteur, Capt. Clive. Persönliches Tagebuch, Worcestershire Yeomanry.

Martin, Lieut.-Gen. Henry. Report of the Officer Comanding Antiaircraft Defences, Dunkirk.

Miron, Lieut.-Col. Wilfrid. A Tragedy of Terrors, notes on the training and equipment of 139. Infantry Brigade.

Pembrey, Dr. Richard. H. M. S. Leda at Dunkirk. Der Bericht eines Arztes.

Plunkett, Lance-Sergt. Edgar. Dunkirk Diary.

Richthofen, Gen. Baron von. Persönliches Tagebuch. (Luftwaffenakademie Hamburg.)

Roper, Capt. Edward, R. N. H. M. S. Icarus at Dunkirk. Erzählung.

Salmuth, Generaloberst, Hans von. Persönliches Tagebuch.

Speidel, Gen. Wilhelm. The Western Campaign. Studie (US Historical Division, Karlsruhe.)

Stopford, Lieut.-Gen. Sir Montague. Private Diary of the 17th Brigade.

Sutton, Brig. George. Persönliches Tagebuch, 125th Brigade.

Tomes, Lieut.-Col. Leslie. The 2nd Warwicks at Dunkirk. Persönliches Tagebuch.

Trumper, Dr. Hubert. A Doctor at Dunkirk. Unveröffentlichtes Manuskript.

Wake-Walker, Admiral Sir Frederick. Report of the proceedings offshore at Dunkirk. (Überlassen von Lady Wake-Walker.)

REGISTER

Abkürzungen

Bat. = Bataillon
Div. = Division
Inf. = Infanterie
Reg. = Regiment

BILDNACHWEIS

Süddeutscher Verlag, München 1, 2, 3, 4, 5, 7, 11, 12, 13
Archiv für Kunst und Geschichte, Berlin 6, 8, 9, 10

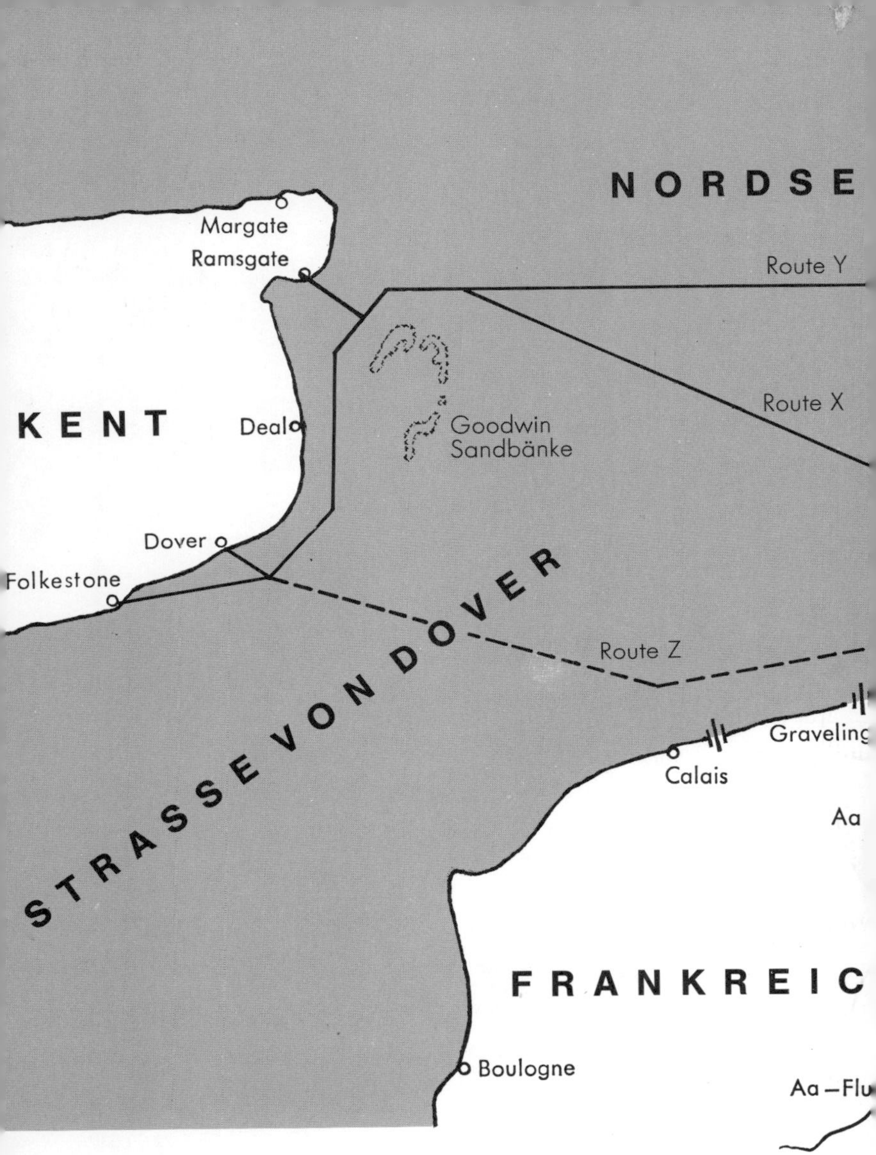

DIE EVAKUIERUNG VON DÜNKIRCHEN

Kanäle
Deutsche Panzer
Deutsche Geschützstellungen
Rückzug der Alliierten am 28. Mai 1940
30. Mai 1940
1. Juni 1940

Maßstab
50 km